Index,

A History of the

인덱스

지성사의 가장 위대한 발명품, 색인의 역사

데니스 덩컨 지음, 배동근 옮김

arte

일러두기

— 이 책은 Dennis Duncan의 Index, A History of the: A Bookish Adventure(Allen Lane, 2021)를 완역한 것이다.

— 국립국어원의 한글맞춤법과 외래어표기법을 따르되, 일부 표현은 시대와 맥락을 고려해 살려 두었다.

— 책은 겹낫표(『 』), 정기간행물은 겹화살괄호(《 》), 논문 등 짧은 글은 홑낫표(「 」), 음악, TV 프로그램 등은 홑화살괄호(〈 〉)로 묶었다.

— 원서에서 이탤릭으로 강조한 부분은 볼드로 표기했다.

— 인용문의 경우 인용한 문헌의 표기 원칙을 그대로 따랐다.

— 저·역자가 이해를 돕기 위해 추가한 내용은 대괄호([ ])로 묶었고, 역주일 경우 문장 끝에 '옮긴이'라 표기했다. 각주는 원주이다.

이 책을 미아와 몰리에게 바친다

차례

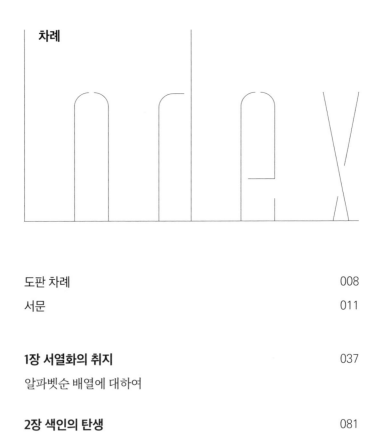

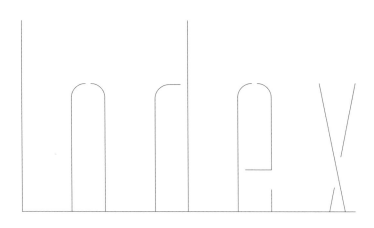

도판 차례

서문

"적어도 나는 색인의 창안자를 존경한다. (…) 그들의 숨은 노고가
책의 혈관과 신경을 최초로 드러낸다."
– 아이작 디즈레일리(Isaac D'Israeli), 『잡문집(Literary Miscellanies)』

원하는 것을 손쉽고 빠르게 찾아내는 수단 없이, 즉 편리한 색인의 도움 없이 에세이나 강의록, 보고서 또는 설교문 같은 저술 작업을 한다는 것은 상상하기 힘든 일이다. 이런 편리함은 단지 전업 작가에게만 해당하는 것은 아니다. 색인은 다양한 분야에 활용되는 것을 넘어 일상의 삶으로까지 흘러들었다. 최초로 등장했던 색인 중 일부는 법령집, 의학서, 요리책에도 나타난다. 책 뒷부분에 다소곳이 앉힌 색인은 너무나 당연한 것이 되었고 일상처럼 자연스럽게 자리를 잡으면서 종종 그 존재를 눈치채지 못할 정도가 되었다. 모든 기술적 혁신들이 그랬듯이 색인도 역사적인 곡절을 겪었다. 그 역사란 양피지 한 묶음을 접은 뒤 책등에서 한꺼번에 묶어 만든 코덱스(codex)라는 특이한 형태의 책과 함께한 거의 800년에 달하는 기간을 말한다. 하지만 이제 세상이 디지털 시대로 접어들면서 색인은 온라인 독서의 기반이 되는 핵심 기술이 되었다. 최초의 웹페이지가 주제 색인(subject index)이었을 정도다.[1] 검색엔진이란 관점에서 수많은 인터넷 항해를 위한 승선 항구인 구글의 총괄 엔지니어 맷 커츠(Matt Cutts)도 다음과 같은 취지로 설명했다. "명심해야 할 가장 중요한 사실은 우리가 구글 검색을 한다는 것은 실제로 웹 검색을 한다는 말이 아니라 웹에서 구글의 색인을 검색한다는 말입니다."[2] 오늘날 색인은 우리의 삶까지 조직한다. 그리고 이 책은 13세기 유럽의 수도원과 대학으로부터 21세기에 유리와 강철 프레임으로 세워진 실리콘밸리 기업의 본사 건물에 이르기까지 색인이 밟아 온 그 흥미로운 경로를 기록해 보려 한다.

색인의 역사는 실은 시간과 지식에 관한 이야기이자 그 둘 사이의 관계에 관한 이야기이다. 그것은 점점 더 신속하게 정보에 접근하려는 인간의 욕망에 관한 이야기이며, 동시에 책 속 지식을 나누고 구분하고 추출해 내려는 노력에 관한 이야기이다. 그것은 정보과학에 관한 것이며 색인은 정보과학 체계의 핵심을 이룬다. 그러나 색인의 역사는 또한 우리에게 미시적 관점에서 본 독서의 역사를 제공한다. 이는 대학의 융성과 인쇄술의 출현과 관련되어 있고, 계몽주의 시대의 문헌학과 컴퓨터 시대의 천공카드 사용 그리고 페이지 매기기와 해시태그의 등장과 떼려야 뗄 수 없는 관계를 맺는다. 색인은 단순한 데이터 체계 이상이다. 심지어 인공지능이 기세를 떨치는 오늘날에도 도서 색인 작업은 작가와 독자 사이에 다리를 놓아 주는 색인 작성자의 몫으로 생생히 남아 있다. 인간 노동의 산물인 색인은 이단으로 몰려 화형대에 오른 사람을 구해 주었는가 하면 고위직 정치인을 끌어내리기도 하면서 인간사에 영향을 미쳤다. 또한 색인은 책에 특별한 흥미를 가진 사람들을 매혹해 왔다. 문학계에서 유명한 색인 작성자로는 루이스 캐럴(Lewis Carroll), 버지니아 울프(Virginia Woolf), 알렉산더 포프(Alexander Pope)와 블라디미르 나보코프(Vladimir Nabokov)를 들 수 있을 것이다. 어느 시대에도 색인 편집 작업이 최고의 인기를 구가했거나 최상의 보상을 받았던 적은 없었다. 그럼에도 불구하고 당대 최고 저술가인 새뮤얼 존슨(Samuel Johnson)이 '굶주리는 팸플릿 저자들과 색인 작성자들'에 둘러싸여 함께 시간을 보냈다고 토머스 매콜리(Thomas Babbington Macaulay)가 탄식하듯 전했던 사실을 생각해 보면 색인 작업에 대한 홀대를 짐작할 수 있을 것이다.[3] 그러나 만일 새뮤얼 존슨이 이들 색인 작성자 덕분에 자신이 다른 시대의 탁월한 작가들과 함께할 수 있다는 기쁨으로, 그리고 그들이 애면글면 애쓰던 색인 작업이 비록 당대에는 괄시를 받았더라도 새천년이 시작되면 독서 행위의 뼈대가 될 것이라는 믿음으로 위안 삼았다는 사실을 알았더라면 매콜리가 그렇게까지 탄식하지는 않았을 것이다.

색인이라 할 때 그것은 무엇을 뜻하는가? 가장 보편적인 설명은 시간 절약을 위해 채택된 한 방편으로서 우리가 찾고자 하는 것이 어디에 있는지를 말해 준다는 것이다. 색인은 공간적 관계를 암시하기에 일종의 지도이다. 우리에게 이 곳의 어떤 것이 저곳에 있게 될 것을 **지시해** 준다. 지도가 꼭 실물로 존재해야 하는 것은 아니다. 우리 마음속에 있는 것 으로도 충분하다. 문헌정보학 교수 로버트 콜리슨(Robert Collison)은 지난 세기 중반에 저술을 통해 우리가 주변 물건 들이 어디에 있는지를 파악할 수 있도록 정리할 때 사실상 색 인 작업을 하는 것이라고 설명했다. 그는 등장인물이 브로설 크리퍼즈[1950년대에 유행했던 슬립온 단화—옮긴이]를 신고 등장한다 면 이보다 더 1950년대적일 수가 없는 몇 가지 예를 들었다.

> 주부가 주방에서 모든 용품의 위치를 지정했다면 그녀는 주 방을 색인화하고 있는 것이다. 그녀뿐만 아니라 온 가족이 주 부가 지정해 놓은 자리에 조금씩 익숙해지면서 그것에 따라 각자 원하는 용품을 찾게 된다. (…) 남성은 늘 한쪽 주머니에 는 잔돈을 넣고, 다른 주머니에는 열쇠를, 또 다른 주머니에는 담뱃갑을 넣어 두는 식으로 각각의 주머니에 들어갈 물품을 지정해 둔다. 이것도 일종의 기본적 색인 작업인데 그가 다급 히 역으로 가면서 자신의 정기승차권을 잘 챙겼는지 속히 확 인하고 싶을 때 큰 도움을 준다.[4]

마음속에 새겨 둔 색인으로 주부는 설탕을, 남성은 담뱃갑 을 찾아낸다. 콜리슨의 설명은 거칠 것 없이 유창하면서도 중 요한 점을 지적하고 있다. 주방을 색인화한 것은 단지 주부뿐만 아니라 '가족 모두'를 위한 것이다. 즉 다수의 마음속에 존재하는 것이다. 만약 누군가가 다음과 같이 써 놓았다고 가정해 보자. "밀가루: 찬장 맨 위 칸 오른쪽, 숟가락: 냉장고 옆 서랍" 등등. 그러면 심지어 그 주방에 익숙지 못한 사람이라 하더라도 즉시 이용 가능한 체계를 갖추게 된다. 이제 우리는 단지 마음속으로만 지정해 두는 방식이 아니라 분명 색인이라고 여길 만한 어떤 체계, 즉 우리에게 각각의 물품이 어디에 있는지를 말해 주는 일종의 목록 또는 표에 다가가고 있다. 그것은 아마도 간략해야 할 것이다. 실제 지형과 크기가 동일한 지도가 터무니없듯이 색인의 경우도 마찬가지일 것이다. 도서 목록―1장에서 그것이 정보과학에서 중요한 역할을 하게 된다는 사실을 보게 될 것이다―은 책을 제목, 저자, 장르라는 핵심적인 사항만으로 요약한다. 동일한 방식으로 개별 도서 뒷면에 첨부된 색인은 원천 자료들을 핵심어의 집합물, 즉 인명, 지명, 개념어로 추린 것이다. 그런 식의 추출 작업은 원천 자료를 줄이고 요약한 뒤 차별화된 새로운 것을 만들어 낸다. 색인은 원본의 복제품이 아니다.

간결함 말고도 색인이 갖춰야 할 것은 무엇일까? 콜리슨이 말했듯이 우리 대부분은 머릿속에 주방의 배치를 기억하고 있다. 주방용품을 기록해야 한다면 그 정도는 얼마나 될까? 아마도 감당 못할 정도로 많지는 않을 것이다. 하지만 그 목록이 더 길어진다면 어떨까? 목록을 집 전체로 확장한다면? 아니 도서관의 모든 책이라면? 목록이 어떤 규모를 넘어서기 시작하면 감당할 수가 없다. 차라리 목록 검색을 포기하고 직접 선반을 탐색하는 것이 더 나을 정도가 된다. 그래서 목록의 배열이 중요한 것이다. 색인 속 목록은 사용자들이 알아보기 쉽도록 그리고 탐색이 용이하도록 배열되어야 한다. 바로 이 점에서 색인과 단순 목록이 차별화된다.

새뮤얼 존슨의 『영어 사전(Dictionary of the English Language)』은 **색인**(index)을 다소 애매하게 '책의 차례(table of contents)'라고 정의했다. 그리고 표면적으로 그 둘은 공통점이 많다. 둘 다 목록을 이루는 항목마다 위치 표시자(locator), 즉 쪽수가 적혀 있다(하지만 뒤에서 밝혀지겠지만 쪽수 또한 그것대로의 역사가 존재하고, 쪽수에 앞서서 다른 위치 표시자들—가령 성경의 챕터—도 있었다). 둘 다 본문의 위치나 단락을 가리키고, 중세 말기에 둘은 심지어 **목록**(register), **차례**(table), **항목**(rubric) 따위와 동류로 취급되기도 하면서 면밀히 살피지 않으면 거의 구분되지 않을 정도였다. 초서의 『캔터베리이야기(Canterbury Tales)』에서 기사가 자신의 이야기 속 인물 중에 한 사람이 죽자, 그이에 대한 후일담을 짐작해 보는 것을 단호히 거부하며 다음과 같이 말했을 때—"I nam no divynistre: / 'Of soules' find I nought in this registre"("나는 어떤 특별한 견해도 갖고 있지 않소: / 왜냐하면 나의 목록(register)에는 죽은 '영혼들'에 해당하는 항목은 없거든요")—그가 정확히 어떤 종류의 목록을 염두에 두었는지를 정확히 알기란 쉽지 않다. 그럼에도 불구하고 본문 앞에 놓이는 차례와 뒤에 위치하는 색인은 각각 고유한 기능과 역사를 가지면서 서로 크게 차별화된다.

위치 표시자가 없더라도 차례는 책의 구성에 대한 대략적인 모습을 제공한다. 그리고 책자의 구성을 드러내면서 그것의 배열 방식도 보여 준다. 차례를 훑어보기만 해도 전체 요지를 합리적으로 추론할 수 있다. 그러므로 어느 정도는 차례를 텍스트 이해를 위한 독립적인 기반이라고 볼 수도 있다. 심지어 여러 개 두루마리로 작성된 텍스트라 하더라도 차례만 있으면 그것에 대한 개요를 대략 그릴 수 있다. 실제로 코덱스가 등장하기 전인 고대 기록물에도 차례의 흔적이 남아 있다. 우리는 고대 그리스·로마 시대에 적어도 로마 작가 네 명과 그리스 작가 한 명이 자신들의 저작에 차례를 첨부했다는 사실을 알고 있다.[5] 위대한 로마의 박물학자인 대플리니우스(Pliny the Elder, 이하 플리니우스)가 그런 경우인데, 그는 자신의 걸작인 『박물지(Natural History)』를 티투스 황제에게 헌정하면서 다음과 같이 썼다.

폐하의 시간을 뺏지 않도록 주의를 기울여야 하는 것이 공직자인 저의 의무이기 때문에 저는 이 헌정사에 이어서 몇 권의 책에 대한 차례를 첨부했나이다. 그래서 전하께서 그 책들을 다 읽으시지 않아도 되도록 세심한 예방조치를 취한 것입니다. 이런 방안을 통해서 폐하 덕분에 다른 사람들도 또한 이 책들을 처음부터 끝까지 읽을 필요 없이 오로지 읽는 사람 각

자가 자신이 원하는 특정한 부분을 탐색하고 그것의 위치를 알아낼 수 있게 된 것입니다.[6]

좀 더 간단히 말해 보면 다음과 같다. "폐하께서는 국가 중대사를 처리하느라 늘 바빠서 이 책을 전부 읽을 수 없다는 것을 잘 알고 있습니다. 그런 폐하를 위해 제가 전체적인 개요를 파악하여 관심이 가는 부분만 편리하게 골라 읽으시도록 차례를 첨부해 놓았습니다."

『박물지』와 같은 대작은 어쩌면 수십 개나 되는 많은 두루마리를 필요로 할지도 모른다. 저작의 어떤 부분을 찾아내기 위해서는 우선 그것에 해당하는 두루마리를 찾아 탁자에 펼쳐 놓고 세심한 검토를 거쳐 원하는 부분에 도달해야 한다. 원하는 부분을 **찾아내기만 한다면** 상상을 초월할 정도로 지겨운 수고를 한 것은 아니다. 결국 텍스트 전체를 대략 넉넉히 나누어 챕터화하는 것도 그런 노력이 헛되지 않도록 하려는 것이다. 그러나 잠시 타임머신을 탔다고 상상해 보자. 플리니우스가 자기 저술에 천 년 뒤 세상에서 거슬러 온 어떤 혁신적 수단을 도입한 뒤에, 자신도 정확히 알 수 없는 이유로 그것을 '색인'이라 부르기로 했다고 가정해 보자. 그리고 또 티투스 황제가 어느 밤에 문득 전임 황제 중에서 어린 시절 친구를 살해한 네로에 대해서 『박물지』가 어떻게 기술하고 있는지 궁금증이 생겼다고 상상해 보자. (우리 시대에는 밤중에 검색에 몰입하는 행위를 일컫는 둠스크롤링(doomscrolling)이라는 인터넷 채팅 신조어가 있다[불행의 '둠(doom)'과 '스크롤링(scrolling)'의 합성어로 암울한 뉴스만을 강박적으로 확인하는 행위를 뜻함-옮긴이].) 티투스 황제는 촛불을 켜 놓고 플리니우스의 색인을 펼친다. 색인은 『박물지』에서 네로를 여섯 곳에서 언급하고 있음을 보여 준다. 제8권에서 세 곳, 제10권에서 한 곳, 제11권에서 두 곳 더. 티투스는 그것을 모두 받아 적고는 제8권에 해당하는 두루마리를 펼쳐 적잖은 시간을 들여서 첫 번째로 언급된 곳을 찾았지만 네로의 명령으로 원형 대경기장 키르쿠스 막시무스(Circus Maximus)를 개조했다는 사실이 짤막하게 나와 있을 뿐이다. 두 번째 색인을 찾아서 두루마리를 펼쳤다 감았다를 반복했지만 이번 색인은 찾고 싶은 주제와 관련성이 더 없다. 네로 통치기에 어떤 개 주인이 처형당했는데 그 충직한 개가 구슬피 울었더라는 얘기였다. 티투스는 짜증이 났다. 이제 진절머리가 난다. 두루마리를 뒤적거리는 데 많은 시간을 썼지만 읽을거리는 별로 없어서 수고만큼의 대가를 얻지 못한 것이다. 세 번째 색인도 검토해봤지만 몇 분을 투자해서 그가 알게 된 건 네로가 모직 침대보를 구입하는 데에 400만 세스테르티우스[고대 로마의 화폐 단위-옮긴이]를 지출했다는 사실이었다. 티투스는 헛웃음을 지으며 불만스러운 표정으로 잠자리에 든다. 이런 역사적 상상 게임을 통해 왜 색인이 두루마리의 시대가 아니라 코덱스의 시대에 발명되었는지를 알아차리는 것은 어렵지 않다. 색인은 분명 임의적이며 돌발적인 접근 기술이다. 그래서 색인은 앞과 뒤 또는 중앙을 가리지 않고 어디든 손쉽게 펼칠 수 있는 책의 형태를 요구한다. 그래서 코덱스가 생기고 나서야 비로소 색인이라는 매체가 이용 가능한 도구가 된 것이다.

게다가 책의 차례와는 달리 위치 표시자가 없는 색인은 바퀴 없는 자전거만큼이나 쓸모없다. 그래서는 그 색인 항목이 어디쯤 있는지 대략 가늠할 방법도 없고 대강의 논점 파악도 가능하지 않다. 이것은 색인의 주요 작동 방식이 본질적으로 임의적이기 때문이다. 색인의 혁신성은 그것이 작품 구조와 차례 구조 사이의 관계를 단절시키는 데에 있다. 색인 배열은 텍스트를 위한 것이 아니라 독자를 위한 것이다. 만약 우리가 찾는 것이 있다면 텍스트 내용과 무관한 보편적인 알파벳 철자 체계를 통해 원하는 곳에 갈 수 있을 것이다. (심지어 대다수 경우에 색인은 '이중으로 임의적이다'라고 할 수도 있다. 왜냐하면 가장 흔한 위치 표시자인 쪽 번호는 책이 담고 있는 것 혹은 책의 주제와 어떤 본질적 연관성도 갖지 않고 단지 그것을 전달하는 매체인 책하고만 연관을 맺기 때문이다.)

그래서 이따금 뜬금없이 차례가 끼어들기는 하겠지만 기본적으로 이 책은 책을 그것의 구성 요소, 인명, 주제 또는 심지어 개별 단어들로 해체한 뒤 철자순으로 배열한 목록 또는 티투스 황제처럼 책을 처음부터 끝까지 읽을 시간이 없는 사람들을 위한 특정한 독서 방식—학자들이 '발췌 독서'라고 부르는—의 편의성을 높이기 위해 고안된 기술적 창안물, 즉 색인에 관한 책이다.

색인(index)의 복수형에는 성가신 문제점이 있다. 라틴어식의 'indices'를 써야 하는가 아니면 영어화된 'indexes'를 써야 하는가 하는 문제이다. 빅토리아시대의 위대한 서지학자 헨리 휘틀리(Henry Wheatley)는 『색인이란 무엇인가(What is an Index)?』(1878)를 통해 셰익스피어가 〈트로일러스와 크레시다(Troilus and Cressida)〉에서 영어식인 indexes를 썼음을 지적하면서 그에게 괜찮은 것이라면 우리에게도 문제가 없다고 밝혔으니 이 책도 그 전례를 따르고자 한다. 수학자들과 경제학자들이 라틴어식을 쓰고 있을 뿐이다. 당신이 아무 책의 뒷부분을 살펴보면 indexes를 쓰고 있음을 확인할 수 있을 것이다.

내가 대학에서 처음 영문학을 가르치기 시작했을 때 대개 수업은 다음과 같이 시작되었다.

나: 『댈러웨이 부인』 128쪽을 펴 볼까요?

학생 A: 워즈워스판으로는 몇 쪽인가요?

학생 B: 펭귄판으로는 몇 쪽인지요?

학생 C: (몇십 년은 지난 표지가 달아난 하드커버판을 들고서) 어떤 판인지는 모르고요, 어머니가 쓰시던 겁니다. 몇 챕터를 펴면 되나요?

그렇게 챕터와 문단을 확인하느라고 대략 1~2분을 지체한 후에 우리는 모두 동일한 구절에 대한 분석에 돌입한다. 수업 때마다 이런 일은 일회성으로 끝나지 않고 몇 번씩 되풀이되었다. 하지만 약 7년 전에 나는 뭔가 달라졌다는 것을 감지했다. 그때도 나는 여전히 학생들에게 소설의 특정 부분을 펴라고 요청했다. 여전히 수업이 지체되지 않기를 기대하지는 못하더라도 희망을 놓진 못하고서 공식 교재의 쪽 번호를 불러 주었다. 여기저기서 즉시 손을 들었다. 그러나 질문은 달랐다. "그 구절은 어떻게 시작되나요?" 많은 학생들은 이제는 킨들이나 아이패드, 때로는 스마트폰과 같은 디지털 기기로 독서를 하고 있었다. 이런 기기들은 쪽 번호 대신 검색 기능을 제공했다. 역사적으로 콘코던스(concordance, 용어 색인)라는 특수한 종류의 색인이 있었는데 그것은 정해진 텍스트, 예컨대 셰익스피어나 성경의 모든 단어를 자모순으로 제시하고 그것의 위치까지 특정했다. 수업을 통해서 나는 콘코던스의 힘이 무한히 팽창했다는 사실을 포착하게 되었다. 디지털 세상은 특정한 단어나 구절을 탐색하는 것이 개별 작품의 한계에 얽매이지 않도록 했다. 이제 탐색은 전자책 단말기 프로그램의 일부가 되었다. 우리가 무엇을 읽든 궁금한 것이 있으면 언제나 Ctrl+F를 눌러 검색 메뉴로 들어간다. "문명의 승리로 꼽힐 만하군. 피터 월시[『댈러웨이 부인』 속 등장인물—옮긴이]는 중얼거렸다."

　동시에 어디에서건 검색엔진을 열어 볼 수 있는 세상이 도래하면서 전통적인 독서와 배움의 방식을 대체하는 여태껏 보지 못한 태도가 형성되었는데, 그 결과 일련의 어마어마한 해악이 드러나면서 심각한 근심을 불러일으켰다. 전문가들은 그런 태도가 우리 뇌에 나쁜 영향을 미치고 주의를 산만하게 하고 기억력을 갉아먹을 것이라고 경고했다. 문학계에서는 소설가 윌 셀프(Will Self)가 진지한 소설은 죽었다고 선언했다. 독자들이 더 이상 그런 소설을 읽어 낼 인내심을 발휘할 수 없다는 것이다.[7] 이 시대는 산만함의 시대(Age of Distraction)이다. 그 원흉은 검색엔진이다. 몇 년 전에 《애틀랜틱(The Atlantic)》에 실려서 큰 반향을 이끌어 낸 어떤 기사는 '구글이 우리를 바보로 만들고 있는가(Is Google Making Us Stupid)?'라는 질문을 던지고는 단호히 그렇다고 대답했다.[8]

그러나 역사적 안목으로 바라본다면 이런 걱정은 오래된 열병이 최근에 재발한 것일 뿐이다. 색인의 역사는 그런 열병에 대한 두려움으로 만연하다. 누구도 더 이상 진지하게 책을 대하지 않을 것이다. 오랜 시간 진득하게 책과 씨름하지 않고 원하는 부분만 골라 읽는 것이 대세가 될 것이다. 새로운 질문을 던지고 새로운 유형의 학문을 추구하는 현상이 대두되면서, 전통적인 방식의 면밀한 독서를 버리고 참담할 정도로 고질적인 산만함에 시달릴 것이다. 그리고 이 모든 병폐를 모두 지옥 유황불에 쓸어 넣어도 시원치 않을 색인의 탓이라고 치부했다. 영국 왕정복고기에는 자신의 저술을 불필요한 인용문으로 덕지덕지 덮어씌우는 작가들을 가리켜 **색인 색출자**(index-raker)라는 멸칭으로 부르며 손가락질했다. 한편 대륙

에시는 갈릴레오가 "자연의 실상에 대한 지식을 얻기 위해서 과감히 치열한 현장으로 향하는 것이 아니라 서재로 숨어들어 색인을 섭렵하거나 차례를 뒤적이면서 아리스토텔레스가 그런 실상에 대해 어떤 말을 했는지 찾아보기나 하면서" 탁상공론이나 일삼는 철학자들을 향해 불평을 쏟아부었다.[9] 책의 색인은 17세기 이래로 계속 호기심을 해결하기 위한 실험 정신을 죽이는 주범이라고 비방받아 왔다.

하지만 그로부터 4세기가 지난 후에도 아직 하늘은 무너지지 않았다. 색인도 사라지지 않았을 뿐만 아니라 독자도 학자도 발명가도 사라지지 않았다. 우리가 읽는 방식들(모든 사람이 매일 다양한 유형의 주목을 요구하는 소설, 신문, 메뉴판, 도로 표지판과 같은 온갖 매체를 읽고 있으니까 **방식들**이라고 하는 것이 타당하리라)은 20년 전과 같지는 않을 것이다. 그러나 그런 식으로 따지면 우리가 읽는 방식은 버지니아 울프의 세대, 18세기의 사람들 혹은 최초로 인쇄기가 가동되었을 때 살았던 사람들의 방식과도 다를 것이다. 독서에 플라톤적 이상 같은 지침이 확립되어 있는 것도 아니다(게다가 뒤에서 살펴보게 되겠지만 플라톤에게 독서는 전혀 이상적인 것이 아니었다). 우리가 보편적 독서 관행이라고 생각하는 것도 늘 복잡한 일련의 역사적 상황에 대한 대응으로 생겨난 것이었다. 그리고 사회적이며 기술적인 환경이 변화할 때마다 '독서'의 의미도 그런 변화의 영향을 받으며 진화를 거듭했다. 그런 변화를 무시하고 독자들에게 여전히 겨우 대여섯 권 정도를 갖춘, 사회로부터 격리된 11세기 수도원의 수사들처럼 과몰입해 독서하기를 바라는 것은 나비가 충분히 아름답지 못하다고 불평하는 것만큼이나 터무니없다. 나비는 자신의 환경에 완벽히 적응했기 때문에 지금의 그런 나비가 된 것일 뿐이다.

그렇다면 이 색인의 역사는 단지 대체로 무해한 이 텍스트 편집 기술이 역사적으로 부단히 정교함을 더해 온 사실에 대해 상세히 논하는 것 이상이 될 것이다. 이 책은 색인이 독서 생태계의 다른 변화들—소설과 카페에 진열된 정기간행물과 과학 저널의 출현 등—에 어떤 식으로 대응해 왔는지 그리고 그런 변화의 지점에서 독자와 독서 자체가 어떤 식으로 변해 왔는지를 보여 줄 것이다. 그리고 색인이 이전 독서 방식에 익숙한 독자들이 갖게 된 불안에 대해 어떤 식으로 책임을 졌는지도 보여 줄 것이다. 이 책은 두 가지 색인의 상대적인 운명을 일목요연하게 밝혀 줄 것이다. 하나는 '콘코던스'라고도 불리는 용어 색인이고 다른 하나는 주제 색인이다. 전자는 빈틈없이 원문에 충성스러운 색인을 말하고 후자는 원문과 원문을 읽으려는 독자 사이에서 그 충성도를 적절히 배분하는 색인이다. 두 가지 색인 모두 중세의 동일한 시점에 대두되었지만, 주제 색인은 꾸준히 그 영향력을 키우다가 19세기 중반에는 캠벨 경이 신간 도서의 색인을 의무화하는 법안 제정을 시도한 것을 자랑할 정도에 이르렀다.[10] 이와는 대조적으로 용어 색인은 19세기가 끝날 무렵까지도 전문가들의 도구로만 쓰이다가 오늘날 컴퓨터 시대의 출현으로 압도적인 존재감을 드러내기 시작했다. 그러나 아무리 우리가 디지털 검색엔진과 검색창과 Ctrl+F 검색에 전적으로 의존하게 되었다 하더라도 이 책에서 나는 여전히 책 속에는 사람이 있다는 것을 보여 주고 싶다. 책 뒷면에 자리하며 생명으로 약동하는 색인 작업자들에 의해 편찬된, 유서 깊은 주제 색인에 밴 그 생생한 인간의 노고를 말이다. 이런 점을 염두에 두고서 본격적인 탐구에 들어가기 전에 두 가지 사례를 들어 내가 어떤 결론을 이끌어 내려는지 보여 주고 싶다.

1543년 3월에 헨리 8세의 이단 심사관들이 윈저성 왕실 전용 교회인 세인트조지 예배당의 성가대 지휘자 존 마벡(John Marbeck)의 집을 급습했다. 마벡이 프랑스 신학자 장 칼뱅(Jean Calvin)이 쓴 종교 관련 팸플릿을 필사했다는 혐의였다. 사실이라면 최근에 제정된 이단 관련법을 위배한 것이다. 화형에 처해질 수도 있는 중죄였다. 마벡의 집을 압수 수색한 결과물에서 의심스러운 행적을 보여 주는 더 많은 증거가 드러났다. 방대하고 특이한 문서 작성에 애쓰고 있었음을 입증하는 손으로 쓴 용지들이 그것이었다. 마벡은 영어 성경의 성구 사전을 편찬하고 있었던 것이다. 대략 절반가량 작업이 진척된 상황이었다. 불과 5년 전에 영어 성경은 금서로 지정되었고 번역자는 화형대에서 불탔다. 마벡의 성구 사전은 의심을 사기에 충분했다. 성경 번역이라는 논쟁적 문제를 야기했던 그런 불온한 독서 행위를 암시하는 것이었으니 말이다. 칼뱅의 팸플릿이 그의 최초 범죄 혐의였으나 이제 그 성구 사전은, 마벡의 말에 따르면, "별거 아닌 것이 아니라 (…) 내 범죄 혐의를 더욱 중대하게 만들지도 모르는 것이 되었다".[11] 그는 마셜시 감옥에 갇혔고, 화형당할지도 모르는 처지에 놓였다.

감옥에서 마벡은 취조를 당했다. 심사관들은 윈저 지역에서 칼뱅을 추종하는 종파의 존재를 알고 있었고 마벡을 그들의 *끄*나풀로 여겼기 때문에 엄중한 취조로 그가 관련자들을 실토하게 만들 계획이었다. 마벡에게는 이 취조가 자신의 무죄를 입증할 기회였다. 칼뱅이 쓴 팸플릿의 경우, 그런 불온 서적을 금하는 법령은 겨우 4년 전인 1539년에 발효되었다. 마벡은 자신이 그것을 필사한 건 그 이전이었다고 주장했다. 간결한 변호였다. 성구 사전이 더 심각한 문제가 되었다. 열렬한 신앙인이었고 학문 습득에 열성적이기는 했지만 마벡은 독학자였다. 그는 라틴어를 깊이 학습하지는 못했으므로 라틴어 성구 사전을 검색하면서 각각의 단어에서 그 위치 표시자를 찾아낸 후에 영어 성경에서 다시 그것을 찾아 자신만의 영어 성구 사전을 구축할 정도의 실력밖에 없었다. 마벡의 심문관들은 그가 두 언어 모두에 능통하지 않으면서도 그런 식으로 작업할 수 있다는 사실을 믿을 수가 없었다. 단연코 이런 정도의 신학적 과업을 독실하긴 하지만 공식 교육의 세례를 받지 못한 일개 아마추어 한 사람이 할 수는 없다는 것이다. 분명히 그는 세력을 떨치고 있는 칼뱅 종파에서 윗선의 지시를 받아서 베끼는 수준의 역할만 맡은 하수인에 불과할 것이었다. 이들은 마벡이 주장하듯 성구 사전이 나쁜 의도 없이 정해진 검색 절차를 따라 작성된 것이 아니라, 그 속에 구성원끼리만 통하는 암호화된 의도가 있거나 용어에 대한 이단적 발췌나 해석이 틀림없이 있으리라고 의심했다.

역사학자 존 폭스(John Foxe)가 저술한 『순교사화(Actes and Monuments)』(1570)에는 심문 내용이 마벡의 직접적인 진술로 기록되어 있다. 심문자는 윈체스터 주교였던 스티븐 가드너(Stephen Gardiner)였다.

이 책 작업을 위해 어떤 조력자들의 도움을 받았는가?

마벡이 답했다. 각하, 정녕코 아무도 없사옵니다.

주교가 물었다. 없다고? 어떻게 그럴 수가 있느냐? 도움 없이 그 일을 했다는 것은 가당치도 않다.

마벡이 답했다. 각하, 진정 당신이 무엇을 염두에 두고 그런 말씀을 하시는지 이해할 수가 없사옵니다. 하지만 뭐라고 하시든 나는 신을 제외하고는 어떤 사람의 도움도 없이 그 일을 했다는 사실을 부인할 수는 없습니다.[12]

이런 식의 문초가 이어지면서 다른 이들도 공격에 합세한다.

그리고 나서 솔즈베리의 주교가 이렇게 물었다. 이 일에 착수할 때 누구의 도움을 받았나?

그가 말했다. 각하, 진정 누구의 도움도 받지 않았나이다.

주교는 이렇게 되받았다. 누군가의 지도가 없었다면 어떻게 그런 책을 만들고 또 성구 사전이 무엇인지는 어떻게 알았겠는가?

믿지 못하는 와중에도 묘한 감탄의 분위기가 감돈다. 솔즈베리의 주교가 문제가 된 성구 사전 일부를 내보이자 다른 심문관들 중 한 사람이 그것을 보고 이렇게 말했다. "이 자가 우리 성직자 대다수보다 더 열심히 공부를 한 것 같군요."

이런 기회를 틈타 마벡은 승부수를 던졌다. 그는 좌중에 모인 주교들에게 자신을 시험해 달라고 제안했다. 마벡이 체포되고 그의 원고가 압수되었을 때 L자까지만 완성되어 있었다는 것은 모두가 인정하는 사실이었다. 그러므로 만약 심문관들이 L자 이후의 철자에서 무작위로 단어를 골라서 과제를 내고 그가 감옥에서 제시된 단어들을 홀로 편집해 낸다면 자신이 누구의 사주를 받지 않고도 사전 편찬 작업을 할 수 있음을 입증할 수 있을 거라고 생각했다. 심문관들은 그 제안을 수용했다. 마벡에게는 색인화를 위해 필요한 용어 목록과 영어 사전, 라틴어 성구 사전 그리고 필기도구가 주어졌다. 이튿날까지 과제는 성공적으로 완수되었다.[13]

마벡은 혐의를 벗었지만 그의 원고는 파기되었다. 하지만 억울한 누명을 썼음에도 조금도 개의치 않고 그는 다시 작업에 열중했고 풀려난 지 7년 만에 어떤 논란도 일으키지 않고 성구 사전을 출간했다. 그럼에도 불구하고 마벡의 서문은 조심스러운 논조를 보인다. 그는 자신이 '가장 널리 인정받은 번역본'을 사용해서 작업 과정에서 어떤 이단적 교의도 침입하지 못하도록 조치했다고 밝혔다. 더 나아가 그는 '성스러운 성경의 어떤 단어도 바꾸거나 첨가'하지 않았다고 선언했다. 어떤 추가도 변경도 왜곡도 없었다는 것이다. 마벡은 이후 40년을 더 살면서 오르간 주자로서 작곡가로서 자기 삶을 온전히 구가했다. 그의 성구 사전이 철저히 성경의 단어와 용례에만 의존했기 때문에 어떤 판단도 개입될 여지가 없었고 그러므로 이단으로 몰릴 여지도 없었던 덕분이었다.

앞의 사례와는 대조적인 경우로 19세기 말엽에 출판된 어떤 역사책의 뒷부분을 간단히 보기로 하자. J. 호러스 라운드(J. Horace Round)가 쓴 『봉건시대 잉글랜드: 11~12세기에 대한 역사적 연구(Feudal England: Historical Studies on the XIth and XIIth Centuries)』라는 저술이다. 연구의 많은 부분은 옥스퍼드 대학교 근대사 흠정교수 에드워드 오거스터스 프리먼(Edward Augustus Freeman)이 저지른 학문적 오류로 보이는 것에 할애되어 있다. 라운드는 프리먼을 중세 시대 연구의 진로를 심각하게 어긋난 방향으로 틀어 버린 책임이 있는 최악의 연구자로 여겼다. 하지만 600쪽에 달하는 책을 전체적으로 보면 그에 대한 적대감은 누그러져 있다. 결국 프리먼이 아니라 중세 잉글랜드가 책의 주제이기 때문이었다. 그러나 색인으로 가면 그 적대감은 더욱 노골적이다.

프리먼 교수: 케임브리지 카운티의 토지 심사 과정(Inq. Com. Cant.)에 대해서 모르다 4쪽; 노샘프턴셔주 지세 명부 무시하다 149쪽; 지세 심사 과정 혼동하다 149쪽; 프리먼이 가한 경멸에 찬 비판 150, 337, 385, 434, 454쪽; 정작 프리먼 자신이 오류를 저질렀음에도 불구하고 151쪽; 정복왕 윌리엄에 대한 프리먼의 비판 152, 573쪽; 휴 덴베르뫼(Hugh d'Envermeu)에 대하여 159쪽; 헤러워드(Hereward)에 대하여 160-4쪽; 프리먼의 역사 '왜곡' 323, 433쪽; 프리먼의 '의심의 여지가 없는 역사' 162, 476쪽; 프리먼이 말하는 '소위 사실들' 436쪽; 헤밍(Heming)이라는 승려의 날인증서와 다른 토지 기록 수집 목록 169쪽; 워터스(Waters) 씨에 대하여 190쪽; 봉건적 토지 보유권의 도입에 대하여 227-31, 260, 267-72, 301, 306쪽; 기사의 봉토에 대하여 234쪽; 레널프 플램바드(Ranulf Flambard)에 대하여 228쪽; 토지대장의 증거에 대하여 229-31쪽; 봉건제도의 영향을 과소평가하다 247, 536-8쪽; 병역면제세에 대하여 268쪽; 우스터 주교 울프스턴(Wulfstan)의 사망으로 부과된 상속세를 간과하다 308쪽; 단어나 이름에 좌우되다 317, 338쪽; 에드워드(Edward)왕 치하 노르만인에 대하여 318쪽과 그 이하; 프리먼의 편견 319, 394-7쪽; 리처드의 성(城)에 대하여 320쪽과 그 이하; 동명이인을 혼동하다 323-4, 386, 473쪽; 그의 여러 근거 없는 가정들 323쪽; 알프레드(Alfred)라는 이름에 대하여 327쪽; 셰리프 소롤드(Sheriff Thorold)에 대하여 328-9쪽; 헤이스팅스전투에 대하

리엄의 영지들에 대하여 439쪽; 프리먼이 저지른 토지대장에 대한 실수와 착각 151, 425, 436-7, 438, 445-8, 463쪽; '시민연맹'에 대하여 433-5쪽; 프리먼의 허황된 생각 438쪽; 엑서터에 대한 프리먼의 특별한 흥미 431쪽; 전설에 대하여 441쪽; 티에리(Thierry)에 대하여 451, 458쪽; 프리먼의 방식 454-5쪽; 리수아(Lisois)에 대하여 460쪽; 스티갠드(Stigand)에 대하여 461쪽; 월터 티럴(Walter Tirel)에 대하여 476-7쪽; 휴(Hugh) 추기경이 1197년 사자왕 리처드(Richard the Lionheart)의 전쟁 자금 지원을 거부하다 528쪽; 윈체스터 회합에 대하여 535-8쪽; 봉건제도를 왜곡하다 537쪽; 왕의 궁궐에 대하여 538쪽; 사자왕 리처드의 옥새 교체에 대하여 540쪽; 프리먼의 저술을 비판하는 이유, xi., 353쪽.[14]

우리가 이런 식의 전방위적인 초토화 공격을 상상하기란 거의 불가능할 정도이지만 한편 공격이 그렇게 무자비하고 강박적이다 싶을 정도로 지나치다는 점이 또한 흥미를 불러일으키는 것도 사실이다. 왜냐하면 라운드가 목소리에 신랄한 냉소를 담아서 자신이 쓴 이런 혹독한 인용구들—그의 역사 '왜곡'(…) 그의 '의심의 여지가 없는' 역사 (…) '소위 사실들'—을 크게 소리 내어 말하는 것을 상상하지 않기란 어려운 일이기 때문이다. 이것은 가장 극단적 형태의 주제 색인이다. 용어 색인과는 천양지차이다. 존 마벡의 방식이 엄밀하게 중립적이라면 라운드의 방식은 그와는 정반대여서 **완전히**

개성 넘치는 주체적 해석을 시도한다. 마벡의 성구 사전(용어 색인)이 완전함을 추구한다면 라운드의 색인은 한쪽으로 치우침을 선택한다. 존 마벡이 화형을 피할 수 있던 것은 용어 색인과 주제 색인 사이의 차이 덕분이라고 봐도 무방할 것이다.

그러나 라운드의 색인은 희귀한 경우이고 거의 예외적이다. 불가피하게 편찬자의 개성이 드러날 수밖에 없지만 바로 그런 이유로 편찬자가 통찰력과 결단을 동원하기 때문에 훌륭한 주제 색인은 훨씬 더 웅숭깊다. 연기의 경우 일반 관객이 그 연기에 들어간 노고를 눈치채기 시작하면 감상에 부정적인 영향을 받게 된다. 이상적인 색인은 책이 어떤 방식으로 읽힐지, 그것이 어떤 식으로 **이용될지** 미리 예측한다. 그리고 조용히 이런 목적을 위해 능숙하게 지도를 마련한다. 내가 바라는 바로는, 이 책에서 펼쳐지는 이야기가 용어 색인의 디지털 버전인 검색창의 득세로 초라한 신세에 빠진 주제 색인을 위한 변호가 되었으면 한다. 우연히도 용어 색인과 주제 색인은 같은 순간에 태어났다. 같은 연도에 생긴 게 아닐까 싶을 정도다. 둘은 거의 800년을 우리와 함께했다. 둘 다 여전히 생생하다.

1장 서열화의 취지

알파벳순 배열에 대하여

"(숙이세요) 만일 당신이 알파벳에 관심이 있다면,
이 점토판을 향해서, (고개를 숙여 보세요) 정말 신묘한 기호들이지요,
(그러니 부디 고개 숙여 주세요), 이 알파벳 점토판으로!"

        - 제임스 조이스(James Joyce), 『피네건의 경야(Finnegans Wake)』

1977년 여름, 문학잡지 《바나나스(Bananas)》에 영국의 SF 작가 J. G. 밸러드(J. G. Ballard)가 쓴 '색인(The Index)'이라는 제목의 이야기가 실렸다. 그 이야기는 짤막한 편집자의 주석과 함께 시작된다.

아래 인쇄된 텍스트는 아직 미출간된 것이고 아마도 발매금지된, 어쩌면 20세기에 가장 빼어난 인물에 꼽힐 만한 어떤 사내의 자서전에 붙은 색인입니다. (…) 특정되지 않은 어떤 정부 기관에 감금되었던 그이는 추측건대 생의 마지막을 자서전을 쓰며 보낸 것 같습니다만, 남은 것은 이 색인뿐입니다.[1]

그 이야기—헨리 로즈 해밀턴(Henry Rhodes Hamilton)의 흥망—의 나머지 부분은 알파벳 순서로 배열된 색인의 형태로 전개되기 때문에 독자는 쪽 번호가 제공하는 핵심어와 간단한 표제어와 전후 관계만을 동원해서 서사를 짜 맞추어야 한다. 이런 식으로 간접적인 수단을 이용해서 서사에 접근하는 방식은 오해투성이의 완곡어법이 개입할 여지가 풍부해진다. 예컨대 독자는 다음에 제시된 일관성 없는 색인 항목들로부터 해밀턴의 진짜 가계도를 추측해 내도록 요구받는다.

추가적인 항목들을 보면 해밀턴이 20세기의 우두머리 수컷(alpha male) 중에서도 최상위임을 드러낸다.

헤밍웨이, 어니스트 (…) 『노인과 바다(The Old Man and the Sea)』에서 HRH를 묘사하다, 453쪽.

인천, 한국, HRH가 맥아더 장군과 함께 인천상륙작전을 감독하다, 348쪽.

예수 그리스도, HRH가 말로(Malraux)에 의해 예수에 비견되다, 476쪽.

노벨상, HRH가 수상자로 지명되다, 220, 267, 342, 375, 459, 611쪽.

한편 정치인과 종교인의 관계를 보여 주는 항목들의 과정―우정으로 시작했지만 결국 비난하는 사이로 끝을 보는―을 보면 해밀턴이 세계 정복을 꿈꾸는 과대망상광이라는 사실이 이 이야기의 가장 명확한 뼈대임을 알 수 있다.

처칠, 윈스턴, HRH와 담소를 나누다, 221쪽; 영국 수상의 별장에서 HRH와 함께하다, 235쪽; HRH에게 요추천자 시술을 받다, 247쪽; HRH와 함께 얄타회담에 참석하다, 298쪽; HRH의 제안으로 미국 미주리주 풀턴시에서 '철의 장막' 연설을 하다, 312쪽; 하원 의회 토론에서 HRH를 공격하다, 367쪽.

달라이 라마, HRH에게 알현을 허락하다, 321쪽; 마오쩌둥과 함께 HRH가 주도하는 사업을 지지하다, 325쪽; HRH의 알현을 불허하다, 381쪽.

간디, 마하트마, 교도소를 찾아온 HRH를 맞다, 251쪽; HRH
와 힌두교 성전 『바가바드기타(Bhagavadgita)』를 놓고 의견
을 나누다, 253쪽; HRH에게 자신의 도티를 세탁하게 하다,
254쪽; HRH를 비난하다, 256쪽.
교황 바오로 6세, HRH가 이끄는 퍼펙트 라이트 무브먼트
(Perfect Light Movement)를 칭찬하다, 462쪽; HRH를 알현
하다, 464쪽; HRH에게 공격받다, 471쪽; HRH가 메시아를
자처한 것에 대해 탄식하다, 487쪽; HRH가 설립한 아비뇽
반교황 단체를 비판하다, 498쪽; HRH를 파문하다, 533쪽.

이야기가 해밀턴의 몰락을 향해 갈 때부터 밸러드는 알파
벳의 마지막 철자들 주변에 순차적으로 사건들을 집중 배치
하여 이야기를 발 빠르게 몰고 간다. HRH가 사이비 종교 집
단인 '퍼펙트 라이트 무브먼트'를 창시한다. 그 단체는 HRH
의 신성을 주장한 뒤 유엔총회를 장악하고 미국과 소련을 향
해 세계대전을 벌일 것을 요구한다. 그는 체포되었고 감옥
에 갇혔다가 그만 사라졌는데, 영국의 대법관은 그의 정체
에 의문을 제기한다. 마지막 항목은 의문에 싸인 색인 작성
자 자신에 관한 다음과 같은 정보였다. "질린스키, 브로니슬
라브(Zielinski, Bronislaw), HRH에게 자서전 쓸 것을 제안하
다, 742쪽; HRH로부터 색인 작성을 의뢰받다, 748쪽; HRH
에게 책을 출간하지 말라는 협박이 있을 것이라고 경고하다,
752쪽; (질린스키가) 종적도 없이 사라지다, 761쪽."

밸러드가 「색인」에 대해서 갖는 자부심은 각별했다. 그럼에도 불구하고 한 가지 중요한 면에서 「색인」은 색인**답지 않다.** 게다가 읽기에 좋은 이야기가 색인다울 수는 없다. 밸러드는 우리가 그의 색인을 앞에서 뒤로, 즉 A부터 Z 순서로 읽을 것을 알고 있었다. 그래서 비록 느슨한 형태로나마 사건 연대기의 전후 상황을 색인의 근본적인 순서인 알파벳순에 맞추었다. 알파벳 앞부분의 핵심어는 HRH의 어린 시절에 맞춰져 있고 그의 오만무도한 행적이 거의 병적인 수준으로 나아가는 내용은 T에서 V 사이에서 다뤄지며 그의 몰락은 W에서 Y 사이에 서술된다. 두 가지의 서로 다른 순서 체계인 알파벳 어순과 연대기적 서술이 이 글에서는 대체로 일치한다. 즉 색인의 순서와 사건의 내용이 대체로 나란한 구조이다. 하지만 색인은 절대 그런 것이 아니다.

만약 색인이 무엇인지 알고 싶다면, 이 신기하고도 불가사의한 알파벳 자모순 배열 방식의 의미를 진정 알고 싶다면 우리는 선사시대까지 파고들어야 한다. 지금껏 당연한 것으로 여겨 왔지만 색인은 2000년 전에 거의 불현듯 등장했다. 우리가 매일 쓰는 것이지만 로마제국과 같은 거대한 문명은 자신들의 행정적 업무를 위한 도구에서 색인을 철저히 배제했다. 그런 납득하기 힘든 침체기가 있었다는 사실을 염두에 두고서 그리스나 로마가 아니라 뉴욕에서 그리고 고대가 아니라 우리 시대와 대체로 가까운 곳에서 이야기를 시작하기로 하자.

1917년 4월 10일, 뉴욕 렉싱턴 46번가의 그랜드 센트럴 팰리스에서 독립미술가협회(Society of Independent Artists) 주최로 최초의 연례 전시회가 개최되었다. 프랑스 미술 아카데미의 경직된 전통주의에 반발해 만들어진 프랑스 앙데팡당전(Salon des Indépendants)을 본떠 만든 독립미술가협회 전시회는 심사위원도 없애고 등수도 가리지 않겠다면서 희망자 전원을 초대하여 작품을 전시했다. 전시회의 본보기는 마르셀 뒤샹(Marcel Duchamp)이었다. 그는 5년 전에 〈계단을 내려오는 나부 No. 2(Nude Descending Staircase, No. 2)〉를 파리의 앙데팡당 전시회에 선보였다가 논란 속에 퇴출당한 전력이 있었다.

뉴욕 전시회는 유럽에서는 전례가 없었던 혁신적 방식을 도입했다. 뒤샹의 친구, 앙리 피에르 로셰(Henri-Pierre Roché)에 따르면 그것은 '전시회 역사상 최초'로 시도되는 것이었다. 작품을 예술가의 성씨에 따라 알파벳순으로 전시하기로 한 것이다.[2] 전시회의 카탈로그는 다음과 같이 그 이유를 설명했다.

어떤 식으로든 분류를 해서 배치하게 되면 불가피하게 주관적 판단에 의존하게 되는데, 개별 전시물을 그런 판단으로부터 자유롭게 만들기 위해 모든 전시작은 양식이나 매체와 무관하게 알파벳순으로 전시될 것입니다.[3]

도판 1: 세 가지 별난 특징을 자랑하고 있는 독립미술가협회 전시회 카탈로그. "심사위원 없고 등수 가리기 없고 이름 알파벳순으로만 전시합니다(No Jury. No Prizes. Exhibits Hung in Alphabetical Order)."

작품 전시를 담당했던 비어트리스 우드(Beatrice Wood)는
전시회가 열리기 전날 작품들이 두서없이 도착해서 그것들
을 적절한 장소에 전시하기 위해 겪어야 했던 꽤 혼란스러웠
던 상황을 다음과 같이 설명했다.

> 이름 철자를 틀리지 않도록 사백 번이나 확인하려면 얼마나
> 어지러웠겠어요! 그래도 동명이인 여덟 명이 등장하는 슈미
> 츠(Schmidts)라는 성씨에 도달하기 전에는 대략 수월했어요.
> 우리가 슈미츠의 작품들을 어떤 곳에 놓자마자 다른 사람이
> 그것들을 다른 장소에 갖다 놓는 거예요. 어떤 그림을 슈미츠
> 여덟 명 중 한 명의 그림이라고 생각하고 전시를 하고 나면 그
> 것이 다른 슈미츠의 그림으로 판명이 나는 겁니다. 그 문제로
> 한 시간이나 난리를 쳤답니다. 그럴 때마다 한숨을 쉬면서 무
> 거운 액자로 표구된 그림을 질질 끌고 갈 수밖에 없었지요.[4]

알파벳순으로 전시하기. 거기에 담긴 취지를 이해하는 것
은 어렵지 않다. 모든 출품자들은 전시회 주최자들에 의해 평
가—장려, 분류 또는 거부—되지 않으면서도 전시 공간을
('약소한 액수이긴 하지만') 살 권리를 가진다는 것이다. 이런
시도는 완전히 평등한 방식이었다. 전시 순서에 어떤 의도도
개입되지 않기 때문이다. 그러나 관람객 입장에서는 어떨까?
우리가 그 전시회의 가상의 방문객이라면 어땠을까? 관람객
들이 그림 수백 점을 그냥 훑어보게 하기보다는 어느 정도는

본질적 구성—양식, 주제, 규모—에 기반한 분류를 해서 더 일관성 있고 더 만족스러운 감상을 돕겠다는 뜻으로 활성화된 큐레이션이라는 관점에서는 어떨까?

냉정히 말해서 알파벳순으로 배열하는 전시회 방식은 백 년이 지난 오늘날에는 별로 인기가 없다. 왜 그럴까? 지금은 그런 생각이 어떻게 평가될까? 태만하다고? 생각 없이 벌인 바보짓이라고? 아마도—나의 직감적인 생각에 불과하지만—미술품을 모아 놓으면 함께 모인 미술품끼리 어떤 연관성이 생기면서 각각의 그림이 서로에게 의미를 더해 준다는 사실과, 세심하게 전시 순서를 정하게 되면 그 전시물 전체는 개개의 그림보다 더 거대한 가치를 드러낸다는 사실을 너무 간단히 무시해 버린, 흥미로움에도 불구하고 너무 순진했던 시도였기 때문일 것이다. 그래서 미술관에는 큐레이터들이 있는 것이다.

나의 짐작이 그럴듯하게 들린다면, 이는 알파벳순 배열을 모르지 않았음에도 불구하고 중세 초기에는 그것이 왜 그렇게 희귀했는지에 대한 이유를 우리에게 말해 줄지도 모른다. 중세사 역사가인 메리 라우스(Mary Rouse)와 리처드 라우스(Richard Rouse) 부부는 다음과 같이 말했다. "중세는 알파벳순 배열을 좋아하지 않았다. 그것을 이성에 반하는 것이라고 여겼기 때문이다."[5] 이름의 자모순이라는 아무런 연관성이 없는 우연에 의지하는 전시회에 대해 우리가 느꼈을 반감이 자신들의 책 속에서 논리를 전개하는 방식을 고민했을 중세인에게도 또한 느껴졌던 것이다.

신은 조화로운 우주를 창조했고 그 속의 부분들은 모두 서로 연결되어 있다. 이런 이성적인 연관성—위계적 연관성, 연대기적 연관성, 유사점과 차이점의 연관성—을 식별해 내는 것이 그리고 이런 연관성을 그들 저술 구성에 반영하는 것이 학자들이 해야 할 몫이다. 알파벳순을 시도하는 것은 이런 책임을 방기하는 것을 의미했다. [여기서 '위계(hierarchy)'는 근대 이전의 서양 정신세계의 기반인 신이 만든 우주 속의 위계, 즉 '존재의 대사슬(great chain of being)' 속의 위계임-옮긴이]

라우스 부부는 본질적인 질서를 위한 탐구에서 벗어나는 것은 그런 질서의 존재를 부정하는 것이 될지도 모른다는 더 심각한 근심이 중세인들 사이에 있었을 것이라고 말했다. "의도적으로 알파벳순을 이용하는 것은 어떤 저술을 이용하는 개개인이 저자와도 그리고 다른 독자와도 다른, 개별적 기준에 따라 그것을 재배열할 수 있음을 암묵적으로 인정하는 것에 해당한다."

비록 우리가 알파벳순의 미술 전시회를 환영하지는 않았을지라도 오늘날 다른 경우에서는 알파벳순을 기꺼이 사용하는 것 같다. 학창 시절 매일 아침 우리 이름은 알파벳순으로 불렸다. 더 나이가 들면 우리는 스마트폰 연락처 목록을 조금의 거리낌도 없이 스크롤할 것이다. 이보다 더 편리한 게 어디 있겠는가? 우리가 위령비에 적힌 망자의 목록을 훑어볼 때 누구도 그 이름이 알파벳순이어서 그들의 희생이 폄하되었다고 걱정하지는 않는다. 우리는 (예전 지역별 전화번호부에서처럼) 알파벳순으로만 분류되어 있는 경우에도 그 목록의 사용법을 거의 무의식적으로 알고 있다. 아니면 알파벳순 목록이 (가령 먼저 업종별로 항목이 분류된 다음 각 업종 내 세부 항목은 알파벳순으로 나열된 예전 업종별 전화번호부처럼) 다른 특화된 분류 또는 특정한 맥락적 분류와 연계되는 경우에도 마찬가지다. 그런 체계는 우리에게 너무나 친숙하고 너무나 깊이 우리 삶에 배어 있고 우리가 그렇게 일찍 습득한 것이어서 자명하게 보인다. 처음에 어떻게 사전 검색법을 배웠는지 기억이 나는가? 난 기억나지 않는다. 나는 누구를 통해 그것을 배웠다는 생각도 들지 않고, 도무지 어떤 식으로 알게 되었는지 파악할 도리가 없다. 그러나 어떻게 된셈인지 누구나 저절로 알 수는 없어 보이는 그 방법을 우리는모두 알고 있다.

1604년에 로버트 코드리(Robert Cawdrey)는 최초의 것으로 여겨지는 영어 사전을 출간했다. 당시 다른 많은 책처럼 첫 페이지에 적힌 사전의 전체 제목은 오늘날 관점에서 보면 극히 길고 상세하다.

참된 글쓰기를 드러내고 가르치기 위한, 그리고 히브리어, 희랍어, 라틴어 혹은 프랑스어 등으로부터 빌려 와서 까다롭지만 일상적으로 쓰이는 영어 단어를 이해하기 위한 알파벳순 단어 일람표. 그래서 숙녀와 신사 또는 언어에 미숙한 다른 많은 사람을 위해 수집한 그 단어들을 평이한 단어로 설명했다. 이 사전으로 그들은 성경이나 설교나 다른 것들을 듣거나 읽을 때 만나는, 많은 어려운 영어 단어를 더 쉽게 더 잘 이해할 수 있을 것이고 또한 그들 스스로 그 단어들을 능숙히 사용할 수 있게 될 것이다.

이 제목에는 '숙녀와 신사 또는 언어에 미숙한 다른 많은 사람' 말고도 눈여겨볼 것이 많다. 적어도 우리는 코드리의 사전 제작 의도의 핵심을 찾아낼 수 있다. 즉 이 책은 '히브리어, 희랍어, 라틴어 혹은 프랑스어 등으로부터 빌려 온' 외래어지만 영어에서 쓰이고 있는 단어들의 뜻을 제공하기로 의도된 책이라는 것이다. 또 이 책은 교육을 통해 이들 언어를 배울 기회를 갖지 못했던 독자들을 위한 것이며 그래서 영어 책에서 이런 단어들이 불쑥 튀어나올 때 그것을 이해할 수 있게 하려는 것이었다. 비록 현재 학자 대부분은 이 책을 코드리의 『알파벳 순서로 된 단어 일람표(A Table Alphabeticall)』(1604)라고 말하지만, 이런 식으로 제목을 줄여 버리는 것은 우리에게 책의 배열 원칙은 말해 주지만 내용까지는 알려 주지 못하는 다소 의아한 결과를 낳는다.

그 책이 처음부터 알파벳순임을 공언한 것을 감안하면 권두에서 다음과 같이 책 사용에 관한 긴 설명이 보이는 것은 조금 의외이다.

> 고귀한 독자여, 만약 당신이 정확히 그리고 즉시 이 목록과 이
> 와 비슷한 것을 이용해서 배우고 싶고 도움을 얻고 싶다면 당
> 신은 알파벳, 즉 철자의 배열 순서를 배워야 하고 그것을 완벽
> 하게 외워서 각 철자가 어디에 위치하는지를 파악해야 한다.
> 가령 'b'는 앞자리에 가깝고, 'n'은 대략 중앙에 위치하며, 't'
> 는 끝자리에 가깝다는 것을 알아야 한다. 그럼 만약 당신이 찾
> 고 싶은 단어가 'a'로 시작한다면 책의 앞부분을 펴면 된다. 그
> 러나 만약 'v'라면 끝부분을 찾아야 한다. 더 나아가 만약 'ca'
> 로 시작하는 단어를 찾고 싶다면 'c' 중에서도 앞부분을 찾아
> 야 할 것이고, 'cu'라면 'c'의 뒷부분으로 가야 할 것이다. 나머
> 지도 그런 식으로 찾으면 된다.[6]

이 설명은 알파벳순으로 된 목록을 이용하는 방법에 관한
조언인데, 완전 기초부터 시작한다. 고귀한 독자여, 먼저 당
신은 알파벳 순서부터 배워서—그것도 달달 외울 정도로 **철
저하게** 배워서—'책의 도움 없이도' 그것을 기억해 낼 수 있
어야 한다. 코드리가 독자의 수준을 얼마나 '얕잡아' 보았는
지를 생각하면 꽤나 충격적일 정도다! 그는 현대의 독자라면
당연한 것에 대해서 구구절절 설명하고 있다. 각각의 철자는
책과 공간적으로 어떤 관계를 맺는다는 것이다. 그래서 철자
의 앞부분에 가까운 것은 책의 앞부분 근처에서 발견된다는

말이다. 게다가 이런 알파벳순은 차례로 포개듯 배열되어 있다. 즉 'capable'은 'culpable' 앞에 놓이는데 두 단어가 모두 c로 시작하지만 'capable'의 두 번째 철자 a가 'culpable'의 그것에 해당하는 u 앞에 오기 때문이다. 이런 방식은 다른 철자에도 마찬가지로 적용된다.

사실 코드리가 하는 식으로 알파벳을 배열하는 방식은 1604년에 처음 발명된 것이 아니다. 코드리의 사전 사용법 또한 새로운 것이 아니다. 코드리에 앞서서 파피아스 더 롬바르드(Papias the Lombard, 약 1050)와 조반니 발비(Giovanni Balbi, 1286)가 자신들이 만든 라틴어 사전들 앞부분에서 일련의 비슷한 (하지만 코드리의 것에 비해서는 덜 훈계조인) 사용법을 이미 제시했다.[7] 이 모든 사실이 입증하는 것은 알파벳 순서가 저절로 생겨난 것이 **아니라는** 말이다. 우리가 단어를 쓸 때 사용하는 철자들에 순서를 매기고 그런 식의 순서를 도서관의 책이나 전시회의 그림이나 당신이 사는 지역 사업자들의 업종 같은 완전히 다른 것을 위해 적용한다는 발상은 거의 혁명적이다 싶은 상상력의 도약을 요구하는 것이다. 그것은 이미 배열되어 있는 것의 본질적인 특성을 무시하고 내용보다는 형태에, 의미보다는 철자에 초점을 맞추어 완전히 임의적인 우연에 내맡기는 것이다.

알파벳 철자에 순서를 매기는 것은 일찍감치 고안되었지만, 행정적 관리에 도움을 주는 도구로 정착되기까지는 오랜

도판 2: 기원전 14세기경 것으로 보이는, 자모순으로 배열된 우가리트 문자를 보여 주는 점토판.

세월이 더 흘러야 했다. 시리아 북쪽의 고대도시 우가리트에서 발견된 점토판들을 통해 기원전 8세기 중엽에 그곳에서 알파벳 철자에 순서를 매기는 방식이 정착되었음을 확인할 수 있다.[8] 점토판에는 단순히 철자가 **알파벳순**(abecedaria)으로 배열되어 있다. 마치 오늘날 영국과 미국 어린이들이 〈반짝반짝 작은 별〉 곡조에 맞춰 노래를 부르며 알파벳을 배우는 것처럼 그 점토판도 읽기와 쓰기를 배우는 이를 위한 보조 도구였을 것이다.

우가리트어는 쐐기문자였다. 젖은 점토판에 쐐기모양의 갈대를 눌러 썼다. 이 쐐기판에 기록된 소리의 순서는 다른 관련 문자, 즉 우리에게 더 친숙한 선형문자를 사용하는 페니키아인의 문자에 반영되었고, 그 문자의 순서는 히브리어, 희랍어 그리고 궁극적으로 라틴어의 철자로 전해졌다.

히브리어의 경우 이스라엘 중부의 고대도시 라키시에서 지금껏 알려진 것 중에서는 최초로 알파벳순으로 문자를 새겨 넣은 명각(銘刻)이 발견되었다. 기원전 10세기 초에 석회석 계단에 새겨졌던 이 명각은 다소 사나워 보이는 사자의 그림 옆에 알파벳의 처음 다섯 철자를 새긴 것이다.[9] 우가리트어로 된 알파벳 점토판도 그렇지만 이 명각도 문자를 배우는 이가 새겨 넣었을 가능성이 있다. 그 명각을 발굴하고 난 직후에 열린 런던의 강연회에서 고고학자 찰스 잉(Charles Inge)은 그것이 '계단 꼭대기에 이를 때까지 앞에서 다섯 번째까지의 알파벳 철자를 쓸 수 있는 자신의 능력을 과시하려던 남학생의 작품'일 것이라고 밝혔다.[10] 기원전 9세기 무렵에도 알파벳순은 여전히 그저 암기 능력을 확인하는 수단 이상은 아니었다.

그러나 그로부터 몇 세기가 지난 후 알파벳순은 훨씬 더 놀라운 어떤 것으로 사용되기 시작했다. 히브리 성경의 일부가 답관체(踏冠體) 서술방식을 적용한 것이다. 그중에는 잠언 31장 10~31절과 시편 25, 34, 37, 111, 112, 119편과 145편이 포함되어 있었다. 답관체란 각각의 시구의 첫 글자를 히브리어 알파벳 순서에 따라 시작하는 방식을 말한다. 가장 두드러진 것은 예레미야애가인데 다섯 장 중에서 네 장이 이런 서술방식을 따르고 있다. 각 장은 22개 연으로 구성되고 그중에서 1연은 히브리어 알파벳 첫째 자인 '알레프(aleph)'로 시작되고, 2연은 둘째 자 '베트(beth)'로, 3연은 셋째 자 '김멜(gimmel)', 그리고 계속 그런 식으로 이어지다가 22연에서는 스물두 번째이자 마지막 철자인 '타브(tav)'로 끝난다. (66연에 달하는

3장에서는 답관체의 규칙을 세 배로 강화해서 알레프, 알레프, 알레프, 베트, 베트, 베트 등등으로 끝까지 이어진다.) 철자의 순서는 일종의 시적인 틀로 사용되고 있다. 현대시의 압운과 보격처럼 알파벳이 시인에게 시적 허용 범위를 규정하는 것이다.

이따금 답관체를 애너그램[anagram, 철자 바꾸기-옮긴이], 리포그램[lipogram, 한 문자, 혹은 여러 문자를 한 번도 쓰지 않는 제약된 글쓰기-옮긴이]과 다른 여러 언어 제약적 글쓰기와 더불어 한꺼번에 싸잡아 무시하는 경향도 있었다. 본질적으로 변덕스럽고 가식적이어서 진지한 시인의 품위에는 맞지 않는다는 이유였다. 18세기 초반에 조지프 애디슨(Joseph Addison)은 답관체를 "품위 있는 작가연하는 (…) 가장 터무니없고 명백한 멍텅구리들"을 위한 글쓰기라며 맹비난했다.[11] 하지만 예레미야애가는 히브리 성경에서 가장 암울한 탄식에 속한다. 예루살렘이 파괴된 후 기원전 6세기에 쓰인 애가는 그 도시의 운명을 애통해하는 끝없는 비탄을 담은 것이다. "사람들로 가득했던 예루살렘이 어쩌다 이토록 적막강산이 되었는가! 어쩌다 이토록 과부 신세처럼 되었는가![예레미야애가 1:1-옮긴이]" 답관체에 대해 쓴소리를 쏟아 놓는 것은 셰익스피어가 그의 작품을 약강 5보격[pentameter, 시의 한 행을 다섯 개의 약강 보격으로 구성하는 방식-옮긴이]에 가두어 버렸다며 한탄하거나 혹은 초서가 그의 글을 압운으로 제약하지 않았더라면 『캔터베리 이야기』는 얼마나 더 훌륭한 글이 되었을까 하고 개탄하는 것만큼이나 어처구니없는 일이다. 오히려 알파벳순을 학동들의 학습 보조 도구로 보는 차원을 벗어나 이를 망명 생활의 걷잡을 수 없는 고통을 진정시키고 문학적 창의성을 발휘하는 촉매로 승화한 점을 경외의 시선으로 바라보는 것이 훨씬 더 나을 것이다.

하지만 그때까지도 여전히 알파벳 어순의 특별한 특성—누구든 자기 언어의 ABC(히브리어라면 알레프 베트 김멜…… 희랍어라면 알파 베타 감마……)를 배운 사람이라면 자모순이라는 배열 방식을 어떤 목록이나 책이나 선반 등을 배열하도록 변환할 수 있을 것이다—을 이용해서, 그것을 탐색의 도구로 사용하는 수준에 이르지는 못했다. 이 정도의 수준에 이르자면 예레미야의 탄식이 주는 슬픔으로부터 300년을 더 미래로 가고 예루살렘으로부터 서쪽으로 300마일을 더 이동해야 한다.

기원전 323년에 알렉산더대왕이 죽은 후 후계자들끼리 그가 일군 제국의 판도를 놓고 일련의 내전을 벌였다. 이집트는 알렉산더 휘하 장수의 일원이었던 프톨레마이오스 1세 소테르(Ptolemaeos I Soter)의 통치를 받게 되었다. 그가 세운 제국은 거의 300년 후 이집트 최후의 여왕 클레오파트라가 로마에 패할 때까지 지속했다. 수도는 새로 건설한 알렉산드리아였다. 대략 기원전 3세기가 시작될 무렵에 바로 이곳에 프톨레마이오스는 당대 최고의 학자들이 살고 연구하고 가르칠 수 있는 전당을 세웠다. 현대의 대학 같은 곳이었던—이런 식으로 대학이 번성하는 것은 지속적으로 이 책의 서술에 중요한 바탕이 된다—그 전당은 시, 음악, 학예를 주관하는 아홉 여신인 뮤즈(Muses)에게 헌정되었는데, 그래서 이름도 '무세이온(Mouseion)' 혹은 라틴어로는 '무사에움(Musaeum)'이라 불렸고 그것은 현대에 와서 '뮤지엄(museum)'이 되었다. 그 중심에는 당시 역사상 최대의 도서관, 알렉산드리아도서관이 있었다. 이 도서관은 프톨레마이오스의 후계자였던 프톨레마이오스 2세 치하에서 융성기를 맞았는데, 적게 잡아도 두루마리를 4만 권 이상 보유했던 것으로 추정된다(넉넉잡아 50만 권에 달했다는 주장도 있을 정도다).¹² 이 정도 규모였다면 어떤 식으로든 정돈을 해야 쓸모가 있었을 것이다. 어수선하게 뻗어 나가기만 하는 도서관을 알파벳 24개 자모를 동원해 단정하게 배열한 이는 칼리마코스(Kallimachos)라는 사람이었다.

칼리마코스는 오늘날 그가 쓴 운문으로 가장 잘 알려져 있다. 그는 동료 시인인 할리카르나소스의 헤라클레이토스(Herakleitos of Halikarnassos)에게 바치는 비가(悲歌)의 저자이다. 그 비가는 윌리엄 존슨 코리(William Johnson Cory)의 번역으로 종종 다음과 같은 구절이 명시 선집에 수록되곤 했다. "그들이 나에게 말해 주었다네, 헤라클레이토스여, 자네가 죽었다고 그들이 나에게 말해 주었다네." 칼리마코스는 성가(聖歌), 비가, 경구 같은 짧은 글을 선호하고 서사시를 경멸해서 **mega biblion, mega kakos**('큰 책은 큰 해악')

와 같은 경구를 남긴 것으로 알려져 있다. 그럼에도 불구하고 이 책에서 우리의 관심을 끄는 것은 시인 칼리마코스가 아니라 학자로서의 업적이다. 학자로서 그는 파피루스 두루마리 120개로 이루어진 『피나케스(Pínakes)』라는 방대한 책을 저술했다. 오랫동안 『피나케스』는 칼리마코스가 '도서관 사서(bibliophylax)'로 일하는 동안 작성된 것으로 알려졌다. 하지만 20세기 초반에 고대 이집트 옥시린쿠스에 해당하던 지역의 쓰레기 더미에서 도서관장들의 이름을 알파벳순으로 늘어놓은 것으로 보이는 파피루스 조각이 발견되었다. 칼리마코스의 이름은 없었다.[13] 대신 로도스의 아폴로니우스(Apollonius of Rhodes)라는 그의 과거 제자 중 한 명의 이름이 있었다. 둘 사이에는 쓰라린 문학적 불화가 생겼는데 우연인지 고의인지는 몰라도 아폴로니우스는 서사시를 남겼다.[14]

칼리마코스는 도서관장 자리에 앉지 못했을 수도 있다. 그러나 『피나케스』를 편찬하면서 그 도서관의 기록을 보존하기 위해 거의 모든 것을 했던 사람은 바로 그였다. 『피나케스』는 '게시판'이나 '서판'처럼 그냥 '얇은 판(Tables)'을 의미하지만 칼리마코스 저술의 전체 제목인 『학문의 모든 분야에서 빼어난 학자들과 그들 저술의 목록(Tables of Men Illustrious in Every Field of Learning and of Their Writing)』에서 '피나케스'는 목록을 뜻한다. 그것은 그 도서관에 소장되었던 모든 저술의 목록이었다. 이것이 쓸모 있으려면 그것을 참조하는 열람자들이 수많은 항목 중에서 그들이 원하는 것을 찾을 수 있게 항목들이 분류되어 있어야 했다. 비록 『피나케스』는 일부조차도 전해지지 않지만 우리는 그것의 사본을 볼 수 있었던 후대의 고전 작가들의 다른 저작들에서 부분적으로 전해지는 여러 언급으로부터 『피나케스』의 구성에 대한 전모를 추론할 수 있다. 그 책은 제일 먼저 장르에 따라 수사학, 법학, 서사시, 비극 등으로 분류되었다고 추정된다. 그리고 서기 2세기 말 나우크라티스의 아테나이오스(Athenaeus of Naukratis)가 "나는 칼리마코스가 그의 책 『잡다한 보고서 목록(Tablet of Miscellaneous Treatises)』에서 파에스투스(Phaestus)뿐만 아니라 아이기무스(Aegimus), 헤게시푸스(Hegesippus), 메트로비우스(Metrobius)가 밝혔던 케이크 레시피에 관한 기록을 남겼다는 사실을 알고 있다"라고 써 놓았던 것을 보면, '피나케스'의 끝부분이 데이프나(deipna)와 플라쿤토포이이카(plakuntopoiika), 즉 향연과 케이크 만들기와 같은 온갖 '잡다한' 부류들로 세분화되었음을 짐작할 수 있다.[15] 이들 목록에서 주목해야 할 중요한 것이 있다. 그것은 고대 그리스인들이 케이크 만드는 일에 얼마나 진지하게 임했는가를 보여 줄 뿐 아니라 칼리마코스가 자신이 만든 각각의 분류 목록 안에서 저자들의 이름을 알파벳순으로 기록했다는 것도 말해 준다.[16] 장르에 따라 먼저 분류하고 알파벳순으로 이름을 배열하는 이중적인 체계로 독자들이 작가를 찾을 수 있게 만든 다음, 칼리마코스는 여기서 한발 더 나아간 정보를 제공한다. 하나는 전기적 기록이다. 가령 부친의 이름, 출생지, 별칭(작가들의 이름이 동일할 때 도움이 된다), 직업, 어떤 유명한 스승에게 사사했는가 따위의 정보들이 드러난다. 다른 하나는 서지학적 정보이다. 당시는 책 제목이 없었기 때문에 어떤 작가의 저서 목록을 밝힐 때 '인키피츠(incipits)', 즉 글머리를 대신 올리고, 그 옆에는 저작의 길이가 총 몇 행에 달하는지를 밝혀 두었다. 후자의 정보가 중요했던 이유는 당시에는 그것을 기준으로 사서들은 문제가 된 저술의 완전판 여부를 확인할 수 있었고 서적상들은 사본 제작비용을 추정할 수 있었기 때문이다.

칼리마코스 카탈로그의 표제는 두루마리가 보관되었던 함 위에 매달려 있었을 어떤 팻말들을 가리키는 것이었다는, 즉 그 함 속에 무엇이 있는지를 보여 주는 서가(書架) 기호였다는 주장이 강력하게 제기되었다. 만약 이것이 사실이라면 '피나케스'는 미래에 색인이 어떤 식으로 기능할 것인지에 대해 중요한 시사점을 던진다. 즉 지시 내용과 지시 대상의 공간적 관계를 말해 준다는 것이다. **여기에** 있는 어떤 것이 **저기에** 있는 어떤 곳에 있다, 즉 카탈로그의 표제는 그 표제가 지시하는 것이 있는 선반의 위치를 가리킨다는 말이다.

잠시 짬을 내어 두루마리가 어떻게 보관되었는지 알아보기로 하자. 선반 위에 매달린 팻말은 고대 도서관에서 당신이 찾고 있는 것의 위치를 대략 파악하게 하는 한 가지 방식이었다. 그러나 희랍인들은 개별 두루마리의 위치까지 확인할 수 있는 추가적 수단도 마련했다. (현재 우리가 특정한 책을 빨리 식별하기 위해 사용하는 책 커버, 책등 그리고 속표지 같은 모든 것은 겨우 몇 세기 전에만 해도 없었던 비교적 최근의 방식들이다. 그 방식들은 오늘날 우리가 알고 있는 책이라 할 수 있는, 넘길 수 있는 책장이 있어야 하고 그걸 책등으로 그러모아 제본하여 완성한 코덱스가 등장하고 나서야 가능해진다는 점을 상기하라.) 두루마리의 정체를 펼쳐 보지 않고도 알아보기 위해서 두루마리마다 책의 글머리와 저자의 이름을 눈에 띄게 보여 주는, 작은 양피지 꼬리표를 부착한 것이다. 그것을 '시티보스(sittybos)'라 이름하였는데 더 흔히는 '실리보스(sillybos)'라 불렸다(그래서 실리보스가 두루마리의 내용물을 알려 준다면 우리가 쓰고 있는 '실러버스(syllabus)'는 강의계획서, 즉 강의할 내용을 알려 준다).

　로마의 위대한 정치인이자 웅변가인 키케로가 자신의 개인 서재를 정돈하려고 시도했을 때 그가 해야 했던 일 중에 하나는 모든 두루마리의 이름표를 각각 수정하는 것이었다. 그는 친구인 아티쿠스에게 다음과 같은 편지를 썼다.

　　자네가 우리 집을 방문해 주면 기쁘겠네. 티란니오가 내 책을 멋지게 정돈해 놓았다네. 훼손되지 않고 남아 있는 책들은 내가 기대했던 것보다 훨씬 좋은 상태에 있다네. 그리고 접착제로 이름표를 부착하는 일과 여타 작업에서 티란니오를 도와주도록 자네가 부리는 사서를 두 명 정도만 나에게 보내 주면 고맙겠네. 그리고 그들이 오는 길에 이름표, 자네 나라 말

로는 '시티바이(sittybae)'에 쓸 양피지를 좀 갖고 오도록 말해 주시게.[17]

아티쿠스가 희랍인이었기 때문에 키케로는 두루마리 이름 표를 언급하면서 희랍어인 '시티바이'를 병기했다. 다음 편지 에서 그는 사서들이 일을 잘 마쳐 준 것에 대해 기쁨을 표한 다. 그가 일목요연하게 정리된 도서관이 집 전체에 활기를 불 어넣었다고 좋아하는 것이야 대체로 잘된 일이지만 우리는 이 편지에서 키케로가 이름표라는 뜻으로 동원한 단어에 주 목해야 한다. 게다가 그는 희랍어 단어를 병기도 하지 않는다.

이제 티란니오가 내 서재를 정돈해 놓고 보니 내 집은 생기가 넘친다네. 자네가 보내 준 사서들, 디오니시우스와 메노필루 스도 엄청난 역할을 했다네. 이제 자네 사서들이 달아 준 그 이름표[인디케스]가 두루마리들에 생기를 불어넣고 그들이 만 든 선반들은 우아하기 짝이 없다네.

바로 이것이다. 로마인에게 '인덱스'는 이름표, 즉 각각의 두루마리에 다는 이름표를 의미한다. 이것은 현대적 의미의 인덱스와 그다지 일치하지는 않는다. 그러나 그것에 접근하 고 있다. 내용을 암시해 주고 도서관의 방대한 자료 속에서 우리가 찾는 것을 발견하게 해 준다. 한편 인덱스의 복수형으 로 라틴어식의 '인디시즈(indices)'를 써야 하는가 아니면 영

도판 3: 영국 국립도서관이 소장한 서기 2세기경 것으로 보이는 파피루스 조각. 이 두루마리의 정체가 고대 그리스 바킬리데스가 쓴 「주신찬가(Dithyrambs of Bacchylides)」임을 말해 주는 실리보스가 여전히 붙어 있다.

어화된 '인덱시즈(indexes)'를 써야 하는가 하는 문제를 놓고 옥신각신하기도 하지만 희랍어 '실리보이(sillyboi)'는 더 이상 선택받지 못하고 사장되었다.

알렉산드리아도서관으로 되돌아가 살펴볼 때 알파벳순으로 배열하는 원칙을 칼리마코스나 무세이온에서 일했던 그의 동료들만의 발명품이라고 단정할 수는 없다. 그럼에도 불구하고 그 이전에 그런 사례가 잘 없었다는 사실과 전례 없는 규모로 정보가 축적되었을 때에야 비로소 그런 요구가 발생한다는 사실을 고려해 볼 때 로이드 달리(Lloyd Daly)의 조심스러운 언급대로, 그것은 '합리적이고도 주목할 만한 추정'으로 보인다.[18] 도서관의 거대함—고대 희랍 지식의 빅데이터라 할 수 있는—이 결정적인 기술혁신의 촉진제가 되었다. 단순히 알파벳순으로 새겨 넣은 명각으로부터 알파벳순으로 작성한 목록으로, 알파벳순을 **아는** 것으로부터 그것을 **이용하는** 데까지 나아간 것이다. 알파벳 순서를 이용하는 것은 한 차원 높은 지적 도약을 의미한다. 틀에 맞춰진 실체의 본질적 특성을 거부하고 그것을 더 다양한 가능성을 내포하는 임의성에 맡기는 것이다. 그렇게 해서 얻는 것은 보편성 있는 체계이다. 그 체계 내에서 이용하는 정보는 좀 더 다루기 쉬운 덩어리로 해체되어 문자를 익힌 사람이라면 누구든 이해하고 적용할 수 있는 것이 된다. 알파벳순 배열이 가장 미숙한 수준일 경우에 오로지 머리글자에만 그 배열이 적용되어서 희랍어 알파벳 개수에 해당하는 24가지 분류만을 허용하는데, 그것만으로도 정보 탐색 가능성에서 전체적으로 중대한 진전을 보았다. (이런 분류가 목록과 같은 개별적 정보만을 위해 기능한다는 말은 아니다. 무세이온에서 이뤄 냈던 또 다른 혁신은 호메로스의 서사시 『일리아스(Iliad)』와 『오디세이아(Odyssey)』를 24권으로 분할한 것인데, 오늘날 우리가 읽는 것이 바로 이것이다. 분할 후 조금 뒤에 나온 한 저술은 이 24라는 숫자에 중요한 의미를 부여했음을 다음과 같이 말해 준다. 두 서사시는 "시인 스스로에 의해서가 아니라 아리스타르코스(Aristarchos)와 관계를 맺고 있던 문법학자들에 의해 알파벳 철자의 수만큼" 분할되었다. 아리스타르코스는 칼리마코스보다 약 한 세기 후에 사서로 일했던 인물이다.[19]

고대 그리스에서 알파벳 어순의 사용은 학문과 도서 목록 영역을 넘어서 도시국가 행정과 소수 종파 의식에 그리고 시장의 상거래에도 이용되기 시작했다. 코스섬에서 발견된 서기전 3세기경의 것으로 보이는 팔각기둥에는 아폴론과 헤라클레스 컬트 교도들의 명단이 기록되어 있고, 그 명단을 알파에서 시작해 철자순으로 기록해야 한다는 지시사항도 함께 적혀 있다.[20] 그리스 본토 아크라이피아에서 발견된 2세기 초의 것으로 보이는 돌 두 개에는 물고기 십여 종의 이름과 함께 가격이 기록되어 있다. 물고기들의 이름은 알파벳순이었다.[21] 옥시린쿠스의 쓰레기 더미 사이에서 고대 그리스 세리의 회계장부가 발견되었는데 거기에는 수취인들의 이름이 알파벳순으로 분류되어 있었다.[22] 또 로마에서 발견되어 지금은 루브르박물관에 소장된 아테네의 비극 시인 에우리피데스(Euripides)의 작은 조각상에는 앉아 있는 시인의 모습 뒤로 그의 비극 작품 목록이 알파벳순으로 적혀 있다.

이와 대조적으로 고대 로마는 비록 알파벳순 배열에 대해 익히 알고 있었지만 그것을 중요하게 여기지 않았다. 일부 학문적 저술에 사용했을 뿐 그리스만큼 전폭적으로 수용하지는 않았다. 달리 마땅한 배열 방법이 보이지 않을 때에 어쩔 수 없이 택하는 선택이라고 생각했기 때문에 그것을 얕잡아 보는 경향까지 있었다. 예를 들어 플리니우스의 경우를 보자. 자신의 방대한 저술인 『박물지』의 보석 항목 끝부분에서 그는 남아 있는 자투리 보석들을 나열할 방법에 대해 다음과 같이 설명했다. "중요한 보석들은 빛깔에 따라 소개하기를 끝냈으니 나머지는 알파벳순으로 설명해 나가겠다."[23] 중요한 보석은 그에 걸맞게 분류하고 설명했으니 이제 남은 지질한 것들은 알파벳순으로 처리하겠다는 말이다. 하물며 알파벳순으로 배열하는 방식은 그리스어권에서 그랬듯이 학문적 영역을 떠나 행정적 영역으로 퍼져 나가지도 않았다. 로마와 같이 거대하고 고도로 조직화된 사회라면 알파벳 순서의 도입은 필연적이었을 것으로 보인다. 하지만 예상과는 달랐다.[24]

로마에서 알파벳순이 처음 등장한 것은 학문적 저술에서가 아니라 저속한 희극물에서였다. 기원전 2세기 초에 쓰인 플라우투스의 『아시나리아(Asinaria)』는 아내를 속여 돈을 빼돌려 그 돈으로 한 창녀의 자유를 사서 그녀를 아들과 결혼시키려는 데마이네투스라는 노인에 관한 희극이다. 극의 클라이맥스에서 데마이네투스의 아내 아르테모나가 사창가로 들이닥쳐 문제의 창녀와 시시덕거리는 남편과 아들을 찾아낸다. 분노에 찬 아르테모나는 소리친다. "당신이 매일 외식을 했던 이유를 이제야 알겠군요. 당신은 매일 이런 사람들을 만나러 간다고 했지요. 아르키데무스(Archidemus), 카이레아(Chaerea), 카이레스트라투스(Chaerestratus), 크레메스(Chremes), 클리니아(Clinia), 크라티누스(Cratinus), 데모스테네스(Demaenetus), 디니아스(Dinias)."[25] 여기서 알파벳순으로 이름을 나열한 것은 아직 남은 것이 많다는 뉘앙스를 풍기면서 웃음을 자아내는 효과를 준다. 아르테모나가 나열한

도판 4: 서기 2세기 것으로 보이는 에우리피데스의 작은 조각상. 시인의 등 뒤로 알파벳순으로 그의 작품 목록이 새겨져 있다.

이름을 듣고 우리는 데마이네투스가 친구와 식사 약속이 있다고 아내에게 여덟 번이나 거짓말했음을 알게 될 뿐만 아니라, 이제 겨우 알파벳 D까지 나왔을 뿐이어서 그의 사기 행각의 정도가 더욱 심각한 수준임을 상상하게 된다. 라틴어 기록으로는 이보다 앞서 알파벳순의 이런 효과를 보여 주는 사례는 없다. 하지만 우리는 관객들이 알파벳순이 자아내는 웃음의 효과에 충분히 익숙해져 있었음을 짐작할 수 있다. 나중에 나온 베르길리우스(Vergilius)의 『아이네이스(Aeneis)』 제7권에서 이탈리아의 전사들이 그들의 해안에 상륙한 트로이인들을 몰아내기 위해 모였을 때 각 지역 장수들 이름이 호명되는 순서는 이제 익숙하다. 아벤티누스(Aventinus), 카이쿨루스(Caeculus), 카틸루스(Catillus), 코라스(Coras)……[26]

이렇게 얘기를 늘어놓고 보니 대단하지는 않지만 알파벳순의 문학이라고 불러도 무방할 흥미로운 문학 장르가 있음을 알아차릴 수 있다. 예레미야애가로부터 플라우투스와 베르길리우스를 지나 밸러드의 「색인」 또는 월터 애비시(Walter Abish)의 『알파벳순으로 쓴 아프리카(Alphabetical Africa)』까지 전해지는 전통 말이다. 이 장르에 속하는 모든 것이 알파벳순에 충실한 것은 아니다. 애거사 크리스티(Agatha Christie)의 『ABC 살인사건(The ABC Murders)』에서 앨리스 애셔(**A**lice **A**scher)가 앤도버(**A**ndover)에서, 베티 바너드(**B**etty **B**arnard)가 벡스힐(**B**exhill)의 해변에서, 카마이클 클라크(**C**armichael **C**larke)가 처스턴(**C**hurston)의 자택에서 차

레로 살해당한 후에 경찰은 다음 범죄를 막아 보겠다고 서둘러 돈캐스터(Doncaster)로 향한다. 하지만 다음 희생자는 조지 얼스필드(George Earlsfield)라는 이름의 이발사였다. 알파벳순이라는 규칙성이 깨져 버린 것이다. 그것뿐이 아니다. 푸아로는 유력한 용의자였던 알렉산더 보나파르트 커스트(Alexander Bonaparte Cust)—미스터 A. B. C.—가 아니라, 세 번째 희생자의 형제인 프랭클린 클라크(Franklin Clarke)가 살인자임을 추론해 낸다. 그가 벌인 연쇄살인의 유일한 동기는 탐욕이었고 그는 다른 사람을 용의선상에 올리기 위한 방편으로 알파벳순 살인을 벌일 생각을 한 것이었다.

고대 로마로 다시 돌아가면, 비록 알파벳순을 진심으로 환영하지는 않았지만 로마인들도 그것이 쓸모가 있는 한 가지 분야를 찾아냈고 그래서 그 전통을 사장시키지는 않았다. 언어의 작동 방식을 설명하는 문법학자들의 저술에서, 용어 사전과 주석서와 논문에서 적어도 첫째 자리 철자의 알파벳순은 고전 시대와 그 이후까지 살아남았다. 즉, 주제가 언어 자체인 경우와 특정한 방식으로 격변화를 일으키는 명사의 목록이나 특정한 목적의 문서에서 만나게 되는 약어의 목록처럼 단어를 **단어 자체로서만** 연구하는 경우에는 알파벳순 배열 방식이 서력기원 천 년 내내 발견된다. 9세기경 포티우스(Photius)의 『사전(Lexicon)』, 10세기경 비잔틴의 위대한 백과사전 『수다(Suda)』 그리고 앞에서 언급했던 각각의 표제어를 셋째 자리 철자까지 순서를 매겨 배열의 정확성을 높였던 파피아스의 사전 등에서 이런 알파벳순이 사용되었다. 잉글랜드에서는 자신들의 용어를 알파벳 순서로 늘어놓은 앵글로색슨의 주석서가 9세기경이면 발견된다.[27] 그렇다면 13세기 중엽에야 전례가 없었던 그런 배열 방식인, 위대한 책 색인이 최초로 등장했다고 하면 과장된 주장이라고 할 만하다. 서력기원 천 년 동안 동면에 들어갔다가 부활했다고 하는 것이 좀 더 정확한 주장이다.

그러나 만약 용어들을 알파벳순으로 목록화하는 것을 색인이라 일컫더라도 여전히 '어떤 알파벳순을 의미하는가?'라는 의문은 남는다. 도판 5는 16세기 중엽에 출간된 어떤 책 색인의 첫 페이지를 보여 준다. 그때쯤이면 색인은 독자들에게 친숙한 참고 사항이 되었을 것이다. 벌레가 꼬물거리는 듯한 글자와 무슨 소린지 알 수 없는 단어들은 무시하고 그냥 순서―a, e, i―만 보면 어떤 순서 체계가 정립된 것이 분명히 보인다. 그러나 매우 이상한 배열이다. 왜 모음으로 시작되는가? 자음은 어떤 순으로 정렬되는가? 저 낯선 철자들은 무엇인가?

이 책의 전체 제목은『자연 상태에 가장 가깝도록 인간의 목소리를 어떻게 기록하고 그려 낼 것인가에 관한 적절한 체계와 도리를 밝힌 철자법(Orthographie)』이고 저자는 존 하트(John Hart)이다. 하트의『철자법』은 표기를 발음에 일치시키자는 철자 개혁을 요구하는 책이었다. 16세기 사람들이 어떻

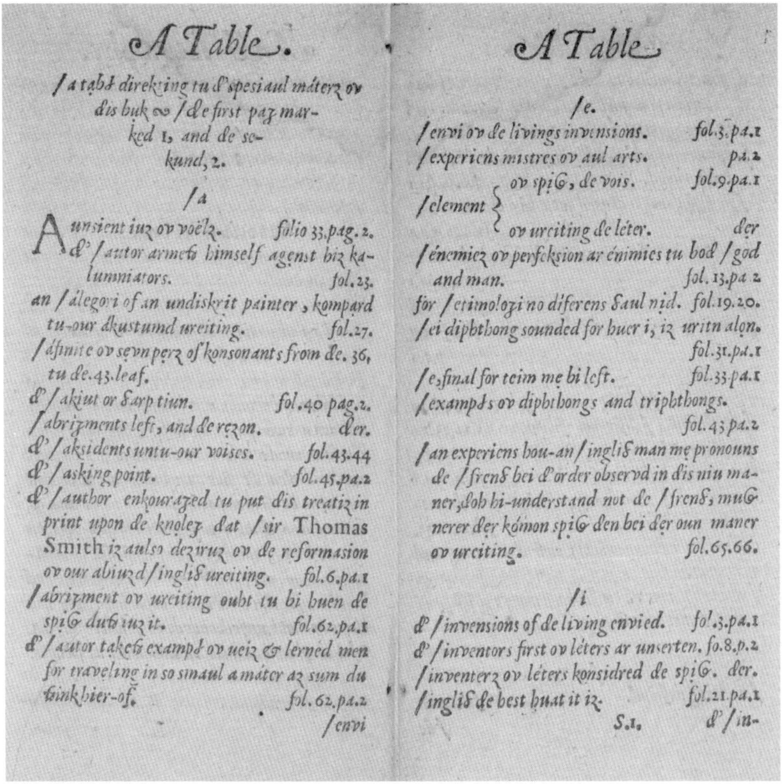

A Table.

/a tabl direkting tu ð' spesiaul mátərz ov
ðis buk ∞ /ðe first paz mar-
ked 1, and ðe se-
kund, 2.

/a

A unsient iuz ov voélz. folio 33,pag.2.
ð' /autor arməs himself agenst hiz ka-
lumniators. fol.23.
an /alegori of an undiskrit painter, kompard
tu-our akustumd ureiting. fol.27.
/afinite ov sevn perz of konsonants from ðe.36,
tu ðe.43.leaf.
ð' /akiut or ʃarp tiun. fol.40 pag.2.
/abrizments left, and ðe rezon. ðer.
ð' /aksidents untu-our voises. fol.43.44
ð' /asking point. fol.45,pa.2
ð' /author enkourazed tu put ðis treatiz in
print upon ðe knolez ðat /sir Thomas
Smith iz aulso deziruz ov ðe reformasion
ov our abiuzd/ingliʃ ureiting. fol.6.pa.1
/abrizment ov ureiting ouht tu bi buen ðe
spiç dus iuz it. fol.62,pa.1
ð' /autor takəs exampl ov ueiz & lerned men
for traveling in so smaul a máter az sum du
think hier-of. fol.62.pa.2
/envi

A Table

/e.

/envi ov ðe livings invensions. fol.3.pa.1
/experiens mistres ov aul arts. pa.2
/element { ov spiç, ðe vois. fol.9.pa.1
ov ureiting ðe léter. ðer
/énemiez ov perfeksion ar énimies tu bod /god
and man. fol.13,pa.2
for /etimolozi no diferens ʃaul nid. fol.19.20.
/ei diphthong sounded for huer i, iz uritn alon.
fol.31.pa.1
/e, final for teim me bi left. fol.33.pa.1
/exampls ov diphthongs and triphthongs.
fol.43.pa.2
/an experiens hou-an/ingliʃ man me pronouns
ðe /frenʃ bei ð'order observd in ðis niu ma-
ner, ðoh hi-understand not ðe /frenʃ, muç
nerer ðer kómon spiç ðen bei ðer oun maner
ov ureiting. fol.65.66.

/i

ð' /invensions of ðe living envied. fol.3.pa.1
ð' /inventors first ov léters ar unserten. fo.8,p.2
/inventerz ov léters konsidred ðe spiç. ðer.
/ingliʃ ðe best huat it iz. fol.21.pa.1
S.1. ð' /in-

도판 5: 존 하트의 『철자법』에 실린 색인의 첫 페이지는 모음을 맨 앞에 두는 개정된 알파벳순을 선보였다.

게 발음했는지를 문자로 기록하기 위해 하트가 온갖 수고를 했기 때문에 그의 책은 현대의 셰익스피어 희곡을 원래 발음으로 살려 내려는 사람들을 위한 핵심 텍스트이기도 하다. 당연하게도 하트는 〈사랑의 헛수고(Love's Labour's Lost)〉에서 익살맞은 홀로퍼니스(Holofernes) 선생이 정확히 철자에 따라 단어를 발음해야 한다고 투덜거리는 장면에서 자신의 취지와 일치하는 목소리─비록 반어적이지만─를 찾아냈을 것이다.

> "그런 식으로 철자법을 곡용하는 사람은 싫소이다. 예를 들면 '다우브트(doubt)'라 발음해야 할 것을 b를 무시하고 그냥 '다우트(dout)'라고 발음하고, 또는 d, e, b, t, '데브트(debt)'라 해야 할 것을 d, e, t, '데트(det)'라 발음하며, 혹은 칼프(calf)를 '카프(cauf)', 할프(half)를 '하프(hauf)'라 하고, 또는 네이그흐부어(neighbour)를 '네이버(nebor)'라 칭하고, 네이그흐(neigh)는 '네이(ne)'라고 단축하는 사람 말입니다. 아브호미나블(abhominable)한(가증한) 짓이오. 한데 이 글자 또한 그자는 그냥 '아보미나블(abominable)'이라고 발음할 것이오." (5막 1장)

홀로퍼니스 선생과는 대조적으로 하트는 우리가 말하는 식으로 글을 쓰기를 원했고, 그런 취지를 보여 주기 위해서 자신의 작은 책에서 사람들이 실제로 쓰는 소리를 확립하고자 구어체 분석을 시도했다. 물론 이런 소리 중에 많은 것은 로마자의 자모에서 이미 구현되었다. 그러나 하트는 꼭 필요하지 않은 철자가 있다는 사실도 확인했다. 'j, w, y, c, q'는 필요 없는 것이었다. 하트에게 더 중요한 것은 더 작은 단위로 쪼개질 수 없는데도 자신만의 철자를 갖지 못하는 특정한 소리가 있다는 사실이었다. 그러므로 'sh'와 'th'(then[ðen]일 때는 유성음이었다가, thin[θin]일 때는 무성음이다)와 같은 소리를 위해 추가적으로 몇 가지 철자들을 창안해 낼 필요가 생긴 것이다.

이런 문제를 진심으로 심각하게 생각한다는 것을 보여 주기 위해 하트는 자신의 책 마지막 삼분의 일 전부를 간결한 철자론을 피력하는 데 썼다. 이것은 나름 교묘한 안배였다. 만약 독자가 책을 다 읽기를 원한다면 표기 체계를 읽지 않을 수가 없고, 그래서 (그가 희망하기로는) 바른 철자법이 생각한 것보다는 그리 복잡하지 않다는 사실을 알게 될 것이기 때문이었다. 색인에 관해서 그는 자신의 새로운 알파벳 체계가 어떤 식으로 순서를 잡게 될지에 대해서 다음과 같은 메모를 첨부했다(도판 6). 번역은 각주*를 참고하라.

하트는 독자들에게 이어지는 색인이 자신이 만든 새로운 원칙에 따라 배열될 것임을 상기시키고는 그것을 시작한 것과 마찬가지 방식으로 끝낸다. 그 알파벳순은 독자들이 학교에서 배우는 순서는 아니다. 하트는 그 목록을 자신의 새로운 철자법 규칙에 따라 '배열하고 자리를 배정했다'고 언급했다.

---

* 다음에 제시된 색인 순서에 관한 설명.
모음과 자음이 전과 다름없이 나누어져 있기 때문에 이번 목록은 자모음을 다음과 같은 순서로 배열하기로 했다. 맨 먼저 a, e, i, o, u가 오고, 그런 다음 파열음 네 쌍이 나온다. 즉, b, p: d, t: g, k: j, ch. 그다음에는 다른 마찰음 세 쌍이 온다. 즉, th[then/ðen과 같은 유성음], th[thin/θin과 같은 무성음]: v, f: z, s. 그리고 반모음 다섯 개, l, m, n, r, '음절 주음(syllabic)' l[double/dʌbldbl/의 [l]같은 경우를 다른 l과 구분해 음절 주음 l이라 함-옮긴이]과 무성음 둘 sh, h가 온다. 또한 이전에 사용되던 순서에는 이 새로운 자모들이 포함되지 않았다. 그러므로 이 책에서 소개하는 색인은 다음과 같은 순서로 배열하고 자리를 배정했다.

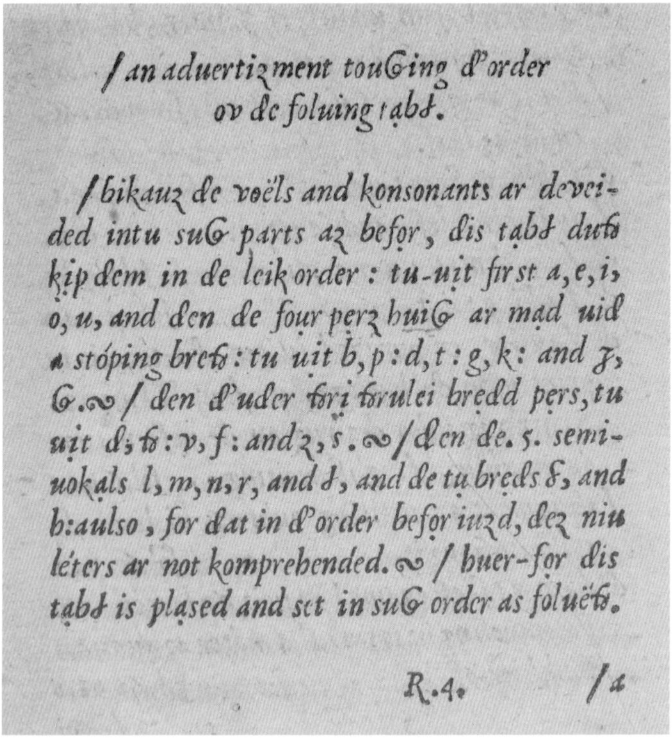

/ an aduertizment touᏟing d'order
ov de foluing tabᏩ.

/ bikauz de voëls and konsonants ar devei-
ded intu suᏟ parts az befor, dis tabᏩ duᏟ
kip dem in de leik order : tu-uit first a, e, i,
o, u, and den de four perz huiᏟ ar mad uid
a stóping breᏋ : tu uit b, p : d, t : g, k : and ʒ,
Ꮯ.∞ / den d'uder tri torulei bredd pers, tu
uit dᏩ, ꝼ : v, f : and ʒ, s. ∞ / den de. 5. semi-
uokals l, m, n, r, and d, and de tu breds Ꮹ, and
b : aulso, for dat in d'order befor inzd, dez niu
léters ar not komprehended. ∞ / huer-for dis
tabᏩ is plased and set in suᏟ order as foluëᏋ.

R. 4.   / a

도판 6: 존 하트의 『철자법』 중 색인에 관한 서문.

달리 말해 그것은 새로운 정렬 규칙 아래 태어난 새로운 태생
의 스펠링 서열이었다. 이것으로 하트는 스스로에게 엄청난
수고를 덜어 주었다. 그런 규칙 없이 두 가지 순서―두 가지
알파벳순―를 오락가락하는 것은 성가시기 짝이 없는 작업
이었을 것이다.

블라디미르 나보코프의 1962년 작품 『창백한 불꽃(Pale

Fire)』은 시로 가장한 소설이다. 아니 차라리 중심에 시를 놓고 앞뒤로 서문, 주석, 색인이라는 편집적 장치들을 배치해서 비평글처럼 가장한 소설이라고 하겠다. 그 시를 쓴 시인은 미국 애팔래치아 지방의 작은 마을 뉴와이의 워드스미스 대학에서 오랫동안 교수로 재직하다가 최근에 타개한 시인 존 셰이드(John Shade)였다. 편집자는 그의 동료이자 이웃이었던 찰스 킨보트(Charles Kinbote)인데 최근에 대서양을 건너온 이주민이었다. 소설은 둘 사이의 문학적 관계를 중심으로 전개된다. 킨보트는 편집자가 넘지 말아야 할 선을 넘는다. 작가를 볼품없어 보이게 하고 세간의 이목을 혼자 독차지하려 한다. 말미의 주석에 이르면 킨보트는 점점 더 도가 지나친 교묘한 짓을 일삼으며 자기도취에 빠진다. 결국 그는 셰이드의 시는 내버려 두고 자신의 고국 젬블라로부터 폐위당하고 추방당해 망명객이 된 군주인 '최애(最愛)왕 찰스(Charles the Beloved)'라는, 미쳐 버린 자아가 가공한 자신의 과거사를 말해 준다.

아마도 킨보트에 의해 작성되었을 색인은 그의 성마르고 불평 가득한 논조를 띠고 있다. 학계의 라이벌들은 킨보트 자신을 위한 기나긴 항목에서 여지없이 무시당한다.―"H. 교수(색인에 없음)를 향한 그의 경멸, 377쪽 (…) E.(색인에 없음)와의 돌이킬 수 없는 절교, 894쪽 (…) C. 교수(색인에 없음)가 쓴 대학 교재에서 사소한 구절을 흠잡고 몸을 흔들어 대며 즐거워하다, 929쪽"―게다가 시의 주요 등장인물인 셰이드의 아내 시빌은 무뚝뚝한 언급 단 한 줄로 시샘 섞인 무시를 당하고 만다. "셰이드, 시빌, S의 아내, **도처에 등장.**" 이 모든 오만함 너머로 군림하는 것은 나보코프 자신의 존재감이다. 그래서 "프루스트의 『잃어버린 시간을 찾아서(À la Recherche du Temps Perdu)』에서 모든 이의 응석받이가 되어 까칠하고 심술궂고 전적으로 신뢰하기는 어려운 주인공, 마르셀, 181, 691쪽"과 같이 지나치게 상세히 신랄하게 비난하는 항목은 그 표현 방식에서는 분명 킨보트의 것이다. 그렇지만 동시에 『창백한 불꽃』 자체의 까칠하고 심술궂고 전적으로 신뢰하기는 어려운 주인공 킨보트를 메타픽션[metafiction, 독자가 읽는 것이 허구임을 환기하는 방식으로 쓰는 극·소설—옮긴이]식으로 나보코프가 처참하게 비판하고 있는 것이다.

『창백한 불꽃』은 쪽수를 밝히지 않은 마지막 색인 '젬블라, 머나먼 북녘의 땅'으로 끝난다. 소설이 출판된 해에 있었던 인터뷰에서 나보코프는 이 마지막 색인의 의미에 대해 추가 설명을 했다. "누구도 이 책에 색인을 단 사람이 색인을 끝내기 전에 자살했다는 사실을 알아채지는 못했다. 그래서 마지막 색인 항목에 쪽 번호가 달리지 못한 것이다."[28] 젬블라는 위치를 알 수 없다. 찾으려 해도 찾아지지 않는 곳, 아무 곳에도 없는 곳, 정신착란에 빠진 자의 환상이며 동시에 모든 곳에 널리 퍼져 존재하는, 킨보트가—그리고 나보코프가—잃어버린 고향 러시아를 이상화한 대용물이다.[29] 처참할 정도로 허무한 결말이다. 누군가가 느닷없이 내가 딛고 있던 양탄

자를 잡아 빼 버린 느낌이고, 이미 쏟아 낸 비난, 우스꽝스러움, 그리고 크린지 코미디[comedy of cringe, 인물의 난처한 상황에서 웃음을 끌어내는 코미디-옮긴이]로부터의 급격한 상황 변화다. 그러나 이런 급변은 비록 느닷없지만 놀라울 정도로 큰 관심을 끌지는 못한다. 색인의 구성을 이용해 나보코프는 자신의 의도를 숨겼고 그가 꾀했던 정서적 조작을 은폐할 수 있었기 때문이다. 알파벳순 색인 입장에서는 여기에 책임이 없다고 항변한다. 이야기가 끝나기는커녕 망명이 초래한 목마름과 정신착란에 대해 곰곰이 생각하게 만드는 쪽 번호 없는 항목까지 독자를 끌고 온 건 그저 'Zembla(젬블라)'의 Z 항목이 모든 다른 철자들 뒤에 온다는 우연 때문이라는 것이다.

물론 이런 식의 전개가 우연히 이루어질 수는 없다. 차라리 플롯을 위해 그리고 감정적 분출을 이끌어 내기 위해 자신이 펼치는 이야기의 진행과 알파벳 순서가 나란하도록 연동했던 밸러드의 「색인」과 같은 교묘한 책략이다. 그러나 만약에 소설이란 어떤 특정한 분위기로 결말을 맞는 것이라고 굳게 믿고서 젬블라가 색인의 마지막에 오지 **않았다면** 어땠을까? 『창백한 불꽃』을 러시아어로 처음 번역한 이는 남편 나보코프를 여읜 베라(Véra)였다.[30] 그러므로 러시아어 표기법인 키릴문자와 로마자의 자모 배열의 차이로 생긴 곤란한 문제에 최초로 봉착한 이도 베라였다. 로마자 Z에 해당하는 러시아어는 '3(제)'인데 33개 자모 중에서 아홉 번째이다. 나보코프—그리고 베라—의 이민은 강요된 것이어서 『창백한 불꽃』의 러시아 번역본은, 그리고 특히 억누를 수 없는 향수를 일으키는 마지막 순간은 가슴 아프기 짝이 없다. 그러나 두 언어의 서로 다른 자모 배열 때문에 나보코프의 기발했던 배열이 러시아어로는 가능하지 않다. 자모 배열을 존중한다면 그 머나먼 북녘의 땅은 어디든 앞으로 배치되어야 했을 것이다.『창백한 불꽃』을 러시아 번역판으로도 동일한 방식으로 끝맺으려면, 베라는 젬블라와 그것이 함축하는 상실감을 어떤 식으로든 키릴문자 자모의 마지막 철자인 'Я(야)'로 시작하는 어떤 단어에 붙이는 수밖에 없을 것이다.

　『창백한 불꽃』의 절정이라 할 수 있는, 시 제3편에서 셰이드는 머지않은 내세에 대해, 특히 '자신이 유령이 되었을 때 어떻게 하면 패닉 상태에 빠지지 않을 수 있을지'에 대해 곰곰이 생각에 빠진다. 한 2행 연구(連句)에서 그는 "어떻게 어둠 속에서 찾을 수 있을까, 헐떡거리면서,/ 아름다운 땅을, 벽옥 구슬을(Terra the Fair, an orbicle of jasp)"(557~558행), 즉 어떻게 그 아름다운 땅, 진귀한 보석의 영토로 가는 길을 찾아낼 것인지를 알고 싶어 한다. 킨보트의 광기 어린 주석에 따르면 이 구절이 '3편 중에서 가장 아름다운 2행 연구'라고 한다. 추측건대 그는 파라다이스를 말하는 것이 아니라 떠나온 고향을 염두에 두었을 것이다. 그러므로 베라가 'orbicle of jasp(벽옥 구슬)'를 'ячейка яшмы(cell of jasper, 벽옥의 공간)'이라고 번역했을 때, 베라는 자신이 원하는 목적을 성취했다

[cell에 해당하는 단어 ячейка가 러시아어의 마지막 철자(я)로 시작하는 단어이기

때문-옮긴이]. 쪽 번호 없는 불완전한 색인 항목으로 책을 끝내
는 데 성공한 것이다.

ЯЧЕЙКА яшмы, Земля, далекая северная страна
[벽옥의 공간, 젬블라, 머나먼 북녘의 땅]

그것은 훌륭한 해결책이었다. 추가적인 항목을 도입하는
방법으로 규칙의 허를 찔렀다. 하지만 그렇게 하면서 번역자
는 나보코프가 영어라는 새로운 알파벳 순서에 맞추기 위해
저질러야 했던 최초의 편법을 그의 뜻을 지키기 위해 또다시
저질러야 했다. 그러나 소설의 정서적 궤적을 똑같이 유지하
기 위해 동원했던 그런 일탈, 그런 교묘한 예술적 수완은 색
인이 소설 서술에 꼭 들어맞는 도구는 아니라는 사실을 상기
시킨다. 색인은 유연한 변화를 주기 어렵다. 색인이 존중하
는 대상은 저자가 아니라 독자 그리고 알파벳의 임의적 순서
이다.

2장 색인의 탄생

설교와 교육

"그러나 학교에서 달아나 수도원으로 향한 뒤
너는 이른바 무식한 자가 되었고,
배움도 가르침도 추구하지 않으면서 문자를 경멸하는 자가 되었다."

– 애슈비의 알렉산더(Alexander of Ashby), 『설교의 기술(De artificioso modo predicandi)』

"Ky bien pense bien poet dire." 이 중세 프랑스어 시 구절은 그것이 설파하는 바를 실천하고 있다. 하지만 행의 리듬을 살리고, 그것이 껴안고 있는 생각의 간결함과 명료함을 훼손하지 않으면서 영어로 번역하기란 어려운 일이다. 대략 옮기면 **잘 생각하는 사람이 잘 말한다**일 것이다. 그 정도면 될 것이다. 이 구절은 장시 「사랑의 성(Le Chateau d'Amour)」의 첫 행이다. 그 시는 구원이라는 기독교적 발상을 왕족판으로 탈바꿈시켰다. 예수의 십자가 고행을 왕자와 왕녀를 위한 알레고리로 설명하는데, 그것도 앵글로노르만어로 우아하게 라임을 맞춘 2행 연구(連句)로 노래한다. 13세기 전반에 쓰인 이 시의 저자는 시인 로버트 그로스테스트(Robert Grosseteste)이다. 우리는 현재 램버스 궁전에 소장된, 시도 함께 실린 필사본의 도판에서 그를 볼 수 있다. 왼편에 앉은 그는 설교 중임을 보여 주는, 긴 집게손가락을 내민 자세를 취하고 있다.

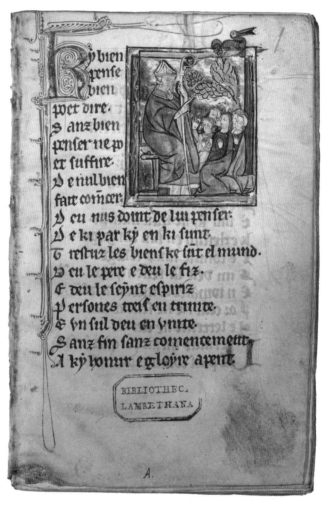

도판 7: 13세기에 제작된 자신의 시집 『사랑의 성』의 필사본에 그려진, 청중에게 설교하는 그로스테스트의 모습.

그가 발치에 있는 청중에게 낭독하고 있는 것은 바로 이 시인 지도 모른다. 분명 청중은 황홀한 표정이다. 여인들은 가슴을 부여잡았고 어떤 남성은 놀란 표정으로 손을 치켜들었다(질문이 있어서 그랬는지도 모른다). 오른쪽 청자는 숭배자의 표정으로 고개를 들어 그로스테스트와 눈을 맞추고 있다. 나무에 쭈그리고 앉아서 오만하게 째려보는 눈빛으로 숭배의 현장에 동참하기를 단호히 거부하는 커다란 펠리컨만이 함께 설교를 경청하는 화합 분위기를 깨면서 나쁜 청중을 상징한다. 그러나 펠리컨은 조금씩 지워진다. 원래 붉은색과 황금빛으로 채색되었던 가장자리가 펠리컨을 질책하듯 아래부터 바래지고 있다. 딴청 부린 죄를 물어 필사본의 속성을 빌려서 펠리컨에게 천천히 벌을 가하고 있는 것이다.

잘 생각하는 사람이 잘 말한다. 간결한 경구이다. 어쩌면 강연자로서 혹은 설교자로서 첫발을 딛는 사람이라면 누구든 좌우명으로 삼을 만하다. 또한 그것은 그로스테스트 자신의 묘비명으로도 적절할 법하다. 그는 중세 잉글랜드의 석학으로 꼽힐 뿐만 아니라 당대의 강연자이자 설교자로서 옥스퍼드 대학교의 총장과 링컨 교구 주교를 역임했다(그래서 도판을 보면 주교관을 썼고 주교장을 쥐고 있다). 시인이자 정치인, 수학자 그리고 종교개혁가이기도 했다. 그는 희랍어로 쓰인 아리스토텔레스의 저작을 번역했고, 최초로 무지개가 빛의 굴절로 생긴다고 논증했고, 빛의 영역이 확산하는 것이 우주의 탄생이라고 상상했다. 성경과 과학을 취합해서 일종의 빅뱅이론을 만들어 낸 것이다. 그 이론은 "빛이 있으라(Let there be light)"라는 말로 신이 우주를 탄생시켰다는 주장에 근거를 마련하는 논리이다. 그로스테스트가 자신이 이룬 방대한 독서에 체계를 부여하는 방안을 고안하려 한—혹은 고안할 **필요가 있던**—것은 어쩌면 당연한 귀결일 것이다. 그로스테스트는 거대한 목록—『타불라(Tabula)』[라틴어 원뜻은 서판, 여기서는 색인-옮긴이]—을 통해 그가 접했던 개념들—그것이 초대 교부의 저작물에 있는 것이든 아니면 이교도의 저작물에 있는 것이든—중에서 비슷한 것들을 한데 모으고 나중에 참조하기 위해 그것들의 위치를 기록해 두는 식으로 분류함으로써 지적 카오스로부터 코스모스를 이룩했다. 백과사전식의 박식을 성취했던 사람이기 때문에 그것에 체계를 부여하기 위한 백과사전식 색인을 필요로 했던 것이다.

그렇다면 필요는 발명의 어머니이다. 그러나 그로스테스트를 당대 문화에서 고립된, 시류를 벗어난 괴짜처럼 취급하는 것은 그를 한참 잘못 본 것이다. 『타불라』의 필요성을 인식한 사람은 그로스테스트만이 아니었다. 그가 활약하던 분야에서는 대체로 그 필요성을 심각하게 인식하고 있었다. 13세기는 색인을 만들기 위한 도구들—코덱스와 알파벳순—이 생긴 지 이미 오랜 세월이 지난 상태였다. 그 두 가지 도구를 결합시키기 위한 계기는 두 가지 형태의 달변, 즉 강의와 설교의 능력을 요구하는 세태였을 것이다. 두 가지 새로운 기관 즉, 더 광범위한 주민과 더불어 살면서 설교하는 도미니크회와 프란체스코회 탁발 수사들이 주축인 탁발수도회 및 대학의 등장으로 중세 말기에 달변 능력은 또다시 중요해졌다. 이들 기관의 구성원 사이에서는 논리 정연한 연설, 강연과 설교를 위해 자신들이 가진 도구들을 더 잘 활용하기 위한 새롭고 더 효율적인—책을 **이용하는**—독서법에 대한 요구가 점점 증가했다. 이제 우리는 색인의 탄생, 아니 하나는 옥스퍼드에서 다른 하나는 파리에서 동일한 아이디어로 동시에 만들어진 두 가지 버전의 색인 **탄생**을 목도하게 된다. 종합해 보면 둘은 검색의 시대인 21세기 색인에 대해서도 시사하는 바가 있다. 이 두 가지 버전은 우리가 색인 만들기에 대해서 생각하는 단어 대 개념, 용어 색인 대 주제 색인, 특수 대 보편이라는 대조적인 기준을 설정했다.

그로스테스트는 자연스럽게 보편을 대변한다. 그의 방대한 『타불라』는 교부들—아우구스티누스, 히에로니무스, 이시도르—의 모든 지식과 고대의 이교도 전통—아리스토텔레스, 프톨레마이오스, 보이티우스—을 모두 통합해서 하나의 원천으로 좁혀 내기를 시도했다. 그곳을 통해 나오는 개념은 어떤 한 종파나 이해집단을 대변하는 것도 아니고 억지로 짜낸 것도 아니며 자연스럽게 흘러나오는 것이었다. 그것이 바로 지금 우리가 말하는 주제(subject) 색인이다. 개념에 대한 색인이므로, 필요하다면 동의어가 쓰일 여지도 충분해서 심지어 텍스트에서 명확하게 언급하지 않은 개념까지도 확인할 수 있다. 그렇다면 그것은 또한 특정한 방식으로 독서를 하면서 읽고 분석하는 개별 독자의 작업이 만드는 **주관적**(subjective) 색인이기도 하다. 개념은 모호한 것이다. 우리가 어떤 텍스트가 무엇인가에 **관한** 것이라 말할 때 그것은 우리의 주관적 선택의 결과물이다. 즉, 노아의 방주라는 이야기는 용서, 분노 혹은 홍수에 관한 것이라 할 수 있다. 이와는 대조적으로 다른 종류의 색인—다른 검색의 방식—은 좀 더 단도직입적이다. 그 색인에 실린 용어들은 단지 분석 대상인 텍스트에 등장하는 단어일 뿐이다. 텍스트에서 어떤 특정한 단어가 사용되었다면 그 단어는 색인에 등재될 것이다. 주관이 개입할 수 없는 이런 종류의 색인은 단어의 유무가 분명해서 해석의 여지를 거의 주지 않는다. 그로스테스트의 『타불라』와는 달리 이런 색인은 단어 색인 혹은 용어 색인이라고 하는데 이 챕터에서 두 번째 색인의 탄생을 언급하면서 살펴볼 것이다. 두 번째 색인의 창안자 생셰르의 휴(Hugh of Saint-Cher)를 만나 보자.

이탈리아 베네치아에서 북쪽으로 수 마일 떨어진 트레비소에 있는 산니콜로 수도원 사제단 회의장의 상부 벽면을 에워싸고 있는 프레스코화에는 일련의 초상화가 그려져 있다. 각각의 그림은 도미니크 수도회 특유의 흰 예복과 검은 망토—흑의(黑衣)의 수도자들—를 걸친 남자들의 모습을 보여 준다. 사내들은 읽거나 쓰는 행위를 하면서 책상 앞에 앉아 있다. 이들은 도미니크회의 핵심 인물들이다. 전체적으로

이 프레스코화는 도미니크회의 백여 년 역사를 기념하는 일종의 명예의 전당이라 하겠다.─도미니크회는 1216년에 설립되었고 프레스코화는 1352년에 토마소 다 모데나(Tomaso da Modena)가 완성했다.─그림은 도미니크회 수사들이 성경 연구와 학문에 전념하고 있다는 사실을 강조하며, 그중에서도 생셰르의 휴의 모습만큼 이런 취지를 잘 전달하는 초상은 없다. 그림에서 휴는 잉크병을 두고 앉아 있고 깃촉 펜을 쥐고 있다. 발치에 두꺼운 책 세 권이 있고 눈높이와 나란한 곳에 다른 참고용 서적이 펼쳐져 있다. 추기경으로서 그의 지위를 말해 주는 갈레로 모자에 장식술이 달려 있다. 그것은 그의 몸과 집필 용지 사이에서 집필을 성가시게 하는 두 줄짜리 방해물이다. 그의 이마는 찌푸려 있고 표정은 심각하다. 그는 글을 쓰고 있는데 그러나 별난 모습으로 집중하고 있다. 왼손 집게손가락을 내밀어 용지의 한 부분을 가리킨 채 어떤 생각에 집중해 있다. 동시에 손목은 메모가 적힌 두 번째 양피지를 누르고 있다. 이것은 당시 유행하던 수다스럽고 유창하게 열정적인 감정의 흐름을 자발적으로 기록하는 글쓰기는 아니었다. 다양한 자료로부터 얻은 아이디어를 종합하며 분석하는 인내심을 요구하는 글쓰기였다. 이 모든 것으로도 우리가 그 초상화가 의미하는 바를 이해하기 위해서는 불충분하다고 생각했는지, 이 그림은 지적인 수고를 암시하는 또 하나의 유서 깊은 상징물을 보여 준다. 휴의 모습을 그린 토마소의 이 초상화는 지금껏 알려진 것 중에서는 최초로 안경 낀

도판 8: 안경을 낀 채 책상 앞에 앉아 있는 생셰르의 휴의 모습. 산니콜로 수도원의 사제단 회의장을 장식하고 있는, 14세기 중반 토마소 다 모데나가 그린 프레스코화의 일부.

남자의 모습을 그렸다. 사실 이 마지막 세부 묘사에는 오류가 있다. 시대착오이다. 휴는 코걸이에 리벳으로 돋보기 두 개를 고정해 만든 이 발명품이 나오기 몇십 년 전에 사망했다. 하지만 이 묘사는 토마소가 휴에 대해서 우리에게 알려 주고 싶은 것을 전한다. 그에 대해서 생각할 때 읽기와 쓰기를 빼놓을 수 없다는 것이다. 오직 로버트 그로스테스트—휴의 동시대인이자 그 또한 안경을 걸쳐 볼 정도로 오래 살지 못했던—만이 자신이 썼던 무지개에 관한 논문을 통해 막 싹트고 있었던 빛의 굴절에 대한 광학적 지식이 펼쳐 줄 미래에 대해 어렴풋하게라도 상상할 수 있었을 뿐이다.

> 이런 광학적 사실은, 만약 충분히 이해된다면, 우리에게 매우 먼 곳에 있는 물체가 매우 가까운 거리에 있는 것처럼 보이게 해 줄 것이고, 가까이 있는 큰 물체는 매우 작아 보이게 할 수도 있고 어느 정도 떨어진 작은 물체는 우리가 원하는 만큼 확대해서 볼 수 있게도 할 것이다. 그래서 믿을 수 없을 정도로 먼 곳에 떨어져 있는 깨알같이 작은 글씨를 읽는 것도 가능할 것이고 모래, 알곡, 풀과 같이 아주 미세한 것조차도 셀 수 있게 될 것이다.[1]

그러나 그림 속의 휴는 모래나 알곡 혹은 풀을 세고 있는 것이 아니다. 휴가 쓴 리벳 안경은 그가 문필가임을 말해 준다. 문필가로서 휴의 저작은 성경 주변의 작은 궤도를 돌고 있을 것이다. 그는 근대 초기까지 살아남을 기념비적인 성경 주석집을 남길 것이고, 그만큼 오래 살아남지는 못할—다양한 버전의 성서를 비교해서 그 차이의 역사적 변천을 목록화한—방대한 교정서(校訂書)도 남길 것이다. 더 막대하며 멀리까지 뻗어 가는 지식을 추구했던 그로스테스트와는 달리 휴의 저작은 인내심을 발휘해야 하는 세부적인 것에 관심을 보인다. 그로스테스트가 망원(望遠)주의자라면 휴는 현미(顯微)주의자라고 생각할 수도 있을 것이다. 저술을 위한 용지가 아니라 성경을 앞에 두고 있는 휴의 모습을 그려 보자. 그리고 불가사의하게도 시공을 거슬러 날아와 휴의 코에 걸터앉아 그가 성경의 단어를 모래나 알곡 또는 풀처럼 골라낼 수 있게 도와주는, 그 안경을 상상해 보자. 왜냐하면 그런 식으로 휴가 성경을 분석하고 그 속에 나오는 단어들을 알파벳순으로 재배열하여, 최초로 성경 성구 사전을 만들어 낼 것이기 때문이다.

그래서 이들이 우리의 선구자가 되었다. 1230년을 전후해서 동시에 그러나 따로따로 색인을 세상에 전해 준 두 명의 산파였다. 그러나 지금까지도 우리는 인간이 색인이라는 문명의 상징을 낳게 된 배경과 과정을 알지 못한다. 그로스테스트와 휴에게 무엇이 동기가 되었을까? 만약 수백 마일이나 떨어져 살던 두 사람이 동시에 그런 착상을 하게 되었다면 그 시대에 색인이 필요하다는 **생각**이 무르익었음에 틀림없다. 하지만 그런 생각에 이른 경위와 필요는 무엇이었을까? 이전에 그런 선례는 없었을까? 잠시 두 사람을 다음 기회에 모시도록 무대 양옆의 대기실로 보내고, 그동안 우리는 책을 낼 때 요구되는 텍스트 전체의 **배열**[mise-en-page, 페이지 레이아웃-옮긴이]에 대해서 생각할 시간을 잠시 갖도록 하자.

  책 한 권을 상상해 보라. 페이퍼백이든 소설이든. 이제 그 책 중간쯤에 있는 어느 페이지를 상상해 보자. 챕터의 시작도 끝도 아닌 어중간한 지점 말이다. 마음속으로 그 페이지의 모습이 어떠할지 그려 보라. 하얀 여백에 둘러싸인 단 하나의 널찍한 텍스트 기둥(column)으로 이루어져 있는가? 그래서 양쪽에 똑바로 서 있는 여백을 허용하는가? 아마도 하얀 여백이 몇 차례 텍스트 기둥 속으로 비집고 들어갈 것이다. 오른쪽으로부터 왼쪽으로 문단이 허용된 범위까지 텍스트가 도달하지 못하고 끝나 버린 곳으로 파고드는 여백이 있다. 또는 다음 문단이 시작하는 곳에서 왼쪽으로부터 한 모금 물고 들어가며 생기는 여백도 있다. 쪽 번호는 어디에 있는가? 상단 오른쪽인가, 아니면 본문 아래 중앙 부분인가? 그 정도면 현대 산문의 표준적인 페이지의 모습을 대략 설명한 것이다.
  하지만 그것이 유일한 표준은 아니다. 다른 종류의 책을 상상해 보라. 이번에는 참고도서인 백과사전 또는 2개 국어로 병기된 사전을 상상해 보라. 찾아보기 위해 펼치는 책이며 처음부터 끝까지 읽을 일은 없는 책이다. 하나의 연속적인 서사를 이야기하는 것이 아니라 많은 다양한 정보의 원천으로 책이 사용된다면 그 페이지의 배열은 어떻게 달라지는가? 텍스트의 기둥은 둘 이상이 되지 않는가? '명사(*noun*)' 대신 *n*.이나 '사망(*died*)' 대신 *d*.라는 식으로 이탤릭체로 된 약어 처리가 빈번해질 것이다. 상호참조, **볼드체**, (괄호) 따위도 도처에 출현할 것이다. 표제어는 어떻게 처리되었는가? 다른 서체이거나 큰 글자로 처리되었는가? 아니면 여백에 등장하는 어떤 것, 즉 새로운 항목이나 새로운 정보의 시작을 알려 주는 글머리 기호(●)나 표정 없이 뭔가를 가리키는 손가락표(☞)인가? 아마도 각 페이지의 상단에는 첫머리 단어가 있어서 우리에게 특정 페이지에 어떤 단어들이 있는지 알려 주거나, 알파벳 전체에서 어느 정도 지점에 와 있는가를 말해 줄 것이다.

이 모든 특징은 이 책의 주제와 관련되어 있다. 왜냐하면 색인은 난데없이 등장한 것이 아니라 13세기에 들어 수십 년간 잉글랜드와 대륙 양쪽에서 우후죽순 생겨난 독서 도구 중 가장 늦게 등장한 것이기 때문이다. 그리고 이 모든 것은 공통의 목표를 위해 태어났다. 독서 과정을 능률화하기 위함이었고 책을 사용하는 방식에서 효율성을 높이기 위함이었다. 그렇다면 왜 이런 책 속 간섭꾼인 온갖 기호들이 페이지 위로 쏟아져 들어오게 되었는가를 이해하기 위해서 우리는 독서에서 속도전이 필요해진 사정을 살펴보아야 한다.

"복되신 주님, 당신께서 우리의 배움을 위해 성경이 쓰이게 하셨나이다. 이제 우리가 현명한 능력을 발휘해서 성경 말씀을 듣고, 읽고, 써넣고, 배워서 그 말씀들을 우리 내면으로 소화하도록 허락해 주소서."[2] 잠깐 몇 세기 전으로 시간을 돌려 천천히 읽을 것을 권하는 캔터베리 대주교의 말을 인용해 봤다. 대주교의 말은 토머스 크랜머(Thomas Cranmer)가 쓴 『공동 기도서(Book of Common Prayer)』(1549)에 들어 있는 본기도라고 알려진 것이며, 성찬식 설교를 위한 짤막한 기도 중에서 첫 번째 기도문이다. 들어라, 읽어라, 배워라, 써넣어라 그리고 내면으로 소화하라. 성경을 이런 식으로 수용해야 한다는 말이다. 이런 여러 조언은 대부분 문자 그대로 이해될 수 있다. 그렇지만 오늘날의 독자는 크랜머 시대 신도들처럼 자기 책에 뭔가를 써넣는 것—책 여백에 기록하기—에 익숙하지 않을지도 모른다. 물론 **듣고, 읽고, 배운다**는 것은 당연한 것이고 놀라울 것도 없다. 누가 성경을 이해하기 위해서 그것 말고 해야 할 어떤 다른 것이 있으리라 생각하겠는가? 그러나 **내면으로 소화**하라는 것은 더 어렵고 더 의미심장한 것으로 여겨진다. 분명 크랜머는 신심 깊은 신자들이 성경을 먹어 치우기를 기대한 것은 아니었을 것이다. 그렇다면 그 비유는 무엇을 암시하는가? 자양분을 말하는 것이었다. 음식물이 우리에게 육체적 양분을 제공하듯이 성경은 영적인 양분을 제공해 준다는 말이다. 성 아우구스티누스가 한 무리의 수녀들에게 "입으로만 음식을 섭취하지 말고 귀를 통해 신의 말씀을 들이마시도록 하라"[3]고 썼을 때 그가 뜻한 바도 크랜머의 것과 같았다. 그러나 크랜머의 비유는 좀 더 많은 것을 함축한다. 소위 **반추**(反芻)라는 말인데, 원래 소화작용을 의미했으나 마음속으로 심사숙고하고 묵상하는 과정을 비유하는 뜻으로 확장되었다.

들어라, 읽어라, 배워라, 써넣어라 그리고 내면으로 소화하라. 상세하고도 구체적인 지침이다. 하지만 우리는 대개 어떻게 읽는가? 버스 정류장에서 직장까지 가는 길에 허겁지겁 몇 쪽, 점심시간에 스마트폰의 징징거리는 소리를 외면해야 겨우 몇 쪽, 그리고 잠자리에 들어서 잠들기 전까지 잠깐. 우리는 대부분 짬을 내서 읽는다. 하루의 시간에서 일터와 가정―삶―의 빠듯한 요구를 제외한 나머지 시간에야 읽는다. 그런데 듣고, 읽고, 써넣고, 배우고 그리고 내면으로 소화하라니. 이런 요구에는 인내와 느림의 사고가 함축되어 있다. 넉넉한 시간, 넉넉한 독서―영적인 독서를 위한 최소한의 조건―라는 느낌이 있는 것이다. 그런 것은 시간에 쫓기는 현대인의 빡빡한 삶과는 관계가 먼 행위이다. 과거의 삶의 방식에서나 호소력이 있을 뿐이다. 만약 우리가 일터와 가족의 부담에서 벗어난다면 우린 어떻게 독서를 할까? 만약 통근할 일이 없고, 몇 가지 소중한 오락거리들이 사라졌다면? 만약 우리가 잡다한 책을 다 없애 버리고 몇 가지 필수도서(성경과 신학책 몇 권 정도)만 남긴다면? 만약 독서가 지금 당장만이 아니라 평생 우리의 유일한 과제라면? 크랜머는 아이러니하게도 당시 막 생기기 시작했던 수도원의 절제된 삶을 기준으로, 마치 모든 사람이 규칙적이고 한없이 느린 수도원의 리듬으로 살아가는 것처럼, 강의를 듣고 읽으라고 요구한 것이다.

수도원은 독서를 일과의 중심에 놓았다. 베네딕트회의 규칙은 수사는 한밤중에 일어나 기도를 한 뒤, 두 시간의 독서에 몰입해야 하며 그런 뒤에야 다시 잠자리에 들든지 "혹시 독서를 더 원한다면 다른 사람을 방해하지 않는 한에서 할 수 있다".[4] 식사 시간에는 미리 지명된 한 명이 다른 사람에게 낭독해 줄 것이며 듣는 사람은 절대적인 침묵을 지켜서 "어떤 속삭임도 없어야 하고 낭독자의 목소리 이외에는 어떤 소리도 들려서는 안 된다". 낭독이 아니라면 오직 경청만이 허용될 뿐이었다. 그런 상황은 수녀원에서도 마찬가지였다. 성 체사리오가 내린 규정대로 이른 아침 두 시간은 독서를 위해 배정되었고, 식사 시간과 직물을 짜는 일과 중에 들리는 소리는 오직 지명된 낭독자만의 목소리여야 했다. 졸음이 찾아온 수녀에게는 화 있을진저. "누구든 졸음이 찾아오면 다른 수녀들이 앉아 있는 와중에 일어나서 잠의 나른함을 떨쳐 내도록 한다."[5] 정신줄을 놓는 일이 없어야 했다. 성경의 소리는 방 귀퉁이에 놓인 라디오에서 나오는 잡음처럼 취급되어서는 안 되었다. 수도원 전통에서 독서는 명상이었다. 배움의 수단이 아니라 목적이었다. 규율이 바로 잡힌 신앙심으로, 혹은 헌신적 수도회의 일원으로 평생을 보내면서 끝없이 반복해야 하는 일이었다.

그리고 중세 수도원의 독서가들은, 이를테면, 입을 벌려 음식을 먹듯이 성경을 내면적으로 먹고 소화해 냈을 수도 있다. 명상적 독서는 단지 눈만이 아닌 다른 많은 감각을 동원했다. 역사가이자 베네딕트회 수사였던 장 르클레르크(Jean Leclercq)에 따르면, "중세에는 적어도 속삭이는 정도라 하더라도 입술을 달싹거리며 읽었다. 결과적으로 눈이 보고 있는 구절을 귀로 듣게 되었다".[6] 독서를 하면 손가락이 읽을 부분을 쓸어 갈 때 텍스트 이미지가 주는 느낌에 대한 감각, 중얼거린 단어들이 입술에 남기는 근육의 썰룩거림에 대한 감각, 중얼거린 단어들이 귀로 들어올 때 그 소리에 대한 감각 등 갖가지 감각이 동원된다. 14세기 말경 아우구스티누스는 밀라노의 주교인 암브로시우스와 처음 만났을 때를 돌아보며 암브로시우스의 특이한 독서 방식에 주목했던 일을 회상했다. "암브로시우스의 눈은 텍스트 위를 훑고 있었고 그의 마음은 텍스트의 의미를 되새기고 있었다─하지만 그의 목소리와 혀는 침묵을 지켰다."[7] 침묵하며 읽는 독서인 묵독은 드문 일이었다. 그래서 아우구스티누스는 무엇이 암브로시우스를 그런 독서로 이끌었는지 궁금해했다. (목소리를 보호하기 위해서였을까? 아니면 그가 읽고 있는 텍스트에 대한 불필요한 논쟁을 피하려 했던 걸까?) 10세기경 고르체의 성 요한(John of Gorze)은 그렇게 읽지 않았다. 그는 시편을 '벌처럼(in morem apis)' 끊임없이 부드럽게 윙윙거리는 소리를 내며 탐독했던 것으로 유명했다.[8] '묵독자 암브로시우스(Ambrose the silent)'가 아니라 과몰입 상태에서 온 감각을 동원하는 '윙윙 요한(John the droner)'의 독서법이 중세 독서의 대세였다.

2장 색인의 탄생

하지만 벌처럼 윙윙거리며 읽던 시대도 머지않아 막을 내리게 된다. 요한이 윙윙대던 시대로부터 1세기가 지난 뒤 교황 그레고리우스 7세가 주도한 중앙집권적 개혁은 더 전문적인 성직자를 요구하게 되었다. 이제 교회 공식 업무를 보는 성직자들은 행정가로서 수련을 받아야 했고 성경뿐만 아니라 회계와 법률적 원칙에도 정통해야 했다. 1079년에 내려진 교황 칙령은 성당이 성직자를 양성할 학교를 만들도록 강제했다. 이 학교들이 대체로 교사 한 명의 통제하에 운영되었고 학생들은 명성 높은 교사에게 사사하기 위해 기꺼이 먼 곳을 선택하기도 했기 때문에 이따금 수요가 공급을 초과하는 일도 있었다. 몇 세기가 지나지 않아서 볼로냐, 파리, 옥스퍼드, 케임브리지 같은 곳에서 학생들과 선생들은 본질적으로 길드 같은 조직으로 구체화하기 시작했고, 그런 조직체에 대해서 그들은 우니베르시타스 스콜라리움(universitas scholarium) 혹은 우니베르시타스 마기스트로룸 에트 스콜라리움(universitas magistrorum et scholarium)과 같은 명칭을 부여했다. 대학(university)이 탄생한 것이다.[9]

수도원의 가르침이 고요한 명상에 초점을 두고 있었던 반면에, 종교적 또는 세속적 행정기관의 직업적 출세를 위한 교육을 담당하던 학교와 대학에서는 새로운 방식의 교수법이 주도권을 잡았다. 토론을 하고 근거가 되는 권위 있는 문서를 인용하고 주석을 읽는 것—지금은 익숙한 **강의**(lecture)라는 이름의 형식—이 그것이었다. 대학의 가르침은 내적 깨우

침보다는 외적 논증을, 끊임없는 명상보다는 지적 민첩함을 강조했다. 대학의 독서가들은 책을 활용하는 새로운 방식, 즉 텍스트 전체에서 일부분—단어나 구절—을 효율적으로 찾아내는 새로운 수단을 요구하게 되었다.

이와 함께 12세기에 농촌에서 뿌리를 상실하고 도시로 유입되는 인구가 꾸준히 증가하고 이단적 종파의 위협을 받으면서 교회는 새로운 선교 방식의 중요성을 절감했다. 그래서 새로운 형태의 종교 단체인 탁발 수도회들(mendicant는 '구걸하다'라는 뜻의 라틴어 mendicans가 그 어원이다)이 우후죽순 솟아났다. 청빈한 삶을 모토로 하는 프란체스코수도회와 도미니크수도회가 설립되었고 그 구성원들은 일반적인 수도사가 아니라 탁발 수사(friar는 '형제'라는 뜻의 라틴어 freres가 그 어원이다)였다. 그래서 외딴 수도원에서 세상과 인연을 끊고 사는 게 아니라 백성들 사이에서 공부하고 복음을 전하고 설교를 했다. 그것도 라틴어가 아니라 백성들의 일상어로 이뤄졌다. 설교 중에 의사소통과 설득의 중요성이 새롭게 대두되면서 대학 교육과 필적하는 수준의 텍스트에 대한 기민한 분석이 요구되었다. 대학과 동일한 수준으로 성경에 대하여 빠르고 정연하게 사고할 필요도 생겼다. 잘 생각한 사람이 잘 말하기 때문이다. 설교자와 선생 같은 새로운 독서가들의 요구에 부응하기 위해서 책을 근본적으로 탈바꿈시켜야 할 필요가 생긴 것이다. 책 페이지를 리모델링하고, 다채로운 색을 더하며, 곳곳에 온갖 기호와 구분 표시를 넣어야 할 필요가 있었다. 세분화하거나 종합한 정보를 효율적으로 제공하기 위해 고안된 방식들이다. 민첩하고 요구사항이 많은 이런 독자가 성경을 처음부터 끝까지 읽어 내려가게만 하는 것이 아니라, 이들에게 필요한 것을 즉각적으로—**벌레 먹은 구멍처럼**—쏙 빼내어 제공하기 위해, 처음에는 '디스팅티오(distinctio)'였다가 나중에는 '인덱스'로 불리게 될 새 도구가 고안되어야 할 순간이 온 것이다.

그러나 먼저 텍스트를 분리할 필요가 있었다. 플리니우스의 목록이 성공적이었던 것은 『박물지』가 37권으로 분리되어 있었기 때문이었다. 편리하게도 성경도 비슷하게 나누어져 있었다. 성경은 구약과 신약이 여러 권의 책[구약 39권과 신약 27권으로 총 66권-옮긴이]으로 구성된다. 그리고 몇몇 중세에 작성된 상호참조는 이 책들만을 근거로 삼았다. 인용구 옆의 여백에 '에스겔이 말했다'라는 메모가 있다면 그것이 에스겔서에서 따온 것임을 말해 준다. 그러나 만약 우리가 실제로 에스겔서에서 그것을 찾아보고 싶다면 어떻게 하나? 에스겔서는 결코 짧은 글이 아니다. 색인을 좇아 검색해 봤지만 별 수확이 없었다는 사실에 짜증스러워하며 잠자리에 든 티투스 황제에 대한 상상게임을 돌이켜보라. 만약 13세기의 설교자나 선생들이 비슷한 좌절을 겪지 않게 하려면 단순히 '에스겔이 말했다'는 정도를 벗어나 목표 지점으로 좀 더 가까이 도달할 수 있는 방법을 찾을 필요가 있었다. 권(券)보다는 좀 더 상세하고 도드라진, 모든 학술적 공동체가 공유할 수 있는 체계가 절실한 시점이 온 것이다.

도판 9는 12세기 말엽에 제작되었고, 현재는 영국 국립도서관에서 소장 중인 마르코 복음서의 주석서에서 가져온 필사본 한 페이지이다. 도판은 주석 본문이 시작되기 전 첫 페이지를 보여 준다. 왼쪽 여백을 따라 줄줄이 나열된 로마 숫자, 각각의 숫자 옆에 달린 짧은 발췌문, 이 모든 것이 책의 맨 앞 부분에 있다는 사실만으로도 이 페이지가 무엇인지 짐작할 수 있다. 첫 줄은 붉은 글씨로 이 페이지가 마르코 복음서의 '챕터들(capitula)'을 소개한다고 말해 준다. 오늘날로 말하자면 차례가 되겠다.

요즘 책의 차례처럼 그것도 챕터별로 나뉘어 있고 머리글자는 대문자로, 빨간색과 파란색으로 번갈아 처리해서 시선이 바로 새로운 챕터의 시작 부분으로 가도록 했다. 또한 빨간색으로 처리된 단락 기호(¶)—현대 워드프로세싱 소프트웨어에서도 여전히 사용되는 글마디표—가 있어서 한 가지 이야기의 흐름이 끝났음을 알린다. 이 목록은 마르코 복음서를 여러 챕터로 나누고 챕터마다 벌어지는 사건을 요약하고 왼쪽 여백에 빨간색으로 각 챕터의 번호를 매겼다.

그러나 이 챕터 구분을 21세기 성경에 옮겨 놓으려 하면 짝이 맞지 않는다는 것을 알게 된다. 우선 오늘날의 마르코 복음서는 16장으로 구성되어 있는데 여기는 14장이 전부이다. 그리고 그 속에 담긴 이야기도 현대의 것과는 잘 들어맞지 않

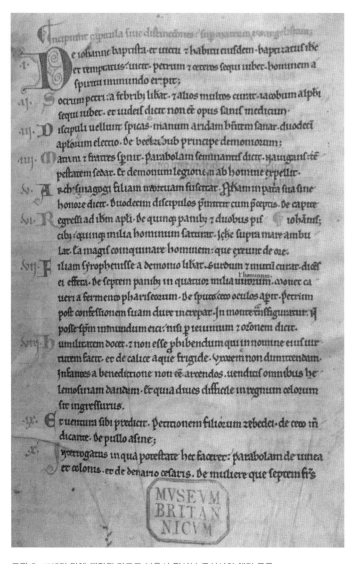

도판 9: 12세기 말에 제작된 마르코 복음서 필사본 주석서의 챕터 목록.

는다. 가령 3장은 다음과 같이 소개된다.

> iii. 제자들이 곡식 이삭을 따다; 예수가 손이 오그라든 사람
> 을 고치다; 열두 사도를 정하다; 마귀의 두목인 바알세불에
> 대하여.

현대의 성경에도 마르코 3장에는 손이 오그라든 사람의 이야기와 사도 열두 명을 지정한 것과 예수의 바알세불에 대한 언급이 나온다. 하지만 제자들이 이삭을 따는 장면은 없다. 그것은 2장 마지막 부분에 있다. 12세기의 주석서는 성경을 챕터화하기, 즉 성경을 짧은 단위로 쪼개는 것이 널리 공유되던 전통이 생기기 전에 만든 것이다. 대학에서 가르치고, 교회법을 익히고, 인용을 하고 논쟁을 벌여야 하는 새로운 환경이 전개되면서 뭔가 보편적이고 참신한 표준체계의 도입이 절실해진 건 불을 보듯 뻔한 사실이었다.

그 과업은 영국의 성직자 스티븐 랭턴(Stephen Langton)의 몫으로 돌아갔다. 랭턴은 나중에 켄터베리 대주교가 될 운명이었고 그런 지위는 마그나카르타가 제정되는 과정에서 왕과 다툼이 벌어졌을 때 큰 도움이 된다. 하지만 13세기가 시작될 무렵에 그는 파리에서 교수로 일하고 있었다. 1204년에 완료된 챕터화 작업은 아마도 대학의 요구에 따른 것으로 보인다.[10] 학생들이 졸업해서 각자 고국으로 돌아가면서 랭턴의 방식은 대륙 전체로 전파된다.[11] 그 방식이 더

욱 확산된 계기는 그로부터 몇십 년 뒤 파리 전역의 필경실 (scriptorium)―오늘날의 출판사―에서 성경 필사본을 대량 생산할 때 랭턴의 방식을 적용한 것이었다.[12]

성경을 절(節)로 분할하는 작업은 그때 이후로도 몇 세기는 더 지난 1550년대 초반 로베르 에스티엔(Robert Estienne)의 활자본이 등장할 때까지 기다려야 한다. 하지만 랭턴이 만든 챕터―우리가 여전히 쓰고 있는 그것―만으로도 빠르고 정확한 참조 체계를 세우는 일이 가능해졌다. 그것은 교육 현장에서 시간을 절약해 주었을 뿐만 아니라, 생세르의 휴가 성서를 개별 단어로 해체할 때 기준으로 쓰면서 우리에게 위치 표시자의 최초 형태까지 얼핏 보여 주었다. 랭턴의 챕터는 성경과 알파벳순 성구 사전이라는 두 가지 서열 체계 사이에서 서로를 대응시키는 매핑 작업의 기초가 될 것이다. 이것에 대해서는 뒤에서 더 상세히 다루겠다. 하지만 당장은 또 다른 페이지를 살펴봐야 할 때이고 색인의 형님뻘인 디스팅티오 (distinctiones)라는 장르를 소개할 차례이다.

12세기 후반부에 개최된 교회 협의회의 한 모임에서 함께 모인 대표들은 런던의 주교 길버트 폴리오트(Gilbert Foliot)의 설교를 들었다. 그는 '예수는 돌과 같다'는 비유로 설교를 열었다. 그 취지를 설명하기 위해 그는 시편 118편("건축자의 버린 돌이 집 모퉁이의 머릿돌이 되었나니")의 돌과 야곱이 베개로 삼은 돌(창세기 28:10~22)로부터 느부갓네살 왕

의 꿈에서 거짓 신들을 박살냈던 돌(다니엘 2:34~35)에 이
르기까지 성경 속에서 돌이 등장하는 장면을 훑어 나갔다. 각
각의 사례를 들고 나서 폴리오트 주교는 잠시 짬을 내어 이
런 다양한 사례들이 비유적으로 암시하는 바를 설명하고, 각
사례를 이용해서 최초의 비유에 새로운 관점을 부여하고, 결
과적으로 그 비유를 다양한 각도에서 볼 수 있는 풍성한 설
교를 했다. 설교를 듣던 이들 중에는 콘월의 피터(Peter of
Cornwall)라는 이름의 학자가 있었는데 매끄럽고 민첩하게
조금도 힘들이지 않고 성경의 구절들을 넘나들며 현란하게
흘러나오는, 경이로운 폴리오트의 설교에 홀린 듯 집중했다.
몇 년 뒤 피터는 그 설교가 얼마나 능숙하게 "처음 시작한 지
점으로부터 현란하게 앞으로 가다 뒤로 가다를 반복하다가
마침내 원점으로 다시 돌아왔는지" 기록하면서 그 경험을 회
상했다. 폴리오트의 가르침은 "아름다운 단어와 문장으로 단
장을 하고 풍부한 출전으로 그 말씀의 근거를 제시"하기 때
문에 현란하고도 해박했다.[13] 그러나 피터는 그 눈부신 설교
의 비결이 그것의 구성 방식에 있다는 사실을 알아챘다. "전
체 설교가 디스팅티오 덕분에 다채로워졌다"라는 것이다.

폴리오트의 설교는 디스팅티오라는 원칙에 기반을 두고 있
다. 주제—여기서는 **돌**—를 정하고 그것을 철저히 분석하여,
마치 사전이 한 단어에 대해 다양한 의미를 늘어놓듯이, 서로
구별되는 다양한 뉘앙스를 펼쳐 보이는 것이다. 또한 사전의
정의처럼 이들 디스팅티오를 합쳐서 하나의 거대한 덩어리

로 편찬할 수도 있다. 디스팅티오 컬렉션은 개별적 성경 분석
을 수집하여 모아 놓을 수도 있다. 흔히 수백 개에 달하는데
설교를 위한 참고 자료 혹은 아이디어 창고로 이용된다. 하지
만 사전 항목들과는 달리 개별적 디스팅티오는 완성을 목표
로 하는 것은 아니다. 그것의 목적은 단어를 정의하자는 것이
아니다. 차라리 다양한 뜻을 배열하는 과정에서 그것은 기억
하기에 좋은, 일련의 정기 기항지 같은 틀을 제공해 준다. 그
러면 그것은 본질적으로 간략한 설교가 된다.[14] 메리 커러더
스(Mary Carruthers)는 그런 디스팅티오의 특성을 다음과 같
이 설명했다.

> 설교를 위해 자료를 디스팅티오로 분류하는 것은 객관적인
> 분류라기보다는 다양한 자료를 용이하게 뒤섞어서 조합하고
> 설교자가 그 조합한 자료의 어느 지점에 있는지를 알 수 있게
> 하는 수단이다. 강연을 위해 가장 중요한 것은 강연 중에 '길'
> 을 잃지 않기 위해서 단순하면서도 엄격하게 디스팅티오를
> 배열하는 것이다. (…) 그렇게 하면 강연자는 강연의 핵심을
> 과장할 수도, 옆길로 빠질 수도 있을 뿐만 아니라 모든 수사적
> 임기응변이 즉석에서 가능해진다.[15]

각각의 디스팅티오는 기억을 돕는 상기물(aide-mémoire)
역할을 한다. 정해진 주제에 대해 정연하면서도 깨알같이 적
어 놓은 커닝 페이퍼이다.

도판 10: 수형도로 표현된 Abyssus(즉 Abyss, 깊이) 항목의 분류. 출처: 피터 캔터의 『아벨 디스팅티오』.

　　다양한 컬렉션은 그 분석 결과를 기록하는 다양한 방식을 요구한다. 도표처럼 표현된 피터 캔터(Peter Cantor)의 『디스팅티오』—이 장르에서 가장 최초 사례에 속하는데—는 어떤 식으로 개별적인 디스팅티오가 실제로 활용되었는지에 대한 가장 명백한 예시를 제공한다. 아벨(Abel)에서 젤루스(Zelus) [그리스 신화 속 질투의 신-옮긴이]까지 알파벳순으로 대략 600개에 달하는 항목이 나열된 피터의 컬렉션은 각 주제를 서툰 수형도로 분류해 놓았다. 예를 들면, 깊이를 뜻하는 'Abyssus'라는 주제를 보자(도판 10). 붉은 글씨의 표제어가 다섯으로 갈라진 물결무늬 선으로 세분화되고 각 선 뒤로 그것이 어떤 의미인지 뚜렷이 알려 주는 설명—신적 정의의 심오함 혹은 인간 마음의 웅숭깊음—이 오고, 그다음에는 이런 특별한 개별적 의미로 이끈 성서 구절이 이어진다. "그가 깊은 물[abyssos, 목적격, 복수]을 곳간에 두시도다"(시편 33:7), "깊음[abyssus, 주격] 은 깊음[abyssum, 목적격, 단수]을 부르며"(시편 42:7) 등등. 이런 메모가 폴리오트식 설교를 위한, 특색 없는 텍스트와는 달리 시각적 효과를 통해 주제를 상기하기 쉽게 만든 보조 도구란 것은 쉽게 알 수 있다. 그것은 설교의 기본 또는 발판이라 할 수 있는 내용의 정연함과 해박함을 보장해 줄 뿐 아니라 설교자가 즉석에서 임기응변을 발휘할 여지를 제공한다. 특정한 요소를 필요하면 취하고 아니면 치워 버리고 또는 그것을 기반으로 자신만의 현란한 말잔치를 벌일 수 있게 한다.

폴리오트의 설교에 너무나 깊은 감화를 받은 피터 캔터는 설교를 위한 도구로 쓰기 위해 자신만의 방대한 디스팅티오 컬렉션을 편찬하기 시작했다. 대략 백만 단어에 달하는 피터의 『판테올로구스(Pantheologus)』[신(theo)의 말씀(logos)을 다(pan) 모았다-옮긴이]를 오늘날 읽기는 난감한 일이다. 그렇다고 당시의 사용자들은 읽었을 것이라고 가정하는 것도 잘못이다. 조지프 괴링(Joseph Goering)은 역사적 관점에서 중세의 필사본을 보는 현대의 학자들이라면 그것을 처음부터 끝까지 읽을 수도 있겠지만 "대부분의 디스팅티오 컬렉션은 앞에서 뒤로 읽도록 의도되지는 않은 것으로 보인다"라고 지적했다.[16] 이것은 명백한 사실이다. 그러나 디스팅티오는 독서에 관해 더 많은 어떤 것을 암묵적으로 말해 준다. 그것은 우리가 **다른** 책들도 또한 발췌된 형태로 읽을 것을 요구한다. 평생을 끈기 있게 성경을 파고들면서 읽고 또 읽고 하던 수도원식 읽기의 의도적인 단조로움과는 도무지 다른 차원에서 생겨난, 각각의 디스팅티오는 그것의 사용자들로 하여금 근거가 되는 자료를 찾아 일련의 탐색—시편의 한 구절 또는 복음서 중 어떤 비유 또는 창세기의 한 순간 등등—을 하도록 만든다. 모든 디스팅티오는 그것만의 고유한 독서 방식이 남기는—고유한 눈송이 결정체 같은—독특한 모양을 성경에 투사한다.

그렇다면 디스팅티오 컬렉션은 색인이 갖는 특성과 비슷한 독서법의 증거가 된다. 우리가 도입부에서 만나게 되는 차례는 뒤에 이어질 책의 순서를 존중하고 반영한다. 만약 당신이 처음부터 끝까지 읽는다면 차례는 당신이 무엇을 만나게 될지 그리고 언제 그것을 만나게 될지를 말해 준다. 반면에 색인은 그런 순차적 읽기와는 아무 관계가 없다. 만약 우리가 색인을 근거로 책의 순서를 다시 구성하기를 원한다면 우리는 스프레드시트가 필요할 것이고 어마어마한 인내심을 발휘해야 할 것이다. 그리고 그런 과정은 책을 처음부터 차례로 읽어 내려가는 것보다 아마도 더 오래 걸릴 것이다. 디스팅티오도 색인처럼 책의 지도를 제공하기보다는 창의적 읽기의 순간에 대한 마인드맵을 제공하는 것에 가깝다. 그것은 체계적이지도 순차적이지도 않다. 오히려 단어 하나 혹은 개념 하나에 의해 자극을 받아 예기치 못했던 다양한 방향으로 번져 가는 관계적 읽기이다. 우리는 현대적 의미의 책 색인을 향해 조금씩 나아가고 있다. 만약 우리가 피터 캔터의 『디스팅티오』에서 'Abyssus(깊이)'라는 표제어를 택해서 인용구를 다 제거하고, 그 인용구를 찾으려면 어디로 가야 하는지를 말해 주는 위치 표시자로 그 빈자리를 채운다면 어떤 일이 벌어질까? 디스팅티오는 여전히 색인의 표제어와는 다른 목적에 종사한다. 어떤 용어의 예를 쫓기보다는 그것의 의미에 초점을 맞추기 때문에 디스팅티오는 일일이 열거하기보다는 설명한다. 하지만 그로스테스트와 같은 실험주의자들의 손을 거치면 디스팅티오 컬렉션은 용도 변경이 되고 더 개선된 것이 되어 뭔가 새로운 포맷으로 탈바꿈한다.

그래서 마침내 우리는 색인이라는 주제의 주인공들인 로버트 그로스테스트와 생셰르의 휴를 향한 입구에 도착했다. 그로스테스트의 시작은 미약하고 볼품없었다. 그는 1175년경 서픽이란 곳에서 아마도 소작농 집안의 아들로 태어난 것으로 보인다. 그가 비천한 출신이라는 사실은 링컨 교구의 주교로서 평생 신을 섬기고 큰 업적을 쌓았음에도 불구하고 두고 두고 그를 괴롭히는 이야깃거리가 되었다. 미천한 출신인 그가 자신들보다 더 높은 지위에 지명된 것에 대해 그의 아랫사람들이 대놓고 불만을 터뜨렸기 때문이었다. 하지만 시시콜콜한 그의 출신—당대 사람들에게는 그렇게 중요했던—따위를 지금은 아무도 기억하지 않는다. 심지어 그로스테스트가 본명인지 그가 능력을 발휘하기 시작했을 때 붙은 별칭인지조차 분명하지 않다. 'Grosse tête'는 큰 머리란 뜻이다. 17세기에 교회사가인 토머스 풀러(Thomas Fuller)는 그로스테스트가 "수용 가능한 최대한의 지식을 습득했고 그것을 갈무리할 지력도 있었기 때문에, 그 두뇌의 비상함을 암시하는 이름을 얻게 된 것"[17]이라고 주장하기도 했다. 아무튼 그의 총명함은 일찌감치 눈에 띄었다. 아마도 지역 귀족의 지원으로 얼마간 교육을 받은 뒤에 젊은 그로스테스트는, 역사가인 웨일스의 제럴드(Gerald of Wales)의 추천장을 들고 가서 헤리퍼드의 주교를 모시게 되었다.

> 나는 이 젊은이가 다양한 거래와 법적 결정이 필요한 일에서 도움이 될 뿐만 아니라, 요즘 세간에서 높이 평가하는 의료 분야의 지식도 상당해서 당신의 건강을 보존하거나 회복하기 위한 처방을 제공하는 일에도 큰 도움이 될 것이라 생각합니다. 게다가 많은 독서를 바탕으로 인문학에도 조예가 있는데 행동거지 또한 반듯합니다.[18]

심지어 여기서도 우리가 처음부터 엿볼 수 있었던 젊은 그로스테스트의 '박학함', 즉 상거래, 법, 의학과 인문학에까지 이르는 그의 백과사전적 학습 특성에 그의 후원자들도 일찍이 주목했음을 알 수 있다.

그는 헤리퍼드와 링컨의 두 주교를 섬기게 된다. 어쩌면 그는 또한 옥스퍼드에서 수학하게 될지도 모르고, 어쩌면 파리에서 교수가 될지도 모를 일이다. 그의 젊은 시절이 그랬던 것처럼 그의 중년 시절도 지금까지 전해지는 불충분하고 신뢰하기 힘든 자료로 짐작해 보는 정도여서 희미한 안경을 통해 어렴풋이 보는 것에 가깝다. 한 가지 분명한 사실은 그가 저술을 시작했다는 것이다. 과학 저술인 『역법에 대하여(On the Calendar)』와 『행성의 운행에 대하여(On the Movements of the Planets)』를 썼고 아리스토텔레스의 『분석론 후서 (Posterior Analytics)』에 대한 주석을 남겼다. 우리가 마침내 그의 실체를 정확히 만날 수 있는 시점은 1220년대 말경이다. 이제 50대인 그로스테스트는 옥스퍼드라는 대학 도시에서 대학(gown, 대학공동체)과 도시(town, 시민공동체) 양쪽 모두에서 설교를 했고 새로 설립된 프란체스코회 수도원에서 강연도 했다. 바로 이 옥스퍼드에서 그는 방대한 평생 독서의 결과물인, 세밀하고도 생생한 언어의 향연이 펼쳐지는 『타불라 디스팅티오(Tabula distinctionum)』를 편찬했다.

그로스테스트의 색인(『타불라 디스팅티오』)은 현재 프랑스 동남부 리옹의 시립도서관에 보관된 필사본으로 단 한 부만 전하는데 그것도 불완전한 것이다. 붉은 잉크로 적힌 제목은 이렇게 시작한다. "여기 링컨의 주교인 그로스테스트가 평수사 애덤 마시의 도움을 받아 목록을 시작하노라." 그 아래로 그림문자—점, 꼬부라진 선, 기하학적 도형, 작은 그림 들, 태양 하나, 꽃 하나—가 세로로 뱀처럼 기어 내려가다가 첫 번째 세로 단이 끝나면 다음 단으로 넘어가고 또 다음 단, 모두 세 개의 세로 단으로 한 페이지가 끝나면 다음 페이지로 넘어간다. 그렇게 네 페이지가 더 이어진다. 각각의 그림문자 뒤로는 개념이 이어진다. 영원, 상상력, 진실…… 이것들은 그로스테스트 색인의 토픽이거나 주제이다. 알파벳순으로 배열된 피터 캔터의 『디스팅티오』와는 달리 그로스테스트의 『타불라』는 개념순이다. 모두 440개에 달하는 토픽은 '마음' '피조

물' '성서'와 같은 아홉 가지 가장 중요한 카테고리로 분류되었다. 예컨대 그로스테스트가 내세운 첫 번째 카테고리인 '신'을 보면, 신은 존재한다, 신은 무엇인가, 신의 유일성, 신의 삼위성 따위의 서른여섯 가지 토픽으로 세분화되어 있다.

그래서 『타불라』의 앞부분은 단지 토픽의 목록과 그것들에 지정된 상징들만 보여 준다. 기본적으로 이 목록은 각각의 작은 그림문자가 뜻하는 바를 기억하기 위한 방편이자 열쇠이다. 그 문자들은 속기사들이 사용하는 기호처럼 단순하고 한눈에 들어오게 고안되어서 그로스테스트가 독서를 하면서 책여백에 적어 넣기에 좋았다. 특정한 토픽이 나타나면 그는 그옆에 관련 그림문자를 휘갈기고는 나중에 다시 검토했다. 일부 그림문자들—삼위일체는 삼각형이고 상상력은 꽃—은 토픽과 명백한 관련성을 보였다. 그러나 전체 토픽이 수백 개에 달했기 때문에 불가피하게 어떤 토픽의 그림문자는 임의적일 수밖에 없었다. 그로스테스트의 색인에 진지한 관심을 가졌던 최초의 학자인 S. 해리슨 톰슨(S. Harrison Thomson)은 그림문자의 다양함을 이렇게 요약했다. "희랍어와 라틴어의 모든 철자를 동원했고 수학기호들, 전통적 기호를 변형한 것들, 12궁도를 변형한 기호들과 그 외에도 점과 체크와 곡선을 추가했다."[19] 그로스테스트의 서재에는 모든 책이 이런 그림문자가 달린 주석으로 수놓아졌다. 수천 개 그림문자들이 줄줄이 늘어선 수많은 이모티콘처럼 책의 여백에 흘러내렸다.

그러나 이것을 색인이라고 할 수는 없다. 단지 머리말에 불

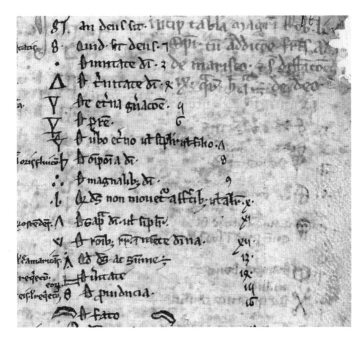

도판 11: 그로스테스트의 『타불라 디스팅티오』의 도입부. 그림문자와 함께 신에 관한 주제 따위의 토픽을 보여 준다. 오른쪽 윗부분의 글씨는 이 저술을 "평수사 애덤 마시의 도움을 받아 링컨의 주교 그로스테스트가 작성한 목록"이라고 밝혀 놓았다.

과하다. 총 다섯 페이지에 달하는 상징기호들과 그것의 의미를 목록화하고 나서 『타불라』는 진지하게 본론에 돌입할 채비를 마치고 시작한 곳으로 돌아간다. 이제 각 토픽이 순서대로 등장하기 시작할 것이다. 하지만 이번에는 토픽이 목록의 항목으로만 제시되는 것이 아니라 자체의 데이터세트[데이터 처리에서 한 개의 단위로 취급하는 데이터의 집합-옮긴이]로 선보인다. 각 토픽 아래로 일련의 참조 목록과 위치 표시자가 나열된다. 맨 먼저 성경의 구절들에 대한 참조 목록과 위치 표시자가 나오고 다음에는 교부의 저술들에 대해 그리고 마지막으로 오른쪽에 따로 분리해서 이교도와 아랍 작가들에 대해 참조 목록과 위치 표시자가 나열된다. 거대한 표제어와 위치 표시자의 목록이다. 그로스테스트의 『타불라』는 단지 도서 색인 이상이다. **책들**의 색인이다. 그것을 창안한 자의 지성만큼이나 해박하기를 열망하는 주제 색인이다.

첫 번째 항목―an deus sit(신은 존재한다)―을 검토해 보면 이 목록이 어떤 식으로 구성되어 있는지 감이 잡힐 것이다. 당연히 그 항목은 토픽 및 그로스테스트가 만든 그에 대한 상징과 함께 시작되며 위치 표시자로 나아간다. 약어를 확장하면 다음과 같다(ƚ는 리베르(liber), 즉 책을 뜻한다).

an deus sit

ge· 1· a·

augustinus contra aduersarios legis et prophetarum· ƚ·1·
De trinitate ·12· De libero· arbitrio· ƚ'·1· De uera religione·
epistola· 38· De ciuitate· dei ƚ·8· 10· 11· gregorius dialogi ƚ·4 ·27·
Ieronimus· 13· damascenus· sentenciarum ·ƚ·1· c· 3· 41· anselmus
prosologion· c· 2· 3· monologion·

[그리고 오른쪽 여백에] aritstoteles methaphisice ƚ·1·[20]

이 모든 것이 의미하는 바는 만약 **신은 존재한다**(an deus

도판 12: '신은 존재한다'는 토픽에 대한 그로스테스트의 참조 목록.

sit)는 명제에 대해 더 많이 알기를 원한다면 먼저 창세기 (Genesis) 1장을 읽고서 시작하라는 말이다(따라서, 'ge. 1. a'). 거기를 펼치면 당연히 '태초에 하나님이 천지를 창조하셨다'를 읽게 될 것이고 동시에 어떤 것이 창조되자면 그 전에 창조자가 있어야 한다는 사실을 상기하게 될 것이다. 그러고 나서 『타불라』는 독자를 아우구스티누스의 다양한 저작—가령 『신국론(De Civitate Dei)』 제8권, 제10권 그리고 제11권 (De ciuitate· dei ł·8· 10· 11)—혹은 그레고리우스의 『대화집』 (gregorius dialogi ł·4· 27)으로, 혹은 제롬, 다마스쿠스의 요한(John of Damascus) 또는 성 안셀무스(St. Anselm)로 이끈다. 그리고 좀 더 생소한 비(非)기독교의 사상을 접할 각오가 된 독자를 위해 『타불라』는 아리스토텔레스의 『형이상학 (Metaphysics)』의 제1권(aritstoteles methaphisice ł·1)을 제시하면서 그가 제일 원인(Primary Cause)이라는 아이디어를 논하는 장면을 소개한다.

오늘날에도 그가 소유했던 책 중에 여전히 살아남은 책이

도판 13: 여백에 토픽에 대한 상징기호가 기록된 그로스테스트 소유의 아우구스티누스 『신국론』. 꽃은 상상력(ymaginacion)을 뜻한다.

있는 덕분에 그로스테스트가 했을 법한 식으로 시험 삼아 색인의 지시를 따라가 볼 수도 있다. 그래서 현재 옥스퍼드의 보들리 도서관에 있는 그로스테스트의 『신국론』 사본을 찾아낸 나는 제8권을 펴고 여백을 따라 손가락을 내리다가 마침내 그 주제(신은 존재한다)를 말하는 그림상징과 만났다(기관총을 든 뱀 같기도 혹은 얼핏 ST 철자 같기도 하다). 아우구스티누스는 여기서 신의 존재는 물질적 관점으로 이해할 수 없으며 최고의 철학자들은 이것을 늘 알고 있었다고 주장한다.

그로스테스트의 아우구스티누스와 내 노트북의 『타불라』 스캔본을 앞에 펴고 있으니 같은 과정을 거슬러 가 보는 것도 어려운 일이 아니다. 세 발 달린 탁자처럼 생긴 또 다른 그림문자가 여백의 같은 부분에 등장해 같은 구절에 대해 주를 달아 놓았다. 그것은 'de videndo deum(신을 보는 것에 대해)'라는 주제에 관한 것이며, 『타불라』에서 이 주제로 가 보면 참고 자료 목록 중에 『신국론』 제8권이 확실히 있다. 그로스테스트의 『타불라』와 살아남은 그의 책 몇 권을 살펴보면 우리는 어떻게 색인이 작동하고 또 어떤 식으로 그가 그것을 편찬했는지 확인할 수 있다. 책에다 토픽을 알려 주는 상징 표시 작업을 끝내고 나면 색인 작업은 각각의 상징이 기록된 책의 여백을 빠르게 훑으며 차례로 색인에다 그 출처를 기록하면서 진행되었을 것이다.

지금 전하는 색인은 완전한 것이 아니다. 시작부 토픽 목록에 나와 있는 것[총 440개-옮긴이] 중에서 앞부분 200개 정도의 항목만 제대로 색인 처리가 되었다. 필립 로즈만(Philipp Rosemann)은 『타불라』가 그로스테스트의 제자들에 의해 필사되었을 때 절반쯤 완료된 상태였을 것이라고 추정했다. 그 제자 중에 두 명이 나중에 리옹에 있는 프란체스코회 수도원의 강연자로 파견되었고, 그래서 그 필사본이 그곳에서 발견된 것이다.[21] 아마도 그로스테스트는 『타불라』 작업을 평생 부단히 확장해야 할 과업으로 여겼는지도 모른다. 그래서 리옹 필사본은 단지 필사되던 시점에서 멈춰 버린 스냅사진에 불과한 것일 수도 있다. 그 이후로도 그로스테스트는 수십 년을 더 살았기 때문이다. 사실 필사본에 기록되지 못한 그 책들―하지만 우리는 그로스테스트가 그 책에 대해서 잘 알고 있었다는 사실을 안다―덕분에 우리는 리옹 필사본의 제작 시점을 판단할 수 있게 되었다. 예를 들면, 그로스테스트의 많은 학술적 업적 중 하나가 『니코마코스 윤리학(Ethika Nikomacheia)』으로 알려진 아리스토텔레스의 희랍어 저작을 번역한 것이다. 이 책을 번역하고 있었을 때에도 그가 색인 편찬 작업을 하고 있었더라면 『타불라』의 색인에서 그 책에 대한 언급을 보게 될 것이라고 예상할 수 있다. 이런 식으로 그로스테스트의 독서가로서의 역정을 역추적해 가면서 리옹의 『타불라』가 1230년경에 필사된 것임을 적시할 수 있게 된 것이다.

그로스테스트가 그의 색인을 자신과 그의 측근이 아닌 다른 사람들도 사용하도록 의도했는지는 분명치 않다. 분명한 것은 최종 상태의 『타불라』를 보면 그것이 단지 시간에 쫓긴 성직자의 커닝 페이퍼 이상의 의미를 갖는다는 사실이다. 차라리 진지한 학술을 위한 도구였다고 보는 것이 타당하다. 사용자들은 주요 텍스트들을 가까이 두고 있어야 했다. 그리고 전거(典據)를 추가적으로 확인할 시간을 내야 했다. 그러고는 각 주제가 사용된 다양한 경우들을 보면서 그것을 어떻게 해석해야 할지 스스로 결정해야 했다. 더욱이 그로스테스트의 색인은 그저 설교를 위한 편리한 보조 도구로 쓰이기에는 너무 방대했다. 각각의 주제에 대해 수십 가지의 사례를 들고 있고 그로스테스트의 학문적 야심은 우리가 앞에서 보았던 디스팅티오에 담기에는 너무 어마어마했다. 성경과 교부의 저작들과 고전 철학을 섭렵했고 아비센나(Avicenna)와 알가

잘리(Al-Ghazali)와 같은 이슬람 사상가들도 빼놓지 않았던, 그야말로 모든 것을 아우르는 『타불라』는 13세기판 검색엔진이었고 양피지에 옮겨 놓은 구글이었으며 하나의 주제에 대해 알려진 모든 문헌으로 그 주제의 출처와 용례를 비춰 주는 오목렌즈였다. 그러나 한편 그로스테스트가 옥스퍼드에서 프란체스코수도회의 수사들과 함께 자신의 색인 작업을 하고 있는 동안, 해협을 넘어 대륙에서도 이제 막 색인이 태어나려 하고 있었다. 그로스테스트의 것보다 더 철저한 그러나 초점을 단 하나의 텍스트에만 전례 없이 집중적으로 겨냥한 다른 모델이었다. 1230년에 파리에 있는 한 도미니크회 수도원에 새로운 수도원장이 취임했다. 그가 바로 생셰르의 휴이고 안경 낀 모습으로 초상화에 등장하게 될 사람이었다.

파리에서 센강 좌안에 프랑스공화국의 영웅들을 안치한, 거대한 둥근 지붕을 인 팡테옹을 방문한 적이 있다면 당신은 그곳 계단 앞에 서서 서쪽을 향해 수플로 거리를 지나 멀리 에펠탑이 보이는 광경을 보며 감탄을 터뜨렸을 것이다. 그 지역은 지금은 온갖 건물로 빼곡히 들어차 있고 차량 소음에 시달리며 길 양쪽으로는 오스만 시대의 키 큰 건축물이 시야를 가리고 1층에는 안경점과 부동산중개업소, 그리고 가게 테이블이 보도까지 점령하고 있는 카페도 두어 곳 자리 잡았다. 그래서 만약 800년 전에 이곳에 섰더라면 우리가 생자크 도미니크회 수도원의 남쪽 벽 바깥에 있게 되었을 거라 상상하기는 어렵다. 북쪽으로 불쑥 튀어나와 소르본 대학교를 향하는 오늘날의 생자크 거리는 그 이름과 함께 우리를 과거로 안내한다. 하지만 이 번잡하기만 한 도심에서 한때 그곳의 특징이었던 평온함—회랑, 예배당, 정원—을 상기시키는 것은 거의 아무것도 남지 않았다. 그렇지만 13세기에 이 생자크의 수사들은 수도원 도서관의 정성스러운 배려에 힘입어서 엄청난 과업에 힘을 쏟게 되었다.

때는 1230년, 도미니크수도회와 같은 수사 단체가 설립된 지 십 년이 채 넘지 않은 상태였다. 새로 입회한 수사 위고—지금 우리에게는 영어화되어 휴로 불리는—는 총명한 서른 살 젊은이였다. 그는 지금의 프랑스 남동부 생셰르라는 마을에서 양육되었고, 그곳은 아이러니하게도 그로스테스트의 『타불라』가 발견된 리옹에서 남쪽으로 몇 마일밖에 떨어지지 않은 곳이었다. 하지만 1230년이면 생셰르의 휴가 학업을 위해 열네 살에 파리에 왔다가 나중에는 대학에서 교편까지 잡으면서 생의 절반을 그곳에서 살았던 시점이었다. 그는 수도원에서는 5년만 머물렀다. 그의 재능은 이미 교황의 마음까지 사로잡았다. 평생 권모술수의 삶을 살도록 예비된 것이다. 그러나 생자크 수도원에 있는 동안 휴는 거대한 프로젝트를 감독했다. 그것이 미친 영향은 너무나 광범위하고 지속적이어서 그가 나중에 남긴 더 유명한 업적조차도 빛바래게 할 정도였다. 바로 생자크에서 그리고 그의 지휘하에서 최초의 성경 성구 사전이 만들어질 것이었기 때문이다.[22]

수사들은 일을 분담했다. 알파벳을 하나씩 전담하거나 한 알파벳의 일부를 나눠 맡아서 그 알파벳으로 시작하는 모든 단어를 쓰고 그 단어의 용례를 기록했다. 처음에는 대강의 초벌 작업을 했다. 많은 사람이 협력해야 했고 부족한 부분도 있었고 추가해야 할 것도 있었다. 이런 내용들을 나중에 한곳에 모아서 정연하게 배열하고 깔끔하게 필사했다. 이와 같은 작업은 손이 많이 필요했고 체계적 계획과 감독도 필요했다. 마침내 성구 사전이 완성되었을 때 라틴어 성경에 대한 각 단어별 색인이 달린 이 생자크 성구 사전을 통해 용어를 1만 개 이상 확인할 수 있게 되었고 그것이 알파벳순으로 목록화된 모습을 보게 된 것이다. 성구 사전은 감탄사 'A, a, a'(대개 '아!' 혹은 '아아'라고 번역된다)와 함께 시작해서 'Zorobabel'(혹은 Zerubbabel, 스룹바벨, 6세기경 유대의 통치자)로 끝난다. 이름과 감탄사뿐 아니라 성경의 일반적인 단어들—보통명사, 동사, 형용사—도 포함했고 각 단어에 대해서 그 단어가 쓰인 모든 사례를 목록에 올리고 그것의 출처인 편과 장과 절을 밝혔다. 생자크의 수사들은 랭턴의 챕터화 방식을 채택했지만, 찾아야 할 부분이 더욱 상세하고 두드러지게 드러나도록 방식을 혁신했다. 각각의 장은 똑같이 칠등분해서 a에서 g까지 이름을 붙였다. 어떤 장에서 시작부에 있는 단어라면 으뜸-위치 표시자 a를, 중간에 있다면 d를, 끝이라면 g를 할당했다. 즉, "태초에(In the beginning)": 창세기 1a. "예수께서 눈물을 흘리시더라": 요한 11d.

첫 번째 항목을 보면, 성구 사전은 우리에게 다음의 정보를 준다.

A, a, a. Je.i.c. xiiii.d. eze.iiii.f Joel.i.f.

약어들을 부연 설명해 보면 이것은 독자들에게 탐색 항목인 A, a, a,가 예레미야(Je.) 1장 c의 위치(즉, 이 장의 중간인 d의 바로 앞부분)에 나타난다고 말해 주는 것이다. 그뿐 아니라 예레미야 14d와 에스겔 4f와 요엘 1f에도 나온다는 것이다. 이렇게 따라가면 틀림없이 다음의 구절로 이어진다.

Jer. 1:6 Et dixi: **A, a, a,** Domine Deus, ecce nescio loqui, quia puer ego sum.
[예레미야 1장 6절 내가 아뢰었다. "**아(Ah)!** 주 하나님, 보십시오. 저는 아이라서 말을 잘 못합니다."]

Jer. 14:13 Et dixi: **A, a, a,** Domine Deus: prophetæ dicunt eis: Non videbitis gladium, et fames non erit in vobis: sed pacem veram dabit vobis in loco isto.
[예레미야 14장 13절 그래서 내가 아뢰었다. "**아(Ah)!** 주 하나님, 저 예언자들이 이 백성에게 주님의 말씀이라고 하면서 '전쟁이 일어나지 않는다. 기근이 오지 않는다. 오히려 주님께서 이곳에서 너희에게 확실한 평화를 주신다' 합니다."]

Ez. 4:14 **A, a, a,** Domine Deus, ecce anima mea non est polluta: et morticinum, et laceratum a bestiis non comedi ab infantia mea usque nunc, et non est ingressa in os meum omnis caro immunda.

[에스겔 4장 14절 그래서 내가 아뢰었다. "**아(Ah)!** 주 하나님, 저는 이제까지 저 자신을 더럽힌 일이 없습니다. 어려서부터 지금까지 저절로 죽거나 물려 죽은 짐승의 고기를 먹은 적이 없고, 부정한 고기를 제 입에 넣은 적도 없습니다."]

Joel 1:15 **A, a, a,** diei! quia prope est dies Domini, et quasi vastitas a potente veniet.

[요엘 1장 15절 **오호라(Alas)**, 그날이여! 주께서 심판하실 날이 다가왔다. 전능하신 분께서 보내신 바로 그 파멸의 날이 다가왔다.]

이런 식으로 저 빽빽한 반쪽짜리 행 정보가 독자들이 원하는 구절로 이끄는 데 필요한 모든 것을 포함한다. 게다가 알파벳순 배열로 어떤 탐색 용어라 하더라도 순식간에 위치 파악이 가능하도록 했다. 또 다른 생자크 성구 사전의 놀라운 특징은 그것의 크기이다. 참고 정보의 방대함에도 불구하고 철저한 약어 사용과 다섯 세로 단 형식을 적용해 두껍지도 않은 책 단 한 권에 그것을 모두 담았다. 옥스퍼드의 보들리 도서관에 있는 한 권은 색인 카드와 크기가 비슷하다(조금 더 짧고, 조금 더 넓다). 혹은 가게 진열장의 스마트폰 중에서 큰

쪽에 속하는 정도라고 할 수 있다. 손으로 쓴 이 자그마한 책 속에 성경에 등장하는 모든 단어의 출처에 대한 정보가 들어 있다는 사실은 그저 놀라울 뿐이다.[23]

이런 휴대성의 이점을 감안하더라도, 그것은 자체로 커다 란 결함이 있었다. 첫 페이지의 다른 단어를 하나 살펴보면 그 문제가 어떤 것인지 감이 올 것이다. '떠나다'라는 뜻의 '아 비레(abire)'라는 단어에 대해 기재된 내용의 앞부분을 보자.

> Abire, Gen. xiiii.d. xviii.e.g. xxi.c. xxii.b. xxiii.a. xxv.b.g xxvii.a.
> xxx.c. xxxi.b.c xxxv.f. xxxvi.a. xliiii.c.d
> [Abire, 창세기 14장.d. 18장.e와 g. 21장.c. 22장.b. 23장.a. 25장.b와 g
> 27장.a. 30장.c. 31장.b와 c 35장.f. 36장.a. 44장.c와 d]

창세기에만 참고문이 열두 개가 있는 것이다. 전체적으 로 참고문 수백 개가 세로 단 몇 개에 걸쳐 있다. 이런 경우 에—심지어 드문 일도 아니다—성구 사전은 사실 독자가 찾 고자 하는 구절을 적시하는 데에 거의 쓸모가 없다. 찾고 찾 고 또 찾아야 하는 수고—수많은 챕터를 뒤적거리면서 용어 를 찾아 수없이 페이지를 넘겨야 한다—는 아무래도 실용적 이지 않다.

새로운 독서 유형을 불러오는 도구로서 색인의 성공 여부 는 독자들이 적절한 시간 안에 필요한 구절을 찾을 수 있는가 에 달려 있었다. 단지 수십 개에 달하는 무차별한 목록을 제시한다면 색인은 탐색 도구로서의 기본적 기능을 수행하지 못하는 것이다. 그러나 따지고 보면 생자크의 수도사들이 색인 작업을 하면서 색인의 용도를 무시하는 가장 중대한 대죄로 꼽힐 잘못을 저질렀다 하더라도 그들은 단지 그런 형식을 창안해 내는 일을 했을 뿐이라는 사실을 감안해야 한다. 하지만 이런 정상참작이 다른 색인 저술가들에게 해당될 수는 없다. 이언 커(Ian Ker)가 쓴 뉴먼 추기경(Cardinal Newman)의 전기에 실린 이런 터무니없이 긴 기재 사항에서 볼 수 있듯이, 무질서한 위치 표시자들을 어지럽게 늘어놓은 색인은 지금도 너무 흔하게 발견된다.

> 와이즈먼, 니컬러스(Wiseman, Nicholas) 69, 118-19, 129, 133-4, 135, 158, 182-3, 187, 192, 198, 213, 225, 232, 234, 317-18, 321, 325, 328, 330, 331-2, 339, 341, 342, 345, 352, 360, 372-4, 382, 400, 405, 418, 419, 420, 424-7, 435-6, 437, 446-7, 463, 464, 466-8, 469, 470, 471, 472, 474-5, 476-7, 486-9, 499, 506, 507, 512, 515-17, 521, 526, 535, 540, 565, 567, 568, 569-72, 574, 597, 598, 608, 662, 694, 709.[24]

《타임스(The Times)》에 기재된 이 괴이한 색인에 대해 개탄하면서 버나드 레빈(Bernard Levin)은 이렇게 호통쳤다. "이런 식으로 의미 없는 나열만을 일삼는 멍청한 짓에 지면을 낭비하는 것은 도대체 무슨 경우냐? 그렇게 해서 얻는 이득이 무엇이란 말인가? '색인'이라는 귀하고도 뜻깊은 표제 하에 어떻게 출판업자가 **감히** 그런 것을 인쇄할 마음을 품을 수 있단 말인가?"[25] 실수를 만회하겠다는 듯이 뉴먼의 전기를 출판했던 조너선 케이프(Jonathan Cape)는 새로 낸 판에서 크게 개선된 색인을 선보였다. 같은 취지로 도미니크수도회도 곧 성구 사전의 다음 판 제작에 뛰어들었다.

새 성구 사전은 그것이—역시 생자크에서 제작했는데—스타벤스비의 리처드, 달링턴의 존, 그리고 멋지게 명명된 크로이던의 휴(Hugh of Croydon)라는 이름의 영국인 수사들에 의해서 편찬되기 때문에 『콘코르단티아이 앙글리카나이(Concordantiae Anglicanae)』, 즉 영어 성구 사전으로 알려지게 될 것이었다.[26] 영어 성구 사전이 최초의 것보다 더 혁신적인 점은 각각 참고 사항에 대해서 문맥 파악이 가능한 정도로 원문 구절을 추가한 것이었다. 가령 구글북스의 '발췌문 보기'에서 보여 주는 식의 '문맥 속 중심어(Keyword in Context, KWIC) 색인 방식'이었다. 여기 일부 조각들로만 전하는 보들리 도서관에 보관된 영어 성구 사전에서 'regnum(왕국)'이라는 항목 앞부분에 기재된 몇 가지를 살펴보자.

Regnum

Gen. x.c. fuit autem principium .R. eius Babilon et arach
[창세기 **10**장 **10**절 그가 다스린 **왕국(kingdom)**의 처음 중심지는 바빌론

과 에렉이다]

xx.e. quid peccavimus in te quia induxisti super me et super
.R. meum peccatum grande

[창세기 **20장 9절** 내가 너에게 무슨 못할 일을 했기에 너는 나와 나의 **왕국(kingdom)**에 이렇듯이 엄청난 죄를 뒤집어씌웠느냐?]

xxxvi.g. cumque et hic obiisset successit in .R. balaam filius
achobor

[창세기 **36장 38절** 사울이 죽자 악볼의 아들 바알하난이 뒤를 이어 **왕국(kingdom)**을 계승했다]

xli.e. uno tantum .R. solio te precedam

[창세기 **41장 40절** 내가 너보다 높은 것은 내 **왕좌(kingly throne)**뿐이니라].[27]

새 성구 사전 덕분에 편, 장, 절뿐 아니라 그 구절이 관련된 문장도 즉시 볼 수 있게 되었다.

하지만 영어 성구 사전도 결함이 없는 것은 아니었다. 제일 심각한 문제는 문맥을 밝히는 인용이 너무 방대해져서 책의 규모가 여러 권으로 늘어났다는 점이다. 세로 단 한 줄의 절반 정도를 차지했던 항목이 이제는 너덧 줄을 넘어섰다. 단 하나의 인용 문장 없이 위치 표시자만 기록해도 이미 몇 페이지씩을 차지했던 가장 흔한 몇몇 단어들—신, 말하다, 혹은 죄—에 대해서 그런 식으로 규모를 확대하면 전체 규모가 부담스러울 정도로 커져서 책의 유용성을 해칠 정도가 되었다.

그래서 13세기가 끝나기 전에 세 번째 판이 생자르크에서 편찬되었다. 발췌문 보기를 유지하되 서너 단어 규모로 제한했고 그런 틀은 그 뒤로 몇 세기 동안 표준 양식으로 유지되었다. 그래서 성구 사전의 이야기는 골디락스의 이야기를 닮아 있다. 첫 번째 책은 너무 작았고, 다음 책은 너무 컸고, 세 번째 것이 마침내 딱 맞춤한 것이 되었다.

성구 사전의 성공과 더불어 색인은 어떤 기념비적인 형식을 갖춘 주류로 편입하게 되었다. 색인의 수준과 그것이 보인 패러다임 전환의 본보기는 우리에게 'Abyssus(깊이)'라는 단어를 성경에 있는 다섯 가지 용례로 제시했던 피터 캔터의 『디스팅티오』를 상기시킬지도 모른다. 성구 사전은 오십 가지 이상을 제시한다. 디스팅티오 컬렉션의 제시어는 수백 개에 달했을 뿐이지만 성구 사전은 수천이 된다. 이전에 『디스팅티오』 항목을 사용했던 성직자들에게 성구 사전의 이런 방대함이 과연 도움이 되었을지 의구심이 들 수도 있다. 그럼에도 불구하고 14세기 초반 무렵이 되면 『디스팅티오』 컬렉션은 한물간 것이 된다. 반면에 옥스퍼드의 신학 교수 토머스 웨일리스(Thomas Waleys)는 알파벳순 성구 사전에 대해 이런 상찬을 남겼다.

설교 중에 그 전거를 풍부히 제시하는 것이 매우 간단한 일이 되었다. 알파벳순으로 (…) 배열된 성경 성구 사전이 만들어져서 전거를 찾는 것이 간편해졌기 때문이다.[28]

그런데 최초의 생자크 성구 사전이 나온 지 몇 년도 못 되어 사람들은 색인 양식에 대한 실험을 시작했다. 현재 프랑스 북부 트루아 시립도서관에 소장된 플로릴레기움(florilegium, 교부나 고대 작가들의 저술 발췌록) 두 권은 광범위하고 명쾌하며 찾기도 쉬운 알파벳순 인덱스를 중요한 특징으로 삼는다.[29] 두 권 모두 1246년에 사망한 윌리엄 몬터규(William Montague)가 편찬했고 생자크 성구 사전과 거의 동시대의 것이 되었다.

몬터규가 남긴 색인들은 비록 그것이 성경보다 훨씬 짧은 책들을 기준으로 만든 것이지만 본질적으로 용어 색인이다. 고도로 상세한 개별 단어들에 대한 용례 사전이다. 하지만 다른 작가들은 디스팅티오 컬렉션의 방식—색인의 방대함이 목적이 아니라 일부 핵심어들을 가려내고자 하는—을 일부 가미하면서 그것의 분명한 위치 표시자를 이용해 색인 양식에 다양한 변화를 시도하고 있었다. 『모랄리아 수페르 에반겔리아(Moralia super Evangelia)』 또는 『복음의 도덕원리(Moralities on the Gospels)』로 알려진 저술로서, 현존하는 네 부(部) 중에 한 부이며 옥스퍼드, 링컨 칼리지 MS 79로 알려진 이 원고는 이미 언급되었던 로버트 그로스테스트의 저술로 여겨진다. 13세기의 중반 이전에 제작된 것으로 짐작되는 링컨 칼리지 원고는 색인이 하나가 아니라 둘이나 된다는 점에서 두드러진다.[30] (엄밀히 말하면 다소 기이하게도 앞에 둘 그리고 뒤에도 다른 필체로 필사된 똑같은 색인이 둘이 있어서 합하여 넷이다.) 첫 번째 색인은 알파벳순이 아니다. 핵심 어들이 서로 가까워 보이는 유사한 주제별로 느슨하게 분류 되어 있다. 표제어들과 물결무늬 선들과 문맥이 다른 원문 발췌 구절들로 배열된 컬렉션이어서 디스팅티오-목록의 보이지 않는 지휘를 받은 것처럼 보일 정도다. 일련의 죄—분노, 불화, 증오, 비방, 험담, 살인, 기만—는 이제 자연스럽게 한 무리의 미덕—자비, 인내, 평온—으로 흘러들어 합쳐진다. 이 것들 다음으로—곧장 동일한 페이지에 동일한 필체로—훨씬 더 상세하고 두드러진, 하지만 초점은 추상적 세계가 아니라 구체적인 세계에 맞춰진 색인으로 이어진다.

그리고 나서 13세기 중반 무렵 알파벳순 주제 색인이 등장 했다. E. J. 돕슨(E. J. Dobson)의 추정처럼 그로스테스트의 『모랄리아』가 색인을 미리 염두에 두고 저술된 것이라면, 머지않아 독자들은 색인에 대한 생각 없이 쓰인 책에다 자신들 만의 색인을 추가할 것이다. 이 지점에서 우리는 중세의 독자 들과 우리와의 공통점을 발견하게 된다. 적어도 나는 그렇다. 내가 강의용으로 쓰는 책 중에 거의 모든 것에는 강의 준비를 하면서 중요한 장면들, 유용한 인용들, 면밀한 독서를 요구하는 구절들을 쪽 번호와 함께 표지 뒷면에 연필로 휘갈겨 놓는 다. 우리가 필요로 하는 단어를 찾아 발췌하고 검색하고 색인을 이용하는 행위는 대학의 역사만큼이나 오래된 독서 방식이다.

3장 그것이 없었더라면 어떻게 되었을까?

쪽 번호가 만든 기적

"이제 챕터에 관해 이야기하는 챕터는 이쯤 하겠습니다.
하지만 나는 이것이 내 전체 작품 중에서 최고의 챕터라고 생각합니다."

– 로런스 스턴(Laurence Sterne), 『트리스트럼 섄디(Tristram Shandy)』

나는 옥스퍼드 보들리 도서관에서 작은 인쇄물을 하나 놓고서 책상 앞에 앉아 있다. 이 책은 설교집인데 1470년 쾰른에서 아르놀트 테르호에르넨(Arnold Therhoernen)이란 남자가 운영하던 인쇄소에서 출판된 것이다. 페이퍼백만 한 크기에 겨우 열두 장—24쪽—짜리 얇은 책이다. 그러나 도서관에서 책을 앞에 두고 첫 페이지를 펴 놓고 앉아 있자니 내가 그동안 기록물 보관소에서 겪어 온 엄숙한 순간들의 극치를 경험하고 있다는 생각과 인간의 사고에 그렇게 엄청난 영향을 준 이렇게 중요한 것이 책상 위에서 나의 일상용품들—노트북, 연필과 노트—과 함께 놓여 있다는 사실이 거의 믿을 수 없을 지경이다. 그것을 유리 케이스에 넣고 봉인한 다음 안내문을 붙여 전시해 놓고 많은 학생이 볼 수는 있되 만지지는 못하도록 조치하지 않은 덕분에, 내가 마치 기차역에서 구입한 소설이라도 되는 것처럼 그것을 뽑아 들어 페이지를 펼쳐 볼 수 있다는 현실이 그저 놀랍기만 하다. 이런 느낌을 설명하는 용어가 있다. 피렌체를 방문했다가 르네상스 시대 거장의 무덤에 그렇게 가까워졌다는 생각에 심장박동이 빨라진 경험을 고백했던 프랑스 소설가의 이름을 따서 스탕달신드롬이라고 한다. 나는 거의 눈물이 나올 것 같았다.

　그 책자는 설교집인데 쾰른 소재 카르투지오회 수도원의 수사였던 베르너 롤레빙크(Werner Rolevinck)가 쓴 것이었다. 롤레빙크는 천지창조의 날로부터 현재, 이 경우에는 1481년 5월 3일이라는 유혈로 점철된 시점까지의 세계사『파시쿨루스 템포룸(Fasciculus temporum)』, 영어로는『시대들의 총록(Little Bundle of Dates)』을 써서 유명해졌다. 롤레빙크에 따르면 그날은 오스만제국 술탄 메메트 2세(Mehmet II)가 기독교에 대한 사악함 때문에 천벌을 받아 죽은 날이었다.[1] 길고 복잡한『파시쿨루스』는 롤레빙크가 11월 21일 성모자헌 축일을 맞아 준비한 짧은 설교문을 쓸 당시 여전히 저술 중이었다. 그러나 진정 이 설교문이 나에게 특별했던 이유는 롤레빙크 본인 혹은 그의 설교 덕분이 아니었다. 그것은 책 자체에 관한 어떤 것이었다. 도판 14에서 오른쪽 여백 중간쯤에 홀로 있는 커다란 대문자 J를 보라. 잉크가 살짝 번진 상태다. 활자에 다소 강하게 눌린 듯 잉크가 약간 번지면서 글자가 흐릿해졌고 본문 인쇄에 보이는 고딕체의 선명함과 뚜렷함이 없다. 그럼에도 불구하고 나는 이를 그 흐릿함 때문에 더욱 사랑한다. 나는 이 J가 차라리 이런 방식―개성적이라고 부르자―으

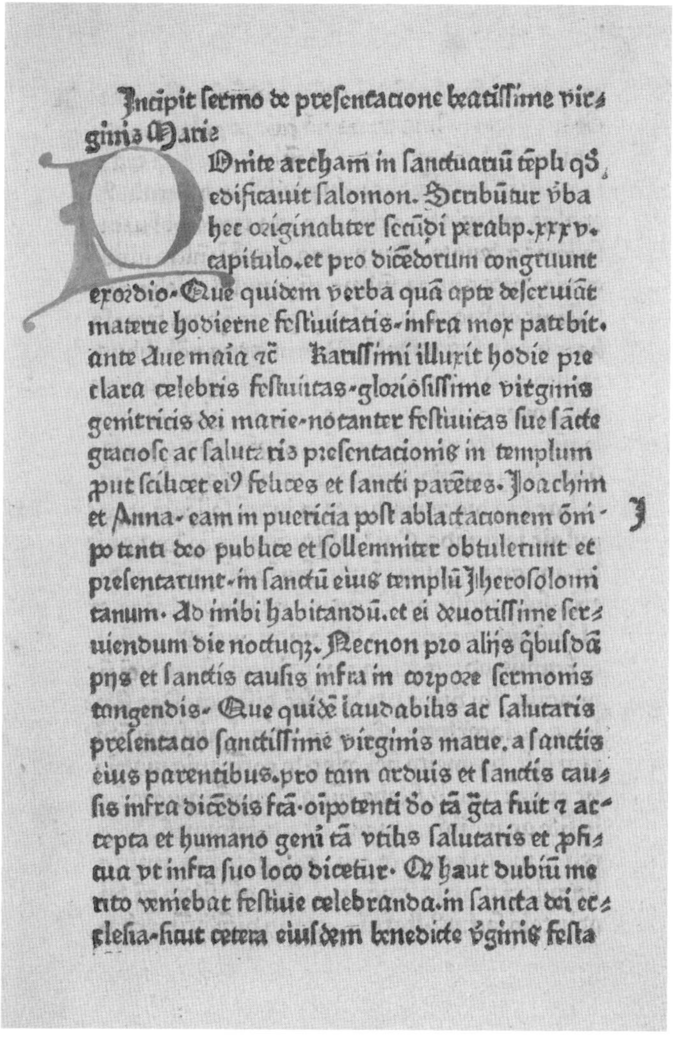

Incipit sermo de presentacione beatissime virginis Marie

Ponite archam in sanctuariu tepli qd edificauit salomon. Scributur vba hec originaliter scdi paralip.xxxv.capitulo.et pro dicedorum congruunt exordio· Que quidem verba qua apte deseruiut materie hodierne festiuitatis·infra mox patebit. ante Aue maia ꝗc Karissimi illuxit hodie preclara celebris festiuitas·gloriosissime virginis genitricis dei marie·notanter festiuitas sue sacte graciose ac salutaris presentacionis in templum ꝓut scilicet ei9 felices et sancti parētes· Joachim et Anna· eam in pueticia post ablactacionem ōmipotenti deo publice et sollemniter obtulerunt et presentarunt·in sanctu eius templu Jherosolomitanum. Ad ibi habitandū.et ei deuotissime seruiendum die noctuqz. Necnon pro alijs ꝗbusdā pijs et sanctis causis infra in corpore sermonis tangendis· Que quidē laudabilis ac salutaris presentacio sanctissime virginis marie. a sanctis eius parentibus·pro tam arduis et sanctis causis infra dicedis fca·oipotenti do tā gta fuit ꝗ accepta et humano geni tā vtilis salutaris et ꝓficua vt infra suo loco dicetur· Cꝛ haut dubiū mento veniebat festiue celebranda·in sancta dei ecclesia·sicut cetera eiusdem benedicte vginis festa

J

도판 14: 베르너 롤레빙크의 『성모자헌 축일 설교문』(1470)에 있는 최초로 쪽 번호가 인쇄된 페이지.

로 찍힌 것이 본문 중에서 이 J자 바로 왼쪽에 보이는 (완벽하게 선명하게 찍힌) 요아힘(Joachim)이라는 이름의 J자보다 더 좋다. 여백에 찍힌 J는 요아힘과는 무관하다. 요아힘이 여백의 J와 나란히 있게 된 것은 우연일 뿐이다. 우리의 J는 사실 J가 아니다. 책 첫 페이지임을 말해 주는 숫자—1—이다. 우리의 J는 기록으로 전하는 사상 최초로 찍힌 쪽 번호이다. 그것은 우리가 책을 이용하는 방식을 혁명적으로 바꾸었다. 그리고 그 과정에서 쪽 번호는 너무나 흔해서 모든 책의 가장자리에 뻔히 보이는 곳에 있지만 독서 중에는 거의 의식하지 못하는 것이 되었다.[2]

색인은 두 가지로 순서를 배치하는 방식이다. 항목을 알파벳순으로 놓고 그 항목이 있는 페이지를 순서대로 배열하면서 원문을 변환한 것이다. 항목 서열을 빠르게 훑으면서 우리가 궁금한 표제어를 탐색하고 페이지 순서를 통해 위치 표시자를 얻은 다음 그것이 지시하는 곳으로 어려움 없이 가는 것이다. 1장에서 알파벳순을 알아보았으니 이번 장에서는 정확성의 정도는 서로 조금씩 다르지만 우리에게 색인을 통해 저술로 들어가는 착륙 좌표를 제공해 주는 위치 표시자—쪽 번호, 디지털 위치 표시자, 심지어 장(章) 자체까지—를 탐구할 것이다.

잠깐만! 쪽 번호를 보라구. 제길! 32쪽에서 갑자기 17쪽으로 가 버렸잖아! 작가의 문체적 미묘함이라고 생각했던 것이 단순히 인쇄업자의 실수였던 거였어. 똑같은 페이지를 두 번 넣어 버린 거야. 책을 제본하면서 벌어진 실수지. 책은 한 면에 열여섯 쪽이 들어가는 전지(全紙)로 만들어지는데 (…) 모든 전지를 하나로 묶을 때 동일한 전지 두 장이 한 권 안에 들어가는 경우가 생길 수 있지.

책 하나에 같은 종이를 두 번 넣어 버린 제본업자의 실수. 이 사소한 실수를 시작으로 이탈로 칼비노(Italo Calvino)의 포스트모던 양식의 소설 『어느 겨울밤 한 여행자가(If on a Winter's Night a Traveller)』는 어지럽고 어수선하게 쌓아 올리는 서사를 전개한다. 소설에서 상황은 통제 불가능한 방향으로 전개된다. 다른 책의 페이지가 불쑥 나타나는가 하면, 탐정 스릴러물, 스파게티 웨스턴[이탈리아 영화사들이 만든 서부극-옮긴이], 체호프의 사실주의, 보르헤스의 마술적 사실주의 등의 일부가 아무렇게나 끼어든다……. 이 소설은 복잡다단한 개입이 허용된 소설이며 소설적 체계에 반하는 소설이다. 그러나 칼비노의 안배 속에서 혼란의 본질은 책 자체 형식인 코덱스라는 본질에서 생겨난 것이다. 만약 서사가 적절히 구축되지 못하거나 제작하는 도중에 일이 잘못된다면? 그것은, 칼비노에 따르면, '이따금 벌어지는 사고'이다. 우리는 모두 오탈자를 만난 적이 있다. 다른 오류들도 만난 적이 있을 것이다. 너무 진하게 인쇄된 쪽이 있는가 하면 어떤 쪽은 너무 희미하게 인쇄되었다거나, 또는 활자 정렬이 어긋나서 비뚤어지게 인쇄되기도 한다. 책도 결국은 대량생산 시대 상품 중 하나일 뿐이다.

우리가 책 또는 문학에 대해 이야기할 때 대부분 경우 구체적인 형태를 염두에 두지 않는다. 우리가 생각하는 것은 물질적 대상인 실제 책이 아니라 단어나 플롯 또는 등장인물 같은 텍스트 속에서 추상화된 특징들이다. 당신 책이든 내 책이든, 초판본이건 싸구려 재판본이건, 하드커버든 페이퍼백이든 아니면 디지털 북이든 무엇이든 아무 상관이 없다. 제인 에어는 결국 로체스터와 결혼하게 되는 것이다. 그러나 독자여, 실체 없는 텍스트란 존재하지 않는다. 어떤 식으로 책이 보이든 책의 물리적 형태가 어떻든 그것은 적절한 단어가 적절한 위치에 배열된 상태로 텍스트가 우리에게 전해진다는 보장이 있어야 한다. 칼비노의 소설은 책의 물리적 배열―우리가 늘 당연하게만 여겼던 것―을 제거함으로써 우리에게 책의 실체에 주목하게 한다.

물론 쪽 번호만이 책 속에 있는 유일한 순서 체계가 아니다. 우리는 앞에서 알렉산드리아도서관의 문학비평가들이 호메로스의 『일리아스』와 『오디세이아』를 스물네 권―희랍어 알파벳의 개수―으로 분할했던 것에 대해 얘기했다. 그리고 어떤 식으로 생자크의 수사들이 성구 사전을 만들 때 성경 챕터를 이용했는지도 살펴봤다. 이런 분할은 텍스트를 더욱 예민하게 대하는 의미 있는 조처이다. 그들은 관점이 변할 때, 주제가 바뀔 때 혹은 장면을 전환할 필요가 있을 때 분할을 시도한다. 독자로서 우리는 일상에서 책을 어디까지 읽었는지를 파악하기 위해서 또는 작품 속에서 길을 잃지 않기 위해서 여전히 이런 분류—장과 절—를 사용한다. 그러나 아직 현대적 의미의 색인은 나타나지 않았다. 챕터에 대해서 잠깐만 훑어보면 그 이유를 알게 될 것이다.

근대의 저술—『오디세이아』나 성경보다 나중에 나온 고전—을 생각할 때 우리는 대개 작가가 자신만의 기준으로 분할을 했다고 여길 것이다. 단위별로 구분하기, 즉 챕터화는 저술 단계에서 기획된 것이고 저자의 의도라고 할 수 있다. 물론 늘 그런 것은 아니다. 개스켈 여사는 쉴 새 없이 계속 소설 원고를 넘길 것이고 챕터화는 그녀의 편집자—아마도 찰스 디킨스—에게 일임할 수도 있다.[3] 그러나 작가들은 대부분 챕터화에 대해서 문제의식을 갖고 있었다. 예를 들면 헨리 필딩(Henry Fielding)은 그의 1742년 작인 『조지프 앤드루스(Joseph Andrews)』를 총 네 권으로 출판했는데, 둘째 권 서두에서 왜 자신이 작품을 권과 장(章)으로 나누었는지를 설명하느라 한 장(章)을 할애했다. 필딩은 이런 식으로 소설을 분할하는 방식을 영업비밀처럼 기술한다. 소설가 집단의 은밀한 비결인데 물정 모르는 독자들에게 터놓겠다는 것이다. 그는 챕터 구분으로 얻을 수 있는 '챕터 사이 작은 여유 공간은 독자들이 잠깐 쉬면서 음료 한 잔 마실 수 있는 휴식처 구실을 하면서' 긴 항해에서 정기적인 기항지를 제공하는 것과 마찬가지라고 설명한다. 계속해서 그는 많은 독자가 매일 한 챕터 이상은 읽지 않는다고 말하면서 챕터를 독자가 한달음에 읽어 낼 수 있는 최소 단위로 잡아야 한다고 말했다. 챕터화 작업은 독자들이 아무 데서나 멈추도록 하는 것이 아니라 정해진 곳에서 휴식을 취하도록 유도해 냄으로써 '책장을 접어 책의 아름다움을 망쳐 놓는 일을 방지한다'.

필딩의 언급은 좀 과장된 바가 없지 않지만 일리가 있다. 결국 챕터 하나는 독자로서 우리가 한 번에 읽을 수 있는 한도에 기준을 맞춘 단위이다. 물론 이 기준은 다양하게 조정된다. 한 회에 정확히 30분을 엄수하는 잠자리용이냐, 아니면 빠르고 감질나게 만드는 스릴러물이냐 혹은 휴가용 도서냐 등 어떤 책인지 또는 장르가 무엇인지에 따라 조금씩 달라진다. 챕터화 기준은 탐색을 위한 것이 아니라 가독성을 위한 것임은 분명하다. 챕터는 색인 위치 표시자로 쓰기에는 검색하기에 편하도록 또렷하게 도드라지는 특성이 없다. 문서 한 챕터는 구절 하나나 세밀한 묘사를 찾기에는 다소 양이 많아서 건초더미에서 바늘 찾기가 되기 쉽다. 필딩은 다소 웅변조로 이렇게 말했다. "뼈째 고기를 잘라내는 사람이 푸주한이듯이 그런 식으로 책을 분할하는 사람은 소설가이다. 왜냐하면 그런 도움이 고기 요리를 하는 사람과 독자 모두에게 큰 도움이 되기 때문이다." 하지만 그런 식이라면 색인 작성자들이 설 곳이 없다.

13세기가 끝나기 전에 중세의 색인 작성자들은 다른 유형의 위치 표시자를 찾아 나섰다. 검색하기에도 좋고 작가나 편집자가 미리 책을 분할했거나 말았거나 상관없이 기능할 수 있는 것 말이다. 하지만 새로운 위치 표시자는 텍스트와 새로운 관계를 맺게 될 어떤 것이었다. 그것은 책의 흐름과는 무관하게 무심한 눈길로 한 문장이 흘러가는 곳 사이를—심지어 단어 하나라도—무자비하게 파고들 것이다. 그것은 이야기나 주장에 귀 기울이지 않고 단지 책 속의 물리적 위치에 충실할 것이다. 뒤에 이어지는 챕터에서 혹은 더 정확히는 뒤에 이어지는 페이지에서, 우리는 책이 만들어지는 방식, 즉 그것의 물질성에 대하여 생각해야 할 이유가 있다. 과연 페이지, 낱장, 전지, 위치 표시자란 무엇인가? 그리고 14세기에서건 21세기에서건 이런 것이 어떤 식으로 잘못되어서 신뢰할 수 없게 되는 경우가 생길까?

또 다른 도서관에서 또 다른 옛날 책을 폈다. 12월 중순 늦은 오후다. 밖은 춥고 어두운데 겨울비가 창을 때린다. 그렇지만 나는 아늑하고 편안하며 흡족한 마음으로 단어를 쫓고 있다. 이곳은 케임브리지 세인트존스 칼리지 도서관이다. 학생들은 연휴를 보내기 위해 귀향했고 도서관에는 나와 사서뿐이다. 그는 나에게 전기스탠드와 독서대와 필사본 한 권을 가져다주었다. 그것은 세인트존스 MS A.12.였다. 그 속에는 14세기 중반 잉글랜드 북부 체셔 출신의 레이널프 히그든(Ranulph Higden)이라는 수사가 쓴 『폴리크로니콘(Polychronicon, 여러 시대의 이야기)』이라는 작품이 수록되어 있다. 히그든의 『폴리크로니콘』은 역사책이다. 그리고 롤 레빙크의 『파시쿨루스』처럼 그것이 다루는 역사적 범위는, 아무리 과장하지 않으려 애쓰면서 말해도, 방대하다. 최초의 영어 번역자가 말한 바에 따르면 '세상의 시작으로부터 우리 시대까지'를 아우르는 통사이다. 이런 목적에 충실하도록 히그든은 세 대륙(아시아, 유럽, 아프리카)으로 갈라지면서 시작된 지구의 역사를 에드워드 3세의 대관식으로 끝내면서, 고전 시대와 성경 시대와 중세 시대를 아우르는 단 하나의 서사로 묶어 냈다. 책은 즉각적인 인기를 얻었고 중세의 베스트셀러가 되었다. 『폴리크로니콘』이 실린 필사본은 아직도 백 권이 넘게 남아 있다. 그 사이에 얼마나 많은 책이 소실되었는지 혹은 파손되었는지를 알 방법은 없다.

　텍스트에 대해서는 많이 얘기했다. 그러나 책 자체에 대해서는 어떤가? 내 앞에 놓인 필사본은 히그든의 원본이 만들어진 지 수십 년 뒤인 1386년에 필사된 것이다. 대략 옅은 주황색이지만 가장자리로 갈수록 색이 탁해지면서 주변은 번들거리는 검은빛을 띠는 양피지 200여 장으로 이루어진 이 책자는 그 가죽을 제공한 동물에게 있던 반점으로 전체적으로는 얼룩덜룩하다. 책에서는 중세 필사본 특유의 퀴퀴하지만 달콤한 가죽 냄새가 난다. 향냄새처럼 살짝 코를 찌른다. 손가락으로 스며들고 옷으로 배어드는 그런 향내 말이다. 양피지는 두껍고 살짝 오그라져 있으며 한 장 넘기면 버스럭대는 소리를 내며 물결치듯 출렁인다. 하지만 아래쪽 모퉁이는 닳아 있는데 어떤 페이지는 손을 심하게 타서 거의 투명할 정도다. 손때가 진하게 묻은 필사본이다. 이 도서관이 소장하기 전까지 여러 사람의 손을 거쳤을 것이다. 존 디(John Dee)—엘리자베스 여왕의 정치 고문, 수학자, 점성술사이자 마술사—의 서명이 첫 페이지에 보인다. 그러나 책이 그의 손에 들어오는 데에도 거의 200년의 세월이 걸렸다. 가장 오래된 서명은 첫 페이지가 아닌 마지막 페이지에 있다. 마지막 문단 아래에 더 굵은 글씨로 콜로폰(colophon)[보통 책 뒤편에 기록된, 책 제작과 관련된 세부 사항을 말함. 여기서는 필사자의 메모-옮긴이], 즉 사본 필경사의 메모가 적혀 있다. "이것으로 끝이 났다. 필사자의 이름은 존 러턴(John Lutton)이다. 그에게 축복 있을진저." 러턴은 『폴리크로니콘』의 다른 사본을 한 단어씩 끈기 있게 베껴 썼고 이제 막 그것을 끝낸 것이다. 그가 스스로에게 축복을 내릴 만도 하다. 하지만 러턴의 수고는 전혀 끝난 것이 아니었다. 콜로폰이 이 필사본의 마지막 단어가 아니었다. 좋은 역사책이라면 으레 그렇듯 『폴리크로니콘』도 아마도 저자인 히그든 자신이 편찬한 것으로 보이는 방대한 색인으로 이어진다. 그렇다면 러턴도 분명 자기 이름을 기록한 뒤에 다시 세로 단을 잡아서 필사를 시작했을 것이다.

많은 초기 색인들처럼 이 역시 색인 설명을 위한 문단이 서문으로 제시되어 있다. 중세 독자들을 위한 이용 안내서다. 책을 앞에 두고 나도 그대로 해 보았다. "맨 먼저 오른쪽 구석의 장(張) 번호를 보라. 이것이 각 장의 번호다." 동어반복인 느낌이 있지만 무슨 소린지는 알겠다. 그럼 다음에는 어쩌라는 거지? "그러고 나서 어디든 당신이 원하는 목록을 참조하라." 달리 말해 당신이 찾고자 하는 항목을 쫓으라는 거다. 그 다음에는 이렇게 하란다.

> 가령, "알렉산더대왕이 스트라토 가문을 제외하고는 항구도시 티레의 모든 시민을 처단했다 72.2.3". 숫자 72는 찾고자 하는 목록 속의 표제어가 오른쪽 구석에 72가 적힌 장에 있다는 것을 말한다. 그리고 이어지는 바로 다음 숫자들은 알렉산더와 스트라토에 관한 사건이 그 장의 두 번째와 세 번째 세로 단에서 언급된다고 말하는 것이다.[4]

흠…… 조금 장황한 설명이지만 이해는 된다. 한번 그대로 해 보겠어. 72가 적힌 장으로 넘긴다…… 이상한데. 알렉산더를 찾을 수가 없어. 앞면과 뒷면 두 번째 세로 단뿐 아니라 전부를 다 살펴도 안 보인다. 대신 알렉산더의 후계자 중에 한 사람인 셀레우코스(Seleucos)의 이야기가 있을 뿐이다. 그 시점에는 알렉산더가 이미 사망했다. 우리가 찾던 사건은 과거가 된 것이다. 페이지를 되돌려서 역사를 거슬러 갔다. 알렉산더의 사망이 나왔고 그의 후반기 전쟁 이야기에 도달했고, 다시 페이지를 되넘겼더니 마침내 알렉산더가 티레를 잿더미로 만든 이야기를 찾아냈다. 66번째 장의 뒷면에 있었다.[5] 도대체 뭐가 이런가? 왜 이용 안내서대로 되지 않는가? 어쩌다 이런 엉터리 색인을 초래하게 되었는가?

결론은 단지 이 특정한 책이 아닌 경우라면 대부분의 색인은 정확—아니 **다소 정확**—했다. 러턴이 『폴리크로니콘』을 필사하고 있었을 600년 전이라면 그는 같은 책의 다른 사본을 필사를 위한 원본으로 삼았을 것이다. 하지만 필사자들은 대개 그들이 쓰는 동안 쪽 번호까지 동일하게 베끼는 것에는 신경을 쓰지 못했다. 원본은 큰데 작은 양피지에다 필사를 하거나 그 반대의 경우도 있었을 것이다. 세인트존스 칼리지의 사본은 내 노트북과 대략 비슷한 중간 정도 책 크기이다. 만약 러턴이 좀 더 크기가 작은 원본을 베꼈다면 원본의 72쪽이 사본의 66쪽이 되는 일도 가능했을 것이다. 물론 색인의 위치 표시자를 감안하면 이것은 아주 심각한 문제였지만 안타깝게도 필사자인 존 러턴은 책 색인이라는 새로운 방식에 익숙지는 않았던 모양이다. 그는 원본에 있는 숫자까지 그냥 베껴버린 것이다. 문자 그대로 완벽하게 베꼈지만 색인은 엉터리가 되었다.

색인을 빠르게 훑어보면 이것이 사실이라는 것을 확인할 수 있다. 색인 설명을 위한 서문은 훼손을 피했으나 목록을 보면 모든 위치 표시자는 지워졌다. 그 모든 엉터리 색인에 좌절했던 후대의 독자가 날카로운 칼로 양피지를 모두 긁어내버린 것이다. 우리는 양피지 표면의 긁힌 곳이 부분적으로 옅어진 것을 보고 그런 훼손을 확인할 수 있다. 그리고 그 위에 혹은 그 옆에 붉은 잉크로 후대 중세인의 필체(하지만 러턴의 필체와는 사뭇 다른)로 일련의 새로운 위치 표시자—이제는 **똑바로** 수정된—가 기록되었음을 확인할 수 있다. 초기에 색인은 실패작으로 인식되었던 것은 분명하다. 하지만 그대로 둘 수는 없는 일이었다. 독자들, 심지어 중세의 독자들조차, 역사책을 보면서 **검색해 보기**를 원했다. 페이지 번호—장의 한쪽에만 번호가 씌어 있었기 때문에 엄밀히 말하면 장 번호—는 책의 크기를 키워 휴대성은 악화시켰지만 정보는 도드라지게 했다. 색인은 그것이 필사될 때마다 다시 고쳐 써야 했다. 그러나 엉터리 색인의 문제는 필사본의 시대인 중세만의 특별한 문제였을 뿐이었다. 15세기 중반—러턴에게는 너무 늦었지만—에 이르면 단번에 사라질 골칫거리였다.

에네아 실비오 피콜로미니(Enea Silvio Piccolomini)의 삶은 대단히 파란만장했다. 생의 후반부에 그는 에네아가 아니라 교황 비오 2세(Pope Pius II)가 된다. 그 과정에서 그는 영국 교황청 대사로 외교관이 되었는가 하면 빈에서는 신성로마제국의 계관시인이 되었고, 두 아이—스트라스부르에서 한 명, 스코틀랜드에서 한 명—의 아버지가 되기도 했지만 둘 다 어려서 죽었다. 나중에 교황으로서 그는 왈라키아의 군주인 블라드 드라큘라(Vlad Dracula)—이 이름과 꼬챙이 공작 블라드(Vlad the Impaler)라는 별칭 외에는 알려진 것이 없다—가 오스만의 술탄과 싸우도록 설득했다. 블라드는 특유의 잔인함으로 선전포고를 했다. 술탄이 보낸 특사가 자신에

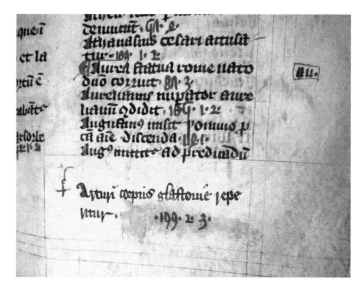

도판 15: 중세의 엉터리 색인. 숫자 주변의 어둑한 부분을 보면 그것이 최초의 잘못된 위치 표시자를 긁어내고 새로운—수정된—장 번호로 덧씌운 흔적임을 알 수 있다.

게 터번을 벗는 예를 갖추지 않았다고 특사의 머리를 터번과 함께 못으로 박아 버렸다. 이 정도의 업적으로도 부족했던지 피콜로미니는 그의 저술을 통해—600년의 간격을 두고—세상을 뒤흔들어 놓을 정도로 중요한 어떤 것의 최초 목격자가 되었다. 그가 주역을 맡았던 전쟁과 십자군원정조차도 여기에 비하면 빛이 바랠 정도다.

때는 1455년 봄, 거의 50세에 이른 피콜로미니는 여전히 그의 성직자 경력에서 고속 승진 막바지에 올라 있었다. 그는 고향인 시에나의 주교였으나 빈의 프리드리히 3세(Friedrich III)의 궁전에서 살고 있었다. 3월 12일 그는 자신의 멘토인

후안 카르바할(Juan Carvajal) 추기경에게 편지를 썼다. 몇 마디 의례적인 인사말을 던진 뒤에 그는 이전 편지에서 중단했던 이야기를 다시 꺼냈다. 그가 추기경에게 소문을 하나 전했는데 추기경이 관심을 보였던 것이다. 피콜로미니는 이런 농담으로 시작했다. "페가수스보다 더 빨리 온 각하의 답장을 받고 보니 님께서 얼마나 그 일의 자초지종을 궁금해하셨는지 상상이 됩니다!"[6] 한 '놀라운 사내'가 프랑크푸르트 무역박람회에서 새로운 발명품을 자랑하고 있었다는 소식이었다. 손으로 필사하지 않고도 성경을 대량 인쇄할 수 있다는 것이다. 물론 그 사내는 요하네스 구텐베르크(Johannes Gutenberg)였다. 저번 편지에서는 소문을 전했을 따름이었지만 이번에는 구텐베르크의 인쇄기에서 나온 물건을 직접 목격했다고 전했다. "프랑크푸르트에 나타났다는 그 놀라운 사내에 관해 제가 편지로 전해 들은 이야기는 전적으로 사실이었습니다. 제가 본 것은 성경 전체는 아니었고 그중 몇 편이었을 뿐입니다만, 활자는 극히 말끔하고 또렷해서 읽기에 좋았습니다." 그러고는 우리에게 또 다른 학구적인 추기경[생세르의 휴-옮긴이]을 떠오르게 하는 말을 덧붙였다. "그 성경이라면 각하께서 안경을 쓰지 않고도 어렵지 않게 읽으실 수 있을 것으로 생각됩니다." 피콜로미니는 그를 위해 한 부 구해 보겠노라고 약속하고는 곧 신중 모드로 돌아선다. "그러나 그것이 가능하지 않을지도 모릅니다…… 듣기로는 인쇄를 마치기도 전에 사겠다는 사람들이 줄을 선다고 합니다." 구텐베르크의 성경―인쇄기로 찍어 낸 최초의 중요한 도서―은 사전 예약 주문만으로도 매진되는 성공을 거둔 것이다.

비록 구텐베르크의 발명(혹은 일련의 발명들, 즉 금속활자―작고 하나하나 따로 놀며 재사용 가능한―와 그런 활자를 주조하는 기술, 조판된 활자 위에 바르더라도 펜 잉크처럼 흘러내리지 않을 정도로 점착성 있는 유성잉크, 종이 위로 골고루 압력을 가할 수 있는 인쇄기)이 처음에는 그의 고향 마인츠만의 영업비밀이었지만, 그 기술은 조만간 불가피하게 유럽 전역으로 퍼지게 된다. 1462년에 마인츠는 혹독한 싸움의 소용돌이 속에서 노략질의 현장이 되었고 많은 시민은 고향을 떠났다. 피난민 중에는 숙련 인쇄공들도 있어서 머지않아 울름, 바젤, 베네치아, 로마에 인쇄소가 생겨났다. 1473년 즈음에는 윌리엄 캑스턴(William Caxton)이라는 영국 상인이 쾰른을 방문했다가 인쇄기를 보게 되었다. 그는 이 발명품이 자신의 과외활동으로 생긴 두통거리를 해결해 줄 바로 그것이라고 생각했다. 오랫동안 캑스턴은 브뤼헤에서 살고 있었다. 그곳에서 부르고뉴 공작 부인 요크의 마거릿과 교류가 있는 사람들과 가까워지게 되었다. 나중에 그는 트로이 전설에 관한 유명한 시를 영어로 번역했는데 마거릿의 궁궐을 출입하는 영어 구사자들에게 인기를 끌게 되었다. 하지만 원하는 사람들에게 모두 필사해 주기에는 시가 너무 길어서 골머리를 앓고 있었다. 그 어려움을 캑스턴은 이렇게 표현했다. "펜이 다 닳아 버렸다, 손은 지쳐서 부들거리고, 흰 종이를 너무 오래 쳐다보고 있었더니 눈도 침침하고, 열심히 필사해 보려던 의욕도 예전만 못하네."[7] 인쇄 설비를 도입하고 보니 캑스턴은 눈을 혹사하지도, 손목을 아프게 하지도 않으면서 필요한 수요만큼 충분한 부수를 손쉽게 찍어낼 수 있었다. (물론 종일 자그마한 활자를 조판할 숙련 식자공과 지치지 않고 육중한 인쇄기를 돌려 낼 인쇄공을 고용하는 건 그의 몫이었다.)

캑스턴의 『트로이 역사 모음집(Recuyell of the Historyes of Troye)』은 영어로 인쇄한 최초의 책이었다. 텍스트 마지막에 캑스턴은 인쇄가 "어느 날 시작되었고 바로 그날 끝났다"라는 기록을 남겼다. 물론 이 말은 과장된 것이고 사업가 특유의 과시를 보여 주는 기록이지만 그런 주장에는 중요한 시사점이 있다. 책 한 권을 만들기 위해 걸리는 시간이 압도적으로 단축된 것이다. 구텐베르크의 발명은 한 번에 얼마를 동시에 찍어 내는가 하는 인쇄 부수의 시대, 즉 인쇄물 대량생산의 시대를 연 것이다. 캑스턴은 인쇄기의 속도를 자랑삼았지만 그런 과시 뒤에 가려진 다른 특성도 있었다. 부산물이라고 할까, 아마도 그것이 미친 지속적인 영향은 캑스턴이 책을 냈던 시기에는 정확히 조명될 수 없었을 것이다. 대량생산의 획일성 말이다. 일단 인쇄물이 나오면 그 책들은 그저 같은 정도가 아니라 똑같은 조판에 동일한 페이지를 갖게 되었다. 독자들은 이제 더 이상 서로 정확한 참조를 위해 챕터를 따질 필요가 없게 되었다. 동일한 판만 갖고 있다면 그냥 "마지막

장, 오른쪽 페이지, 중간쯤에서 그가 책을 단 하루 만에 인쇄했다고 주장해"라고 말하면 끝이다. 바로 이것이다. 이제 우리는 드디어 동일한 페이지에 있게 된 것이다.

이런 경우처럼 찾고자 하는 인용이 마지막 장이고 설명하기 쉬운 위치에 있다면 기본적으로 문제가 없다. 그러나 찾고자 하는 구절이 몇백 페이지나 되는 책의 중간쯤 어디 깊숙한 곳에 있다면 어떨까? 가령 앞에서 봤던 그 세계사 책 삼분의 일쯤에서 항구도시 티레와 알렉산더에 관한 이야기를 찾고 싶다면 어쩌겠는가? 구텐베르크의 발명은 페이지를 고정해 주기는 했다. 하지만 한 15년 지나고 보니, 쾰른의 설교문에서 그런 것처럼 흐릿해져 버린 여백의 쪽 번호는 다양한 독자들이 공유하는 위치 표시자의 이 같은 획일성이 훼손될 수도 있는 것임을 보여 주었다. 지난 500년간 쪽 번호는 알파벳 순에 버금가는 기본 요소로서, 책 색인의 보편적인 참고 사항이 되었다. 어느 책이든—문자 그대로 **어떤** 책이든—책 말미 주석에 달린 언급을 보라. 그것은 한결같이 독자들을 설교문 여백에 찍혀 있던 최초의 J로 시작한, 특정 숫자가 적힌 페이지로 안내할 것이다.

하지만…… 당신이 전자책 단말기로 이 책을 읽고 있다면 어떻겠는가? 페이지가 아니라 몇 퍼센트를 읽었는지 보여 주는 막대가 나타날 테고 '챕터를 마치기까지 남은 시간' 같은 메시지(필딩이 꿈에라도 그렸을 그런 기항지였을지도 모르겠다)가 뜨지 않겠는가? 단말기 화면 텍스트는 '자동 공간 조정(reflowable)' 방식—독자는 여백을 줄이거나 늘릴 수 있고, 서체도 작게 하거나 키울 수 있고 또는 넉넉한 팔라티노 서체로 바꾸거나 검약한 타임스 서체로 바꿀 수도 있다—으로 뜨기 때문에 그렇게 오랫동안 신뢰를 얻었던 페이지는 할 일을 잃고 방황하고 있다. 달리 말해 한 화면은 한 페이지가 아니다. 독자의 편의를 위해 혹은 포맷의 연속성을 위해서 전자책에 쪽 번호를 코드화해 놓은 것이다. 그래서 화면 설정이 어떻든 독자가 여전히 인쇄본의 쪽 번호를 기준으로 검색할 **수 있도록** 말이다. 그러나 이것이 원래 그런 건 결코 아니다. 오히려 전자책은 우리를 존 러턴의 세계로 되돌아가는 경험을 선사할 것 같다. 그래서 알렉산더대왕이 티레에 도착하는 사건이 나의 단말기보다는 당신의 단말기에서 여섯 화면 더 앞서서 벌어질지도 모른다.

그렇지만 탐색 창을 이용하는 전자책 독자들은 저장한 모든 책의 색인(정확히는 용어 사전)으로 접근할 수 있다. 검색 용어를 입력하면 단말기가 그 용어가 들어간 모든 목록을 보여 줄 것이다. 목록 중에 하나를 선택하면 바로 그 단어가 있는 구절이 뜬다. 쪽 번호가 아니라면 어떤 식으로 이런 위치 표시자들이 인식되도록 했을까? 전자책 독자들에게 위치 표시자는 책을 구입할 때마다 다운받는 파일에 내장되어 있다. 인쇄된 책처럼 전자책도 동일한 판에 대해서 동일한 정보를 옮겨 놓았다. 당신의 단말기이든 나의 단말기이든 상관없고 서체 크기와도 무관하다. 동일한 파일을 다운받았다면 위치 표시자를 공유하는 것과 동일한 방식으로 파일을 공유한다. 전자책 단말기에서 선택되는 위치 표시자는 loc인데, 150바이트 단위로 매긴 번호를 기준으로 나눠진다. 쪽 번호와 마찬가지로 loc도 맹목적인 분할이다. 책의 내용이나 생각의 흐름이나 적절한 단락 끊기 따위에는 아랑곳하지 않는다. loc는 그 속에 든 150바이트 정보가 저자가 쓴 본문이든 혹은 전자책 독자에게 그 구절이 이탤릭체로 혹은 들여쓰기로 혹은 하이퍼링크로 보이도록 지정하는 마크업[텍스트 안의 특정 부분에 그 속성을 나타내기 위해 부가하는 표시-옮긴이] 지시 사항이든 상관하지 않는다. 그것은 투박한 알고리즘이지만 트윗 하나보다 더 짧은 영역에서 검색어를 정확히 집어내는, 고도로 또렷한 위치 표시자 체계를 구현한다.

하지만 대단히 정확하다는 장점에도 불구하고 loc는 보편적으로 수용되기에는 여전히 한계가 있다. 예를 들면 『시카고 문체 매뉴얼(The Chicago Manual of Style)』은 그에 대해 비판적인 관점을 유지하면서 전자책을 언급할 때에는 텍스트에 근거한 분할―비임의적이고 포맷과는 무관한 챕터나 문단 번호에 근거한―이 더 바람직하다는 의견을 보인다. 전자책은 정보 검색의 편리함보다는 휴대성으로 인해 더 환영받는 것이다. 만약 우리가 어쩔 도리 없이 전자책의 위치를 표시해야 한다면 시카고 매뉴얼은 다른 포맷의 독자들도 그 참고어가 대략이라도 책의 어느 지점에 등장하는지를 가늠할 수 있도록 위치 표시자를 전체 표시자 숫자와 함께 밝힐 것—loc 3023중에 444—을 권고한다.

550년 전에도 상황은 크게 다르지 않았다. 그때도 페이지 번호는 우리가 기대하는 정도로 빨리 유행하지는 않았다. 최초의 J가 등장한 지 수십 년이 흐르도록 페이지를 인쇄하는 경우는 드물었다. 15세기가 끝날 즈음에야 겨우 10퍼센트의 인쇄물에만 페이지가 달렸을 뿐이다.[8] 그 이유를 알아보기 위해서 문서 두 개를 찾아 어떻게 그것들이 출판되고 사용되었는지 살펴보면서 자세히 검토해 볼 것이다. 그 문서들은 1470년 같은 해에 출판되었다. 두 번째 문서는 당연히 아르놀트 테르호에르넨이 발행한 롤레빙크의 『설교문』이다. 첫 번째 문서를 찾아보기 위해 우리는 인쇄기의 요람인 마인츠로 돌아가 그곳 태생의 한 사내를 만나야 한다.[9]

우리는 지금 둘 사이가 틀어지기 전에 구텐베르크가 최초로 고용했던 숙련공 페터 쇠퍼(Peter Schöffer)의 작업장에 있다. 이제 쇠퍼는 자신만의 힘으로 인쇄업자가 되었다. 그가 오늘 인쇄기에 올린 것은 한쪽만 인쇄된 한 장짜리 그의 출판물 광고이다. 짐마차에 쇠퍼의 책을 싣고 전국을 돌아다니며 학생, 성직자 그리고 다른 독자들에게 책을 파는 외판원들을 위한 것이다. 도시나 마을에 도착하면 외판원들은 어디든 관심 있는 구매자들의 눈길이 닿을 만한 곳에 자신의 체류지 주소를 따로 첨가해서 광고지를 뿌린다. 얼마나 많은 전단지가 제작되었는지는 알지 못한다. 오늘날까지 남은 것이 딱 하나

뿐이기 때문이다. 다른 책 표지에 덧대는 속지로 400년을 보낸 뒤에 19세기 말엽에 발견되었다. 지금은 뮌헨의 바이에른 주립도서관(Bayerische Staatsbibliothek)에 있다. 인쇄된 책 목록으로는 최초이다.

하지만 사실 그 목록이 대개 인쇄된 책 목록이라고 하지만, 그렇게만 일컫자면 실제 쓰임새를 너무 단순하게 말하는 것이다. 이 목록은 그것보다는 좀 더 복잡하고 복합적인 기능을 했기 때문이다. 전단지의 윗부분에는 선명한 고딕체로 누구든 목록에 있는 책을 구입하겠다면 '아래에 적힌 숙박 시설로 왕림해' 달라고 안내하는 문구가 적혀 있다. 전단지 아래에는 손으로 쓴 주소가 빛바랜 갈색 잉크로 휘갈겨져 있다. **Venditor librorum reperibilis est in hospicio dicto zum willden mann**(외판원은 와일드맨 여관에 숙박 중입니다). 이것은 인쇄 글자와 필기로 쓴 글자가 공존하는 기록으로, '여기에 주소를 기입하라'는 서식이 담겨 있다. 인쇄물의 생산성과 손 글씨의 융통성을 모두 동원한 것이다. 오늘은 뉘른베르크 와일드맨 여관이지만 내일은 뮌헨 수도원 숙소가 될수도 있다. 그러나 판매원이 충분한 전단지에다 잉크와 깃펜만 챙긴다면 똑같은 종이에 동일하게 인쇄된 광고 용지로도 충분하다. 이 목록은 우리에게 다음과 같은 사실을 상기시킨다. 우리가 '인쇄물의 시대'라고 말할 때 너무 성급한 일반화의 오류에 빠질 수도 있다는 사실, 심지어 이 시대가 왔음에도 필사본이 사라지지 않았다는 사실 그리고 구텐베르크 혁

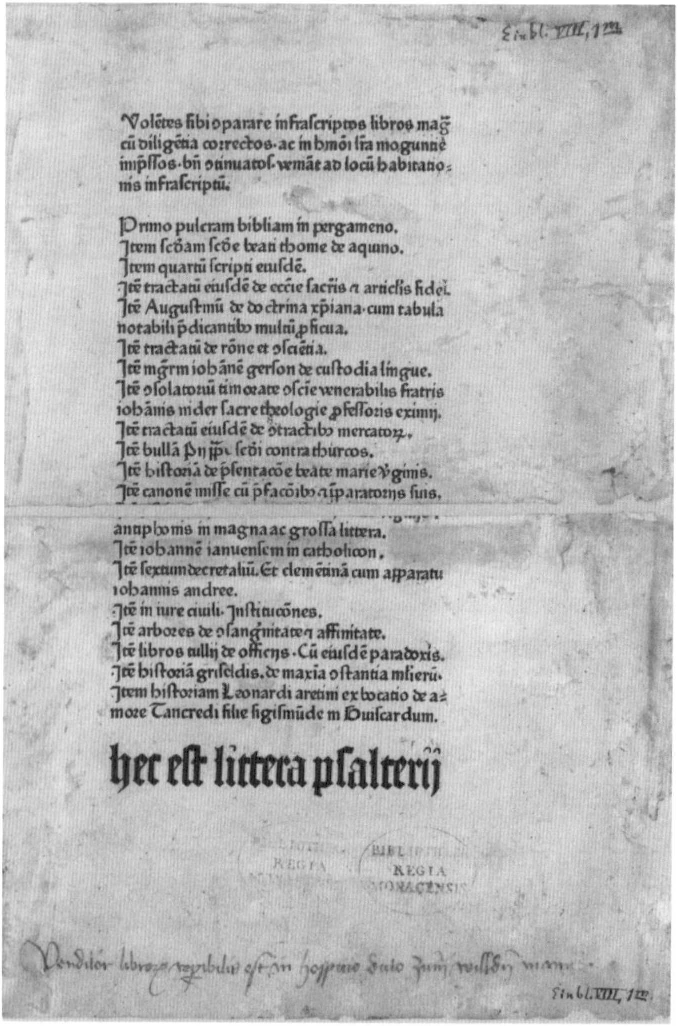

도판 16: 페터 쇠퍼 인쇄소의 책 목록 (마인츠, 1470년경). 아래 부분에 외판원이 '와일드 맨 여관'이라고 써서 숙소를 밝혀 놓았다.

명이 일어난 뒤 수십 년이 지난 뒤에도 인쇄물과 필기물의 관계는 배타적이지 않았다는 사실을 알려 준다. 조만간 이 문제에 대해서 더 많은 사실을 이야기할 것이지만 우선은 쇠퍼의 목록을 좀 더 자세히 검토해 보자.

목록에는 총 스무 권이 올라와 있는데 지당하게도 '양피지에 인쇄된 아름다운 성경'으로 시작된다. 그리고 빠르게 찬송가와 경전과 키케로와 보카치오 같은 종교, 법률, 인문 고전으로 넘어간다. 대부분은 작품과 저자명만 써서 한 줄로 처리했다. 그러나 다섯 번째 목록인 아우구스티누스의 『기독교 교양(On Christian Doctrine)』에는 "설교자들에게 큰 쓸모를 약속하는 가치 있는 색인과 함께"라는 약간의 판매 문구를 달았다. 달리 말해 쇠퍼와 그의 외판원들에게는 그 책에 색인이 있는 것이 판매를 위한 간과할 수 없는 중요한 자랑거리였던 것이다. 게다가 그것은 인쇄된 책 중에서 최초의 색인이었다.[10]

그러나 쇠퍼는 색인을 최초의 것이라고 광고하지는 않았다. 전단지에는 그것이 처음이라는 문구가 없다. 그러나 자체로 매우 훌륭한 색인이었다. 29쪽에 불과한 책에 색인이 일곱 쪽에 달하니 방대했고, 동일한 복합어구를 다양한 항목으로 제시했고 소제목과 상호참조까지 달았으니 정교했다.[11] 책 구매를 망설이는 사람들이 읽게 되는 책 서문에는 '정성스레 편찬한 방대한 알파벳순 색인'을 다시 자랑했고 그것으로 책이 더욱 편리해졌으니 이 색인만으로도 판매가에 값한다고 주장했다.[12]

광고 전단지와 책 서문 모두에서 쇠퍼는 색인을 강조했다. 최초여서가 아니라 정성 들여 만들었고 유용하기 때문이었다. 필사본 시대에도 지난 몇 세기 동안 때로 방대하고 정교한 색인은 있었다. 그리고 인쇄술 시대 초기 다른 많은 것처럼 쇠퍼의 목적은 과거와 완전한 단절을 만드는 것이 아니라 오히려 그 반대였다. 그는 인쇄기에서 찍어 낸 책이 가능하면 필사본을 닮아서 독자들이 그 차이를 거의 알아차리지 못하게 하길 원했다. **값은 싸지만 그(필사본)에 못지않은**(Cheaper, but just as good)이 초창기 인쇄물 시대의 조심스러운 모토였다. 활자 서체는 필기체를 닮게 했고 인쇄를 마친 뒤에는 머리글자를 화려하게 꾸미고 여기저기 붉은 잉크로 채색을 보태서 필경사의 수고스러운 노고를 거쳐 만들어진 듯이 보이게 했다. 그의 목록 중에 대표 격인 쇠퍼의 성경은 심지어 양피지에 인쇄했다. 쇠퍼의 아우구스티누스 색인은 쪽 번호가 아니라 문단 번호로 위치 표시자를 지정했다. 책장을 기준으로 한 것이 아니라 텍스트를 기준으로 삼은 것이다. 이런 방식은 이미 한 세기 전부터 있었던 것이니 전혀 새로울 것이 없었다. 인쇄물 색인이 등장했을 때 그것은 완전히 자리 잡고 있던 정밀한 필사본 색인의 전통을 직수입한 것이고, 인쇄물의 새로운 가능성은 애써 외면하면서 필사본처럼 보이게 하려고 발버둥 친 결과물이었다.

쇠퍼가 인쇄기를 복사기처럼 돌리며 외판원용 책 목록 전단지를 찍어 내느라 분주할 때에 마인츠에서 북쪽으로 160킬로미터 떨어진 쾰른에서는 아르놀트 테르호에르넨이 인쇄소를 운영하고 있었다. 롤레빙크의 『설교문』이 인쇄기 위에 올려져 있고 첫 페이지의 교정쇄가 여전히 잉크가 젖은 채로 작업실을 가로지른 줄에 매달려 있다. 에이프런을 두른 테르호에르넨이 확대경을 들고 교정쇄 앞에 서서 반짝거리는 활자들을 훑어본다. 손을 멈추고 몸을 기울이더니 눈을 가늘게 뜨고 뭔가를 들여다본다. 그러고는 그의 직원을 향해 머리를 절레절레 흔든다. J자가 얼룩진 것이다.

왜 이렇게 되었을까? 손으로 가필한 소용돌이 모양의 붉은 이니셜은 무시하고 『설교문』의 첫 페이지를 유심히 들여다보면 우리는 그 페이지 텍스트가 전부 단 하나의 직사각형 활판에 맞춰 조판되었다는 사실을 알 수 있다. 오직 J만 바깥으로 나와 있다. 활자가 인쇄 중에 쏟아져 내리지 않도록 쐐기로 죌 때 페이지 요소는 간단할수록 좋다. 직사각형 하나에 모두 넣을 수만 있다면 완벽하다. 그 외 다른 것, 따로 떨어진 것이나 혹은 덧붙여야 할 것 따위는 과외로 일을 요구하고 오류 가능성을 키우며 전체적인 조화를 깨뜨린다. 이 작은 J는 말썽거리이고 성가시다. 따로 쐐기로 죄어서 아주 살짝 들어 올려 다른 활자보다 덜 튀어나오게 한다거나 잉크를 조금 넉넉하게 묻힐 필요가 있는 것이다.

그렇다면 테르호에르넨이 그 페이지를 보고 빠르게 머리를 굴리는 상황을 상상해 보라. 잉크가 과하게 묻었네. 하지만 조금만 손보면 해결 못할 게 없지. 쐐기를 약간 느슨하게 해서 살짝 두드리고 다시 고정한 뒤 교정쇄를 찍어 보는 거야.—보들리 도서관의 J자는 흐릿하지만 베를린 주립도서관 (Berlin Staatsbibliothek)에 소장 중인 『설교문』의 J는 완벽하게 찍혀서 선명하고 깔끔하다.—인쇄 과정이 좀 복불복이기는 하지만 숫자를 못 알아볼 정도는 아니라고 직원에게 말해 준다. 최악이라고 볼 수는 없어. 하지만 돌아서면서 그는 몰래 이해득실을 점쳐 본다. 더 많은 수고를 기울일 필요가 있을까? 누가 이 숫자를 사용할까? 그 숫자 덕분에 이 얇은 설교문이 대축일이 아닌 고만고만한 축일에도 잘 팔리게 될까?

색인은 수고를 통해 부가가치를 보탠 것이고 판매인들이 선전 문구에 '그것만으로도 판매가에 값한다'고 자랑했다. 그러나 이와는 대조적으로 오래되었지만 가련한 쪽 번호는 여전히 인쇄공이 수고할 만한 가치가 있다는 인정을 받지 못했다. 그럼에도 불구하고 몇몇 초창기 인쇄업자들은 인쇄물이 열어젖힌 색인의 가능성에 주목했다. 그들은 쪽 번호를 단지 앞에서 뒤로 나아가는 것으로만 보지 않았다. 그런 역할을 하는 것은 다른 위치 표시자에게 맡겨도 될 일이기 때문이다. 예를 들어 1486년경 세인트알번스(St Albans)에서 출판된 또 다른 방대한 역사책인 『잉글랜드 연대기 (Chronicles of England)』 경우를 보자. 세인트존스 칼리지의 『폴리크로니콘』과 마찬가지로 연대기 색인도 간단한 서문과 함께 시작된다.

색인은 이 연대기에 관한 짧고도 간단한 목록으로 시작된다. 각 장 아래쪽에는 Ai, Aii, Aiii, Aiv, 그렇게 Aviii으로 이어지고 더 필요하다면 B와 다른 철자에도 마찬가지 기호가 붙는다. 그리고 이 목록에서 간단히 언급된 것은 동일한 페이지에서 전모를 볼 수 있다.

만약 당신이 이것을 읽고 정상적인 숫자가 아니라고—대문자 A는 뭐지? '다른 철자'라니, 그건 무슨 말이지?—생각한다면 당신 생각이 옳다. 이것은 쪽 번호가 아니라 전지 번호이다. 칼비노의 『어느 겨울밤 한 여행자가』에서 벌어진 사태를 유발한 것과 같은 방식으로 페이지가 뒤엉키는 것을 방지하기 위해 제본업자들이 사용하는 기호이다.

이것이 어떤 방식으로 이루어지는지 살펴보자. 신문의 경우를 생각해 보자. 먼저 짧은 16페이지짜리. 중앙에 접어 넣은 부분을 편다. 이 페이지들—8쪽과 9쪽—은 물론 중앙에서 접어 넣은 동일한 장의 반반이다. 만약 그것을 꺼내서 뒤집으면 반대쪽에 7쪽과 10쪽이 있음을 확인하게 될 것이다.

사실 신문 전체는 보통 서로 차곡차곡 얹어 놓고 중앙을 접어 넣은 종이 네 장으로 구성된다. 독자 입장에서는 숫자가 1에서 16까지 순서대로 매겨지기를 원하겠지만 제작자 입장에서는 이 네 장—그것을 i에서 iv까지라 지정하자—이 서로 바른 순서로 접힌 것만 확인하면 그만이다. 그러나 장 번호와 쪽 번호의 관계는 간단하지 않다.

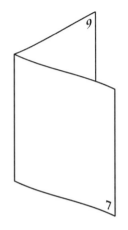
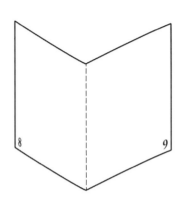

도판 17a. 2장, 8쪽인 경우.

우리는 신문 순서가 뒤엉키는 것을 막기 위해 매거진이나 만화 잡지처럼 중앙에 스테이플을 박기도 하고 가판용 싸구려 책이나 팸플릿 크기 시집처럼 중앙을 따라 꿰매기도 한다. 책—적어도 하드커버—은 이런 식으로 번호가 매겨진 전지를 연이어 꿰맨 것을 한데 묶어 만든다. 책이 두꺼울수록 더 많은 전지가 필요하다. 만약 우리가 첫 번째 전지를 A, 그다음을 B, 또 그다음은 C와 같은 식으로 순서를 매겨 나간다면

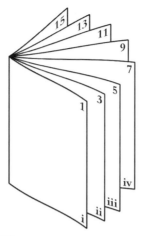

도판 17b. 4장, 16쪽인 경우.

각 장이 몇 번째 전지에 속하는지 그리고 그 전지에서 어느 위치에 있는지 지정할 수 있다.

전지 번호	쪽 번호
Ai	1, 2, 15, 16
Aii	3, 4, 13, 14
Aiii	5, 6, 11, 12
Aiv	7, 8, 9, 10
Bi	17, 18, 31, 32
Bii	19, 20, 29, 30
Biii	21, 22, 27, 28
Biv	23, 24, 25, 26

Ci	33, 34, 47, 48
Cii	35, 36, 45, 46
Ciii	37, 38, 43, 44
Civ	39, 40, 41, 42
...	

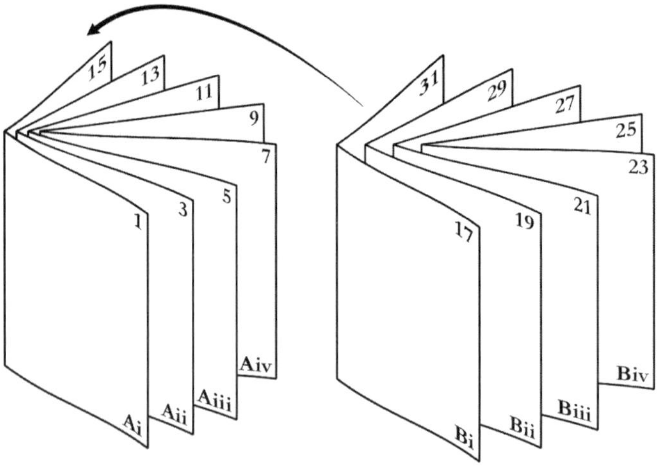

도판 17c. 전지 두 장, 32쪽인 경우.

칼비노의 소설 속에서 제본업자는 전지 B 다음에 C를 넣지 않고 다른 묶음에 있던 B를 다시 끼워 넣은 것이다. "쪽 번호를 보라고. 제길! 32쪽에서 17쪽으로 가 버렸잖아!"

『잉글랜드 연대기』로 돌아가 보면 그 세인트알번스의 인쇄업자는 꽤 똑똑하게 일을 처리했다. 그의 목록은 챕터나 문단에 번호 매긴 것을 기준으로 삼지 않고 책 자체를 기준으로 전지 번호가 뒤섞이지 않도록 매겨 놓은 기호를 재활용한 것이다. 참신한 생각이지만 문제가 하나 있다. 16쪽짜리 신문으로 되돌아가 보자. 전지가 중앙으로 접히기 때문에 장의 **절반만** 전지 번호를 매겨도 충분하다. 번호가 매겨진 절반의 순서가 맞다면 똑같은 전지로 만들어진 다른 절반도 맞아떨어지기 때문이다. 일반적으로 책이 한 번에 여덟 장 묶음으로 제본된다면 인쇄업자는 처음 네 장에만 번호를 매긴다. 페이지를 넘기면 아래쪽 구석에 a1, a2, a3, a4, 공백, 공백, 공백, 공백, b1, b2, b3, b4, 공백, 공백, 공백, 공백, c1 같은 식으로. 이는 세인트알번스 인쇄업자가 목록을 위한 손쉬운 해결책을 아직은 찾지 못했음을 의미한다. 그러나 그는 평소의 작업 관성에서 벗어나 조금 더 발상을—비록 조금이라 하더라도—바꿔서 자신이 찍어 내는 책 목록을 위한 위치 표시자를 다는 새로운 방식을 제공하게 되었다.

다른 인쇄업자들은 그렇게 정성을 들이지 않았다. 1482년 런던에서 출판된 『새 토지 보유권(New Tenures)』으로 알려진 법률 서적 또한 전지에 매겨진 기호에 맞춘 목록을 실었다. 하지만 여기서도 인쇄업자는 각 묶음에서 앞부분 절반에만 쪽 번호를 매겼다. 이것은 목록 항목의 절반이 실제로는 표시가 없는 부분을 가리키고 있다는 말이다. 담합행위(Collusion) 관련 법에 대해 알고 싶은가? 그것은 b viii쪽에 있다. 일단 b iv를 찾아서 거기서부터 4쪽을 더해 가야 한다⋯⋯. 태만한 일 처리로 색인이 무용해진 것이다. 일을 건성으로 하지 않고 똑바로 처리했더라면 **유용했을 텐데**. 그러나 이런 태만은 이 단계에서 인쇄물이 여전히 필사본의 세계를 벗어나지 못하고 있었음을 상기시켜 준다. 짐작건대, 독자들은 쪽 번호가 표시되지 않은 나머지 부분에 기꺼이 각자 번호를 매겼을 것이다. 영국 국립도서관이 한 부만 소장하고 있는 『새 토지 보유권』에는 전지 번호가 손 글씨로 기재되어 있는데 그것도 목록(table)에 의해 참조 표시가 있는 장에만 써 놓았다. 심지어 당대 가장 위대한 인쇄업자인 알두스 마누티우스(Aldus Manutius)조차 독자들에게 이런 수고를 시켰을 정도다. 그가 1497년에 펴낸 『희랍어 사전(Dictionarium graecum)』은 방대한 색인을 싣고 있음에도 불구하고 색인 이용을 위해 필요한 매수 번호는 넣지 않았다. 그냥 독자들이 알아서 '각 장 구석에 번호를 매기라'는 안내 주석을 달았을 뿐이다.[13] 간단히 말해, 직접 하시오(do it yourself). 16세기 초반 무렵까지도 색인은 여전히 필사본과 인쇄본 사이에서 갈팡질팡하고 있었다. 하지만 『새 토지 보유권』과 알두스의 사전 사이에는 반쪽뿐인 전지 번호라도 매겼던 시대에서 쪽 번호가 아예 없던 시절로 퇴행한 것이다.

비록 색인은 몇 세기 전부터 있었지만 쪽 번호 인쇄가 보편적으로 수용되기 위해서는 더 많은 충전의 시기가 필요했다. 구텐베르크 이후 백 년이 지나면 쪽 번호는 모든 책에 찍히게 된다. 우리가 앞에서 살펴봤던 종교·역사·법률 서적뿐 아니라 의학서, 수학책, 동화책, 노래집에까지 쪽 번호가 들어선

다. 루도비코 아리오스토(Ludovico Ariosto)의 위대한 서사시 『광란의 오를란도(Orlando Furioso)』(1516)에서 영국인 기사 아스톨포(Astolfo)—그는 여러 챕터 앞에서 맵씨 고운 요정에 게 마법서를 선물받았다—는 마법에 걸린 성에 갇히게 된다. 당황하지 않고 아스톨포는 문제 해결에 나선다.

> 그는 마법서를 꺼내 탁자 위에 펼쳐 놓고는,
> 어떻게 그가 이곳에 걸린 마법을 풀 수 있을 것인가 찾아보 았다.
> 곧장 색인으로 가서 그 항목을 찾아보았다,
> 이상한 마법에 걸린 성에 대한 항목을. (22.14~5)*

 아리오스토의 시대에는 심지어 동화책에도 꼼꼼한 색인이 달렸다(엘리자베스 여왕 재위 후반에 출간된 『광란의 오를란 도』에는 비록 색인의 자세한 부분은 생략되어 있지만, 페이 지에 맞춰 색인이 달려 있었다).

---

* 번역자는 엘리자베스 여왕의 대자(代子)이자 수세식 화장실 발명가인 존 해 링턴(John Harington)이다. 그는 『광란의 오를란도』를 번역하지 못하면 돌아 오지 말라는 엄명을 받고 궁에서 쫓겨났다. 1591년에 그는 번역을 끝냈고 경탄 과 찬사를 한 몸에 받았다. 요정 로기스틸라의 마법서에 딸린 색인에 대한 상세 한 사항은 아리오스토의 원본에 제시되어 있다. "all'indice ricorse, e vide tosto / a quante carte era il rimedio posto." 이것을 문자 그대로 옮긴다면 아마도 다음과 같을 것이다. "그가 색인을 펼쳐 놓고는, 곧 찾았다네 / 그 마법에 대한 해법이 있는 페이지를."

색인은 사용이 확산될수록 더 정교해졌고, 16세기 중반에 이르면 바젤의 테오도어 츠빙거(Theodor Zwinger)와 취리히의 콘라트 게스너(Conrad Gessner)가 지금까지도 비할 데 없는 최고 수준의 색인을 만들어 냈다.[14] 학문을 위한 색인의 중요성을 극찬하면서 게스너는 색인이 구텐베르크의 인쇄술 발명 다음으로 뜻깊은 것이라고 평가했다.

> 이제 광범위하고도 엄밀하게 알파벳순으로 배열된 색인이 편찬되어야 한다는 것은 당연하게 여겨지며, 방대하고 복잡한 저술의 경우라면 더욱 그러하다. 그리고 그런 색인이 학자들의 연구에 기여한 바는 이동식 활자(movable type)라는 마법 같은 방식으로 책을 찍어 낸 것에 버금갈 정도이다. (…) 삶이 덧없이 지나가 버린다는 것을 생각하면, 나에게는 진실로 이 색인이 온갖 학문에 힘을 쏟는 학자들에게 절대적으로 필요하다고 생각된다.[15]

그러나 게스너는 색인이라는 도구가 사용되는 방식에 대해서 또한 경고의 메시지를 던지기도 했다. 그는 색인을 극찬한 사람답지 않게 다음과 같이 색인을 사용하는 올바른 방법과 잘못된 방법에 대한 별난 글을 남겼다.

> 지나치게 색인에 의존하는 (…) 그리고 책 저자가 의도한 순서대로 철저하게 텍스트 전체를 읽지 않는 일부 몰지각한 사

람들 때문에 책의 탁월함은 손상을 피할 수 없게 된다. 이런 무지할 뿐 아니라 불성실한 사람들에 의해 책이 오용되면서 그것의 가치와 유용성이 불가피하게 훼손되고 쪼그라들기 때문이다.

색인의 명성이 텍스트를 **읽는 대신** 책을 사용하는 '무지할 뿐 아니라 불성실한 사람들'에 의해 퇴색해 버렸다는 것이다. 그런 식으로 게스너는 재빨리 색인 자체로 향할지도 모르는 비난을 비껴 나가게 했다. 이제 다음 챕터에서—이어지는 페이지에서 또는 전자책 파일의 loc에서—보게 되겠지만 다른 사람들은 그리 관대하지 않았다.

4장 지도냐 실제 영토냐

시험대에 오른 색인

"나는 색인을 만드는 데 단 하나의 이름도 우리의 탐색을 벗어나지 않는,
그런 수준으로 정확한 색인을 약속할 수는 없다."

– 토머스 풀러(Thomas Fuller), 『피스가산에서 바라본 팔레스타인 광경(A Pisgah-sight of Palestine)』

1965년 11월 2일 뉴욕의 시민들은 새 시장으로 누구를 찍을지에 대한 여론조사에 응했다. 우열을 가리기 힘든 팽팽한 선거전이 펼쳐졌다. 공화당 후보 존 린지(John Lindsay)가 라이벌인 민주당의 에이브러햄 빔(Abraham Beame) 후보를 45퍼센트 대 41퍼센트로 조금 앞서 있었다. 그 뒤로 3위 후보 윌리엄 버클리 주니어(William F. Buckley Jr)가 멀찍이 처져 있었다. 보수적 지식인이자 시사지《내셔널리뷰(National Review)》의 편집장인 그는 늘 가망 없는 후보였다. 지난 6월에 그가 시장 후보로 나서겠다는 결심을 밝혔을 때《뉴욕타임스》는 버클리 스스로의 평가와 대중의 평가 사이에 존재하는 엄청난 괴리에 대해서 반어적인 조롱을 날렸다.

　　그는 뉴욕을 위기에서 구출되어야 할 도시라 생각하고, 과감함이라고는 찾아볼 수 없는 그가 그런 일을 할 적임자라고 주장한다. 뉴욕이 버클리를 시장으로 맞이할 준비가 되었는가 하는 질문과는 별개로 그가 후보가 되어야 한다고 생각하는 대중들의 요구는 우레 소리처럼 잠잠하다.

하지만 버클리의 강경한 보수 노선이 선거에 영향을 미치기 시작하면서 유권자들은 보수 쪽으로 마음을 돌리기 시작했고 이는 궁극적으로 린지의 지지율을 끌어올리는 쪽으로 작용했다. 그러나 버클리의 말재간—거만함과 재치가 적절히 섞인 말솜씨 덕에 그는 남은 20세기 내내 시사 TV쇼 〈파이어링라인(Firing Line)〉의 진행자였다—은 대중들의 마음을 사로잡았다. 여론조사에서 고작 14퍼센트대 지지율을 확보했지만 선거에 활기를 불어넣은 것은 그였고 몇 가지 길이 남을 유명한 어록도 선사했다. 그중 하나가 만약 선거에서 승리한다면 어쩔 것인가라는 질문에 즉석에서 이렇게 대답한 것이다. "재개표를 하라." 선거 패배 후에 한껏 시간이 남아돌았던 그해 겨울 버클리는 대중들의 관심이 식기 전에 정치인들이 늘 향하는 유서 깊은 길을 갔다. 선거전의 기억을 책으로 옮긴 것이다.

버클리의 『시장 선거 낙선기(The Unmaking of a Mayor)』는 이듬해 10월에 출간되었다. 작은 논쟁 중 하나—많은 심각한 논쟁 말고도—가 어떤 각주 때문에 벌어졌는데, 버클리의 친구이자 사회참여 지식인으로서 경쟁자이기도 했던 노먼 메일러(Norman Mailer)와 관련된 일이었다. (메일러의 말에 따르면 둘의 관계는 '난감한 우정'이었다고 한다.) 버클리는 책에서 메일러가 '아마도 그가 나에게 비아냥댄 것을 후회하기 때문에' 그들 사이에서 오간 서신의 인용을 허락하지 않았을 거라고 비난했다. 그런 험담은 그들 사이 적대감뿐 아니라 여전한 친밀함도 확인해 주었다. 둘 사이의 사적인 소통을 버클리의 책에서 공개할 것인가 말 것인가를 놓고서 벌어진 두 사람 간 불화를 생각해 보면, 책의 출간과 함께 메일러에게 기증본이 날아간 것은 당연한 일이었다. 버클리는 책 뒤쪽 339페이지의 색인 항목—'메일러, 노먼, 259, 320'—옆에 빨간 볼펜으로 '하이(Hi)!'라는 짓궂은 인사를 휘갈겨 놓았다.

멋진 농담이었다. 버클리는 메일러가 책을 받으면 뒤부터 펼쳐 제일 먼저 본인에 관한 모든 색인을 찾아볼 것이라고 짐작했다. 친구의 나르시시즘에 대해 찡긋 윙크를 던지며 알은체한 것이었다. 툭하면 서로 빈정대며 으르렁거리는 사이임을 또다시 보여 준 사례였다. 관전자인 우리로서는 은근히 그를—메일러의 나르시시즘에 대해—비웃으면 그만이지만 만약 우리가 죄책감을 느꼈다면 스스로를 한두 번은 구글에서 검색해 본 적이 있어서일 것이다—그리고 그건 버클리의 본인 색인 확인과 마찬가지가 아닌가?—물론 우리는 재빨리 그런 생각을 억누르고 스스로에게 아니야, 이건 완전히 다른 거야라고 다짐할 것이다. 아마 당신도 이런 얘기를 전에 들어 본 적이 있을지 모른다. 사실 사람들에게 색인에 관한 책을 쓰고 있다는 말을 했을 때 내가 가장 자주 들은 얘기가 이

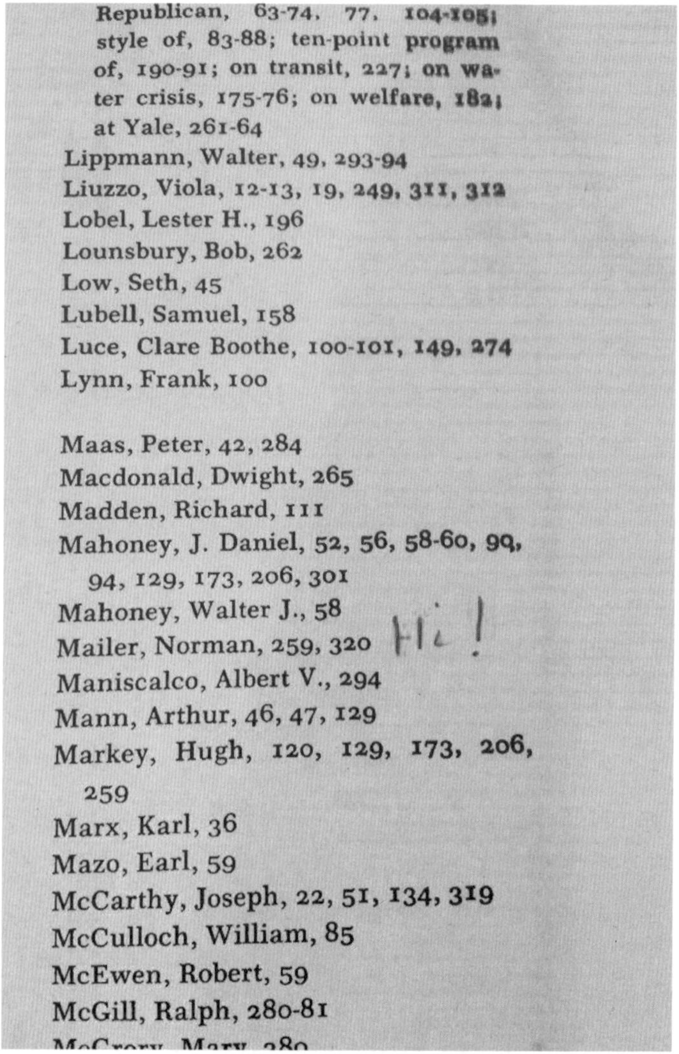
Republican, 63-74, 77, 104-105; style of, 83-88; ten-point program of, 190-91; on transit, 227; on water crisis, 175-76; on welfare, 182; at Yale, 261-64
Lippmann, Walter, 49, 293-94
Liuzzo, Viola, 12-13, 19, 249, 311, 312
Lobel, Lester H., 196
Lounsbury, Bob, 262
Low, Seth, 45
Lubell, Samuel, 158
Luce, Clare Boothe, 100-101, 149, 274
Lynn, Frank, 100

Maas, Peter, 42, 284
Macdonald, Dwight, 265
Madden, Richard, 111
Mahoney, J. Daniel, 52, 56, 58-60, 90, 94, 129, 173, 206, 301
Mahoney, Walter J., 58
Mailer, Norman, 259, 320 Hi!
Maniscalco, Albert V., 294
Mann, Arthur, 46, 47, 129
Markey, Hugh, 120, 129, 173, 206, 259
Marx, Karl, 36
Mazo, Earl, 59
McCarthy, Joseph, 22, 51, 134, 319
McCulloch, William, 85
McEwen, Robert, 59
McGill, Ralph, 280-81
McCrory, Mary, 280

도판 18: “하이!” 버클리가 노먼 메일러에게 기증했던 『시장 선거 낙선기』.

런 일화였다. 메일러는 그것이 사실임을 드러낸 것이다. 버클리의 친필 '하이!' 주석이 달린 그 책은 텍사스주 오스틴 해리 랜섬 센터(Harry Ransom Center)에 메일러의 다른 책들과 함께 서가에 꽂혀 있다.

그러나 그 일화를 들을 때마다 나는 그 이야기에 우리가 모르는 뭔가가 더 있다는 생각을 하지 않을 수 없다. 어떻게 그 짓궂은 장난이 전개되었을까? 어떻게 그것이 **벌어졌을지** 상상하는 것만으로도 웃음이 나온다. 맨해튼 업타운 호화로운 아파트에서 칵테일파티가 벌어졌을 것이다. 버클리와 메일러가 함께 어울리는 다양한 **분야**—언론, 정치, 문학—의 내로라하는 이들이 북적거렸을 테고. 모두가 서로 알 만한 사람들이다. 그들 사이에서 버클리가 진지하고도 엄숙한 표정으로 메일러에게 책을 건네며 이런 말을 던진다. 고달팠던 올 한 해 자네 도움에 감사하네, 친구. 메일러는 책을 받아 들자마자 염치 따위는 아무래도 상관없다는 듯이 고개 한 번 들지도 않고 바로 책을 뒤집고는 숨 돌릴 틈 없이 엄지손가락으로 책을 훑어 내리며 색인 항목으로 달려갔다가 그 통렬한 한 방을 만났을 것이다. 버클리가 능글맞게 웃으면서 가늘고 긴 손가락으로 자신이 불과 몇 시간 전에 휘갈긴 농담을 가리킨다. 아니, 몇 분 전에 썼을지도 모른다. 어쩌면 파티장으로 입장하기 직전 아파트 문간에 등을 기대고 구부정한 자세로 무릎에 책을 받치고 혼자 킬킬대며 대강 썼다고 상상해 보자. 색인에 써 놓은 비아냥대는 인사를 확인한 메일러가 버클리를 쳐

다보며 입을 벌리고 어안이 벙벙해 이렇게 말한다. "이게 무슨 수작이야?" 버클리가 모음을 길게 잡아 뽑으면서 비아냥 댄다. "메일러, 너는 어떻게 예상을 빗나가는 법이 없니?" 딱 걸린 것이다. 파티장에 잠시 숨이 멎을 듯한 적막이 흐르는가 싶더니 거센 파도가 몰아치듯 사방에서 웃음이 터져 나온다. 현대적 감각의 거친 교향악 같은. 껄껄 깔깔 낄낄, 미친 듯이 가가대소하는 지식인 나부랭이들이 그를 에워싸고 우상의 몰락을 **고소해하면서** 넋이라도 나갔는지 돌림노래를 하듯 울부짖음에 가까운 웃음을 주고받는다. 삐질삐질 땀을 흘리며 굴욕감으로 위축된, 평소의 거만함은 찾아볼 수 없는 메일러는 책을 바닥에 떨어뜨린다. 책을 펼쳐 보기도 전에 색인부터 찾아간, 스스로를 구글 검색하다 들킨 수치심을 그제야 느꼈던 것이다……

그러나 잠깐! 실제는 이런 상황과는 전혀 달랐다. 만약 그랬다면 우리가 모를 수 없었으리라. 1966년 메일러의 대망신 살(Great Mailer Charivari) 사건, 그해 문학계의 센세이션으로 길이 전해졌을 것이다. 지금까지 전해진 더 가능성 있는 이야기는 메일러가 아침 우편물 속에 함께 온 책을 본인 혼자서 수령했다는 것이다. 나이 든 작가들의 서재 목록을 기록하는 어마어마한 일을 했던 J. 마이클 레넌(J. Michael Lennon)은 매일 메일러에게 책이 여섯 권 정도 배달되었다고 회상했다.[1] 어쩌면 그가 실내복에 실내화 바람으로 우편함 옆에 서서 책을 확인한 바로 그 자리에서 색인을 슬쩍 넘겨봤을 수도 있고, 아니면 거들떠보지도 않은 채 책상 위에 여러 날, 여러 주를 혹은 영원히 내버려 두었을 수도 있다. 사실 그건 중요한 게 아니다. 버클리가 저지른 장난질이 절묘했던 이유는 메일러의 확인 여부를 우리가 결코 **확인할 수 없다**는 점에 있다. 단지 그랬을 것이라는 느낌이 들 뿐이다. 메일러가 자기 이름을 확인하는 장면을 목격한 사람은 없다. 하지만 '하이'라는 글귀가 적힌 순간 그런 상상이 사실일 가능성에 무게가 실리는 것이다. 그것은 버클리가 그걸 쓴 순간 성공한 조롱이며, 설치하는 순간 쥐를 잡은 덫이다. 그러나 설사 메일러가 맨 먼저 자기 색인을 **확인했다손 치더라도** 그게 문젯거리가 될 이유는 또 무엇인가? 메일러가 자기 편지 내용을 책에 쓰지 말라고 하면서 책 내용을 둘러싸고 두 사람 사이에 불화가 있었다는 것을 모르는 사람은 없었다. 무엇보다도 자신의 명백한 뜻이 존중되었는지 아닌지 알기 위해 색인을 확인하는 것은 충분히 납득이 가지 않는가? 책을 처음부터 끝까지 읽기 위해서는 일부러 짬을 내서 상당한 시간을 투입해야 하지만, 색인의 도움을 받으면 그런 정도를 확인하는 데는 몇 초면 충분하니까.

그리고 나로서는 이것이 이야기의 핵심이라고 생각한다. 물론 끝내주게 고소한 농담거리를 너무 진지하게 취급해 망쳐 놓는 건 끔찍한 일이다. 그래 봤자 비호감인 두 사내가 서로 잘났다고 아옹다옹한 이야기일 뿐이다. 그러나 나에게 그것은 희한한 이중사고에 관한 이야기이기도 하다. 그것은 우리가 읽는 방식을 놓고 벌어지는 인지적 부조화에 대한 이야기다. 말하자면 책을 처음부터 끝까지 읽어 내려가는 데 걸리는 시간과 책 속에서 어떤 것을 검색하는 데 걸리는 시간의 상대적인 차이와 그런 두 가지 행위 사이에 존재하는 위계성이 보여 주는 부조화에 관한 이야기이다. 책을 읽기도 전에 색인을 들춰 보면 **바람직하지** 않은가? 정말 그런가? 1532년에 당대 최고 인문학자 로테르담의 에라스뮈스(Desiderius Erasmus Roterodamus)─버클리나 메일러 정도로는 꿈속에서도 넘보기 힘든 명성을 날리던 사회참여 지식인─는 책 한 권 전체를 색인 형태로 쓰기도 했고 서문에서 요즘 '많은 사람이 오로지 색인만을 읽기' 때문에 이런 책을 썼노라고 밝혔다.[2] 그것은 애정 어린 비판이다. 10년 뒤쯤에 콘라트 게스너가 '무지할 뿐 아니라 불성실한 사람들에 의해 책이 오용'되었다고 한탄조로 토로했던 걱정의 원형이다. 출판된 색인은 이제 막 그 진가를 인정받는 참이었는데 일찌감치 색인이 책의 자리를 **위협하고** 있다, 이제 사람들이 더 이상 책을 **똑바로** 읽지 않는다, 책을 뒤에서부터 시작하는 일에는 뭔가 떳떳하지 못하고 수치스러운─왠지 메일러 같은─점이 있다는 경고의 소리가 울리고 있었다. 그런 근심은 18세기에 접어들면서 열렬한 비판으로까지 격화─다음 장에서 다루게 될 것이다─되고 아마도 오늘날 디지털 세상에서 '구글이 우리를 바보로 만들고 있는가?'라는 질문을 통해 그런 비판의 화신을 영접했다고 느낀다. 그러나 **정말로** 색인만을 읽는 사람이 과연 있기는 한가, 아니면 에라스뮈스나 게스너가 은근히 자신들의 학문적 엄격함을 과시하기 위해 재앙의 예언자라도 된 것처럼 공연히 과장된 말을 흘리는 것인가?

색인에 대한 비판에 맞서 첫 번째 검찰 측 증인으로 도움을 주러 나선 것은 1511년 베네치아에서 출판된 로마 역사가 루키우스 플로루스(Lucius Florus)의 책이었다. 책의 뒷부분에는 방대한 알파벳순 색인이 실렸다. 당시로서는 세련된 넓은 활자를 썼고 한 페이지에 세로 단을 두 줄로 배열했다. 색인 위에 다음과 같은 운문으로 작성된 짧은 안내문이 적혀 있다.

독자 제현들, 다음의 목록을 읽어 보시오.
그리고 그것이 이끄는 대로 가다 보면 곧 저작 전체를 당신 머릿속에 담을 수 있게 되오.
목록에서 첫 번째 숫자는 몇 챕터인지를, 그다음은 몇 번째 권인지를,
세 번째는 몇 번째 문단인지를 알려 준다오.[3]

원문은 내 번역보다는 훨씬 더 우아하게 표현되어 있다. 우리가 앞에서 보아 온 이용 안내문들보다 훨씬 세련된 글이다. 앞에서도 살펴봤듯이 아직 쪽 번호가 보편화되기 전이어서, 장(張), 전지 번호, 챕터 또는 문단으로도 위치를 흔히 표시했기 때문에 마지막 몇 줄은 어떤 위치 표시자가 사용되었는지를 설명하는 데 할애했다. 그러나 여기서 우리의 흥미를 끄는

것은 위치 표시자가 아니라 당연히 최초 두 줄에서 밝힌 조언이다. 색인을 읽으라―아니 색인을 **전부** 읽으라 또는 색인을 처음부터 끝까지 읽으라. 라틴어 perlege―철저히(per) 읽으라(lege)―는 그냥 읽으라(lege)가 아니다. 그것은 충격적인 권고이다. 우리는 색인을 통째로 **읽는** 데 익숙하지 않다. 우리는 색인을 **이용**하고 **참조**하고 **잠깐 살피**고 당장의 필요를 위해 벼락같이 찾아본다―그러자고 결국 알파벳순으로 배열한 것이다. 하지만 여기서 권하는 것은 다르다. 색인을 빠짐없이 읽으면 당신의 머릿속에 그 **저작 전체**를 담을 수 있다는 것이다. 물론 그 구절이 진실로 독자에게 책이 **아니라** 색인만을 읽으라―먼저 색인을 읽으라 그리고 나머지는 우리가 알 바 아니다―고 부추기는 것은 아니라고 생각한다. 하지만 그런 제안의 대단한 가능성(책을 읽은 것과 다름없다)에 대해 그것이 주장하는 바는 생각지 못했던 것을 깨우쳐 준다. 만약 색인이 그런 식―책 한 권이 다 들어 있다―으로 인식되었다면 게스너와 에라스뮈스에게 비난받았던, 시간을 아껴 보려고 색인만을 읽었던 학자들이 있었다고 추정하는 것은 어려운 일이 아니다. 인생은 짧다. 트리스트럼 섄디에 따르면 '시간은 너무 빨리 소진된다'. 만약 책 속의 모든 것이 색인 속에 더 간결하게 축약되어 있다면 책을 다 읽는 것으로 무슨 득을 더 보겠는가?

또 다른 검찰 측 증인이 나섰다. 1565년 겨울, 안트베르펜 출신 저명한 변호사 페트뤼스 프라리뉘스(Petrus Frarinus)

는 루뱅 대학교의 강연 초대를 받았다. 12월 14일 프라리뉘스는 추운 와중에도 두 시간 동안 서서 프로테스탄트를 '도살자, 반역자, 미치광이이며 사악한 교회 강탈자'라고 혹독하게 공격했다.[4] 강연은 대성공이었고 재빨리 책으로 나왔다. 5개월 만에 라틴어 원본과 영어 번역본까지 구입 가능해지면서 안트베르펜에서 인쇄된 『우리 시대 프로테스탄트의 불법적 반란에 대한 연설(An Oration Against the Unlawfull Insurrections of the Protestantes of our Time)』은 영국해협을 넘어갈 태세를 갖추게 되었다. 영역본의 인쇄업자는 분명 엄청난 독자들을 끌어들이기를 바라고 있었다. 책에 다음과 같은 표제를 내걸고 진기한 색인을 곁들였기 때문이었다. "이 책의 색인은 알파벳순이나 쪽 번호순으로 배열된 것이 아니라, 기독교인 독자뿐 아니라 문맹인 사람의 눈과 시선에 맞춰 특별 제작된 그림순으로 되어 있습니다." 이 문장에는 분석이 필요한 요소들이 많지만 우선 두드러지는 것은 '문맹인 사람'에게도 쓸모가 있을 색인을 고안해 냈다는 사실이다. 그러고는 본문 주요 부분들을 묘사하는 일련의 목판화 그림을 늘어놓았다. 불타는 교회, 공개 처형장에서 내장이 쏟아져 나온 사내의 모습, 대학 구내에서 타오르는 장작더미 위로 쏟아 놓은 책들. 이런 삽화들은 효과적인 표제어 구실을 했다. 각각의 삽화 아래에는 그림 속의 특정한 만행이 묘사된 구절로 독자들을 이끄는 위치 표시자가 기록되어 있다. 시각적 색인이기 때문에 '알파벳순'으로 배열할 수가 없었던 것이다.

THE TABLE OF
THIS BOOKE SET OVT
not by order of Alphabete or nũbre,
but by expresse figure, to the eye & sight
of the Christian Reader, and of
him also ý canno treade.

Pag: 10.

B iij.

The first note & storie in this litle booke
    to skan,
The Gosplers in Paris streates thus in
    a rage ran,
with Gospel in their mou hes & swo2de
    in their hindes:
I see not how these two together well
    Candes.

도판 19: 프라리뉴스가 쓴 『연설』의 다중매체적 색인 첫 페이지. 인쇄된 위치 표시자는 쪽 번호가 아니라 전지에 매겨진 번호였다. 이것은 라틴어 원본을 가진 독자들에게도 낯선 것이었을 테다. 그래서 이 책을 먼저 읽었던 사람은 도판 19의 삽화 바로 아래에 좀 더 확실한 위치 표시자를 직접 써 놓았다. "Pag[e]: 10(10쪽)."

하지만 각 삽화에는 그림과 위치 표시자 말고도 더 많은 요소가 있다. 거기에는 그 특정한 장면을 요약해서 4행시로 정리한 짧은 운문이 첨부되었다. 가령 첫 삽화는 더블릿[14~17세기에 남성들이 입던 꼭 끼는 짧은 상의-옮긴이]을 입은 사내들이 칼을 휘두르며 거리에서 길길이 날뛰는 모습이다. 중앙에 선 사내의 입에서 '에반겔리에(EVANGELIE)', 즉 '복음'이라는 단어가 튀어나왔다. 삽화 아래 있는 위치 표시자는 입으로는 평화를 외치면서 손으로는 폭력을 휘두르는 프로테스탄트들의 위선을 비난하는 프라리뉘스의 연설 장면으로 독자들을 인도한다. 그의 말을 그대로 인용하면 "한 무리의 필사적이며 사악한 인간들이 파리 시가를 이리저리 달리며 한 손에는 날이 번뜩이는 칼을 들고서는 '복음이요, 복음이요' 외쳤다". 프라리뉘스의 원문—결국 연설문이기 때문에—은 어조가 분명한 열변이다. 그러나 삽화 아래에 운율에 맞춰 4행시로 요약된 그 장면은 조금 이상하다.

이 책 속에서 맨 먼저 주목해서 찾아볼 이야기는,
복음주의자들이 파리의 거리에서 광분해 날뛰는 장면이오만,
입으로는 복음을 외치지만 손에는 칼을 들고 있으니:
나로서는 이 둘 사이의 모순을 이해할 길 없노라.

이와 같은 운문은 현재의 우리가 이해하기에는 어려운 어조로 다가온다. 마지막 연—나로서는 이 둘 사이의 모순을 이

해할 길 없노라—는 비아냥대는 것인가 분노하는 것인가, 능글맞은 것인가 아니면 공포에 질린 것인가? 삽화를 설명하기 위해 억지로 서투른 운율에 실은 우스꽝스러운 시는 조롱 같기도 공포 같기도 해서 구분이 가지 않는다. 그에 앞서 있는 다른 그림 색인은 신학자인 장 칼뱅(Jean Calvin)이 그가 머물렀던 집의 수녀 출신 안주인과 관계를 맺고 한 아이의 아버지가 되었다는 프라리뉘스의 근거 없는 주장을 다루었다.

> 칼뱅은 자신의 처소에서 5년 동안 수녀를 가르쳤다네.
> 그녀가 복음에 능통해지고 아들을 배어 배가 불러올 때까지
> 말이라네.

여기서 운문은 희롱조가 되었고 수사적 말장난에 비방을 실어 전달하면서 성스러움과 속됨을 나란하게 만들었다. '복음에 능통해지고 아들을 배어 배가 불러왔다'는 말은 은근히 성적인 행위가 있었음을 암시하고 있다. 칼뱅이 그녀에게 성경만 가르친 것이 아니라는 말이다. 그러나 색인이 프로테스탄트의 만행에 대한 일련의 기나긴 사례로 옮겨 갈 때도 그 운문은 동일한 분위기를 고수한다. 예컨대 여기 자신의 복부가 절단되기 전에 자기 성기를 먹어 치우도록 강요당한 성직자의 얘기에서 그 극단적인 사례를 볼 수 있다.

> 또 다른 늙은 성직자를 가장 잔인하게 취급했다네,

그의 남근을 극히 악랄한 방식으로 잘라 냈고,

석탄 난로로 삶아서 그에게 그걸 먹였다네,

그러고는 그의 배를 갈라 그가 자신의 고깃덩이를 어떻게 소
화했는지 확인했다네.

먹어라, 고기를. 앞서와 마찬가지로 여기서도 동일한 능글
맞음과 동일한 빈정거림을 보게 되는 것에 저항해야 한다. 그
것은 프라리뉘스의 의도에 충실한 독법이 아니기 때문이다.
그러나 쉽지 않은 일이다. 색인이 이미 너무나 괴이하고 기이
한 방향으로 흘러 어조를 바꾸는 것이 간단치 않기 때문이다.
필요에 따라 서로 모순되는 두 가지 분위기를 연출하는 것은,
즉 어떤 페이지에서는 풍자적이고 다른 페이지에서는 동정
적인 기조를 보이는 것은 유연함을 필요로 하는데 색인의 삽
화와 짧은 운문이라는 응축된 표현 방식은 그런 어조 변화를
대단히 어렵게 한다.

사실 『연설』의 다중매체적인 색인이 의도하는 핵심은 필요
에 따라 서로 모순되는 두 가지 분위기를 연출하는 것이다. 한
편으로 어떤 부류의 독자들에게는 책을 검색하는 유용한 색
인이 되어, 삽화에서 장면을 확인하고 위치 표시자를 따라 본
문으로 향하는 길이 된다. 하지만 동시에 이 색인은 프라리뉘
스 연설에 대한 압축적이고 독립적인 각색 버전을 제공하면
서도 원본보다 더 심술궂고 더 험악한 분위기로 변형되어 다
른 기조를 띠게 된다. 마지막으로 그것은 안내문에서 약속했

던 대로 문맹인 사람들을 위해 『연설』의 내용을 그래픽 노블 형태로 제공하면서 일련의 교수형과 화형과 신체 절단형을 보여 준다. 이런 독자들—아니 보는 사람들—에게 그 삽화 색 인은 루뱅 대학교 강연문의 도움을 받지 않고도 읽기를 대신 한다.

검찰 측 세 번째 증인인 제임스 하월(James Howell)의 『프로에드리아 바실리케(Proedria Basilike)』(1664)에는 색인이 아예 없다. 대신 마지막 페이지 중앙에 출판업자 크리스토퍼 에클스턴(Christopher Eccleston)의 서명이 달린 주석이 있다.

> 출판사가 독자에게 드리는 글
>
> 이 책에 목록이나 색인이 없는 이유는 이 저작의 모든 페이지에 너무나 중요한 언급들이 가득해서 이를 색인으로 다시 정리한다면 그것만으로도 본문만큼이나 두꺼워져서 건물의 뒷문이 건물 전체를 압도해 버리는 꼴이 될지도 모르기 때문입니다.
>
> 크리스토퍼 에클스턴.[5]

꽤 거만한 변명이다. 여기에는 노골적인 **오만함**(hauteur)도 엿보인다. 의도적으로 드러내 놓고 경멸적 태도를 보이는 것이다.[6] 진심으로 사과할 생각이 없다면 사과의 느낌이 묻어나는 어조를 보일 필요가 없다는 에클스턴의 책략적 사고가 발

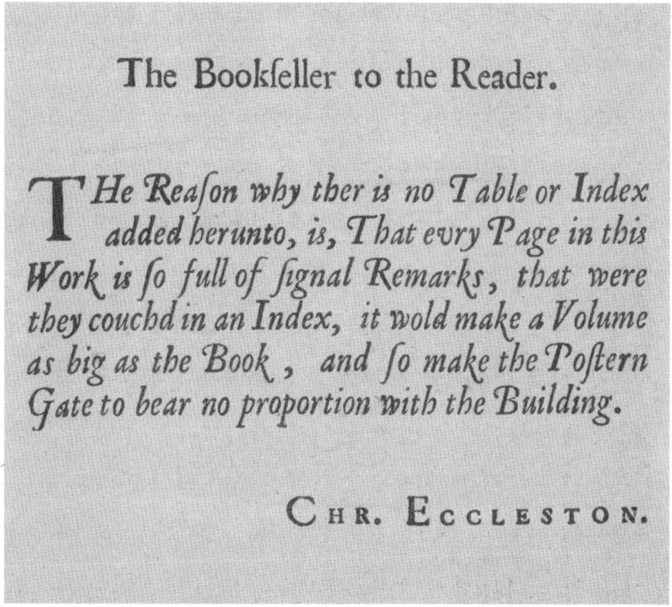

The Bookſeller to the Reader.

THe Reaſon why ther is no Table or Index added herunto, is, That evry Page in this Work is ſo full of ſignal Remarks, that were they couchd in an Index, it wold make a Volume as big as the Book, and ſo make the Poſtern Gate to bear no proportion with the Building.

CHR. ECCLESTON.

도판 20: 제임스 하월의 『프로에드리아 바실리케』에 실린, 색인이 없는 것에 대한 출판업자의 진정성 없는 사과.

동한 것이었다. 그뿐 아니다. 그는 색인이 없는 것을 책 매출 제고의 포인트로 삼았다. 원래는 아무 말도 하지 않는 것이 쉬운 길이다. 하월 텍스트 원문의 마지막 페이지를 책의 끝으로 삼고 독자들이 색인이 없는 것을 문제 삼지 않기를 희망해보는 것이다. 그것으로 마침표를 찍고 꺼림칙하지만 침묵을 지키는 것이다. 에클스턴은 어려운 길로 갔다. 색인이 없는 것에 시선을 끌기로 했다. 책의 특성상 독보적으로 '귀중한 언급'이 많아서 색인을 골라내고 정리하는 것이 불가능할 정도라고 주장했다. 게다가 하월의 독자들이라면 중세의 설교자에게나 필요한 커닝 페이퍼를 요구하지는 않을 것이며 그냥 처음부터 끝까지 읽어 나가리란 거다.

물론 이것은 철면피 같은 짓이다. 이 책의 내용에는 남다른 것이 조금도 없다. 하월의 책은 색인만 봐도 부실함이 바로 탄로 나는 그런 수많은 변변치 못한 역사책들과 차별화되는, 그 책 자체로 두드러지는 어떤 탁월하고 단단한 관점을 보여주지 못했다. 그럼에도 불구하고 건축학적 은유까지 동원해 우리가 당연시했던 색인에 문제를 제기했다는 점에서 다소 매력이 있으며 그런 점에서 조금 두드러진 면이 있기는 하다. 즉 색인과 그것이 기여하고자 하는 원문과의 사이에 암묵적인 서열이 있다는 것이다. 둘 사이에는 당연히 서열이 존재한다! 세상에는 어떤 것이 다른 어떤 것보다 더 작아야 하는 경우가 당연히 존재한다. 이럴 때 우리는 아르헨티나의 작가 호르헤 루이스 보르헤스(Jorge Luis Borges)가 상상해 낸 터무니없는 지도 제작자를 떠올릴지도 모른다.

그 왕국의 지도술은 너무나 완벽한 경지에 도달해서 어떤 행정구역 지도는 그 구역의 어떤 도시 전부를 완전한 형태로 점유했고, 왕국 전체 지도는 또한 어떤 행정구역을 완전한 형태로 점유했다. 시간은 흘렀고 그런 터무니없는 지도에도 만족하지 못한 지도 제작자 조합은 지도 크기가 제국 규모와 동일하며 그 지도의 한 점이 실제의 한 점과 같은 점에서 만나는

지도를 제작했다.[7]

이 이야기에서 흥미를 끄는 것은 '터무니없이 완벽한'이란 모순어법에 있다. 지도는 실제와 규모에서 일치를 보여서는 안 된다. 같은 이치로 색인도 책과 동일한 크기여서는 안 된다. 실제를 정확히 그대로 반영하는 것을 만든다면 그 둘의 기능을 근본적으로 이해하지 못한 것이다.

셰익스피어도 이런 규모의 차이를 명확히 강조해 보려고 했다. 트로이전쟁을 배경으로 한 희곡 〈트로일러스와 크레시다〉에서 각각 그리스와 트로이의 최고 용사인 아킬레우스와 헥토르 사이에 결투가 제안된다. 비록 그것이 시합이라는 미명하에 잡혔지만, 늙었으나 지혜로운 군주 네스토르는 그 경기가 더 대대적인 전쟁의 풍향계가 될지도 모른다고 판단한다.

(⋯) 승리의 향방은,
비록 두 사람 사이의 싸움일 뿐이지만
군대 전체의 역량을 어느 정도 드러낼 것이오.
그리고 비록 뒤에 이어지는 본문에 비한다면
보잘것없는 책의 색인 같은 것이지만,
그것에서 아이의 모습[전조-옮긴이]이 보인다오
그리스군 전체에 당도할 거대한 운명을 예고하는. (1막 3장)

'아이의 모습 (⋯) 그리스군 전체에 당도할 거대한 운명을 예고하는.'―전체를 보여 주는 축소판―어떻게 색인이 다른 것이 **될 수 있겠는가**? 그러나 보르헤스나 에클스턴이 재치 있게 지적하고자 했던 문제점은 만약 완벽한 지도가 오직 1:1의 축척이어야만 한다면 우리의 '아이의 모습'의 불완전함에 관해 고심해야 한다는 것이다. 축약되는 과정에서 불가피하게 놓치는 점이 있을지도 모르기 때문이다. 그러나 그것이 문제가 될까? 아마도 중세 성직자들의 시대라면 문제 될 것이 없을 것이다. 색인은 분명 텍스트를 신속하게 이용하게 해 주었을 것이다. 그렇다고 성직자들로 이루어진 그 특정한 독자들이 성경을 미리 충분히 숙지하지 못한 것도 아니었을 테니, 그물망 사이로 빠져나가서 놓치는 것이 생길 일도 없었을 것이다. 하지만 색인의 사용이 좀 더 보편화되면서 독자들이 **먼저** 색인부터 사용할 가능성 또한 생기게 되었다. 색인이 우리가 이미 숙지하고 있는 것에 대한 기억을 돕는 상기물(aide-mémoire)이라기보다는 책 속으로 진입하기 위한 한 가지 방편으로 사용될 가능성이 생긴 것이다. 우리의 독서가 많은 경우에 구글 검색의 결과와 함께 시작되는 것과 마찬가지로, 색인도 그것 자체로 책으로 진입하기 위한 그리고 책의 내용에 대해 첫인상을 얻기 위한 주요한 통로가 될 가능성을 내포하게 된 것이다.

이것이 앞에서 본 셰익스피어의 작품에 내포된 색인의 다른 의미이다. 전조로서의 색인. 원문 텍스트의 내용들이 색인 '뒤에 이어지는' 것―그것들은 '당도할 (…) 운명'이다―처럼 트로이 전쟁이 어떤 결말을 맞게 될지는 그 전조인 아킬레우스와 헥토르 사이의 결투가 예고한다. 〈햄릿〉의 한 장면에서 햄릿이 어머니의 거처에서 어머니에게 대들고 호되게 분노를 표출했을 때, 그녀는 "대체 내가 무엇을 어쨌다고, 그렇게 무례하게 혀를 함부로 놀리는 거냐?"(3막 4장)라며 그를 다그친다. 12행이나 되는, 햄릿의 격한 장광설로 이루어진 답변을 듣고도 사태의 전말을 파악할 수 없었던 여왕은 생기를 찾을 수 없는 풀죽은 모습으로 다음과 같은 한탄을 한다. "아니, 무슨 일이길래 서두(index)부터 이렇게 뇌성벽력을 때리듯 울부짖느냐?" 서두는 앞에 오는 것이고 그것은 뒤에 이어지는 본론보다 더 심각할 수도 더 시끄러울 수도 없다.

이런 대사를 통해 독자들은 거트루드 왕비가 색인을 어떻게 생각하는지를 알고 있을 뿐만 아니라 그것이 책에서 놓이는 위치도 알고 있다고 짐작하게 된다. 15세기에서 16세기에 출판된, 전부는 아니었을지라도 많은 책에서 색인은 앞에 놓였다(책의 차례도 여전히 앞에 자리하고 있다). 시간이 흐르면서 그것의 위치는 서서히 바뀌어서 18세기 초가 되면 오늘날처럼 책의 뒤에 놓이게 된다. 그래서 1735년에 《그럽스트리트저널(Grub Street Journal)》의 어떤 기사에는 다음과 같은 감회 어린 회고문이 실렸다. "1600년대 이전에 내가 보았던 대다수 책에서 색인은 (…) 지금 서문이 있는 곳과 같은 위치를 점하고 있었다."[8] 하지만 이 익명의 회고는 당시 상황을 과장한 것이다. 실제로는 제본업자와 출판업자들이 색인을 앞과 뒤 어느 부분에 넣을지를 자체적으로 결정할 수 있었다. 그들이 색인을 종종 전형적인 알파벳순이 아닌 인쇄공의 활자 케이스에 있는, 예컨대 별표(*1, *2, *3 등으로)와 같은 다른 활자를 첨가해서 전지 번호를 매긴 후, 책의 나머지 부분과 분리해서 따로 인쇄했기 때문이다.[9] 하지만 초기 인쇄본의 시대에 책 뒤에 붙었던 색인이 흔히 책 앞에 붙었다는 사실은 엄연하다. 그러나 색인이 앞에 온다는 사실은 서지학적 사실 여부보다는 비유적 진술로서 더 중요한 의미를 갖는다. 그래서 셰익스피어 작품 속에서의 앞선 진술이 그렇게 명확하게 와닿는 것이다. 즉 색인은 **당도할** 운명을 예고하는 아이의 모습이다.[10]

이런 사실이 **반드시** 문제가 있다는 말은 아니다. 바로 이전 챕터에서 우리는 게스너가 도서 색인을 학계에 당도한, 인쇄술에 버금가는 최대의 선물이라고 칭찬하고 나서는, 책을 더 이상 처음부터 끝까지 읽지 않으려는 사람들 때문에 색인이 오용될 수도 있다고 시인하기도 하는 것을 보았다. 하지만 게스너가 어떻게 그런 입장 변화를 보이게 되었는지에 대해서 좀 더 살펴보기로 하자.

참으로 인생은 너무나 짧기 때문에 다양한 학문에 종사하는 학자들에게 색인이 절대적으로 유용한 것으로 보이는 것은 당연하다. (…) 먼저 **읽었던 사실을 상기해 보려 하거나 아니면 처음으로 새로운 사실을 찾아보려고 할 때.** 색인에만 의존하려는 일부 적당주의자들의 태만함 때문에 (…)

이런 입장 변화는 게스너가 색인을 이용하는 두 가지 방법—본문을 읽어 본 **후**와 읽기 **전**이라는—에 대해 생각해 보면서 생긴 것이다. **상기**를 위한 것인가 **시식**을 위한 것인가. 물론 둘 다 필요하다. 이미 읽은 책을 되돌아보기 위한 방법으로서 색인을 사용하는 것은 특별한 독서 양식이고 특별한 색인 사용법이다. 물론 그것만이 유일한 길은 아니다. 에세이나 강연록을 쓸 때 혹은 서점에 서서 **한 번도 읽어 본 적이 없는** 책이 특정한 주제에 대해서 유용하고 흥미로운 사실을 다루고 있는지 궁금할 때에 우리는 색인을 이용해서 책의 그런 가치를 예측해 본다. 그리고 게스너는 두 가지 방식 중에서 어떤 것이 좋다거나 혹은 나쁘다고 말하려는 의도가 없다. 전혀 없다. 단지 이런 두 가지 방식을 구분하는 과정에서 그의 사고는 '절대적으로 유용한'에서 '일부 적당주의자들의 태만함'으로까지 생각이 흘러간 것이다. 그리고 이런 태만함을 격정한 사람은 게스너만이 아니었다. 그와 비슷한 우려를 영국에서 출판된 최초의 책에 꼽히는 서적에 실린 윌리엄 캑스턴의 색인 서문—이용 안내문—에서도 발견할 수 있다.

가령 13세기에 성인들의 삶을 기술한 책으로 큰 인기를 모았다가 1483년에 캑스턴이 최초로 영어로 출판한, 일명 '황금전설(Golden Legend)'이라고도 불린 『황금 성인전(Legenda aurea sanctorum)』을 예로 들어 보겠다. 캑스턴의 번역본은 하나가 아니라 두 가지 목록을 제공했다는 점에서 혁신적이었다. 먼저 장(張) 번호가 적힌 200여 명이나 되는 성인들의 목록을 등장 순서대로 배열했다. 바로 이어서 똑같은 표제어—동일한 성인들—로 이루어졌지만 알파벳순으로 재배열한 목록이 제시되었다. 책의 차례와 색인을 동시에 실은 것이다. 그것에 대해 그는 다음과 같은 소신을 밝혔다.

> And to thende eche hystoryy lyf & passyon may be shortely founden I have ordeyned this table folowyng / where & in what leef he shal fynde suche as shal be desyred / and have sette the nombre of every leef in the margyne.
>
> [그래서 독자가 알고 싶은 각 성인의 이력과 생애와 열정을 빨리 찾아볼 수 있도록 그 성인이 어디쯤에 그리고 몇 페이지에 있는지를 찾게 해 줄 차례와 색인을 마련해 놓았고 그것을 위해 각 장의 여백에 장 번호를 매겨 놓았습니다.]

그런 식으로 그 책은 검색하기 좋도록 차례와 장 번호를 제공했다. 독자들은 찾고자 하는 성인의 이력과 생애와 열정을 **신속히** 찾을 수 있게 되었다. 그리고 '독자가 알고 싶은 각 성인(suche as shal be desyred)'이라는 구절은 독자들의 마음을 든든하게 했다. 그것은 어떤 경우라도 검색이 가능하도록 만든 방식이다. **무엇을 찾든, 색인을 펼쳐 그것이 지시하는 곳으로 따라가면 된다.** 캑스턴은 책에서 찾아보고 싶은 것 중에서 색인에 포함되지 않은 것이 있을지도 모른다는 사실과 색인이 본문을 적절히 대변하지 못할 수도 있다는 사실을 공개적으로 인정하려 들지는 않았다. 독자가 알고 싶은 성인을 찾게 될 것이라고 공언했는데 인정할 수가 있겠는가? 어떤 이가 일부러 지나치게 깊이 파고들지만 않는다면 그 주장은 충분히 합당해 보였다.

여기 그런 주장의 합당함을 뒷받침하는 또 다른 사례가 있다. 이번에는 로마 정치가이자 웅변가인 키케로의 캑스턴 판(1481)에 대한 색인 안내문이다. "여기 『노년에 관하여 (Tullius de Senectute)』라는 제목의 이 책과 관련된 사항들을 간단히 언급한(touchyd) 색인(remembraunce)[문자적 의미는 비망록-옮긴이]을 편찬해서(comprysed) 실었습니다. 그리고 더 상세한 것은 본문을 읽어 나가면 더욱 명쾌하게 설명될 것입니다." 인용된 구절은 이 책의 본문이 색인에 있는 항목들보다는 '더욱 명쾌하게' 그리고 더 자세하게 설명해 줄 것이라고 밝힌다. 당연히 그럴 것이다. 지도가 실제 영토와 동일할 수는 없는 일이다. 만약 우리가 그보다 더한 뭔가를 기대했다면 색인의 본질에 대해 큰 오해를 하고 있기 때문이다. 게다가 색인의 의미로 비망록이라는 단어를 쓴 데는 매우 눈길을 끄는 점이 있다. 지금까지 색인에 대한 논의로 우리가 알게 된 것은 그것이 비교적 최근에야 중요하게 여겨졌다는 점이다. 영어에서는 색인과 함께 table(차례), register(기재 사항), rubric(제목) 따위가 두루 쓰였다. 게다가 그런 용어들은 서로 애매하게 뒤섞여서 사용되었다. 때로는 알파벳순 색인으로 쓰이다가 혹은 원문의 순서를 말해 주는 챕터 목록 정도로만 사용되기도 했다.[11] 중세 말기에는 여기에다 다른 많은 것—레페르토리움(repertorium, 목록), 브레비아투라(breviatura, 축약), 디렉토리움(directorium, 안내서)—을 추가해서 모두 우리가 지금 색인이라고 일컫는 것을 지칭하기 위해 썼다. 16세기 영어에서는 이따금 파이(pye)라고도 쓰였고 오파바의 마르틴(Martin of Opava)의 라틴어 저작에서는 마르가리타(margarita)였다. 하지만 전부 구제불능일 정도로 부정확한 표현들이었다. 그중에서도 비망록은 특이함으로 단연 발군이었다. 의미적으로 차례나 기재 사항과도 꽤나 동떨어졌고 색인 형식과도 아무 상관이 없으며 단지 적절한 용도를 말해 줄 뿐이었다. 비망록은 명백한 회고조의 단어이다. 그것은 독자에게 책을 먼저 읽어야 하며 색인은 최초의 본문 읽기에 대한 간단한 대체물이 될 수 없다고 넌지시 말해 준다.

캑스턴이 출판한 『폴리크로니콘』(1482)은 차례의 용법에 대해서 다음과 같은 또 다른 주의 사항을 제시했다. "서문에 이어서 이 책 내용의 대부분을 간단히 맛볼 수 있는 차례를 제시했다." '대부분'이라는 단어는 자신감에 충만한 느낌을 주기에는 부족하지 않은가? 앞에서 공언했던 '독자가 알고 싶은 성인을 찾게 될 것이다'에서 보이는 자신감과는 어조가 사뭇 다르다. 이는 차례에 제시된 항목들이 본문 내용보다는 어쩔 수 없이 더 간결하다—덜 명쾌하다—고 암시할 뿐 아니라 차례만으로는 부족하며 책 속에는 더 탐구해야 할 세부적인 미지의 영역이 존재한다는 점을 인정하는 것이며 심지어 그런 점에 대해서 주의를 환기하는 것으로 읽힐 정도다. 이 정도라면 책을 너무 읽어서 생긴 부작용, 즉 아무런 까닭 없이 의심이나 훈계를 던질 핑계를 슬그머니 찾아내는 편집 광적인 문학비평 같다. 그러나 두어 해 뒤에 캑스턴이 출판한 카토의 격언집(1484)에서 그는 이런 입장을 더욱 분명히 밝혔다. 색인 바로 앞에 써 놓은 주석을 보라.

And over and above these that be conteyned in this sayd table is many a notablecommaundement / lernynge and counceylle moche prouffitable whiche is not sette in the sayd regystre or rubrysshe.

[이 색인(table)에 포함된 것들 외에도 본문에는 많은 뛰어난 계율과 지식과 유익한 조언들이 포함되어 있다. 그것들은 이런 기재 사항(register)이나 제목(rubric)에는 들어가지 않았다.]

자신의 부족함을 즉시 인정하는 차례라고? 오히려 진일보한 것이고 매우 현대적인 발상을 보여 준다. 교수들이 기초 연구 방법론을 가르칠 때 학생들에게 경고─색인은 연구자의 시간 절약에 크게 기여하지만 지도를 실제 영토라고 착각하지는 말라─하는 것과 닮았다. 신중함이 보인다. 이 색인 사용 안내문에는 색인 비평자들의 비난에 맞서서 그것을 멋지게 옹호하려고 신경 쓴 흔적이 역력하다. 캑스턴의 선제적 경고가 색인과 함께 왔다. 언제 그리고 어떤 방식으로 그것이 적절히 이용될 수 있는지에 대한 개략적인 조언을 붙인 것이다. 책을 먼저 읽고 나서 참고하도록 하고 그렇더라도 신중하게 이용해 달라는 것이다. 그런 조언에도 불구하고 태만한 독자들이 그것을 남용한다면 그로 인한 부작용의 모든 책임 또한 독자에게 있다고 암시한 것이다. 색인은 죄가 없다.

　우리는 영어로 인쇄된 초창기 책들로 바로 돌아가서 이미 그때부터 색인에 대한 근심—쓸모와 남용 그리고 지나친 의존의 위험성에 대한—이 뚜렷했다는 사실을 확인했다. 그리고는 우리 시대로 와서 깊이 읽기(deep reading)에 미치는 구글의 영향력에 대한 21세기적 두려움과 근심을 나란히 놓아 보았다. 이제 동일한 근심을 이미 보인 최초의 시기를 다시 살펴봄으로써 이 근심스러운 챕터를 마무리하자. 플라톤의 『파이드로스(Phaedrus)』는 소크라테스와 그의 젊은 친구 파이드로스가 아테네의 성벽 바깥을 산책하다가 플라타너스나무 아래서 휴식을 취하면서 두 사람이 나눈 대화이다. (두 사람은 단순한 친구 사이 이상으로 보인다. 도입부의 대화는 희롱조의 말과 '너의 망토 속에 있는 그게 뭐지'[생식기를 암시하는 성적 농담-옮긴이]식의 암시적 문구로 넘쳐 난다.) 플라톤의 다른 많은 저작처럼 『파이드로스』에도 기원전 4세기경 아테네 문인 사회에 대한 많은 풍자적 비난이 들어 있다. 처음 소크라테스가 파이드로스와 마주쳤을 때, 파이드로스는 위대한 연설가 뤼시아스(Lysias)와 아침 시간을 함께 보내며 사랑을 주제로 한 그의 연설을 경청한 후 돌아가는 길이었다. 소크라테스는 함께 걸어가면서 파이드로스에게 그 연설을 그대로 전해 달라고 부탁했고 파이드로스는 깜짝 놀라며 이렇게 답한다. "경애하는 소크라테스님, 무슨 말씀이세요? 당신은 나 같은 평범한 사내가 우리 시대 최고의 연설문 작성가이신 뤼시아스님이 여가 시간을 내어 오랫동안 고심해서 작성한 글을 그대로 기억해 내 말할 수 있을 것이라 생각하십니까?"[12] 소크라테스는 이런 말을 건네며 그에게 간청한다. **자네는 그에게 한 번 더 말해 달라고 부탁했을 것이고 그것으로도 부족해서 암기해 버릴 생각으로 원고를 빌렸을 거라 장담하네.** 그리고 그의 말은 정확히 사실로 드러난다. 파이드로스는 망토 속에 품고 있던 뤼시아스의 연설문을 꺼내고 소크라테스와 함께 그늘에 자리 잡은 후 연설문을 읽는다. 소크라테스는 연설 내용에 깊이 감명받았다. 그는 그 연설이 '기적 같은' 것이며 그것에 '완전히 압도당했다'고 선언한다. 하지만 그런 감동을 이끌어 낸 것은 뤼시아스 연설문의 내용이 아니라 그것을 읽은 파이드로스의 솜씨 때문이라고 말한다. "파이드로스, 자네 능력 덕분일세. 자네가 연설문을 읽어 내려갈 때에 기뻐하는 표정을 보았네. 그래서 그런 문제에 대해서 자네가 나보다 더 잘 안다고 생각했고, 자네의 말을 따라갔고 자네와 함께 신성한 도취 상태에 빠져든 것이라네."

여기까지는 당연히 사랑에 관한 장면이었다. 사랑의 본질에 관한 뤼시아스의 격조 높은 연설과 장난스레 서로를 희롱하는 소크라테스와 파이드로스의 애정 행각. 하지만 그것은 미묘한 방식으로 말하기와 쓰기에 관한 대화이기도 했다. 파이드로스가 뤼시아스의 연설을 암송하지 못한다는 사실에 대한 실망, 연설문을 읽는 것을 즐기는 것과 그 행위 속에 담긴 연설문의 행간을 즐기는 것 사이의 차이에 관한 것이었다. 거의 우연히 벌어지게 된 이런 구구절절한 말의 향연 속에서 우리는 자연스럽게 말에는 문자가 담지 못하는 어떤 것—말하자면 영혼 같은—이 있다는 생각을 갖게 된다. 그 주제는 이 책 전체 대화에서 계속 보글거리며 은근히 지속되다가 대화가 거의 마지막에 이르러 소크라테스가 『파이드로스』에서 가장 유명한 구절로 꼽히는 발언을 했을 때 정면으로 다뤄진다. 여기에서 소크라테스는 발명의 신 토트에 관한 이집트 신화를 끌어들여 자신의 주장을 설파한다. 그는 토트가 산술과 기하학과 천문학은 물론 장기 놀이와 주사위 놀이를 발명했다고 말하며 이렇게 이어 간다. 하지만 그의 모든 위대한 발명 중에서 최고는 역시 문자였다네. 어느 날 토트는 자신의 발명품들을 들고 가서 신들의 왕인 타무스에게 선보였지. 그걸 이집트 백성에게 보급하고 싶었던 거야. 타무스는 발명품을 차례로 하나하나 살펴보았네. 어떤 것은 칭찬을 하고 어떤 것은 불필요하다고 했어. 그가 문자에 이르렀을 때 토트는 이렇게 덧붙였다네. "이 발명품은 (…) 이집트 백성을 더 현명해지도록 만들 것이고 그들의 기억력도 증진해 줄 것입니다. 문자는 기억과 지혜의 묘약으로 제가 발명해 본 것입니다." 그러나 타무스는 그의 자랑에 별 반응을 보이지 않으면서 토트의 기를 죽이는 답변을 남겼다네.

영특하기로는 이루 말할 수 없는 토트여, 그대는 온갖 발명품을 낳는 재주를 가졌소. 하지만 그것들을 사용하는 것이 유용한지 해로운지를 판단하는 능력은 당신 몫이 아니오. 그리고 문자의 아버지가 된 당신은 백성에 대한 애정으로 말미암아 그것으로 백성에게 어떤 힘을 부여하려 하오. 하지만 그것은 당신이 그들에게 주려고 의도한 것과는 정반대의 힘이오. 오히려 이 발명품은 그것을 배워 쓰는 사람들의 마음에 망각을 낳을 것이오. 왜냐하면 사람들은 더 이상 그들의 기억력을 갈고 닦으려 하지 않을 것이기 때문이오. 원래 그들의 것이 아닌 외부에서 온 문자로 작성된 문서를 신뢰하게 되면서 자신들 속에 내재된 기억력은 사용하지 않으려 들 것이오. 그대는 기억의 묘약이 아니라 상기의 묘약을 발명했소. 그대는 백성에게 참된 지혜가 아니라 지혜 비슷한 것을 제공할 뿐이오. 왜냐하면 그들은 가르침이 없이도 많은 것을 읽게 될 것이고 그래서 많은 것을 아는 것처럼 보일 것이기 때문이오. 그러나 실상 그들 대부분은 무지하며 상대하기에도 어려울 거요. 그들이 지혜로운 것이 아니라 그저 지혜로운 척하기 때문이오.

소크라테스에게 그 신화는 문자와 말하기 능력의 상반된 관계를 말해 주는 것이었다. 심지어 뤼시아스와 같은 연설가가 정연하게 작성한 연설문조차도 그것을 쓴 순간 죽은 언어가 되어 버린다는 것이다. "모든 말은 그것이 쓰이거나 발화된 순간, 하릴없이 멋대로 떠돌다가 그 말을 이해하는 사람의 품이건 그 말에 관심이 없는 사람의 품이건 가리지 않고 가서 안긴다네. 그것은 누구에게 말을 건네야 하며 누구에게는 건네지 말아야 하는지도 구분하지 못하네. 그러다가 가혹한 취급을 당하거나 부당한 대우를 받게 되면 곧장 아버지에게 달려가 도움을 청하지. 문자는 자신을 지키거나 도울 힘이 없기 때문이라네." 토트의 신화에서는 한술 더 떠서 문자가 우리를 나쁜 버릇으로 인도하고 우리의 주목하는 힘을 무력화하여 망각 증세를 일으킨다고 비판한다. 사람들은 배움 없이 주워듣고, 문자가 제공하는 편리함, 나중에 읽어도 되며 또 한 번 기회가 더 있다는 약속에 혹한다. (파이드로스가 뤼시아스의 연설을 머릿속에 담아 두지 못하고 대신 연설문 원고를 빌려 온 까닭을 이 비판이 얼마나 잘 반영하는지 생각해 보라.) 문자는 구체화하지 못한 지식의 전시물일 뿐이다. 우리 중에 읽을 짬을 내지 못해 책을 책꽂이에 꽂아만 두고 있는 사람이 있다면 그는 소크라테스의 지적에 찔리는 바가 있을 것이다. 하지만 '상대하기에도 어려울'[상대할 가치도 없을―옮긴이] 정도의 사람이라고? 그건 너무 심하네.

내가 『파이드로스』의 예를 끌어들인 것은 문자를 조롱하기 위해서가 아니라 그것이 정보 기술에 대해 우리가 갖는 의혹과 불안에 관한 최초의 텍스트이기 때문이다. 이런 두려움은 문자의 역사만큼이나 오래된 것이며, 어리석음의 소치로 생긴 것이 아니다. 이런 문제를 따지는 데에 소크라테스보다 더 뛰어난 동반자를 구하는 것은 거의 불가능할 것이다. 그러나 우리가 이런 근심의 논리를 수긍하더라도 요즘 같은 시대에 문자가 발명된 후 배움과 지혜가 줄곧 내리막길로 들어섰다고 생각할 사람이 누가 있겠는가? 토트 신화에 관한 이야기를 읽으면서 우리는 문자의 가치에 대한 회의적 시각을 수용하기보다는 분명 거부감만 더했을 것이다. 아마도 우리는 배움의 **개념** 자체가 유동적이어서 당대 기술 발전에 따라 진화하는 것이라고, 한때 배움의 이상을 훼손하며 심지어 배반하는 것이라 여겨지던 것이 이제는 필수적인 것이 되다 못해 이상 자체인 것으로 여겨지게 되었으며, 학문이란 것도 영원불변한 것이 아니라 가변적이며 임의적인 것이라고, 그리고 학자로서 우리가 던지는 질문들도 우리가 이용할 수 있는 도구와 밀접한 관계가 있다고 생각하게 되었는지도 모른다.

색인이 등장한 지 두 세기 동안 배심원들의 반응은 둘로 갈라졌다. 한쪽은 소크라테스처럼 빠르게 세를 확장해 나가는 기술을 보면서 돌아갈 수 없는 시절을 그리워하며 좌절했고, 다른 한쪽은 파이드로스처럼 그것을 이용할 수 있어서 기쁘기만 했다. 우리는 아직도 회의적인 우려를 던지는 사람들을 모두 다룬 것은 아니다. 다음 장에서는 색인을 둘러싼 갈등이 정점에 이르는 것을 보게 될 터이다. 그리고 '색인으로 학문하기'라는 방식이 17세기 말엽에 카페에서 조리돌림을 당하는 모습을 보게 될 것이다. 그러나 그런 비웃음을 넘어 색인이 계몽주의 시대에 생겨난 새로운 학문의 불가피한 요소로 굳건히 자리 잡으면서 색인을 두고 조롱하는 세태가 점점 밀려나는 모습도 보게 될 것이다.

5장 "토리당 녀석에게는 절대 내『영국사』색인을 맡기지 마오!"

색인을 둘러싼 논쟁

"나는 단지 (바보들에게) 좀 비웃어 주고 싶은 기분으로
우스꽝스러운 색인을 첨부했다네."

– 윌리엄 셴스톤(William Shenstone), 『여선생님(The School-Mistress)』

지난 20여 년에 걸친 효과적인 인터넷 검색 기술의 발달 경로에는 좀 별난 구석이 있다. 초기 검색엔진 시기에 우리는 무엇을 찾아야 하는지를 찾는 데에도 별로 능숙하지 않았다. 1990년대 후반 한 사이트는 자연언어처리(natural language processing)를 코딩에 도입했다. 일상어 구문이 인터넷 검색에 사용되지 않아 이용자들이 너무 애먹고 있다는 이유였다. 그래서 그냥 말하듯이, 가령 '몽골의 수도가 어딘지 나에게 말해 줄 수 있겠니?'라고 검색어를 입력하면 되게 한 것이다. 이 사이트는 애스크지브스(AskJeeves)라고 불렸다. 아마도 다재다능한 집사 지브스가 없는 통에 온라인 검색에서 애를 먹는 우리의 불운한 우스터 노릇에 종지부를 찍어 주겠다는 의도로 붙인 이름일 것이다[P. G. 우드하우스의 『내 집사 지브스(My Man Jeeves)』에서 지브스는 주인장 버티 우스터의 모든 요구를 간단히 처리해 주는 만능 해결사임-옮긴이]. 하지만 그로부터 20년이 흐른 뒤 우리는 일상적으로 쓰는 구문을 **버렸다**. 검색에 관한 한 (비유적으로 말해) 옷 입는 법을 배웠다고 할까. 우리는 서로에게 말하듯 하는 방식보다는 검색엔진 자체를 구동하는 데이터베이스의 합성어에 가까운 방식으로 스스로를 표현하게 되었다. 지금은 심지어 내 어머니도 그냥 '몽골 수도'라고만 입력한다. '간결함은 지혜의 핵심이다'라고 말한 〈햄릿〉의 폴로니어스 자신은 구제 불능의 떠버리였다. 간결함은 우리 모두가 배웠다시피, 또한 검색의 핵심이다. 색인 편찬자들에게 그것은 너무나 당연한 일이었다. 그들은 이미 수 세기 동안 그런 사실을 잘 알고 있었다.

완벽하게 가다듬은 기지 넘치는 **명언**과 간결한 색인 항목 사이의 외형상 유사함을 고려해 보면 글재주가 있는 사람들이 색인을 그들의 재치를 실어 나를 편리한 도구로 여기게 될 것은 시간문제였다. 그것이 시답잖은 시를 진지함을 가장해 변용한 것이든('주스베리, 미혼 여성, 박제된 올빼미를 보며 시간을 보내다, 151쪽'), 불명예스럽게 실각한 정치인에 대한 가혹한 비판이든('에이킨, 조너선: 위험을 감수한 자를 찬양하다, 59쪽; 교도소에 수감되다, 60쪽'), 혹은 신랄하게 동료를 깎아내리든('피터하우스 칼리지: 식탁에서 오간 유쾌하지 못한 교수들의 대화, 46쪽; 변태들의 온상, 113쪽'), 색인은 은근한 비판을 날리기 위해 마련할 수 있는 온갖 여지를 완벽하게 제공했다.[1]

색인의 가능성을 축하하는 듯 보이는 이런 분위기와는 다르게, 이전 챕터에서 살펴봤던 색인의 오용 가능성에 대한 바로 그런 종류의 근심, 색인이 정말 유용한 발명품인지 아닌지 혹은—플라톤의 『파이드로스』에서 제기했던 문자에 대한 근심처럼—바로 그 편리함에도 불구하고 그것을 사용함으로써 사람들이 오히려 멍청해질지도 모른다는 근심과 동일한 뿌리에서 색인이 보여 주는 재치가 나왔다는 것은 역설적이다. 그래서인지 (『걸리버 여행기』로 유명한) 조너선 스위프트(Jonathan Swift)와 같은 재사가 고대와 현대 독서 습관 차이에 대해 다음과 같은 말을 했던 18세기로 접어들면서 그 근심이 강화되었고 우리는 다시 그 문제에 대해 생각하게 되었다.

고대와 우리 시대 사이에 전체적인 상황은 그런 까닭에 완전히 변했다. 현대인들이 지혜롭게도 그것을 감지하면서, 이 시대의 우리는 독서하고 사색하는 노고를 들이지 않고도 학자와 재사가 될 수 있는 더 빠르고도 현명한 방식을 발견했다. 현재 가장 확실히 정립된 책 이용 방식은 두 가지다. 먼저 군주를 모시는 신하들이 하듯이 책의 제목을 정확히 익히고 그것과 안면이 있다는 사실을 떠벌리는 식으로 책을 대하는 방식이 있다. 다른 방식은 그보다는 더 고급스럽고 심오하며 고상한데, 색인을 통해 충분한 통찰력을 얻는 것이다. 하지만 그런 방식으로는 책 전체가 꼬리를 붙잡힌 물고기처럼 혼란스럽고 불안하게 통제될 것이다.[2]

스위프트는 사람들이 더 이상 책을 읽지 않는다고 개탄한다. 최악의 경우는 손도 대지 않은 책을 제목만 줄줄 읊어 대는 부류이다. 최선이라고 해야 대략적인 요점 정도만 알려 줄 뿐인 색인만 읽는 부류이다. 이 문제는 스위프트가 즐겨 다루는 주제였다. 같은 해에 그는 다른 책에서도 그 문제를 다시 다루었고 다음과 같이 정당하게 획득하지 못한 학문을 터득이라도 한 양 으스대는 게으른 독자들을 질타했다. "이런 자들은 색인을 훑어본 정도로 어떤 책을 아는 체하지만 이는 마치 본 것이라고는 옥외 변소밖에 없는 여행객이 왕궁 전체를 설명해 주겠다고 나서는 꼴이다."[3] 왕궁과 옥외 변소라. 이전 챕터에서 크리스토퍼 에클스턴의 건축학적 비유―건물 전체와 뒷문―가 탄복을 자아낸다면 스위프트의 비유는 신랄하다. 한편, 동시대의 가장 통렬한 재사였던 알렉산더 포프(Alexander Pope)도 다음과 같은 멋들어진 2행 연구로 이 비판에 합류했다. "Index-learning turns no student pale / Yet holds the eel of science by the tail(색인을 통한 배움은 어떤 학생들도 창백하게 만들지 않는다네 / 하지만 뱀장어 같은 학문을 꼬리만 잡으려는 노릇이라네)."[4] 포프를 비롯한 재사들의 생각에는 학생들이란 무릇 학문 앞에서 창백해져야 했다. 지식은 어렵사리 습득되는 것이어야 했다. 독서에 들이는 고역, 엄청난 시간―밤늦도록 촛불을 불사르기―은 학문의 어떤 경지에 이르기 위해 들여야 하는 불가피한 대가였다.

그런데 어쩌다 여기까지 왔나? 이들 재사들, 이 위대한 문인들의 이런 공격은 누구를 염두에 둔 것일까? 그리고 그것은 이 별난 색인과 무슨 관계가 있는가? 이 챕터에서는 1698년에서 1718년까지 20여 년 동안에 색인을 두고 벌어졌던 세 번의 논란—혹은 문학 논쟁—을 살펴볼 것이다. 그리고 세 번의 한판 승부로 구성된 이 챕터가 얼마간은 복싱 클럽의 대진표처럼 짜여 있기 때문에 우리는 각각의 승부 사이에 중간중간 쉬어 가는 시간을 내기도 할 것이다.

하지만 17세기 말엽으로 돌아가기 전에 우선 우리 시대와 좀 더 긴밀한 관계를 갖는 데서 시작해 보자. 요즘은 우리가 역사나 위인전 같은 논픽션을 읽을 때, 거의 확실히 색인이 제공된다. 그리고 만약 제구실을 다하는 출판업자라면 색인 작업을 전문가들에게 의뢰할 가능성이 매우 높을 것이다. 예컨대 미국 색인 협회, 네덜란드 색인업자 네트워크, 호주와 뉴질랜드 색인업자 협회, 캐나다 색인 협회 등등 전문적인 단체의 회원에게 맡길 것이다. 물론 가장 오래된 것은 1957년 영국에서 창립된 색인업자 협회이다. 창립 직후 협회는 해럴드 맥밀런(Harold Macmillan) 수상에게 편지 한 통을 받았다. 협회의 성공을 빌었고 색인과 관련해 자신이 겪은 몇 가지 재미있는 일화를 전해 주었다. 특별한 일이었다. 국가 수장이 이제 갓 창립된, 솔직히 말해, 다소 별 볼 일 없는 조직에 일부러 시간을 내서 경의를 표한 것이다. 게다가 그는 자신이 아끼는 색인의 목록을 거침없이 늘어놓았을 뿐만 아니라 심지어 그가 "하지만 계속 목록을 늘어놓고 싶은 유혹을 이제 뿌리쳐야겠습니다⋯⋯"라고 했을 때 그 말의 진정성을 의심하기가 쉽지 않을 정도였다. 그러나 맥밀런의 집안 내력이 출판업이었다는 사실은 감안해야 한다. 그의 조부인 대니얼은 가문의 이름으로 출판사를 설립했고 그 사업체는 지금도 잘나가고 있다. 해럴드는 의원 당선 이전에도 그리고 공직 은퇴 후에도 오랜 세월 출판업에 종사했다.

맥밀런의 색인 이야기 중에서 나의 눈길을 끌었던 것은 마지막 이야기였다. 사실 그것은 딱 하나 있던 정치 관련 이야기였다. 이 대목에서 맥밀런—토리당 소속—은 매콜리가 "빌어먹을 토리당 녀석이라면 누구에게도 내 『영국사』 색인 작업을 맡기지 마시오!"라고 공식적으로 지시했다는 소식을 들었던 일을 ('대단히 유감스럽게') 회상했다. 여기서 매콜리는 19세기 휘그당 정치인이자 역사가로서 1840년대에는 자신의 가장 유명한 작품인 『영국사(The History of England)』 저술을 시작했고 1859년 사망 당시 제5권을 쓰고 있던 토머스 배빙턴 매콜리를 일컫는다. 아마도 임종의 자리에서 그가 마지막으로 자기 책의 출판업자에게 이렇게 속삭인 모양이다. "빌어먹을 토리당 녀석이라면 누구에게도 내 『영국사』 색인 작업을 맡기지 마시오." 물론 매콜리는 몰지각한 색인업자에게 맡겼다가 텍스트의 핵심을 근본적으로 바꿔 버리기라도 하면 큰일이라고 염려했을 것이다. 이 대목에서 짐작할 수 있는 바는 그때 사람들이 실제로 역사책을 읽는 방식이다. 특히 매콜리의 책처럼 다섯 권이나 되는 대작이라면 당시 독자들 대부분은 뒤에서 시작해서 색인을 통해 그들이 필요한 항목을 이곳저곳 골라 가며 읽었던 것이다. 이것이 사실이라면 사악하거나 당파적인 색인업자에게 작업을 맡기는 것은 **문제가 된다.** 매콜리가 특히 염두에 둔 건 그가 『영국사』를 쓰기 150년 전 어떤 순간이었다. 원본 텍스트의 내용을 훼손하는 몰상식한 색인 작업이 유행했던 시기였다.

18세기 초엽 영국 정치는 대략 토리당과 휘그당이라는 두 당파로 갈라져 있었다. 두 파당이 다툼을 벌이는 중심에는 군주의 역할과 1688년 명예혁명으로 권좌에서 쫓겨난 가톨릭 왕조인 스튜어트 왕가의 지위를 둘러싼 불화가 있었다. 두 집단 간 공개적인 충돌 중에 많은 부분이 정치 팸플릿을 통해 전개되었다. 팸플릿으로 벌이는 난투극 한가운데에서 필자들은 늘 가시 돋친 비방을 쏟아내고, 흔히 익명으로 때로는 상대 당원임을 가장해서 상대가 미치광이거나 멍청이 아니면 그 둘 다인 것으로 보이게 하려고 애썼다. 이런 광적인 출판 환경에서 풍자 색인(mock index)이 등장했다. 여기 한쪽 당파 사람이 쓴 책이 있고 다른 당파 사람이 색인 편찬을 진행했다고 가정하자. 그러면 색인 항목들은 원본 텍스트를 조롱하기 위해, 책에서 따분한 부분과 거만함이 두드러지는 부분 또는 외국인과 가톨릭에 동정적인 인상을 주는 부분으로 주의를 끌기 위해, 혹은 이도 저도 아니면 단지 그것의 조잡한 문법적 오류에 주목하도록 작성될 것이었다. 매콜리는─심지

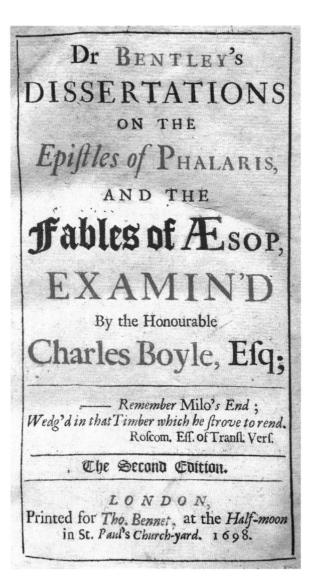

Dr BENTLEY's
DISSERTATIONS
ON THE
Epistles of PHALARIS,
AND THE
𝔉𝔞𝔟𝔩𝔢𝔰 𝔬𝔣 Æ SOP,
EXAMIN'D
By the Honourable
Charles Boyle, Esq;

——— *Remember Milo's End ;*
Wedg'd in that Timber which he strove to rend.
Roscom. Eff. of Transl. Verf.

𝔗𝔥𝔢 𝔖𝔢𝔠𝔬𝔫𝔡 𝔈𝔡𝔦𝔱𝔦𝔬𝔫.

LONDON,
Printed for *Tho. Bennet,* at the *Half-moon*
in St. *Paul's Church-yard.* 1 6 9 8.

도판 21: 제목에서 주장하는 바와는 달리, 일명 「보일 대 벤틀리」로 불리는 이 글은 보일이 아니라 주로 그의 지도교수와 대학 친구들이 썼다.

어 19세기 중반인 시점에서도—자신이 그 피해자가 될지도 모른다는 두려움 때문에 거짓 색인에 대해서 호통을 쳤다. 그러나 그는 또한 그들의 천재성을 시인하기도 했다. 매콜리의 장서—현재는 옥스퍼드 보들리 도서관이 소장 중이다—중에는 1698년에 저술된 한 풍자적인 작품이 있는데 책의 클라이맥스에서 놀랄 만큼 조롱 가득한 색인을 부각시켰다. 찰스 보일(Charles Boyle)의 작품으로 여겨지는 이 글의 제목은 「팔라리스의 서한에 대한 벤틀리 박사의 논문, 철저 분석(Dr Bentley's Dissertations on the Epistles of Phalaris, Examin'd)」인데, 뒷면 백지에는 매콜리가 연필로 '그 나름의 방식으로 걸작'이라고 휘갈긴 주석이 달려 있다.[5] 왜 매콜리가 이 풍자 작품을 걸작이라고 생각했는지를 이해하기 위해 그리고 그가 왜 '그 나름의 방식으로'라는 제한적 문구로 자신의 극찬에 선을 그었는지를 알아보기 위해 우리는 보일 대 벤틀리가 벌인 최초의 결투장으로 향해야 한다.

찰스 보일 대 리처드 벤틀리:
인덱스를 중심으로 한 사건의 간단한 전말

1695년 찰스 보일이라는 젊은 귀족이 한 고대 희랍 텍스트의 새로운 판본을 출판했다. 보일은 철두철미한 왕당파적 성향의 옥스퍼드 크라이스트처치 칼리지 소속 학생이었다. 크라이스트처치는 책이 출간되기 50년 전에 벌어진 내전기에 찰스 1세의 왕궁으로 쓰이기도 했다. 17세기 후반에 많은 젊은 귀족들이 이 대학에서 수학했지만 30년 세월 동안 학위를 마친 학생은 보일이 유일했다고 전한다. 교수들의 격려를 업고서 출간된 보일의 「팔라리스의 서한(Epistles of Phalaris)」은 대학의 명성과 그곳이 배출한 빼어난 학생을 자랑하기 위함이었다.

그 「서한」은 기원전 5세기경 시칠리아 남부 아그리젠토의 참주로서 폭정을 일삼았던 팔라리스(Phalaris)의 편지를 모은 것으로 이름이 났다. 하지만 그 서한의 진위에 대해 얼마간의 의혹이 제기되었고 당시 왕립도서관장 리처드 벤틀리는 보일의 책을 놓고 「팔라리스의 서한에 대한 논문」을 썼다. 그는 논문에서 이 서한들은 팔라리스가 사망하고도 몇 세기가 흐른 뒤 작성된 것이라 주장했다. 벤틀리는 평생 탁월한 학자로서 이름이 드높았지만 또한 지나칠 정도로 맹렬한 논쟁을 자주 벌였다. 그는 꼭 싸움을 즐기는 편은 아니었지만 성격상 싸움을 피하고자 자신의 논조를 조정하지도 않았다. 그의 총명함에는 상대를 달래는 상냥함은 없어서 모든 논쟁의 당사자를 격분하게 하고 그들의 눈살을 찌푸리게 했다.

벤틀리의 논문은 보일의 「서한」에 대한 응답인 셈이었다. 「서한」이 전적으로 보일이 쓴 것은 아니었기 때문에—그가 크라이스트처치의 지도교수들로부터 상당한 도움을 받았다는 근거 있는 소문이 널리 회자되었다—벤틀리의 비판에 대

도판 22a, 22b: (a) 찰스 보일(1674~1731); (b) 리처드 벤틀리(1662~1742).

해서 칼리지 전체가 대응한 것은 놀랍지 않았다. 제일 먼저 당시 칼리지 학생이었던 앤서니 알솝(Anthony Alsop)이 자기가 펴낸 『이솝 우화』 서문에서 벤틀리를 겨냥해 공세를 날렸다. 알솝은 그를 "사전을 넘겨보는 데에나 몹시 부지런한 리처드 벤틀리라 불리는 어떤 인간"이라고 묘사했다.[6] 이것은 묘한 뉘앙스를 풍기는 은밀한 모욕이었다. 그러나 앞에서 살펴본 바에 근거해 보면 앞으로 어떤 일이 벌어질지 예감할 수 있다. 그것은 **적절한** 읽기 대 **간추려** 읽기의 대결장이었다. 문학적 텍스트를 음미하느냐와 오로지 참고 사항에만 집중하느냐의 대결이었다. 그것은 벤틀리를 정보 찾기에만 능란한, 고된 일을 반복하기만 하는 단순 작업자 혹은 자동기계에 비유하면서 그의 학문 행태에 대해 퍼붓는 공세였다.[7] 이는 이후 벤틀리를 향해 크라이스트처치가 쏟아부을 수많은 공격의 기준이 되었다.

우리는 알솝이 서한의 진위에 대해 의혹을 제기한 벤틀리를 응징하기 위한 방편으로서 **왜** 사전 검색에 대해 가시 돋친 공격을 했는지를 이해할 필요가 있다. 하지만 먼저 서한이 진짜인지 여부에 대한 윌리엄 템플(William Temple)의 주장과 비교해 보자. 그러면 쟁점이 무엇인지 좀 더 분명해질 것이다.

나는 서한이 진짜라고 생각지 않는 몇몇 박식한 이들(또는 비평가라는 미명하에서 박식한 사람으로 통하는 이들)을 알고 있다. (…) 그러나 내 생각에는 그런 자는 그림에 대해서는 조금도 알지 못하기 때문에 원작과 위작을 판단할 수 없는 자들과 같다. 본성의 그런 흉포함과 복수를 할 때 보이는 잔인함에도 불구하고 다양한 실천과 삶과 통치의 여정에서 보여 준 그런 대단한 열정 그리고 그런 사고의 자유분방함, 그런 표현의 과감함, 친구들에게 보이는 그런 관대함, 적에게 보내는 그런 조롱, 박식한 자들에게 보이는 그런 경의, 선에 대한 그런 존중, 삶에 대한 그런 이해, 죽음에 대한 그런 경멸은 그런 자질들을 소유한 팔라리스가 아니라면 누구도 묘사할 수 없었을 것이다.[8]

논리적으로는 어떤 것의 진실보다는 오류를 입증하는 것이 더 쉽다. 그것이 거짓임을 입증하기 위해서는 단 하나의 오류를 찾기만 해도 되지만, 반면에 그것이 거짓이 **아님**을 증명하기 위해서는 가정을 세우고 모든 가능성을 고려하고—결론에 이르는 순간까지—그 가정과 가능성에 반하는 증거가 없어야 한다. 그럼에도 불구하고 현대적 기준에서 템플의 논리는, 변변치 않은 정도지만, 짐짓 애매함을 가장하는 데는 탁월해 보인다. 기본적으로 템플의 논리는 군주의 자질은 흉내낼 수 없다는 것이다. 팔라리스의 편지에서 그런 자질을 확실히 확인할 수 있기 때문에 그 서한들은 카리스마 넘치던 참주 자신의 것이라는 것이다.

벤틀리가 반대를 위해 논거를 구축하는 방식은 템플의 논리와는 완전히 다르다. 우선 다양한 고전 역사가들의 진술을 삼각측량하듯 비교 분석해서 팔라리스가 통치한 시기를 추론해 냈다. 이런 식의 고증으로 편지 속에서 예컨대 팔라리스가 핀티아의 시민들로부터 돈을 대부받았던 일 따위에서 연대 기록의 오기를 확인할 수 있었다. 고대 그리스 역사가 디오도로스(Diodoros)의 기록에서 핀티아가 기원전 280년에 건설된 것임을 확인할 수 있기 때문에, 편지대로라면 팔라리스가 "그 도시가 명명되거나 건설되기 거의 300년 전에 그 도시에게 돈을 빌린 셈이 될 것이다".[9] 또 다른 사례는 팔라리스가 그의 주치의에게 하사한 '테리클레스의 컵' 열 벌에 대한 언급에서 포착했다. 다시 한번 그는 이것이 서신 위조범의 실수임에 틀림없다고 추론했다. 이 특별한 모양의 컵을 최초로 제조했던 코린트의 도공 테리클레스(Thericles)는 팔라리스보다 100년도 더 늦은 시기에 살았기 때문이다. 이런 오류를 검증하는 과정에서 벤틀리는 고대와 중세의 다양한 어원학적 저술을 참고해 그 컵이 테리클레스의 이름을 따서 명명되었다는 사실을 논증했고 그가 살았던 시대를 밝히기 위해 2세기의 문법학자 아테나이오스를 인용했다.

벤틀리가 영어, 라틴어, 희랍어를 예사로 오가는 버릇도 그랬지만, 이 모든 조사는 강도가 높을 뿐만 아니라 미세한 사실도 놓치지 않아야 하며 고도의 솜씨까지 필요로 하는, 사람을 고갈시키는 독서를 요구했다. 벤틀리의 적들이 그가 현학자인 체한다고 조롱한 것도 그리 이상한 일은 아니다. 템플이 서한을 두루뭉술하게 두둔한 것과는 대조적으로 벤틀리의 수사에는 부풀림이 없다. 멋진 표현도 없고 과장되게 호통치는 언사도 없다. 차라리 그의 수사는 고통스러울 정도로 엄밀하며, 비록 여전히 고전의 인용으로 점철되어 있음에도 불구하고 모든 언급은 총체적인 진실에 도달하려는 논증적 목적에 충실하다. 왜 알솝이 벤틀리를 사전이나 뒤져 보는 인간이라고 비방했는지 이해하기는 어렵지 않다. 단어 하나하나와 각 단어의 역사가 그의 검증 방식에서 핵심 요소이기 때문이었다. 템플이 부풀려 말하는 떠버리라면 벤틀리는 꼬치꼬치 캐묻는 사람이었다.

벤틀리를 향한 알솝의 빈정거림이 서문을 이용한 라틴어

로 쓴 헐뜯기에 불과했다면 크라이스트처치 팀의 다음 공격수의 비방은 완전히 차원이 달랐다. 「팔라리스의 서한에 대한 벤틀리 박사의 논문, 철저 분석」—일명 「보일 대 벤틀리(Boyle against Bentley)」로 더 잘 알려진—은 책 한 권이 되는 분량을 왕립도서관장 벤틀리를 인신공격하는 데에 쏟은 논문이었다. 제목은 보일이 쓴 것으로 되어 있으나 그것은 사실 크라이스트처치 패거리의 합작품이었다. 보일 본인과 그의 지도교수 프랜시스 애터배리(Francis Atterbury), 신입생인 윌리엄 프라인드(William Freind)와 윌리엄 킹(William King)이 그들이었다.[10]

「보일 대 벤틀리」는 당대 편집자와 주석가의 손아귀에 휘둘리다가 이제 곧 종말을 맞을지도 모르는 처지에 놓인 '학문'에 대한 그리 낯설지 않은 두서없는 수사로 공격의 포문을 열었다. 서문은 벤틀리의 비판이 사전을 통해 얻은 것일 뿐이라는 알솝의 주장을 그저 되풀이했다. 그러나 벤틀리가 학문을 대하는 방식이 완전히 무용한 작태라고 명백히 주장함으로써 알솝의 주장을 더 극단적으로 몰고 갔다. "그러므로 나는 여유로운 시간에 사전의 도움을 받아 이런 식으로 꼬치꼬치 파고드는 소위 비평가인 체하는 벤틀리 박사나 혹은 다른 사람들의 공격에 맞서서 「팔라리스의 서한」의 명성을 옹호하기 위해서 귀한 시간을 낼 생각이 없다." 달리 말해 사전과 충분한 시간만 허락하면 누구든 위대한 저술에 대해서 어떤 트집거리든 잡아낼 수 있다는 말이었다. 하지만 그런 짓거리는 너무나 비열해서—본질적으로 무가치할 뿐만 아니라—어떤 대처도 무의미하다는 얘기였다. 극히 뻔뻔한 주장이었다. 보일과 그의 일당이 제정신으로 그런 주장을 하는지 누가 의심이라도 할까 봐, 그 책은 처음부터 끝까지 같은 주장을 아낌없이 반복한다. 예를 들면, "벤틀리 박사가 첨부한 것[즉 그 「논문」]은 학문의 진실이 아니라 오로지 으스댐과 과시를 위한 것이다". 또 오로지 색인과 사전**만**을 사용했다는 이유로도 비난받았다. "나는 벤틀리 박사가 공부를 할 때 좀 더 심오하게 파고 들어가 저자들의 원전을 참조해야 했다고 생각한다." 마지막으로 두어 가지의 놀랄 만한 신조어까지 동원해서 그 상황을 정리한다. 벤틀리를 원전이 아니라 단지 원전에 관한 책으로 '주워들은' 학문을 하는 사람이라 비난하면서 그를 '**주워듣는 비평가**'라 칭했고, 한편 참고도서에 의존하는 그의 연구 방식을 빗대어 '**알파벳순 학문**'이라 폄하했다. 그러나 물론 사전만이 알파벳순 학문의 도구는 아니었다. 보일(또는 보일임을 가장해 글을 쓴 그 도당 중에 누구든)은 "나는 단어와 글귀를 찾아서 **색인 추적**에 나서는 것을 **애너그램**과 **답관체** 다음으로 인간의 정력을 낭비하는 저열한 여가 활동이라고 생각한다"라고 말하면서 색인을 향해서도 맹비난의 화살을 쏟아부었다.

그 모든 상처받은 자들이 보이는 신랄함에도 불구하고 「보일 대 벤틀리」의 가장 두드러진 특징은 재치였다. 윌리엄 킹이 담당했던 한 부분에서는 벤틀리의 팔라리스 서한에 대한

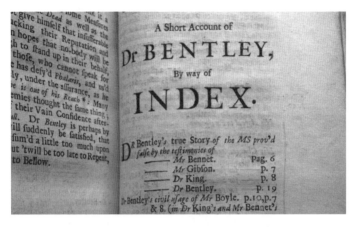

도판 23: 「보일 대 벤틀리」의 마지막에 첨부된 윌리엄 킹의 '인덱스를 이용해서 벤틀리 박사에 관해 간단히 설명해 보기'.

비평을 모방하면서 넌지시 다음과 같은 예상을 늘어놓았다. 만약 먼 미래 비평가들이 벤틀리의 「논문」을 우연히 보게 된다면 ('내 생각에는 그럴 일이 거의 없을 거라 생각되지만') 그들은 논문의 따분하고 기계적인 문체를 보고서 그것이 영국 사람에 의해 작성된 것일 리가 없으며 후대의 어떤 영국인을 사칭한 사람이 썼을 거라고 결론 내리지 않을까? 그리고 이 책에서 가장 독창적인 코미디 요소인 색인을 제공한 사람도 바로 킹이었다.

책 뒷부분에 첨부된 이 네 쪽짜리 목록에는 '인덱스를 이용해서 벤틀리 박사에 관해 간단히 설명해 보기(A Short Account of Dr Bentley, By Way of Index)'라는 제목이 붙었다. 그리고 당연히 각각의 표제어들은 벤틀리의 천박함을 모독하려는 의도와 관련되어 있다. 다음과 같은 것이 중요한 문제이고 알 만한 가치가 있다고 생각하는 독자라면 그것을 찾는데 문제가 없다.

그의 어처구니없는 우둔함, p. 74, 106, 119, 135, 136, 137, 241

그의 학자연하기, p. 93에서 99, 144, 216

그의 외국인에게 간청하기, p. 13, 14, 15

그가 결코 본 적 없는 책에 대해 익히 아는 체하기, p. 76, 98, 115, 232

그것은 곱절로 통렬한 공격이었다. 킹의 색인이 주는 통쾌한 재미의 일부는 그것이 실제 색인이라는 점이다. 만약 "그가 수집한 **나귀**에 관한 격언들, p. 220"의 참고 사항을 따라가면 실제로 벤틀리가 「논문」의 다른 두 지점에서—나귀에 관한—동일한 격언을 인용한 것을 비난하는 페이지로 가게 된다[ass는 당나귀라는 뜻도 있지만 멍청하다는 뜻도 있음. 일종의 말장난—옮긴이]. 그렇다면 '벤틀리 박사에 관해 간단히 설명해 보기'에 대한 명백한 농담이 의도한 바는 시간 없는 독자들이 벤틀리의 어떤 터무니없는 측면을 구체적으로 확인하게 할 필요가 있다는 것과 그들에게 색인을 따라가 실제로 확인하는 즐거움을 주려는 것이었다. 동시에 은밀한 공격도 들어 있었다. 늘 원본과는 멀찍이 떨어져서 색인 따위에나 의존하는 '주워들는 비평가'에게 보내는 조소였다.

「보일 대 벤틀리」는 상당한 성공을 거두었다. 벤틀리의 논리—물샐틈없고 난해한—를 구체적으로 공격하기보다는 벤틀리라는 사람, 즉 그의 인격을 공격함으로써 크라이스트처치 패거리는 재미있고 이해하기도 쉬운 악담을 퍼부었고 벤틀리를 술집과 카페에서 조롱거리가 되도록 만들었다. 심지어 벤틀리가 감히 맞대응을 한다면 결국 마찬가지 조롱만 받게 될 것이라는 루머가 떠돌았다. 한 카페 재담꾼은 이런 투지 넘치는 말을 날렸다. "벤틀리 박사가 답변을 들고 나오면 곧바로 그들은 맞대응을 할 태세가 되어 있어. 내가 알기로는 (…) 그에게 날릴 **오줌에 적신 채찍**까지 마련해 놓았다더군." 이 관용어는 승마 용어인데 말채찍을 오줌에 적셔 두는 관행에서 온 것이다. 그렇게 하면 채찍이 휘갈기기 좋도록 말랑말랑해지기 때문이다.[11] 꼴사나운 비난이 난무함에도 불구하고 「보일 대 벤틀리」는 극히 재미있게 읽히는 책이었다. 그런 인기에 벤틀리의 「논문」이 기여한 바는 없었다. 매콜리는 「보일 대 벤틀리」가 걸작이라고 생각했다. 물론 더 유능한 적수에 맞서서 2인조가 교대로 공격해도 된다는 불공정을 허용해주는 조건하에서, 그 나름의 방식으로만 걸작이었다. 그는 나중에 '그 주제에 대해서 심각할 정도로 무지한 사람이 잘못된 신념으로 쓴 책 중에서는 최고의 책'이라고 평가하면서 원래의 관점을 강화했다. 그것은 보일 패거리의 기발한 재치는 인정하면서도 고전주의자로서의 그들의 무능함도 동시에 비판

하는 깔끔한 이중적 평가였다.[12]

「보일 대 벤틀리」는 이해하기 힘든 부작용을 낳기도 했다. 색인으로 그 색인에 의존하는 학문을 조롱하려던 기발한 발상이 그만 색인에 대한 킹의 입맛을 돋우어 버렸다. 비록 풍자 색인이었지만 색인의 모든 가능성이 담겨 있었다. 그것은 다른 공격 목표를 향해서도 써먹을 수 있는 것이었다. 하지만 함정이 있었다. 만약 풍자 색인이 반발성 농담, 즉 색인에 **대한**―색인에 **반대하는**―농담이기를 멈추고 나면 색인은 그 반대로 움직이며 색인을 촉진하고 그것이 무해한 것임을 보여 주며 그것의 강점을 돋보이게 한다. 다음 색인 대전을 관람하기 전에 첫 번째 막간 휴식을 취하기로 하자.

막간: 윌리엄 킹의 새 장난감

「보일 대 벤틀리」를 계기로 풍자적 색인에 대한 착상이 고삐 풀린 망아지처럼 세상에 나타났다.[13] 그 후 2년 동안 킹은 풍자적 저술을 세 권 더 출판했고 그중 두 권에는 풍자 색인을 넣었다. 나머지 한 권인 『망자들의 대화(Dialogues of the Dead)』는 사전을 소설처럼 읽는 벤티볼리오(Bentivoglio)라는 인물을 내세워 팔라리스 논쟁을 여전히 장황하게 늘어놓는다. 심지어 킹이 팔라리스 논쟁을 그만두었을 때조차도 풍자 색인은 포기하지 않았다. 『잉글랜드 여행기(A Journey to

London)』에서 풍자의 대상은 마틴 리스터(Martin Lister)의 『프랑스 여행기(A Journey to Paris)』(1699)였다. 킹은 그 여행기가 프랑스에 대해서 너무 찬사 일색이라고 보았다.[14] 리스터의 책에는 색인이 없었지만 킹의 풍자적인 모방작에는 있었다. 그것은 작가에 대해서 사사로운 공격을 하기보다는 엉뚱함에 방점을 두었다. 알파벳순으로 나열된 항목에는 '버섯' '찬사 받은 나신상' 그리고 '공기펌프 속의 새끼 고양이'가 있었는데, 그것은 색인의 대상인 텍스트가 실없는 내용임을 암시했고 나아가 그것이 풍자하고자 하는 텍스트의 어처구니없음을 시사했다.[15]

그다음 해에 킹은 이런 방식을 더욱 다듬어서 풍자하는 텍스트를 거의 글자 그대로 제시하는 방식으로 정형화했다. 이번에는 영국 왕립학회의 잡지인 『철학 회보(Philosophical Transactions)』를 색인화 텍스트로 삼았다. 학회는 1660년에 창립했고 잡지는 5년 뒤에 나왔다. 『회보』는 단순히 협회 본부가 있는 런던의 저명한 회원들이 제공하는 실험과 논문을 싣기보다는 전국 곳곳에 있는 아마추어 과학자들이 보낸 서신을 게재하곤 했다.[16] 1700년의 편집자는 한스 슬론(Hans Sloane)이었는데, 킹은 편집자 슬론이 아무 생각 없이 잡지를 운영하고 멋대로 게재할 기고문을 결정한다고 생각했고 그것 때문에 분노했다. 익명으로 출간한 『회보 비판(The Transactioneer)』의 서문에서 킹은 이렇게 불만을 털어놓았다.

잉글랜드와 유럽 전역에서 『회보』를 읽는 모든 이들이 슬론이 다루는 주제가 너무 터무니없고 천박하며, 그가 주제를 너무 헛되이 그리고 너무나 애매하고 난해한 방식으로 다루고 있는 것을 보면 그가 그런 일을 하기에 필요한 지식이 턱없이 부족할 뿐 아니라 심지어 기본적인 문법 실력도 결여되어 있는 게 분명하다면서 아우성을 치고 있다.[17]

킹은 그 잡지를 풍자하는 최선의 방법은 그냥 있는 그대로 인용하는 것이라는 결론을 내렸다. 그것만으로도 잡지가 본질적으로 어처구니없다는 사실이 명백해질 것이기 때문이었다. 그는 슬론의 자질 부족이 "그가 출판한 문서 모든 곳에서 너무나 분명해서 그의 말 자체가 내가 알리려는 것을 가장 잘 입증한다. 그리고 나는 그의 말을 인용하는 데에 그렇게 세심한 주의를 기울였기 때문에 그에게 내가 그의 말을 잘못 전한 것이 있으면 한번 찾아내 보라고 말하고 싶은 심정이다"라고 주장했다. 그러나 색인에서는 이런 선택적인 인용들이 구의 형태로 요약되었고 그것은 원문의 허황된 부분의 정곡을 찔러 숨겨져 있던 오류를 적나라하게 드러냈다. 그것은 킹이 『잉글랜드 여행기』에서 고안해 낸 방식이며, 『회보 비판』의 색인은 한발 더 나아가 놀라울 정도로 멍청함을 가장했다. 가령 몇 년 전에 『철학 회보』에 실렸던 기사에서 그대로 인용한 양귀비의 효과에 대한 구절을 보자.[18] 기고자는 콘월의 약제사인 찰스 워스(Charles Worth)에 관한 글을 실었다. 그는 '앞서 말했던 양귀비로 파이를 구운' 사람이었다.

앞서 말했던 양귀비 파이를, 식지도 않았는데 먹더니, 그는 곧 상당한 정도의 정신착란 상태—눈에 보이는 대부분을 금이라 착각했다—에 빠졌다. 그런 뒤 백토로 만든 침실용 도자기 변기를 갖다 달라더니 거기에 대변을 보고는 그것을 조금씩 떼어 주변에 있던 사람들에게 나눠주면서 금덩어리니까 잘 챙겨 두라고 말했다. (…) **그러나** 노란뿔 양귀비(Papaver Corniculatum)가 일으키는 **부작용은 그것만이 아니었다.** 또 같은 파이를 먹은 몇몇 하인과 하녀는 옷을 홀딱 벗더니 서로 어울려서 한참 춤을 추었다. (…) 한편 장을 보고 돌아온 여주인이 그 난장판을 보고서는 "이게 뭐야? 어쩌다 이렇게 된 거야?"라고 묻자, 계집종 하나가 엉덩이를 여주인을 향해 돌리고 세차게 오줌을 내갈기더니 "주인마님, 이 황금 당신이 다 가지세요"라고 말하더란다.[19]

정보가 너무 많다고? 킹도 분명 그렇게 생각했다. 『회보 비판』의 색인은 우리가 알 필요가 있다고 생각하는 모든 것들을 "찰스 워스와 그의 하인과 하녀, 모두 즐거워하며 사방에 똥을 싸지르다. p. 39"와 같이 간드러지게 요약했다. 그리고 이런 항목들도 있었다.

남근 대용품에 관해 레이 씨가 내린 정의. p. 11

중국산 귀이개. p. 15

귀이개로 귀를 너무 깊이 파는 것은 위험하다. 위와 같음.

죽은 사람은 물을 삼킬 수가 없다는 사실. p. 28

껍질(shell)이라고 다 같은 껍질(crust)은 아니다, p. 31

[계란 껍질의 shell과 피자 껍질의 crust는 같은 껍질이지만 서로 용법이 다름-옮긴이]

리스터 박사가 돌고래에 물렸고 그런 까닭에 손가락에 병이
　　옮았다 p. 48

베네딕트회 수도사의 후드를 닮은 머리. p. 56

비누를 싸는 돼지. p. 66

불을 싸는 젖소. p. 67

[링컨셔라는 마을에서는 돼지 똥을 모아서 물에 푹 담근 다음에 다시 물기를 뺀 뒤 그것으로 옷가지를 빨 때 세제로 썼기 때문에 링컨셔에서는 '돼지가 비누를 싸고 젖소는 불을 싼다'는 우스개가 생김-옮긴이]

　원문 속의 관찰이 전하고자 하는 어떤 과학적 가치에는 기어코 눈을 감고서 그저 집요하게 원문의 희한한 부분만을 강조한 킹의 색인은, 자신이 그랬듯이 독자들도 『철학 회보』를 읽어 보도록 이끌었다.

　그런 식의 세 가지 다른 저술을 통해 킹은 풍자 체계를 더욱 정교히 다듬었고, 그 체계를 통해 어떤 색인은 저자의 말이 저자 자신을 공격하도록 뒤틀어 사용하기도 했고 또 재간 있는 어떤 색인 작성자는 어쩌면 별 특별한 뜻 없이 쓰인 텍

스트를 그 터무니없음과 모순에 주목하게 만들기도 했다. 그것은 다른 이들이 곧 모방하게 될 기법이 되었다. 이제 두 번째 대전을 관전할 때가 되었다.

윌리엄 브롬리(William Bromley) 대 조지프 애디슨(Joseph Addison): 토리당, 휘그당 그리고 여행기

풍자 색인 대전에서 다음 대결을 위한 방아쇠는 1705년 10월 하원의장 선출을 위한 선거전에서 당겨졌다. 현직 하원의장은 로버트 할리(Robert Harley)였고 도전자들은 토리당의 윌리엄 브롬리와 또 다른 크라이스트처치 출신의 인물이었다.

1691년 브롬리가 이십 대 후반이었을 때 그는 당대 많은 귀족 자제들이 했던 유럽 대륙 순회 여행인 그랜드투어를 떠났고 프랑스와 이탈리아를 방문했다. 돌아오는 길에 역시 많은 귀족 자제들이 그랬던 것처럼 그도 자신의 여행기를 출판했다. 조금 조심스레 쓴 서문에서 젊은 브롬리는 이런 여행기 출판이 좀 진부해졌다는 사실을 인정했다. 어쨌거나 브롬리는 책을 냈지만 저자를 익명으로 처리해서 뻔한 여행기로 명성을 얻으려 한다는 비난을 피하려는 신중함을 보였다. 책 속 표지에는 겸손하게도 저자를 그저 '자질이 뛰어난 사람'이라고만 밝혔다.

도판 24a, 24b: (a) 윌리엄 브롬리(1663~1732); (b) 조지프 애디슨(1672~1719).

    그렇지만 대략 13년이 지난 후 이 정도 익명 처리로는 브롬리의 정적들의 관심에서 그의 여행기 『소감(Remarks)』을 감추기에는 부족했다. 선거 3일 전인 10월 22일—뜬소문이 퍼지기에도 넉넉하고 그것이 식상해지지 않기에도 적절한 시간이었으니 타이밍도 절묘했다—브롬리 여행기의 두 번째 판이 등장했다. 첫 출판이 된 지 10년도 더 지났는데 그의 『소감』이 그의 동의도 없이 다시 출판된 것이다. 1692년 판과 지금 판 사이에 유일한 변화는 별 뜻 없이 써 놓은 듯한 다음과 같은 속표지에 있었다. "제2판. 중요한 내용들에 대한 색인 추가."

    『회보 비판』에서 보였던 킹의 사례를 모범으로 삼아서 『그랜드투어 소감(Remarks in the Grand Tour)』의 제2판은 브롬리의 글을 조금도 손대지 않고 그대로 두었다. 하지만 첨부된 색인은 브롬리를 나쁘게 비출 수 있는 쪽에 초점을 맞추었다. 예컨대 브롬리가 현학적인 체하거나 당황해하는 것으로 보이는 상황일 때 색인은 그것을 콕 짚었다. "**채텀**, 위치가 어떻게 되나, 보통은 로체스터 다리의 이쪽이라 하지만 사실인즉슨 맞은편이다, p. 1." 그가 뻔한 것을 새삼스럽게 이야기할 때, 색인은 그걸 놓칠세라 독자에게 다음과 같이 꼭 집어서 보여 줬다. "**나폴리** 왕국의 수도 **나폴리**, p. 195." 가톨릭교도처럼 구는 순간이라면 색인 작성자의 질책 어린 눈을 피할 가능성이 거의 없었다. "저자는 비록 프로테스탄트라고 알려져 있지만 교황의 슬리퍼에 키스를 했고 그의 축복을 받았다 (…) p. 149."[가톨릭에서는 축복을 구하는 뜻으로 성인의 유물, 교황의 슬리퍼, 주교의 고리 등에 입맞춤하는 관행이 있음-옮긴이] 그러나 색인이 가장 신나게 쏘아붙일 때는 바로 브롬리가 시시하거나 맹한 소리를 할 때였다. 예컨대 그가 가르다 호수의 물고기에 관해 깊은 생각에 빠졌다고 할 때를 꼭 집어 내서는 자못 진지하게 그의 사색을 이렇게 요약해 제시한다. "**카르피오니**(Carpioni) 가르다 호수의 물고기, 모양과 이름의 유사함으로 볼 때 그것이 우리의 잉어(Carps)와 같은 것이 아닌가 하는 문제를 놓고서 저자는 많은 의문을 던졌다, p. 50."

브롬리가 선거에서 패배했을 때 그는 빈정대는 색인 때문에 웃음거리가 된 것이 최대의 패인이라는 생각으로 격분했다.

자기 책의 면지[책의 앞뒤 표지 뒷면에 붙어 있는 종이–옮긴이]에다 그는 선거전 경쟁자에게 다음과 같은 신랄한 분노를 갈겨 썼다.

> 이번에 나온 여행 판본은 휘그당의 선량한 본성과 선량한 매너의 표본이라 할 만하오. 그리고 내겐 영국 국교회 신사들이 하원 차기 의장으로 뽑고자 했던 나를 까발리기 위해서 내각 각료 중 한 사람(이런 식의 비방에 매우 능수능란한)이 '**중요한 내용들에 대한 색인 운운**'을 출판했다고 믿을 만한 이유가 있소. (…) 이것은 매우 사악한 짓이오. 여러 곳에서 나의 말과 뜻은 명백히 왜곡되었소. 혹시라도 부적절한 부분과 하찮고 뻔한 의견 표명이 있었다고 하더라도 그 글을 쓸 때 내가 매우 어렸다는 사실은 감안해야 했을 것이오.[20]

내각 내부에서 음모가 있었을 것이라는 브롬리의 의심은 사실이었다. 색인을 배열하여 재판을 찍은 사람은 다름 아닌, 하원의장에서 물러날 예정이었던 로버트 할리였다. 그는 불쾌한 색인으로 도배질한 책을 자기 집에 쌓아 두고 방문객 모두에게 흔쾌히 건넸다.[21]

브롬리가 면지에 썼던 분노가 보여 주듯이 그의 『소감』에 대한 공격은 토리당에 타격을 주었고 정적의 출판물을 풍자적으로 저격하는 새로운 공격법의 전범이 되었다. 당시 명망 높았던 휘그당 조지프 애디슨의 여행기는 하원의장 선거 겨우 몇 주 뒤에 출판될 예정이었다. 극악무도하게 맞춰진 타이밍이었다. 애디슨은 작가 겸 정치인으로 정치권에 부상했고 1705년에는 정무차관으로 재직 중이었다. 그래서 그해 11월 애디슨의 『이탈리아의 여러 곳에 대한 소감(Remarks on Several Parts of Italy)』이 출판되었을 때, 그것은 브롬리가 당했던 것과 동일한 방식으로 책의 결함을 강조하는 색인으로 보복하고 싶은, 놓치기 싫은 기회를 토리당 비방꾼들에게 제공했다. 그래서 애디슨의 책과 함께 출간된 지극히 정상적인 색인에 덧붙여서 하나도 아닌 두 가지의 풍자 색인이 제목은 거의 동일하지만 서로 다른 출판물의 꼴을 하고서 나왔다. 다음 해에는 두 색인을 결합한 호화 장정판까지 추가되었다.

첫 번째 색인은 단순히 애디슨의 말 그 자체만으로 그를 깎아내리기보다는 각 항목에 이탤릭체로 빈정거리는 언급을 추가하여, 다음과 같은 이유를 대며 애디슨을 닦아세웠다. 동어반복을 일삼는다는 이유로('카시 주변 미개간지에는 심지도 않은 식물들이 자연스럽게 자라난다.(**어딘들 안 그러리오?**) 1쪽'), 문법이 틀렸다고("'같은(same)'이란 단어가 선행사도 없이 관계형용사로 사용되었다. **그를 다시 학교에 보냅시다.** 20, 21쪽'), 가톨릭에 호의적이라고('교황들은 대체로 학식과 덕을 갖춘 사람들이다. **가톨릭에 대한 태도에 주목하시오.** 180쪽') 혹은 그냥 단순히 진부하다는 이유로('본인은 여태껏 이탈리아에서 주목할 가치가 있는 정원을 본 적이 없다. **그게 무슨 대수리오.** 59쪽').[22]

두 번째 색인은 킹의 『회보 비판』의 모범을 충실히 따르며, 색인만으로 간결하게 모든 풍자를 담아냈다. 실례를 보면 다음과 같다. "끌이라는 표현 속에 색깔이 들어 있지는 않다. 330쪽" 그리고 "물은 우연히 화재가 발생했을 때 큰 소용이 있다. 443쪽."[23] 색인 작성자는 심지어 브롬니가 잉어에 보인 관심을 조롱한 것에 대한 반격으로 애디슨에게도 비슷한 수준으로 따분하다는 혐의를 다음과 같이 덮어씌웠다. "몽세니 호수는 송어로 가득하다, 445쪽." 첫 번째 색인과는 달리 이 색인의 저자는 서문도 실었는데, 무엇보다도 첫 번째 색인의 풍자가 애디슨을 조롱하는 문제에서 자신을 압도했다는 사실을 인정했다. 그러고는 이 사실을 이용해서 애디슨의 책이 멋지고 박식함을 보여 주는 건 틀림없다면서 다음과 같이 조롱을 보냈다. "나는 그렇게 방대하고 마르지 않는 샘물 같은 지식의 보고에서 많은 사람이 힘을 합쳐 인용구를 찾아내어 색인 작업을 한 것이 전혀 놀랍지 않다." 하지만 그런 식으로 진행되던 서문은 기어코 휘그당의 옛 적수에게까지 원한의 한 방을 날린다.

나는 이 색인이 한두 가지 문제를 제외하고는 첫 번째 색인에 실례를 하지 않은 것이 기쁘다. 그리고 나의 노고가 학계에 이익이 되고 보탬이 되어서 기쁘다. 그것은 몇몇 **네덜란드** 사전들과 용어 사전들에 비할 바는 아니다. 그러나 이것이 가장 박학하고 명성 높고 **교양 있는** 벤틀리 박사의 서재에서 자리를 찾을 것(이것이 색인이기 때문에)이라는 희망을 버리지는 않는다. 이것은 그의 다음 논쟁에서 그에게 비상한 쓸모가 있을 것이다. 왜냐하면 거기에는 팔라리스의 서신에 대해서는 한 단어도 없기 때문이다. 그럼에도 불구하고 벤틀리가 그의 예의 바르고 세련된 「논문」에서 인용했던 수많은 책만큼이나 이 색인이 그 논쟁에도, 어떤 다른 논쟁에도 그에게 쓸모가 있을 것이다.

벤틀리와의 옛 원한을 재점화하면서 색인의 통달자라고 그를 한 번 더 비난했을 뿐만 아니라 그의 논문이 부적절한 인용으로 가득했음을 암시하고 있다. 이것은 온통 윌리엄 킹의 방식으로 도배질한 색인이었던 것이다.

막간: 존 게이의 시에 달린 색인

윌리엄 킹은 1712년 크리스마스 날에 50회 생일을 맞지 못하고 죽었다. 동년배들은 그의 재능이 아깝다고 안타까워했다—탁월한 시인이나 엄정한 법관이 되었을 천재인데 "우스꽝스러운 색인 놀음에 빠져 자신의 진짜 직무를 소홀히 해서 가난에 시달렸고 멸시받다가 죽었다".[24] 그는 크라이스트처치 시절 8년 동안 책 2만 2000권을 읽은 것으로 유명했다(나중에 존슨 박사가 몇 가지 재빠른 계산을 통해 터무니없는 과

장임을 입증했다).²⁵ 그러나 말년에 알코올중독자가 되어 파산했다. 조너선 스위프트가 그에게 '근면하고 멀쩡한 정신으로' 일할 것을 조건으로 가까스로 잡지 편집자 자리를 구해 주었지만 킹은 두 달을 넘기지 못했다.

하지만 사악한 색인 작성자로서 그가 일으킨 혁신은, 비록 우스꽝스럽기는 했으나, 그의 수명보다 오래 살아남았다. 킹이 죽기 1년 전에 시인이자 극작가인 존 게이(John Gay)는 『지혜의 현재 모습(The Present State of Wit)』[1711년 시점에서 지난 4년간 카페에서 사람들이 돌려 보던 정기간행물을 토대로 당대 지적 상황을 그려 본 저술-옮긴이]이라는 책에서 킹을 언급했다. 게이는 킹의 삶이 진창에서 버둥거리는 꼴이라고 말했다. 유머에 대한 그의 재능은 대단했지만 편협했기 때문에 '사람들이 그의 글에 곧 싫증을 내게 되었다'고도 했다.²⁶ 그럼에도 불구하고 게이조차도 킹의 방법을 분명 얼마간 차용했다. 그의 장시를 담은 시집 『목자의 한 주(The Shepherd's Week)』(1714)에는 별난 색인―'시인이 시에서 언급했던 인명, 식물, 꽃, 새, 짐승, 곤충 그리고 다른 사물들의 알파벳순 카탈로그'―이 첨부되어 있다. 그것은 다음과 같이 사람과 사물을 뒤섞어 놓아 얼마간 흥미로운 눈길을 끌기는 했다. "오색방울새, 6, 21쪽; 생강, 49쪽; 거위 6, 25, 45쪽; 크로이던 출신의 질리언 42쪽."²⁷ 그러나 게이가 킹에게서 색인의 방법론을 배웠음을 확실히 보여 준 것은 게이의 두 번째 시집 『교차로, 혹은 런던 거리를 걸어 다니는 기술(Trivia, or the Art of Walking the Streets of

London)』(1716)의 색인이었다.

『교차로』는 2행 연구 형식으로 도시적 희극을 그린 화려한 작품이다. 브롬리나 애디슨의 그랜드투어처럼 여행기로서도 나름 손색이 없다. 하지만 시가 다루는 영역은 18세기 런던이고 그 도시를 방문한 사람들이 만나게 될 것에 관한 안내서로도 족할 정도다. 게다가 시집의 색인은 킹의 『회보 비판』 방식을 많이 닮아서, 색인 항목 속 장면에 놀랄 만한 반전의 묘미를 주어 유머를 제공한다. 예를 들어 축구에 관한 구절을 보자. 그것은 우리에게 축구가 멋진 게임이라기보다는 제정신인 사람이라면 피하고 싶은 거칠고 더러운 것이라는 인상을 준다(이 장면 여백에 인쇄된 주석은 간단히 '위험한 축구')라고 적혀 있다.

코번트가든에는 유명한 사원[세인트폴 교회당-옮긴이]이 서 있네,
이니고 존스(Inigo Jones)[코번트가든과 세인트폴 교회당을 지은 건축
　　가-옮긴이]의 불멸의 손길을 뽐내면서,
오로지 장엄하다는 말밖에 나오지 않는 기둥들이 보이고,
우아한 포치는 광장으로 뻗어 있네:
이쯤에서 나는 행로를 바꾼다네, 왜냐면 그때쯤이면 보라! 멀
　　리서
힐끗 보았네 맹렬한 축구 전쟁을:
견습공은 작업장을 닫고 패거리에 합류하네,
점점 늘어나는 군중들이 게임을 하느라 허둥지둥 쫓아다니네.

그러다가, 눈 덮인 운동장 위로 공을 굴리자,

공은 구를수록 점점 더 빨라지네;

하지만 나는 어느 쪽으로 피해야 하나? 패거리들은 점점 다가

　오는데,

공은 거리를 스치듯 지나더니 높이 솟아오르네;

솜씨 좋은 유리쟁이가 강력하게 되받아 찼네,

처마 위 창문들 와장창 깨지는 소리.[28]

　이 축구 장면은 눈 덮인 코번트가든 거리에서 작업장을 뛰쳐나와 공을 차며 내달리는 젊은 견습공들을 보여 준다. 그들 중 한 명—유리쟁이—이 공을 너무 높이 차서 길가 어느 집 위층 내리닫이 창들을 박살 내고야 만다. 그렇다면 색인은 어떤 식으로 이런 장면을 드러내고 있을까? 문맥과 거의 상관없어 보이는데도 시치미를 떼고 이렇게 항목을 달았다. "유리쟁이, 그의 축구 솜씨, p. 36." 이상할 정도로 세부적인 것에 초점을 두었다. 왜 차라리 **견습공**이라고 하지 않았을까? 그리고 그는 유리창을 깬 범인인데 왜 그에게 **솜씨 좋은**이라는 수식어를 붙였을까? 앞에서 봤던 여행기의 풍자 색인들처럼 이것 또한 냉소적 색인의 냄새가 난다. 그러나 나는 그렇게 생각하지 않는다. 그것과는 완전히 다른 좀 더 미묘한 것이 감지되기 때문이다. 여기서 핵심은 냉소에 있는 것이 아니라 암시에 있다. 결국 누가 유리창을 깼는가? 유리쟁이다. 얼마나 공교로운가? 혹시 그가 일거리를 얻기 위해서 일부러 깬 것

은 아닐까? 일부러 깨뜨리자면 그는 솜씨가 좋아야 했을 것이고…… 그것이 바로 색인이 우리에게 말하려는 것이다. 시 본문을 읽었을 때는 우연한 사고로 보였지만, 색인을 통해 범인이 축구 **솜씨가 좋은** 사람임을 알게 된 순간 뭔가 의도가 있었던 것이 된다. 창문을 박살 낸 것은 범인인 견습공과 그의 고용주에게 확실한 일거리를 만드는 방식이었다. 색인은 숨겨진 정보를 담고 있다. 그것은 시에 담긴 어떤 풍자를 이해하기 위한 열쇠가 되기도 한다.

동시에 이 『교차로』 색인에는 원문과는 무관하게 색인의 고유한 특성으로 생긴 다른 종류의 희극적 요소가 작동 중이다. 그리고 그것은 킹의 혁신도 뛰어넘는 것이었다. 나란히 병기하는 것에는 유머가 있다. 그런 배열로 인해 색인은 자체적으로 작은 서사를 창조한다. 당시 많은 색인처럼 알파벳순은 표제어 첫 번째 철자에만 적용되었다. 그 뒤 항목들은 시의 순서를 따라 차례가 정해졌다. 이는 색인 작성 시 어떤 항목끼리 서로 나란하도록 조율할 것인지에 대해 게이에게 얼마간 재량권이 있었다는 말이다. 그래서 우리는 C 항목들에서 이런 조합을 보게 된다.

크리스마스, 최대의 자선 시즌, 위와 같음.
마차를 탄 자들은 자선에 인색하다, p. 42
자선은 대부분 길 가는 행인들이 한다, 위와 같음.
— 신중하게 조금만 하는 경우, 위와 같음.

이야기는 마차 이용자들의 무정함으로 시작해 사고를 당한 마차에 대한 급소를 찌르는 두 줄짜리 대구성 농담과 주로 마차를 이용하는 인간들이 어떤 족속들인지를 밝히며 끝난다. 다음과 같이 섹션 B 대부분을 이루는 직종에 따른 인격적 유형에 대한 목록은 색인을 편찬하는 데에 어떤 식으로든 의도가 개입하게 된다는 증거를 보여 준다.

이 색인 항목들의 구조에는 어떤 일관성이 있다. 일종의 시적 분위기가 진행되고 있는 것이다. 일련의 직종들과 각각에 대한 유머러스한 묘사. 그것들은 원문에서는 서로 나란하지 않지만 여기서는 함께 모여 있다.

　게이의 색인은 순전히 재미를 위한 독립적인 항목들을 위한 여지도 남겨 놓았다. "치즈는 본 작가는 좋아하지 않는다네" "당나귀들(고집쟁이들), 그들의 오만함" 혹은 "코, 그걸 어디에 쓸까". 비록 이 색인이 다양한 도시의 판에 박힌 세태에 부드럽게 야유를 보내지만—교활한 유리쟁이들, 난폭하게 마차를 모는 마부 그리고 피해야 할 푸주한들—전체적으로 이전 색인들이 보인 전형적 작태, 즉 사악하고 냉혹한 분위기는 많이 가셨다. 하지만 우리의 세 번째이자 마지막 대전에서는 그렇지 않다. 가장 혹독한 싸움이 벌어진다.

로런스 에처드(Laurence Echard) 대 존 올드믹슨(John Oldmixon): 그릇된 신념으로 만든 색인

지금까지 이 챕터에 등장했던 색인은 사실상 문학적 행위였다. 색인을 문학의 형식으로 취하면서 덕분에 한번 웃어 보자는 생각이 있었다. 그러므로 색인을 만든 사람들과 그들이 풍자하고자 하는 사람들에 대해 이야깃거리가 많았다. 이들은 문단이나 정계에서 혹은 귀족 가문에서 유명한 인물들—요즘 말로 셀럽—이었다. 초상화를 남길 정도의 지위여서 인물들 모습을 확인할 수 있기도 하다. 이 마지막 대전의 인물들은 다소 다르다. 여전히 토리당과 휘그당의 살벌한 파당적 대결이 한창이던 18세기 초였지만 이번에는 **진짜** 색인, 한 전문 색인 작성자—귀족도 유명 작가도 아니고 그냥 돈에 쪼들려 열심히 일하는 출판업계 종사자—에 의해서 만들어진 색인이 문제가 되었다.

그의 이름은 존 올드믹슨(John Oldmixon)이었다. 남긴 초상화가 없기 때문에 그가 어떻게 생겼는지는 알 도리가 없고 알렉산더 포프가 글로 남긴 신랄한 묘사로 짐작해야 한다. 그는 올드믹슨을 플리트 디치(Fleet Ditch)의 하수구에 '벌거벗은 장엄'의 상태로 뛰어들었던 인간이라고 밝혔다[벌거벗은 장엄(naked majesty)은 아담과 이브가 금단의 열매를 먹고서 느낀 '벌거벗은 수치(naked shame)'를 알기 전의 상태를 일컬음. 여기서는 그냥 '발가벗고서'를 희화화한 표현-옮긴이].²⁹ 휘그당의 대의에 헌신적인 선전꾼 노릇을 했던 그를 포프는 '돈에 팔려 당파적 매문을 일삼는 유독한 자'라고 묘사했다. 돈에 팔린 자이며 동시에 극렬주의자라는 비아냥인데 어떻게 그것이 가능한지는 알 방도가 없다. 그럼에도 불구하고 올드믹슨의 글을 출판하는 업자들은 그가 자기 이름으로 쓰는 글보다는 색인 편찬자로서 내놓는 결과물이 덜 과격하다고 생각했다. 그래서 이런 일이 벌어졌다. 1717년이 끝나갈 무렵 출판업자 제이컵 톤슨(Jacob Tonson) 2세가 올드믹슨을 고용해 열렬한 토리당 지지자가 쓴 저작의 색인 작업을 맡겼다. 그의 이름은 로런스 에처드였고 책은 세 권짜리 『영국사(History of England)』였다.

LAURENCE ECHARD A.M.
Arch-Deacon of STOWE.

도판 25: 로런스 에처드(약 1670~1730).

데번에 살면서 돈에 쪼들리고 쇠약한 필부에 불과했던 올드믹슨과는 달리 에처드는 인망이 두터운 기득권자였다. 그는 스토 지역 부주교였고 (한 번 더) 올드믹슨과는 달리 그의 생김새를 알 수 있는 초상화도 마련할 수 있는 사람이었다. 그뿐 아니다. 그가 남긴 서신을 통해서 에처드가 허영심을 앞세워 바로 그 초상화에 몇 군데 수정을 요구했다는 사실도 확인할 수 있다. 그 이미지는 1720년에 재발행된 『영국사』의 속표지에 넣기 위해서 만든 것이다. 다음은 그가 출판업자에게 이와 관련해 보낸 편지의 일부이다.

> 동봉한 초상화는 얼굴과 가발 부분이 매우 잘 처리되었습니다. 몇몇 사람들이 이마 제일 윗부분과 중간 부분을 가발로 조금 더 가렸으면 좋겠다는 의견을 표명했지만 나는 그들 말에 동의하지 않습니다. 단지 여전히 손 부분과 가발 아래쪽 부분을 좀 더 **다듬었으면** 하는 생각은 있습니다.[30]

점잔 빼며 명령하는 최고의 기술을 발휘한 요구이다. 초상화의 가발부터 손까지 내려가면서 유쾌한 만족감을 억누르며 최초의 비판적 기미를 내비치고는—"몇몇 사람들이 (…) 의견을 표명했지만"—결국 핵심은 이렇게 끝을 맺고자 한 것이었다. 초상화를 수정하시오. 하하, 아니, 그러나 **실은**. 이것은 어떤 식으로든 자신의 방식을 관철하는 자의 어조다('하하'는 만족감을, '아니'는 '만족감을 억누름'을, '그러나'는 '비판'을, '실은'은 '초상화

수정 요구'를 말함-옮긴이].

반면 올드믹슨은 그런 점잔 빼기와는 거리가 멀었다. 그
는 사실 두 가지 처세술밖에 익히지 못한 사람이었다. 사정
하며 징징대기와 발톱을 세우고 으르렁대기였다. 그의 서
신을 보면 이 둘 사이를 변덕스럽게 오간 것을 확인할 수 있
다. 다음 서신에서 그는 자신이 다른 출판업자의 색인 작업
의뢰―화이트 케넷(White Kennett)의 『영국 전사(Compleat
History)』―로 받았던 금액을 내세워 에처드의 『영국사』 색
인 작업으로 받고 싶은 금액을 흥정하고 있다.

이 책[『영국사』 제1권-옮긴이]은 매우 방대합니다, 그리고 내가 만
일 그에 대해서 12기니를 요구한다면 부족한 대가가 될 것입
니다. (…) 나는 케넷의 책 세 권을 해 주고 니콜슨에게 35파
운드를 받았습니다. 이 책은 확신하건대 양이 더 많습니다. 그
리고 나는 그 책(『영국사』 제1권) 작업을 하느라 꼬박 3주를
일해야 했습니다. **한 권당 10파운드 이하라면 나는 책을 맡지
않을 것 같습니다.** (…) 간청하건대 내가 쓴 책과 에처드의 세
번째 책 모두 색인 작업을 할 수 있게 해 주세요. (…) 당신은
그것[『영국사』 제2권 색인-옮긴이]을 다음 주까지 잘 마무리된 형
태로 받게 될 것입니다. 지금 보낸 것(『영국사』 제1권 색인)은
나로서는 엄청난 노고가 들었으니 12파운드를 받아야 마땅할
것입니다. 그래 봤자 그 인색한 니콜슨 같은 작자에게 케넷의
책을 해 주고 받은 대가의 삼분의 일에 불과하지요.[31]

그것은 거친 흥정 실랑이다. 읽고 있으면 마치 자동차 판매원의 일방적인 전화 소리를 듣는 것 같다. 그러나 물론 이것은 편지여서 누구도 올드믹슨이 12기니를 요구하는 것으로부터 10파운드로 그리고 12파운드로 작업 비용을 계속 바꾸면서 '인색한' 니콜슨에게는 한방 먹이는 일격을 가하는 데까지 나아가도 아무도 그만하라고 저지할 수 없다. 올드믹슨을 유연한 협상가라고 보기는 힘들다. 그러나 올드믹슨이 나름 꿍꿍이를 숨겨 놓았다는 사실이 나중에 드러난다.

에처드의 『영국사』가 첫 출간된 지 족히 십 년은 지난 1729년에 익명의 팸플릿이 하나 출현했다. 이것에는 『영국사』 색인에 대해 분노 섞인 폭로가 담겨 있었다. 그 팸플릿은 「색인 작가(The Index-Writer)」라 불렸고 표지에서부터 그 위대한 부주교를 깎아내리려는 '편견'과 '음험한 속셈'을 품었던 '휘그당의 역사가(WHIG HISTORIAN-분노에 찬 대문자로)'에게 호된 질책을 날렸다. 두 번째 페이지에서는 올드믹슨이 어떤 짓을 저질렀는지 좀 더 구체적으로 들어간다. 그리고 18세기 초반에 출판업계의 먹이사슬 구조 속에서 전문 색인 작성자들을 얼마나 하찮게 여겼는지에 대한 풍조도 드러난다.

에처드 부주교가 『영국사』 제3권을 완성했을 당시 색인 편찬이라는 고된 일을, 책을 알파벳순으로 요약하는 그렇게 비천한 작업을 할 만하다고 여겨지는 사람에게 맡겼다는 사실을 독자에게 알리는 것이 부당한 선입견을 전하는 일은 아닐 것이다. 고용된 색인 작성자가 조금의 수치심도 없이 공공연히 기만적으로 또 편파적으로 원작자의 의도를 왜곡할 수 있을 것이라고는 누구도 의심하지 않을 것이다. 그러나 이 사람은 진실 전달에는 관심이 없고 자신이 속한 당파를 도우려는 편향이 너무나 강력했기 때문에 색인을 왜곡했다. 독자들은 『영국사』의 취지와는 다르게 본문에서는 이렇게 말하는데 색인에서는 저렇게 말하는 것을 너무나 많은 곳에서 확인하고서 놀라지 않을 수 없을 것이다. 그런 부당한 관행을 파헤치려는 것이 이 팸플릿의 목적이다.[32]

이것을 읽어 보면 올드믹슨에게 얼마간의 동정을 느끼지 않기가 어렵다. '그렇게 비천한 작업을 할 만하다고 여겨지는' 같은 뻔뻔한 표현은 우리를 발끈하게 만든다. 적어도 현대 독자들에게 이런 표현은 자책골에 가깝다. 천한 취급을 받던 색인 작성자가 자신의 윗사람을 욕보이는 수단을 찾아낸 것에 대해 '그것 쌤통이네'라는 생각이 조금 들 정도다. 벌레도 밟히면 꿈틀거리지. 그가 무슨 짓을 했든 우리는 허영심 덩어리에다 점잖은 체 말만 매끈한 부주교나 그의 지지자들보다는 기댈 곳 없이 어려운 형편에 빠진 불쌍한 가난뱅이 올드믹슨의 편을 들고 싶다.

그런데 이유야 어떻든 올드믹슨이 어떤 식으로 저자를 욕보였다는 말인가? 사실 그의 방식은 윌리엄 킹의 『회보 비판』과 그리 다르지 않았다. 그는 색인 항목―그것의 간결함과 민첩함—을 이용해서 원문을 비꼬아 반박하는 무기로 삼았다. 가령 에처드가 라이하우스 사건(Rye House Plot, 국왕 찰스 2세 암살 모의 사건)에 연루되었던 리처드 넬소프(Richard Nelthorp)의 이야기를 전하는 장면을 예로 들어 보겠다.

> [넬소프와 그의 공범들은] 뉴게이트[런던 서문에 있던 유명한 감옥-옮긴이]로부터 왕실 재판소 법정으로 옮겨졌다. 거기서 그들은 이런 심문을 받았다. "너희들이 적절한 재판을 받을 권리를 박탈당하는 사권(私權) 박탈 죄에 해당하는, 찰스 2세 암살 공모라는 대역죄를 졌음에도 불구하고 극형에 처해지지 말아야 할 이유라도 있는가?" 이 질문에 대해 그들이 자신들을 구제해 줄 어떤 말도 하지 못했기 때문에 법정은 오는 금요일에 모두 극형에 처하라는 판결을 내렸고 그에 따라 교수형이 집행되었다.[33]

에처드가 밝히려는 것은 넬소프가 대역죄로 유죄를 받았으며 그에 따라 교수형에 처해졌다는 것이다. 하지만 올드믹스의 색인은 이렇게 되어 있다. "넬소프, 리처드, 제임스 2세 재위 기간에 재판 없이 교수형당한 변호사." 강조하는 부분이 달라지니 효과가 이보다 더 강력할 수 없을 정도다. 올드믹슨으로서는 이 사람들이 정당한 재판을 받지 못한 것이 분했던 것이다. 그들은 단지 '가혹한 형을 경감받기 위해 할 말은 없는가'라는 질문을 받았을 뿐이고 그들은 아무 말도 하지 않았다. 하지만 이 정도를 적절한 절차라 볼 수는 없는 일이다. 팸플릿을 쓴 사람은 이 점에 격분한 것이다. "나는 여기서 '색인 작가'의 말 자체가 가진 오류를 비판하려는 것이 아니다. 문제는 그런 지적이 그들이 재판 없이 참수형에 처해진 진짜 이유를 은폐하고 있기 때문이다. 진실은 그들이 사권 박탈 죄에 해당되는 대역죄를 저질렀기 때문에 재판을 받을 모든 권리와 자격을 잃었다는 것이다."[34]

올드믹슨의 교활함을 보여 주는 또 다른 사례는 제임스 2세와 여왕 사이에서 1685년에 태어난 아이의 탄생과 관련된 것이다. 연이은 유산을 겪었기 때문에 제임스 2세는 왕통을 이을 남자아이를 얻을 수 없어 보였다. 제임스 2세와 여왕이 가톨릭교도였기 때문에 많은 영국인에게 이 사실은 달가운 일이었다. 직계 후계자가 없다면 제임스 2세의 조카가 1순위 후계자가 되는데 그는 프로테스탄트였기 때문이다. 그래서 휘그당원 사이에서 사실과는 너무 동떨어진 멋대로 만든 음모론이 머리를 들었다. 아이가 실은 메리 여왕이 주워 온 자식이라 후계자 자격이 없다는 주장이었다. 그 아이는, 그들 주장에 의하면, 침상 보온 용기(warming pan)—근대 초기에 쓰이던 뜨거운 물병의 일종—속에 넣어서 몰래 여왕의 침실로 전해진 다른 아이라는 것이다. 그런 식으로 남의 아이를 자신들의 아이처럼 키워서 왕과 여왕이 가톨릭 왕조를 이어 가려 한다는 모함이었다.

에처드는 그 루머를 이런 식으로 전했다. "침상 보온 용기에 대해서, 이런 답변이 있었다. (…) 침상 보온 용기가 좁아서 갓 낳은 아이를 그 속에 넣었다가는 질식사하기 십상이라 그런 방법은 불가능하다고 한다."[35] 그런데 색인은 이 구절에 대해서 어떻게 써 놓았는가 보라. "침상 보온 용기, 제임스 2세의 왕후에게는 매우 요긴했다." 올드믹슨은 에처드의 서술과는 절대적으로 정반대 방향으로 사실을 몰고 가고 있을 뿐만 아니라 냉소적인 윙크까지 던지고 있다. 에처드의 독자들은 분노로 졸도할 지경에 이르렀다. 팸플릿의 필자도 마찬가지였다.

> 이 자는 지엄한 여왕에게도 조소를 보내고, 동시에 책의 저자도 조롱하고 있다. 이 독기를 내뿜는 색인 작성자가 폐하에게 취할 예의는 차리지 못했더라도 피고용자로서 그에게 보수를 지불한 사람에게는 다소 존중을 비쳤으면 좋았을 것이라 생각하는 사람도 있을 것이다. 침상 보온 용기는 대개 약 7인치에서 7인치 반인 데 비해 신생아는 16인치라는 사실을 고려해 봤을 때 에처드의 주장은 (…) 터무니없는 것과는 거리가 멀었기 때문이다.[36]

이것은 전문성을 살린 비난과 사적인 앙심을 품고 던진 비난이 격정적으로 뒤섞인 것이었다. 올드믹슨은 자신이 색인 작업을 맡은 책을 왜곡했고 '피고용자'라는 그의 지위를 제멋대로 남용하며 무엄하게도 왕권을 모독했다. 이 모든 분노의 배설에도 불구하고 이런 세세한 분석 장면—침상 보온 용기와 아기의 평균 크기를 각각 비교했음을 생각해 보라—은 의도하지는 않았지만 웃음을 자아내기도 한다. 분노로 이글대다가 느닷없이 상처를 핥으며 쩨쩨한 것을 지적하는 어조로 바뀌는 순간이다. 앞에서 에처드가 초상화에서 자기 이마가 너무 크다며 점잖게 수정을 명하는 장면이 있었는데, 여기서는 에처드의 지지자들이 색인을 보고 그런 점잖을 내던져 버렸다.

말년이 되어 올드믹슨은 『출판 종사자의 회고록(Memoirs of the Press)』이라는 충격적이며 우울한 책을 썼다. 출판업계에서의 분투를 기록한 것이며 당대 정치적 당파 싸움에서 일선 싸움꾼으로서 남긴 기록이었다. 에처드 사건을 돌이켜 보면서 그는 조금도 후회하지 않았다. 그는 이렇게 말하며 이유를 대신했다. 그 역사책이 지나치게 당파적이었으며 '뻔뻔한 주장과 거짓 주장'투성이였기 때문에 나로 하여금 '휘그당의 대의와 자유 그리고 프로테스탄트에 동조하며 품어 왔던 내 가슴속의 열정을 불타오르게' 했다.[37] 올드믹슨의 행태에는 뭔가 후련한 것이 있다. 윌리엄 킹처럼 재능이 있는 것도 아니고 허세를 떠는 것도 없이 그저 이용만 당하는 색인 작성자에 불과하지만, 마치 존 르 카레(John le Carré)의 소설에 등장하는 침울한 스파이인 양 음지에서 개고생을 하면서 은밀히 그의 정적이 펴낸 책의 취지를 결정적으로 전복한 사람. 매콜리가 『영국사』를 쓴 뒤 "빌어먹을 토리당 녀석이라면 누구에게도 내 『영국사』의 색인 작업을 맡기지 마시오!"라고 호통치듯 말했을 때 그가 염두에 둔 사람은 분명 올드믹슨이었을 것이다. 그러므로 맥밀런이 색인업자 협회에 보낸 편지를 상기시키는 사람 또한 올드믹슨이다. 올드믹슨은 휘그당 역사가와 토리당 수상을 통해 우리에게 전해지지만, 이런 정치적 성향이란 시간이 지나면 빛이 바랜다. 토리당의 고위 각료이자 크라이스트처치 고위 성직자의 발명품이었다가 이제는 무기로 변한 색인은 아무 당파의 누구라도 쓸 수 있는 공공재가 되었다.

우리는 18세기 초반 몇 년을 겨우 지나왔다. 이제 색인은 경멸의 대상이자 그런 경멸을 표현하는 도구가 되었다. 그런 식으로 색인을 둘러싸고 생겨난 어떤 긴장이 궁극적으로는 그것에 우호적인 쪽으로 풀리는 역설이 일어났다. 포프의 경멸적인 2행 연구—"색인을 통한 배움은 어떤 학생들도 창백하게 만들지 않는다네 / 하지만 뱀장어 같은 학문을 꼬리만 잡으려는 노릇이라네"—로 되돌아가 보면 그 의미는 명백하다. 뱀장어는 미끌미끌해서 잡기 어렵다. 꼬리만 잡으려 시도하는 것은 누구에게도 권할 일이 아니다. 차라리 그것은 깊이 없는 학문에 경고를 던지는 말이다. 또 다른 포프의 유명한 구절 "얄팍한 배움은 위험한 것이다"를 달리 말한 것이다. 그러나 1751년이 되면 어떤 기하학 교재는 색인을 통해 배우는 것이 **유용함**을 열광적으로 지지하는 서문으로 시작한다. 역설적이게도 조금의 부끄러움도 없이 그 서문은 포프의 구절을 다시 언급했는데 조소를 보내기 위해서가 아니라 인정하기 위해서였다.

> 작금의 시대는 에세이와 색인을 통해 배우는 것이 단연 인기를 끈다. 그것은 체계적인 연구 없이도 또 그 근본적인 원리를 파고들지 않고도 많은 학문 분야에서 적당한 수준의 능력을 습득하기 위한 간결하고도 편리한 방법이다. 색인의 그런 특징을 불후의 작가 포프는 다음과 같은 시구를 통해 아름답게 표현한 적이 있다. "이제 색인을 통한 배움은 어떤 학생들도 창백하게 만들지 않는다네 / 하지만 뱀장어 같은 학문을 꼬리만 잡으려는 노릇이라네."[38]

이전 가치가 전복된 새 세상에서 뱀장어를 꼬리만 잡는 것은 그 뱀장어를 다루기 위해서는 완벽히 상식적인 방식으로 보인다. 색인을 통해 배우는 것에 반대했던 사람들은 패배했다. 포프의 은유조차도 긍정적인 관점을 강조해 새로운 시대의 취지에 맞게 그 뜻이 뒤틀려 버렸다. 색인에게 18세기는 실험의 시대가 될 것이었다. 계몽의 시대가 성숙한 단계로 접어들면서 색인은 교재와 역사서뿐만 아니라 에세이, 시, 희곡 그리고 소설에도 첨부된다. 그리고 색인의 확산에 이의를 제기하고 불평을 늘어놓았던 포프와 존슨 박사 같은 사람들도 색인을 어떻게 쓸 것인가를 고민하면서 그것의 가능성을 타진해 본다는 사실이 확인되었다.

6장 소설에 색인 달기

작명은 늘 그렇듯 어려운 기술이다

"나는 소설에 색인을 달겠다는 것은 좀 끔찍한 발상이라 생각해."

– 저넷 윈터슨(Jeanette Winterson)

"어느 날 아침 신간 팸플릿을 훑어보고자 카페에 들어섰을 때, 내가 제일 먼저 펼친 것은 설교문이었다."[1] '어떤 종이 묶음의 여정'이라는 매우 이상한 이야기는 이렇게 시작된다. 화자(話者)가 그 설교를 집어 들자마자 종잇장들이 펄럭펄럭 넘어가면서 "그 사이에서 낮지만 또렷한 목소리가 나오기 시작했다". 설교문이 말하고 싶은 게 있나 보다. 그리고 그것이 전하고자 하는 건 그 속에 찍혀 있는 내용과는 무관했다. 텍스트가 아니라 종이 스스로가 자신의 기구하고 애처로운 인생사를 전하고 싶었던 것이다. 종이는 아마씨 한 줌으로 시작된다. 씨앗이 자라서 수확하면 그것으로 아마실을 잣고 그 실을 짜서 손수건을 만든다. 그것은 소문난 난봉꾼의 소지품이되어 사창가에서 입에 담기도 싫은 것을 닦아 내는 데 쓰인다. 손수건은 버려졌다가 종이로 되살아난다. 일부는 저질 종이―담배 마는 데 쓰이거나 식료품 가게 포장지가 된다―로 일부는 고급 종이로. 그러나 고급 종이라고 해야 싸구려 종이 팔자보다 한 푼도 나을 게 없다. 고급지는 멋쟁이의 손에 들어가서 정부(情夫)에게 보낼 연애편지가 되거나 그놈 친구에게 보내는 형편없는 시구를 담게 될 것이다. 하지만 그의 정부는 그걸 밑씻개로 쓸 것이고 그놈만큼이나 맵시 내는 데 골몰하는 친구 녀석은 시가 적힌 종이로 자기 머리카락을 말아 밤새 컬을 유지하는 데 쓸 것이다. 어느 쪽으로 쓰이든 그 종이는 화장실에 씻겨 내려가는 신세가 된다. 다른 종이는 신문을 만드는 데 쓰인다. 그러고는 죽은 새끼 고양이 싸개로, 연 꼬리로, 냄비의 기름기를 닦아 내는 걸레 대용으로, 에일 맥주잔 임시 받침으로 재활용되고…… 오직 소량의 운 좋은 종이―설교문으로 인쇄된―만이 살아남아서 이 모든 지저분한 이야기를 전한다.

재미있지만 좀 숙명론적이고, 경건하면서도 저속한 「어떤 종이 묶음의 여정」은 18세기 중반에 유행했던 거침없으면서도 독창적인 '그것 이야기(It Narrative)'[어떤 물건이 다양한 소유주를 만나면서 겪는 이야기. 동물이 물건을 대신하기도 함―옮긴이] 장르에 속했다. '지폐의 여정' '검은 코트의 여정' '어느 숙녀가 신던 슬리퍼와 신발의 여정과 그 기구한 운명' 따위가 여기 들어간다. 말하는 주체인 물건은 다양한 주인을 거치고 다양한 계층의 인간을 오가면서 악한을 주제로 한 풍자적인 이야기를 풀어 나가는 기반이 된다. 그러나 그것은 또한 일상의 미시사를 비춰 주는 거울이 된다. 「어떤 종이 묶음의 여정」의 경우에는 우리가 읽을거리를 만드는 데 쓰는 재료를 어떤 식으로 취급하는지에 대해 우리의 관심을 끄는 이야기이다.

당신은 여전히 신문을 사는가? 매일? 혹은 주말에만? 아니면 버스나 전철의 무가지를 집어 들고는 내리는 곳에 이르기까지 훑어보다가 다른 사람이 또 볼 수 있도록 그냥 두고 내리는가? 우리는 이런 잠깐 보다 버리는 것들을 다른 인쇄 매체들과 비교해 어떻게 취급하는가? 나는 주말판 신문보다도 싸게 그리고 쉽게—중고책방에서 혹은 페이퍼백으로—소설을 산다. 그러나 나는 틀림없이 이 둘을 달리 취급할 것이다. 신문이라면 아침 식탁에서 읽으면서 버터 묻은 손으로 넘기다가 나중에는 머그잔 받침으로도 사용하다가 커피를 쏟을 일도 생기고 커피 얼룩이 지기도 할 것이다. 어쩌다가 기사 일부를 오려 두었다가 친구에게 보여 주기도 하겠지만 얼마 지나지 않아—기껏해야 며칠이면—신문 전부는 구겨지고 얼룩투성이가 되어 쓰레기통으로 갈 것이다. 속담에도 있듯이 '오늘의 뉴스는 내일 생선과 감자칩 포장지가 된다'. 소설은 그렇지 않다. 심지어 싸게 샀다 하더라도 안 그렇다. 설사 내 책꽂이에 영원히 자리하진 않더라도 '아름다운 가게' 같은 중고품 가게로 향하게 될 것이다. 인정하건대 나는 책을 읽다가 페이지를 접기도 하고 여백에 이상한 메모도 남기는 편이다. 그렇더라도 책은 신문이 일상적으로 겪는 그런 수모를 당하지는 않을 것이다.

그러나 모든 정기간행물이 신문처럼 쓰고 버리는 신세가

되지는 않는다. 몇몇 정간물은 **책**만큼 귀한 대접을 받지는 않더라도 그냥 버려지는 취급을 받는 것도 아닌 애매한 위치를 점한다. 대학 강단에 서는 사람의 연구실을 힐끗 들여다보면 오랜 기간 모은 책등이 동일한 잡지들이 길게 늘어선, 학술지 책꽂이를 보게 될 것이다. 이런 출판물 대부분은 지금은 온라인 아카이브 공간으로 자리를 옮겼을 것이다. 그래서 마우스 클릭 몇 번만으로 모든 과월 호에 접근할 수 있게 되었다. 그러나 오래된 저널은 버리기가 쉽지 않다. 그것들을 소유하는 것은 혹은 자기 책꽂이에 진열해 두는 것은 전문가적 무대장식의 일환이다. 또한 그것의 소유주가 오랫동안 인내심을 갖고 축적한 학문의 수준뿐만 아니라 그가 그 학계의 일원이라는 것도 증언한다. 그리고 그것은 동료들의 집단적 지혜를 연구실에 보관해 두다가 언제든 꺼내 볼 수 있도록 했던 디지털 이전 시대를 즉시 소환해 준다. 마찬가지로《히스토리투데이(History Today)》와《뉴욕리뷰오브북스(The New York Review of Books)》와 같은 잡지는 매년 겨울마다 전년도 과월 호를 보관할 바인더와 잡지 케이스를 부산스럽게 판매한다. 그런 상품은 우리에게 뭔가를 말해 준다. 잡지라고 해서 늘 잠깐 보고 버리는 것은 아님을 그리고 어떤 잡지에는 독자들이 붙잡아 곁에 두고 싶어 하는 뭔가가 있다는 것을 말해 준다.

18세기에 등장했던 저널은 대부분 이런 애매한 영역에 있었다. 그리고 1711년에 창간된《스펙테이터(Spectator)》—지금 발행되는 동명의 잡지와는 아무 관련이 없다—보다 더 그런 경우는 없었다.《스펙테이터》는 매일 간행되는 문학과 철학 혹은 기고자가 쓰고 싶은 모든 주제에 대한 간결한 에세이가 특징인, 한 장짜리 값싼 신문이었다. 편집자는 리처드 스틸(Richard Steele)과 조지프 애디슨(지난 챕터에서 자신의 이탈리아 여행기로 풍자적 색인 작성자에게 맹공격을 당했던)이었다. 이 신문은 비록 한 2년 간행되다가 폐간되었지만 엄청난 인기를 끌었다. 처음에는 550부로 시작했다가 제10호를 맞아서는 3000부로 급증했다. 하지만 판매 부수는 진짜 독자들의 숫자에 비할 바가 되지 못했다. 편집자는 한 부당 독자가 스무 명은 된다고 주장했고 심지어 이런 추정도 '낮게 잡은 것'이라고 여겼다.《스펙테이터》는 이제 막 생겨나던 공적 공간인 '클럽과 모임에서, 다과회와 카페에서' 읽을거리와 대화 소재를 제공하기 위해 만들어졌다.[2] 보고 나면 다른 사람에게 넘겨주는 신문이었다.

게다가《스펙테이터》는 수많은 비슷한 저널 중에서 독보적으로 유명했다.《태틀러(Tatler)》《프리싱커(Free-Thinker)》《이그재미너(Examiner)》《가디언(Guardian)》《플레인딜러(Plain Dealer)》《플라잉포스트(Flying Post)》같은 저널들은 문자 해독 인구의 증가, 카페 문화의 출현, 엄격했던 출판법의 완화, 그리고 읽을 여유가 넘쳐 나는 중산층의 성장이라는 퍼펙트스톰에 편승해 폭발적으로 성장했다. 18세기는 학자들이 일컫은바 소위 출판물 포화의 시대를 예비하고 있었다.[3] '포화'라는 용어는 다소 흥미로운 암시를 비친다. 그것은 분명 과잉—읽을 게 너무 많다—을 수반한다. 그러나 동시에 너무 많아서 보관할 수 없을 정도라는 점도 시사한다. 출판물을 보고 **버리는 시대**가 온 것이다. 우리의 홀대받은 애처로운 '종이 묶음'은 시대를 잘못 만난 것일 뿐이다. 영국 국립도서관에 소장된《스펙테이터》를 훑어가다 보면 카페에서 읽혔다는 흔적을 확인할 수 있다. 구텐베르크 성경에서라면 이런 얼룩을 찾을 수는 없을 것이다. 하지만 기고된 에세이는 최상의 영어 문장이었다. 냉소적이면서도 우아하고 결점을 찾기 힘든 박식함이 있었다. 만약 자기계발을 위해 그 신문을 샀다면 그것을 다시 찾아 읽어 보려는 것이 전혀 무리가 아니었다.

그래서 그런 신문들이 책의 형태로 재출판되는 경우가 생기기 시작했다. 이런 책은 신문 판형 원본이 등장한 뒤 몇 달 내로 나타났다.《스펙테이터》기사의 **전체 연재분**을 원하는 독자들의 필요를 예측한 것이었다. 단순히 카페에서 몇 분 즐기는 한 장짜리 값싼 생각이 아니라 원하면 찾아볼 수 있는 사고의 수원지로 삼기를 원하는 사람들이었다. 예를 들면 벤저민 프랭클린(Benjamin Franklin)은 어린 시절《스펙테이터》보존판을 만나서 그것을 '읽고 또 읽으며' 중요한 부분을 메모하고 자신의 글쓰기에서 그 문체를 모방하려고 애썼다는 사실을 상세히 밝힌 적이 있다.[4] 카페에서 서가로 자리를 옮겼다는 것은 독서 방식이 급변했음을 함축한다. 참조하고 되새기는 기회로, 생각, 경구, 심상을 찾아내고 그것을 다시 반추하는 계기로 삼는 것이다. 만약《스펙테이터》가 책이 된다면 그것은 색인을 필요로 할 것이었다.

《스펙테이터》초기 보존판들의 색인은 그것의 오랜 자매지라 할 수 있는《태틀러》와 다름없이 재미로 만들어 본 것이었다. 색인은 원본 에세이만큼이나 다양한 주제를 다루고 재치가 넘쳤다. 한 세기 뒤에 색인을 샅샅이 훑어본 리 헌트(Leigh Hunt)는 그것을 [저널이 간직한] 유머의 정수를 맛보게 해 주는, '냉장고에서 부르고뉴 포도주를 꺼내 오는 흥겨운 친구'에 비유했다.[5] "교회에서 낄낄거리다 질책당한 자들, 158쪽" 또는 "싱긋 웃기: 웃음 경연대회, 137쪽" 또는 "포도주, 마실 수 있다고 아무나 마시면 안 되는 이유, 140쪽"과 같은 감질나게 하는 색인들을 읽고 나면 누가 더 읽고 싶어 안달이 나지 않겠는가. 그런가 하면《태틀러》는 이런 색인을 제공한다. "앤서니 에버그린(Anthony Evergreen)의 숙녀용 무화과 잎새[회화나 조각에서 나신의 국부를 가리는 데 쓰임-옮긴이] 컬렉션, 100쪽" 또는 "원수를 사랑하라, 쉬운 일이 아니라네, 20쪽" 또는 "기계, 현대적 자유사상가들의 모습, 130쪽". 다른 경우에는 두 가지 항목이 알파벳순 배열 방식을 무시하고서 함께 나열되어 있다.

Dull Fellows, who(둔한 친구들, 누구), 43쪽

Naturally turn their Heads to Politics or Poetry(자연히 정치나 시에 관심을 보이다), 같은 쪽

이런 색인에는 쓸모없어 보이면서도 강력한 흥미를 유발하

는 뭔가가 있다. 철자 d에 배열된 '둔한 친구들'이 정말 도움이 되는 표제어인가? 물론 아니다. 하지만 그것은 우리의 시선을 끌며 그에 대해 더 많은 것을 찾아보도록 만들 것이다. 색인은 재빨리 찾아보기 위한 목적도 있지만 그 자체로 흥미를 끌었다. 재치 있게 처리된 각 항목은 우리가 그것이 지정하는 에세이로 찾아갈 때 맛보게 될 재미를 알려 주는 작은 광고문이었다. 《태틀러》와 《스펙테이터》의 색인은 우리가 지난 챕터에서 보았던 풍자적 색인들과 같은 시기에 속한다. 그러나 윌리엄 킹의 것과는 달리 가혹하지도 신랄하지도 않다. 대신 엉뚱하고 터무니없고 발랄하다. 리 헌트는 "누구든 색인을 읽어 보라고 하자. 그런 뒤에도 정말 색인이 따분한 것이라고 생각하는지 한번 물어보자"라고 선언했다. 18세기 초 색인은 저널을 통해 기고문의 양식과 논조에 맞춰 변신을 거듭하면서 적절한 역할을 차지하게 되었다. 게다가 색인의 역할 덕분에 저널 기고문들이 허겁지겁 제작돼 카페에서 잠깐 읽히고 버려지는 신세라는 인상을 벗고 좀 더 오래 읽히는 것으로, 더 나아가 가치와 위신을 상징하는 것으로까지 격상했다. 18세기를 15년 정도 지나고 나면 색인은 다른 장르들에도, 서사시와 희곡 그리고 소설이라는 이제 막 떠오르는 장르에도 그와 동일한 품격을 제공할 태세가 되어 있었다. 하지만 우리는 이 이야기의 결말을 이미 알고 있다. 21세기의 소설에는 색인이 없다. 희곡도 그렇다. 시집은 첫 행으로 색인을 삼지 주제 색인은 없다. 왜 소설 색인은 얼마 가지 못하고 사라졌을까? 왜 지속되지 못했을까? 이 문제를 살펴보기 위해서 19세기 말엽 두 소설가로 향하기로 하자. 두 사람은 소설 색인이라는 특정한 실험의 타다 남은 불이 꺼진 지 오랜 뒤에도 여전히 소설 색인을 고집했다. 색인의 문제를 상상력의 산물이라는 관점에서 봤을 때 이 시대착오적인 사람들이 우리에게 말해 주는 바는 무엇일까?

"영광스러운 승리였어, 안 그래?" 이 말을 던지며,『거울 나라의 앨리스(Through the Looking Glass)』의 하얀 기사는 앨리스에게 인사를 건넨다. 그는 앨리스를 포로로 삼은 붉은 기사로부터 이제 막 그녀를 구출했다. 하지만 그 승리란 것이 조금도 영광스러운 것이 아니었기에 인사 치고는 이상한 인사였다. 두 기사는 서로에게 곤봉을 휘둘러 대다가—곤봉을 손으로 쥐는 것이 아니라 인형극 주인공인 펀치와 주디(Punch and Judy)처럼 팔로 안고 있었다—반복해서 말에서 굴러 떨어졌는데 그럴 때마다 줄곧 곤두박질쳤다. 그러고는 다시 말을 타고 곤봉을 휘두르다 또 균형을 잃고 곤두박았다. 마지막으로 서로 마주 보고 돌진하다가 두 기사 모두 말에서 떨어지더니 서로 악수를 교환하고 붉은 기사가 전장에서 물러났다. 하얀 기사가 승리한 것은 맞다. 하지만 '영광스러운'이란 수식어를 떠올릴 만하지는 않다. 앨리스의 이야기에서는 늘 그렇듯이 단어의 의미란 것은 종잡을 수 없고 미심쩍은 것이다. 늘 우리의 예상을 벗어난다.

앨리스가 자기를 구조한 하얀 기사와 함께 걸어갈 때 기사는 그만의 친절하지만 정신 나간 방식으로 자신이 상당한 르네상스적 교양인이라고 밝혔다. 휴대용 벌집과 말 발목에 다는 상어 퇴치용 발찌를 발명한 사람이며 말에서 떨어지는 일에도 어마어마한 경험을 쌓은 사람이라고 강조했다. 그는 또한 자신이 대단한 음유시인이라고도 했다. 그래서 둘이 헤어지기 전에 하얀 기사는 앨리스에게 노래를 불러 주겠다고 고집한다. 그리고 다음과 같은 식으로 노래를 소개한다.

"그 노래의 제목은 '대구의 눈'이라고 불리지."

"아, 그것이 노래 제목이군요, 맞죠?" 앨리스가 흥미를 느끼려 애쓰며 물어봤다.

"아니야, 이해를 못하는군. 제목이 그렇게 불린다는 것이고 진짜 제목은 '늙고 늙은 사내'야." 기사가 약간 짜증스러운 표정으로 대답했다.

"그렇다면 내가 '그 노래가 그렇게 불리는 것이에요?'라고 물어봐야 했던 건가요?" 앨리스가 고쳐 물었다.

"아니, 물어봐야 했던 게 아니야. 그건 꽤나 다른 얘기야! 그 노래는 '방법과 수단들'이라 불려. 그러나 내 말은 오직 그것이 그렇게 불린다는 것일 뿐이야."

"좋아요, 그렇다면 그 노래는 무엇이에요?" 이제 완전히 어리둥절해진 앨리스가 물었다.

"안 그래도 말해 주려고 했어. 그 노래는 진짜로는 '문간에 앉기'야. 그리고 그 곡조는 내가 지었지." 기사가 말해 주었다.

지나치게 세세한 것에 얽매이면서 어리둥절하게 만들고, 터무니없지만 면밀하고 논리적인, 이름을 불러 주는 것에 대한 하얀 기사의 설명은 앨리스 이야기의 도처에서 발견되는 캐럴식 재치의 정수라 불러도 손색이 없다. 그것은 어떤 것의 본질과 그것이 불리는 것 사이의 차이를 이용한 것이다. 우리가 그 차이를 나란히 놓고서 **가장 적절한 표현**(le mot juste)을 찾으려 최선을 다할 수는 있지만 이름 붙여 주기는 늘 어려운 일이다.

이런 종류의 문제—이름 붙여 주기의 문제, 즉 주관성과 정확성의 차이를 이용한 유희—에 깊은 흥미를 보였던 루이스 캐럴이 색인에 특별히 끌렸다는 건 조금도 놀랄 일이 아니다. 사실 캐럴은 어린 시절부터 색인을 작성—색인 놀이도 하면서—해 왔다. 노스요크셔의 크로프트 사제관에 온 가족이 같이 살면서 십 대가 된 찰스 도지슨(Charles Dodgson)—그의 필명인 '루이스 캐럴'이 쓰이기 아직 한참 전이다—은 형제자매들끼리 재미로 읽어 보려고, '사제관의 거주자들이 함께 머리를 모아 짜낼 수 있는 최고의 이야기, 시, 에세이, 그림 등등을 집대성한', 직접 손으로 그리고 쓴 《사제관 잡지(Rectory Magazine)》를 만들었다. 텍사스주 해리 랜섬 센터의 기록 보관소에 그 잡지가 소장되어 있다. 캐럴이 18세일 때 깨끗한 노트에 깔끔하게 베껴 쓴 것이다. 속표지에는 이것이 '제5

도판 26: 도지슨 가족이 직접 써서 만든 《사제관 잡지》는 각 항목의 쪽 번호와 함께 그것을 작성한 구성원이 누구인지도 밝혀 놓았다. 이니셜은 암호화했지만 대부분은 캐럴 자신을 일컫는다. 그는 자신이 쓴 항목을 'Ed.', VX, BB, FLW, JV, FX, QG와 같이 다양하게 표기했다.

판, 꼼꼼하게 개정되고 개선된' 것이라며 뽐내고 있다. 그리고 책의 말미에는 유쾌한 발상으로 만든 엉뚱한 생각을 으스대며 자랑하는, 가지런하게 정리된 다섯 쪽짜리 색인이 이어진다. 색인 항목에는 "Things in General(사물 일반), 25쪽"과 "In General, Things, 25쪽"뿐 아니라 "General, Things in, 25쪽"[세 단어 모두를 각각 색인 항목의 표제어로 삼음–옮긴이]도 있다. 'Mrs Stoggle's Dinner Party(스토글 부인의 디너파티)' 이야기는 3회에 걸쳐서 연재를 했는데 다음과 같이 뒤죽박죽된 색인으로 나타난다. "Stoggles, Mrs, Dinner Party(스토글, 부인, 디너파티), 82, 92, 106쪽." 색인 구성에서의 바로크적인 기이한 리듬이 이 젊은 작가의 무언가—어떤 매혹 혹은 재미—를 자극한 것으로 보인다.

캐럴은 평생 색인에 매료되었다. 앨리스가 주인공인 책이 터무니없는 성공을 거두고 수십 년이 흐른 뒤인 1889년, 캐럴은 그의 마지막 소설이 될 『실비와 브루노(Sylvie and Bruno)』를 출간했다. 흥행은 대실패로 끝났다. 빅토리아시대의 영국과 페어리랜드라 불리는 가상공간 사이를 불안하게 오가면서 이제는 익숙한 캐럴식의 난센스 시와 논리 게임을 사회적 드라마와 뒤섞어 놓은 이야기였다. 그것은 또한 19세기 말엽의 전형적인 관심거리였던 죽음, 어린 시절의 순수함과 기독교적 신앙에 대한 다소 감상적인 사색을 버무려 놓기도 했다. 더 중요한 것은 『실비와 브루노』가 색인 있는 소설이라는 극한의 희귀종에 속한다는 것이다.

예상되는 바와 같이 『실비와 브루노』 색인의 항목은 대놓고 엉뚱하다. "침대, 결코 거기로 가지 말아야 할 이유, II.141" 그리고 "달걀들, 어떻게 구매할 것인가, II.196"; "행복, 과도하다면, 어떻게 조절할 것인가, I.159" 그리고 "절제, 극단적이라면, 불편할 수도 있는, I.140". 《사제관 잡지》에서도 그랬듯이 혼란스러운 구성이 주는 동일한 유쾌함과 희극적 요소가 있다. 이를테면 캐럴은 40여 년 전에 그가 사사로이 만들었던 농담을, 비록 훨씬 더 세련된 형태라고는 하나, 되풀이하고 있는 것이다. 그의 논리학적 재치처럼 캐럴의 색인도 느슨하고도 애매한 일상의 규율―이번에는 색인의 구성 방식―을 어이없을 만큼 극단적으로 몰아가면서 그것으로 웃음거리를 삼는다. 가령 "Scenery, enjoyment of, by little men(구경거리, 즐거운, 난쟁이가 주는)"에서 두 번째 콤마가 연출하는 과다하고도 터무니없을 정도로 세세한 것에 얽매이는 분위기를 보라.

동시에 『실비와 브루노』의 색인은 또 다른 과다함의 수많은 예를 보여 준다. 가령 다음과 같이 동일한 항목을 조금씩 다른 구성으로 그리고 다른 표제어로 여러 번 제시하는 것이다. "Falling house, life in a(추락하는 집, 그 안에서의 삶)" "House falling through Space, life in a(허공으로 추락하는 집, 그 안에서의 삶)" "Life in a falling house(추락하는 집 안에서의 삶)". 이런 말장난은 그가 평생 던졌던 농담이었다.―"Things in General(사물 일반)" "General, Things in" "In General,

Things"—그러나 다시 한번 캐럴은 우스꽝스러움을 매개체로 삼아 지극히 인간적인 세계로 가 보기를 직관적으로 시도하는 것이다. 이런 식의 과다한 언어적 유희는 앨리스가 하얀 기사와 주고받는 대화를 상기시키면서 우리에게 최선의 핵심어를 결정하는 것은 하얀 기사가 노래 제목을 찾는 것과 다소 비슷한 행위이며 그런 행위에는 무한한 가능성이 존재한다는 것을 말해 준다. 색인—더구나 소설 색인—은 해석의 작업이고 미래의 독자들이 무엇을—그리고 어떤 것을 기준으로 삼아—찾아보고 싶어 할 것인가를 짐작해 보는 일이다. 우리는 어떤 식으로 선택하게 될까? 왜 어떤 용어가—'life(삶)' 'house(집)' 'falling(추락하는)' 중에서—다른 용어보다 우선시되는가? 캐럴과 동시대인이며 위대한 빅토리아시대의 색인 작성자인 헨리 휘틀리는 "훌륭한 색인 작성자와 평범한 작성자를 가르는 기준은 누가 최선의 색인어를 골라내는가 하는 것이다"라는 말을 남겼다.[6] 그러나 그 선택을 미결 상태로 남겨 둔 채 캐럴은 그 과정에서 자신의 작업 방식을 우리에게 공개한다. 색인을 작성하는 것은 개인적인 작업이다. 언어적이며 인간적인 작업이다. 그러므로 인간의 언어 사용만큼이나 모순적이며 과다하며 주관적이다. 『실비와 브루노』는 앨리스가 험프티 덤프티(Humpty Dumpty)와 주고받는 다음과 같은 대화에 완벽하게 들어맞는 작품이다.

"문제는 단어가 그렇게 많은 것을 의미하도록 만들어도 되냐는 거지." 앨리스가 문제를 제기했다.

 "문제는 어떤 뜻을 가장 중요한 것이 되도록 하는가야—그게 다야." 험프티 덤프티가 대꾸했다.

『실비와 브루노』 색인은 캐럴의 정수—최초에 형성되었던 아이디어를 작가 이력 마지막에 돌아본 것—이다. 비록 나중 판에서는 색인을 생략하는 경향이 있었으나 그것은 오히려 편집상의 태만함으로 느껴진다. 그 색인은 소설의 보완물이 아니라 이야기의 결말을 넘어서면서도 여전히 이야기의 중요한 일부인 마지막 한 스푼의 재치, 장난기 그리고 풍자였다.

 하지만 우리는 편집자들이 혼란스러워했을 것을 알 수 있다. 물론 색인이 애초에 거기 있다는 사실이 재미있기도 하다. 우리는 대부분 그 규칙을 안다. 논픽션은 색인이 있다(있어야 한다, 어쨌든). 소설은 없다. 그래서 대체로 존 업다이크(John Updike)의 말이라고 여겨지는 다음의 경구가 나왔다. "전기(傳記) 대부분은 색인이 있는 소설이다." 우리는 소설이 장난삼아 다른 장르의 작품—전기소설인『올랜도(Orlando)』나 나보코프의 시집을 가장한 소설『창백한 불꽃』—을 자처하지 않는 이상 소설에서 색인을 기대하지는 않는다. 이런 생각은 지금과 마찬가지로, 이미 19세기에 확고히 자리 잡았다.『실비와 브루노』 색인은 규칙 파괴자였고 소설과 비소설을 분리하는 선을 흐릿하게 만들면서 독자들에게 윙크를 보낸 것이었다.

설사 많은 재미를 유발하더라도 좋은 색인이 아닌 경우도 있다. '구경거리, 달걀들, 침대'와 같은 표제어들은 특정한 순간을 포착하고자 하는 진지한 독자들에게는 별 쓸모가 없는 색인이다. 만약 있다 하더라도 그것들은 소설의 서사적 특징을 포착해 내는 것이 얼마나 어려운 일인지를, 즉 잘 빚어진 소설만큼이나 짜임새 있는 어떤 것을 확인해 보려는 독자들에게 기억하기 좋은 서사적 정기 기항지를 예상하고 제공하는 것이 얼마나 어려운 것인가를 적절히 입증하는 역할을 할 뿐이다. 어떤 식으로 소설의 색인을 구성할 것인가? 물론 이름과 장소가 최우선이다. 이야기 속 물질적 세계를 보여 주는 물건을 기준으로 삼는 건 어떨까? 〈오셀로(Othello)〉의 손수건, 『율리시스(Ulysses)』에서 스위니 약국이 파는 '달콤한 레몬향의 밀랍 비누'처럼. 아니면 생각은 어떤가? 문학이란 의심의 여지 없이 무수한 문화에 대한 사색이 일어나는 공간이지 않은가? 감정을 기준으로 하는 건 어떨까?

『실비와 브루노』가 출간되기 두어 해 전에, 또 다른 소설에서 색인이 등장했다. 이번에는 책 뒤가 아니라 앞에 있었다. 편찬자는 소설의 저자가 아니라 편집자였다. 원래 한 세기도 더 전인 1775년에 출간된 헨리 매켄지(Henry Mackenzie)의 『감성적인 남자(The Man of Feeling)』라는 소설인데 편집자는 유니버시티 칼리지 런던의 영문학과 교수 헨리 몰리(Henry Morley)였다. 몰리는 폭넓은 독자층을 염두에 두고 클래식 저작 재출간을 목표로 기획된 캐셀의 내셔널 라이브러리 시리즈의 서문을 의뢰받았다. 페이퍼백은 3페니로 그리고 하드커버는 6페니[1/100파운드 가치의 영국 동전-옮긴이]로 가격이 책정된 캐셀 시리즈는 얇디얇은 종이로 제작된 손바닥 크기의 책이었고 뒤표지와 앞뒤 표지 뒷면의 면지를 아기 이유식, 커스터드용 가루, 라이트 콜타르 비누 따위 광고로 도배했다. 오늘날 우리가 구입하는 어떤 소설과도 닮지 않은 것이었다. 그리고 책의 유별난 생김새는 우리에게 그것이 의도했던 시장에 대해 중요한 점을 시사한다. 캐셀 시리즈는 문화적 세례를 갈구하지만 고급판을 사 볼 형편은 못 되었던 독자층—어린이, 독학자, 10년 앞서 제정된 교육법 이후에 등장한 신세대 독자—을 겨냥한 것이었다. 몰리의 서문은 간결했다. 그럴 수밖에 없는 것이 4년 동안 주당 한 권씩 꾸준히 출간되었기 때문이다. 서문은 각 작품을 역사적 상황과 재빨리 연관시켜 주었기 때문에 유익하고 신선했으며 종종 신랄했다.

『감성적인 남자』의 서문에서 몰리 교수는 18세기 말 소설의 정서적 무절제를 향해 다소 콧대 높은 빅토리아시대의 오만함을 감추지 않는다. 몰리는 매켄지의 소설이 얼마나 감상적인지를 보여 주기 위해 '눈물에 대한 색인(Index to Tears)'을 작성했다. 등장인물이 울 때마다 목록을 작성하고 위치 표시자를 기록했다. 각 항목에는 간단히 울음이 어떻게 표현되었는지에 대해서, 즉 흔한 경우('젖은 눈, p. 53')로부터, 고전적인 경우('키테레이아의 케스토스 같은 눈물, p. 26'[키테레이아는 아프로디테의 별칭이며 케스토스는 누구든 유혹하는 아프로디테의 허리띠를 말함. 아프로디테의 허리띠처럼 눈물은 사람을 유혹한다는 의미-옮긴이]), 절제하는 경우('더도 말고 딱 한 방울만 떨어뜨림, p. 131'), 무절제한 경우('사정없이 흘리는 눈물, p. 187'), 미니멀리스트의 경우('한 방울이 똑 떨어졌다, p. 165')와 바로크적 눈물('그녀 눈에 맺힌 눈물, 병석에 누운 그 사내가 키스로 그녀의 눈물을 깨끗이 닦아 내며 무기력한 대로 애써 웃음을 지었다, p. 176')에 이르기까지 다양하게 분류해 놓았다. 색인의 수준으로 판단해 본다면 그것은 '벤틀리 박사에 관해 간단히 설명해 보기'와『오래된 골동품 상점(the Old Curiosity Shop)』에 대해 오스카 와일드가 했던 경구, "어린 넬의 죽음을 웃음 없이 읽어 낼 수 있다면 그 사람은 진정 냉혹한 사람이다"[소설이 지나치게 감상적이라고 비아냥댄 것-옮긴이]를 절충한 것이라 하겠다.

'눈물에 대한 색인'은 매우 만만한 비판이다. 한 시대가 다른 시대 삶의 방식에 대해 아픈 곳을 날카롭게 찌르는 짓이다. 그러나 색인의 작동 방식은 예리하지 않다. '눈물에 대한 색인'은 특별한 장르인 감상적 소설을 분석한 작업인데 사실 그것은 감상적인 것에 관한 색인이 아니다. 그것의 분석 기준은 감상이라는 감정이 아니라 그것의 구체화된 흔적인 실제 눈물이다. 심지어 색인의 첫머리에는 "(슬픔에 겨워) 목이 메는 것 따위는 포함시키지 않았음"이라고 명시해 놓았다. 이것은 음주 게임 같은 색인이고 규칙은 명확하다. 숨죽인 흐느낌이나 헝클어진 손수건에 코를 묻고 훌쩍거리는 건 기준 미달이다. 그럼에도 불구하고 '눈물에 대한 색인'은 200쪽이 못

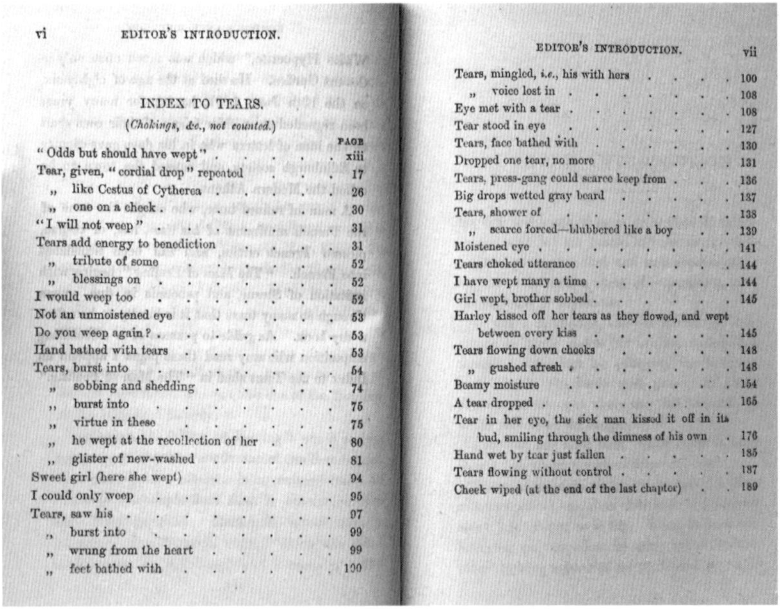

도판 27: 헨리 매켄지의 『감성적인 남자』에 실려 있는 몰리 교수의 '눈물에 대한 색인'.

되는 소설 속에서 기준에 부합하는 눈물 장면을 46회나 찾아 냈다.

그러나 **왜** 그들은 그렇게 많은 눈물을 흘리는가? 그의 '색 인'은 거기에 대해서는 말이 없다. 몰리는 감정을 분류하려 한 것도 아니고 왜 소설 속 인물들이 슬픔으로 무너지는지 분 석하려 시도하지도 않았다. 그것은 훨씬 더 까다로운 노고를 필요로 하는 일이고, 문학비평의 모든 난해한 개념들, 즉 애 매성, 주관성 그리고 추상적 범주들의 모호함과 씨름해야 하 는 일이다. 그러려면 색인을 또렷한 곳으로부터 흐릿한 영역으로 데려가야 하는데 그 순간 표제어를 고르면서 치러야 하는 해석의 중압감이 가중되면서 표제어의 신뢰성이 약속하는 색인의 유용성이 타격을 입는다. 색인은 그것이 명확히 호명되던 곳으로부터 넌지시 암시되는 영역으로 끌려가면서 허둥거린다. 그러나 소설은, 논픽션과는 달리, 명확히 구별되는 정보 덩어리로 해체되는 것에 저항한다. 19세기 사람인 몰리는 가장 명확한 스케치 이상을 시도하기에는 너무 조심스러웠다. 그러나 캐럴처럼 그도 소설 색인을 만들지 **않는** 관행에 익살스럽게 장난을 걸 수는 있었다. 그래서 아무리 엉뚱하고 쓸모없는 짓일지라도 색인을 편찬하는 단순한 행위로부터 장난기 넘치는 에너지를 끌어낸 것이다. 아이러니라는 수단이 이런 장난기를 덮어 줄 것이다. 어떤 부담을 질 일도 없다. 그런 색인은 미흡함에도 불구하고—심지어 미흡하기 **때문에**—성공했다. 이제 다시 18세기로 되돌아가서 그 시대에 가장 위대한 문학계 인물들이 그들의 후배들이 오로지 장난삼아 시도했던 것을 진지하게 다루는 모습을 보게 될 터인데, 이것 하나는 명심해 두자. 소설에 관한 한 색인 성공의 척도는 캐럴과 몰리가 배제했던 복잡성, 포괄성, 엄격함이라는 전형을 넘어선 곳에 있다는 것을.

애디슨과 스틸의 《스펙테이터》 색인이 편찬되던 것과 동일한 시기에 한때 그 신문의 기자였던 사람이 훨씬 더 진지한 색인 실험에 착수했다. 한 장짜리 신문이 독자들이 돌려 보도록 고안된 가장 통속적이며 형편에 따라 되는 대로 만들어지는 출판물이었다면 알렉산더 포프의 『일리아스』는 번역자가 출판물 포화의 시대에 무대 저편에서 고품격 문학에 값하는 품질 높고 차별화된 책을 갈망하는 대중들의 욕망에 영합한 경우이다. 앞에서 보았듯이 《스펙테이터》 색인이 성공한 까닭은 그것이 원문 에세이에 대한 접근성을 높였기 때문이라기보다는 신문의 장점—가벼우면서도 세련된—에 대한 광고성 자찬 덕이었다. 『일리아스』의 복잡한 색인에서도 우리는 그와 유사한 점을 보게 될 것이다. 즉 색인의 진짜 목적은 그것의 궁극적 유용성이 아니라 그것이 발휘하는 효과—위신, 호화로움, 풍족함—였다.

포프가 번역한 호메로스의 서사시는 1715년부터 1720년까지 일 년에 1회씩 총 6회에 달하는 연재물로 출판되었다. 이는 출판업자가 앞선 연재물로부터 다음 연재물 비용을 충당하여 초기 투자비 부담을 줄이는 상업적으로 획기적인 방식이었다. 한편 포프 자신은 각 연재분에 대해서 호화판 750권을 받기로 약정했는데 그것도 출판업자가 더 값싼 판을 시장에 내놓은 시기보다 한 달을 앞서서 받았다. 그 약정으로 포프는 큰돈을 벌었고 그 돈으로 트위커넘에 팔라디오 양식의 별장을 구입해 그곳에서 여생을 보냈다.

포프의 번역이 등장했을 때, 여전히 아무에게나 기회만 생기면 덤벼들던 리처드 벤틀리는 번역본이 원문에 충실하지 못하다고 트집을 잡았다. "포프 씨, 그것은 예쁜 시요. 그러나 그것을 호메로스의 것이라 부르지는 마시오."[7] 포프는 호메로스의 6보격 시행을 재구성해서 잉글랜드 문예 전성기에 유행했던 우아하게 각운을 맞춘 2행 연구로 변형했다. 운문의 구조를 바꾸고 1년마다 찔끔찔끔 나누어 출판한 것은 미리 계산된 현대적이고 세련되며 감질을 유발하는 작전이었고 그에 따라 책 자체의 모습도 달라졌다. 포프는 계약서에 자기 책을 위해 새로운 서체를 개발하도록 명문화했고, 그가 미리 받는 750권은 대형 판형으로 인쇄하며 장의 시작과 끝에 동판 인쇄로 꽃장식을 찍고, 각 권의 머리글자를 화려하게 장식하도록 명시했다. 비용은 신경 쓰지 않고 제작했다는 이 특별한 책의 예약 목록에는 많은 백작, 공작, 자작, 후작이 줄을 섰다. 첫 번째로 이름을 올린 이는 캐롤라인 공주[Caroline of Ansbach, 영국 조지 2세의 왕비-옮긴이]였다.

2회차 번역이 등장했을 때 그 새로운 시도의 성공은 보장된 듯 보였다. 포프는 자신의 풍자적인 팸플릿에서 이렇게 전했다. 출판업자인 에드먼드 컬(Edmund Curll)이 『일리아스』 때문에 자기 사업이 망할 지경이 되어서 그가 평소에 고용했던 사람들에게 일을 줄 수 없게 되었노라 한탄했다는 것이다. 컬은 일을 맡기던 작가들—역사가, 시인, 풍자가, 비평가들—을 그들의 누추한 거주지에서 불러내고는 고료를 주지 못하는 상황은 자기 책임이 아니라면서 이렇게 선언했다.

신사님들! 당신들의 작품을 세상이 읽지 못하게 되는 사태를 막기 위해서, 내가 안 해 본 일이 없소. 내가 안 겪어 본 고통도 없소. 그렇지 않소? 나는 본의 아니게 어떤 몹쓸 것에 중독되어서 아래로도 배설했고 위로도 토해 내야 했소. 세 번을 몽둥이찜질을 당했소. 한번은 내 집에서 공격을 받고 밖으로 달아났소. 거구의 사내에게 폭행당해 머리가 깨진 게 두 번이오. 담요 헹가레도 두 번 당하며 골탕을 먹었소. 귀때기를 얻어터지기도 했고 귀싸대기를 맞기도 했소. 겁박당했고 비판과 항의를 받았고 비방당했으며 배설물을 뒤집어쓴 듯한 온갖 더러운 소리를 들었소. 여러분, 나는 이 출판업자 린토트 소속의 작가(즉 포프)가 진심으로 나를 망가뜨려 우리를 굶겨 죽이려 한다는 사실을 여러분들이 납득하셨기를 바랍니다. 그렇다면 이제 우리에게는 최단 시간에 최선의 복수 방안을 강구할 일밖에 남은 것이 없소.[8]

포프를 무너뜨리기 위해 온 마음을 모은 그들은 각자 전공을 살려 방안을 마련했다. 역사가는 그를 중상하는 전기를 쓰겠다고 했고 시인은 핀다로스풍 시가(어떤 인물을 찬양하고 그에게 영광을 돌리기 위해 동원하는 화려한 수사와 장엄한 분위기가 특징인 시가—옮긴이)로 그를 공격하겠다고 선언했다. 색인 작성자만이 무기력했다. "하지만 색인 작성자는 포프의 호메로스에 견줄 만한 색인은 어디에도 없다고 말했다."

팸플릿이 노골적으로 전하는 메시지는 분명했다. 승리감에 의기양양한 포프가 과거에 다툰 적이 있었던 출판업자에게

우쭐거리며 환호성을 지르는 것이다. 그러나 색인 작성자가 던진 언급은 해석이 까다로운, 사소하지만 미묘한 낌새를 보여 준다. 그 언급은 온갖 지저분한 화장실 유머와 야비한 사적 빈정거림으로 가득한 그 문단에서 마지막을 장식했다. 그러나 그런 조롱에 쐐기를 박는 것이 아니라 실패로 끝난 농담처럼 썰렁한 분위기를 연출했다. 풍자 메들리를 깔깔대는 것으로 마무리하지 못하고 흐느껴 버린 꼴이 된 것이다. 차라리 그것은 포프의 입장에서 근심의 기미를 보여 준 것인지도 모른다. 모든 세세한 것 하나하나가 다 중요한 의미를 갖는 책에서, 어쩌면 그에게 평생 안락한 삶을 보장해 줄 과업에서 여전히 해결되어야 할 한 가지 문제가 남아 있다는 어떤 경각심이었다. 같은 해에 출간된 게이의 『교차로』는 색인이 달린 시집이었다. 하지만 그것의 효과는 희극적이고 풍자적으로 영웅시체를 모방한 것일 뿐이었지만 포프의 『일리아스』는 진짜 영웅시였다. 게다가 그중에서도 최고였고 조금도 풍자할 거리가 없는 작품이었다. 호메로스의 작품에 과연 색인이 있어야 할까? 있어야 한다면 그 내용과 방식은 어떠해야 할까?

　그로부터 4년 뒤 마지막 권이 출시되었을 때, 포프는 시간도 부족하고 에너지도 고갈되어서 짧고 간략한 색인밖에 만들 수 없었다고 실토했다. "온 힘을 다해 호메로스의 작품에 걸맞은 진귀한 색인 총 네 권을 만들겠다고 기획했으나 시간 부족으로 오직 두 권만을 완성했을 뿐입니다. 여러분이 소장하게 될 책은 디자인으로는 훌륭하지만 완성품이라고 하기에는 크게 못 미칩니다."⁹ 그는 좌절감을 토로했지만 실제 색인은 포프가 구상했던 색인이라 하더라도 이보다 더 성대하고 방대할 수 있을지 상상이 되지 않을 정도로 훌륭했다. 색인 두 권은 사실 독자가 상상 가능한 모든 방식들을 고려해서 수많은 작은 목록으로 세분화되어 있었다. 인명과 사물 목록, 각종 기술과 학문들의 목록, '(색인의) 운문화', 혹은 벌어지는 상황을 묘사하기 위해서 포프가 동원하는 다양한 언어적 효과들('태풍이 몰아치는 바다 묘사에서 파괴적이고 혼란스러운, 13.1005' '실망이 예상되는 많은 갑작스러운 변화들, 18.101, 144, 22.378'). 또한 우화 목록, 비유 목록, 묘사적 구절들과 중요한 연설들의 목록, 불안함에서 상냥함에 이르기까지 다양한 감정들의 알파벳순 목록. 그것은 호화판 원본의 장엄함과 완벽하게 짝을 이루는 위풍당당한 것이었다. 다른 모든 것도 그렇겠지만 색인은 이것이 평생 간직할 책임을 암시한다. 서구 세계의 고전 중에서도 가장 위대한 서사시를 상상할 수 있는 모든 가능한 관점에서 들여다보기 위해 사용하도록 만든 것이다. 색인은 시를 백과사전이 되게 했다. 군사 전략—'가장 허약한 병사는 어디에 배치할 것인가, 4.344'—을 캐 볼 수 있는가 하면 고전적인 상징을 찾아볼 수도 있고, 더 많은 도덕적 교훈을 배우고 또는 미적 즐거움을 누릴 수 있을 뿐 아니라 호메로스의 시적 효과와 포프의 시적 효과도 찾아볼 수 있었다. 사실 이것은 독자들이 궁극적으로 텍스트를 취급하는 방식은 아니었다. 그러나 색인에 들인 엄청난 공과 복잡할 정도로 꼼꼼한 제작 방식은 그 위대한 책에 대한 제작자들의 실험이 이루고자 했던 과업의 핵심이었다.

포프가 셰익스피어 희곡의 완전판 편집에 착수했을 때 이 새로운 기획에도 비슷한 수준의 충실하고 방대한 색인을 포함하려 한 건 당연한 일이었다. 하지만 이번에는 색인 작업에 전적으로 참여하지는 않았다. 그는 출판업자에게 다음과 같은 지시 사항을 보냈다. "누구에게 색인 작업을 맡기더라도 그가 나의 호메로스 색인에 의거해 진행하도록 하십시오. 누구든 색인을 작성할 수 있을 정도의 양식과 판단력을 갖춘 사람이라면 호메로스 색인으로부터 충분한 지침을 찾아내어 작업할 수 있을 것입니다." 불행하게도 셰익스피어 색인은 포프의 호메로스에 비해서는 색인이 방대하고 다양하기만 할 뿐, 내용은 뒤죽박죽이고 작업 자체가 부실하고 색인 사이 긴밀한 관련도 부족했다. 역사적 인물 색인과 허구적 인물 색인을 별도 항목으로 구별했는데 맥베스와 리어왕을 전자에 넣었고 햄릿은 후자로 처리했다. 셰익스피어 전집 전체에 걸친 '태도와 열정 그리고 그것들의 외적 효과'라는 거창한 제목의 색인 항목은 겉보기에는 대단히 야심찬 기획으로 보였지만 결과물은 구제불능일 정도로 실망스러웠다. 목록 전체가 겨우 한 줄짜리 세로 단 세 쪽에 불과했다. '자부심'이라는 항목을 살펴보니 사례를 딱 하나만 들어 놓았다. '〈트로일러스와 크레시다〉 3막 7장에서 율리시즈의 발언'이 그것이다. 혹시라도 서른여섯 작품이나 되는 셰익스피어 희곡 다른 곳에서는 자부심에 해당하는 대사를 찾을 수 없었다는 말일까? 색인은 없었다고 한다. 그의 희곡 어디에서 우리는 질투에 관한 좋은 사례를 발견할 수 있을까? 〈오셀로〉가 맨 먼저 떠오르지 않는가? 틀렸다. 포프의 색인에는 역시 딱 한 곳만을 지정했는데 〈헨리 8세〉 3막 5장에서 울지 추기경의 발언만이 질투에 관한 것이라 한다. 이런 색인이 무슨 쓸모가 있겠는가? 이런 식이라면 독자들이 어떤 특정한 장면을 염두에 두고 찾았을 때 아무런 도움을 주지 못한다. 얼마 안 되는 감정들에 대한 전형적인 사례를 제공하는 역할을 할 뿐이다. 분노? 〈안토니와 클레오파트라〉 3막 10장에서 에노바버스의 발언. 희망? 〈리처드 2세〉 2막 6장에서 여왕의 발언. 이런 방식을 비합리적이라고 할 수는 없다. 전집 전체에서 표준적인 구절을 미리 골라 전거를 밝히는 방식인데 18세기 말에 나타나기 시작하는, 대중들의 독서를 위해 만들어진 명문 선집과도 비슷한 점이 있다. 그러나 이건 정도가 너무 심하다. 그런 대표적인 감정들—희망, 질투, 분노—사이사이로 간간이 이런 항목들—'프랑스 출신인 돌팔이 의사의 거드름' '휴 에번스 경의 현학' '여관 안주인 퀴클리'—은 도무지 어울리지 않는 색인이다. 이 목록들은 그저 뒤죽박죽일 뿐이다. 생각 없이 서둘러 만들었으니 아무 도움이 안 된다. '생각과 감정에 대한 색인'도 비슷하게 실망스럽지만 '장소 묘사'에 대한 목록은 비참한 수준이다. 전체 희곡에서 겨우 15개 항목을 뽑았을 뿐인데, "제방, 꽃으로 뒤덮인(Bank, flow'ry)"에서 시작해서 "계곡, 어둡고 음울한(Vale, a dark and melancholy one)"으로 끝난다.

포프의 셰익스피어 색인은 기획은 웅장했으나 결과는 형편없었다. 셰익스피어 작품 속의 풍부하고도 복잡한 태도와 열정과 감정 들에 대해 색인이 보여 주기로 약속했던 그 모든 장밋빛 전망에도 불구하고 결과물은 서툴기 짝이 없었고 이따금 엉터리없는 것이 보이기도 할 정도였다. 편찬된 색인은 그 목록들을 어떻게 이용할지에 대한 어떤 고심의 흔적도 없었다. 결국 책을 구입한 사람들은 색인의 진정한 목표가 독자들에게 도움을 주고자 하는 것이 아니라 책을 더 두껍게 만들기 위한 것, 또는 색인을 셰익스피어에 대한 경의를 표하기 위한—위대한 작가의 작품은 모든 측면에서 조명되고 분석**되어야 한다는** 허울 좋은 명분만 앞세운—제스처에 불과한 것이라는 인상을 받았다. 그러나 셰익스피어 색인은 더 큰 문제점을 안고 있었다. 1세기 반 뒤에 헨리 몰리가 조심스럽게 피해 갔던 문제점이었다. 색인의 기본적 단위는 늘 사실성이라는 구체적인 덩어리에 기반하고 있어야 한다는 원칙을 위배한 것이다. 감정이 아니라 눈물이어야 했다. 전체적으로 호메로스의 색인이 안정적인 범주—학문들, 비유들, 언어적 효과들—를 기준으로 분류했기 때문에 그 용어들이 대체로 거부감 없이 수용되었다면 셰익스피어의 색인은 내부로 초점을 가져갔다. 생각, 감정, 태도 그리고 열정과 같은 범주들은 그것들의 대상이, 하얀 기사의 노래처럼, 그 대상물이 가리키는 이름과 종종 불협화음을 일으킬 수밖에 없다.

포프의 책들—호메로스의 서사시, 셰익스피어의 희곡들—이 출판되고 있던 시기에 영어로 쓴 또 다른 문학 장르가 등장했다. 소설이라는 이 새롭고 긴 매체는 희곡보다 더욱 인물의 내면으로 들어가는 만큼 사건과 서사의 세부를 표현하기에 그만큼 적절했다. 대니얼 디포(Daniel Defoe)의 『로빈슨 크루소』(1719)와 조너선 스위프트의 『걸리버 여행기』(1726)가 일찌감치 성공을 거둔 뒤 1740년대 출판계를 뒤흔들어 놓은 인물은 새뮤얼 리처드슨(Samuel Richardson)이었다. 그가 쓴 세 가지 위대한 소설, 『파멜라(Pamela)』(1740), 『클러리사(Clarissa)』(1748) 그리고 『찰스 그랜디슨(Charles Grandison)』(1753)은 서간문—우연히 사사로운 편지 한 묶음을 발견해서 그것을 출판물로 만든 것처럼 가장한—의 형식으로 작품명과 동일한 이름의 주인공들이 겪는 온갖 고난을 묘사했다. 세 작품은 모두 엄청난 판매고를 올렸다. 그러나 그중 최고라 할 『클러리사』의 경우는 엄청나게 성공을 거둔 책일 뿐만 아니라 분량이 엄청날 정도로 어마어마한 책이기도 했다. 처음 그 책이 출간되었을 때는 백만 단어에 조금 못 미치는 양이었고 일곱 권이 넘는 책으로 분할 출판되었다. 하지만 3년이 지나지 않아서 리처드슨은 이미 방대한 원본에 수백 쪽을 추가한 확장판을 출시했다. 『클러리사』는 초기 소설의 이정표로 남았지만 영문학과 학부생들이 수업 전에 읽어 두느라고 죽을 고생을 하는 책이기도 하다. 적어도 18세기 독자들에게 이 책의 매력 중 하나는 여주인공이 러블레이스라는 사악한 난봉꾼의 손아귀에서 끝없이 고통을 겪으면서도 끝내 고결함을 지켜 내는 것을 보고서 도덕적 감화를 얻게 된다는 점이었다. 시련의 시기에 펼쳐 보는 설교집처럼 이것은 독자들이 처음부터 끝까지는 아니더라도 반복적으로 펼쳐 보고 싶어지는 소설이었다. 그렇다면 어떤 방식으로 그 어마어마하게 긴 책에서 그들이 원하는 구절을 찾을 수 있게 할 것인가?

1751년 3월 9일 『클러리사』 확장판이 출간되기 직전에 새뮤얼 존슨은 리처드슨에게 "비록 이야기는 길지만 편지 각각은 짧기 때문에" 방대한 소설을 더 방대하게 만드는 걸 부담스럽게 여기지 말라는 격려 편지를 보냈다.[10] 하지만 존슨의 편지는 다음과 같은 제안으로 끝을 맺었다.

나는 당신이 **주제 색인**(index rerum)을 추가해 주기를 원합니다. 그러면 독자들이 어떤 사건을 회상하고자 할 때 손쉽게 그것을 찾을 수 있을 것입니다. 현재는 몇 권에 있는지를 알지 못하기 때문에 그것이 가능하지 않습니다. 『클러리사』는 한번 열렬히 읽고 난 뒤 영원히 치워 두는 책이 아니라 바쁜 사람들이, 나이가 있는 사람들이 그리고 학구파들이 이따금 조언을 구해 펼쳐 보는 책이라 생각합니다. 그러므로 나는 새로 나오는 판에서는, 후손들이 두고두고 참고하도록, 그 책의 쓸모를 증진해 줄 어떤 것도 부족하지 않기를 바랍니다.

　한 번 읽고 난 뒤 영원히 치워 두는 책이 아니다. 존슨은 우리가 이 챕터 내내 살펴봤던 영속성과 반복이라는 문제를 정확히 생각해 낸 것이었다. 『클러리사』 색인은 '그 책의 쓸모를 증진해 줄' 것이었다. 사실 리처드슨이 이미 그런 아이디어를 얻었기 때문에 존슨이 그런 조언을 할 필요는 없었다. 확장판 서문에서 리처드슨은 '한 창의적인 신사'(그의 이웃이자 학교 교장인 솔로몬 로)가 『클러리사』에 관한 '교훈적인 감정들'의 목록을 만들어서 자신에게 전해 준 과정을 상세히 설명했다. 리처드슨은 그 목록을 보고 기뻐하면서 스스로 색인을 더욱 충실하게 보완했고 최근 판에 그렇게 완성한 색인을 싣게 된 것이다.[11]

　『클러리사』 색인은 참으로 희한한 것이었다. 85쪽에 달하는 그 색인은 그렇게 긴 소설에 걸맞게 풍성하고 대단했다. 심지어 제목도 리처드슨답게 장대했다. '적절한 지혜를 가진 사람들이 음미해 보면 큰 쓸모가 있고 도움이 될 것으로 사료되는, 그러한 도덕적이며 교훈적인 감정들, 경고들, 경구들, 반성들과 논평들의 컬렉션'이었다. 항목들은 일련의 범주를 기준으로 배열되어 있었다. 즉 서로 관련된 주제들을 묶었는데, 가령 '의무. 복종' '뚜쟁이. 방탕한 여성' 혹은 '지혜. 재능. 사회성' 같은 식이다. 그리고 이것들을 알파벳순으로 배열했다. 그것 자체로는 별 문제가 없어 보인다. 포프가 셰익스피어에서 시도했던 '생각과 감정에 대한 색인'보다 규모를 훨씬 더 키웠다고 생각하면 된다. (너무나 방대해서 심지어 각 항목 묶음 위치를 표시해 둔 색인을 위해 보충 색인을 마련해야 했을 정도다.) 그러나 마침내 항목 자체를 찾아보고 나면 비로소 우리가 미지의 영역에 진입했음을 알게 된다. 거기에는 우리가 색인 표제어로부터 일반적으로 기대하는, 가령 '빵(bread)을 위해 적합한 소스는 무엇일까(what sauce was appropriate for **bread**)'를 찾기 위해 우선 'bread'라는 표제어로 가서, '**bread**, sauce, what appropriate for' 항목을 찾는 식의 구성은 찾아볼 수 없다. 리처드슨의 색인은 수식어가 화려한 문구나 경구이다. 이 표제어들은 가능하면 빨리 본문으로 안내해 주는 간결한 문구가 아니라 점잖은 대화에서 바로 써먹을 만한, 그 자체로 완전한 격언으로 읽힌다. 예컨대 '결투'라는 주제에는 "무고한 사내가 과실을 범한 자와 동일한 위험 부담을 져서는 안 된다", '역경'에 대해서는 "역경은 모든 훌륭한 자질을 시험에 들게 한다"와 같은 항목을 읽게 된다. 이것들은 그 자체로 너무나 잘 다듬어져 있고 공들여 만들어진 구절이어서 독자들이 원문으로 갈 필요가 있는지 의문을 던지게 만들거나, 색인만으로도 리처드슨다운 자기 완결적인 충고를 제공하기 때문에 추가적인 수고가 불필요하다고 생각하게 할 정도다. 마치 평판이 좋은 아들이 자신의 길을 나설 때 유명한 부모가 티 나지 않도록 몰래 그 비용을 부담하듯이, 소설은 단지 보증인의 역할로 만족하며 뒤로 물러선 모습이어서 색인은 시발점이 아니라 최종 목적지로 보였다. 어떤 초기 독립출판 색인에서는 심지어 색인의 위치 표시자를 완전히 없애기도 했는데, 리처드슨은 이미 두 가지 판에서 서로 다른 위치 표시자를 기록한 소설들이 유통되고 있으니 또 하나를 추가하는 것은 너무나 혼란스러울 거라는 우려를 받아들여 색인을 아예 달지 않기로 했다는 설명을 별도 주석으로 처리해야 했다. 그는 이렇게 덧붙였다. "황송하게도 감정과 경구에 대한 색인이 매우 중요한 것으로 여겨져서, 비록 그것들이 클러리사의 이야기와 긴밀한 관계를 갖지는 못한다 하더라도—그러나 실은 그런 관계를 갖습니다만—젊은 독자들이 눈여겨볼 가치가 있다고 할 정도입니다." 달리 말하면, 친애하는 독자들이여, 비록 이 색인이 소설과 직접적으로 연결되어 있지 않더라도—물론 나는 그것이 궁극적으로는 연결된다고 장담합니다만—당신들이 주목할 가치는 충분히 있을 것입니다.[12]

이런 경우를 보면 색인이 소설과 '긴밀한 관계'를 갖는다고 그가 장담했음에도 불구하고 쪽 번호 없이 출판하고 싶은 생각을 언뜻언뜻 내비치는 것으로 보인다. 그의 책을 불어로 옮긴 번역자에게 보낸 편지를 보면 그가 소설에서 색인을 완전히 없애 버릴 생각을 하고 있다는 것을 짐작하게 한다.

나는 이미 언급했던 감정 색인 작업으로 엄청난 고생을 했습니다. 많은 내 친구들은, 소설과는 무관하게 색인이 삶과 삶

TABLE
TO THE
PRECEDING SENTIMENTS.

도판 28: 『클러리사』의 색인에 대한 색인. '앞서 배열된 감정들의 목록'은 리처드슨의 방대한 색인에 실린 다양한 범주들을 각각 어디에서 찾을 수 있는지 보여 준다.

의 태도와 관련된 경구, 격언 등의 집대성으로서 세상에 큰 쓸모가 있을 것이라면서 그것만으로 따로 책을 내기를 권합니다.[13]

　'세상에 큰 쓸모'가 있다는 구절이 그의 생각을 말해 준다. 색인에는 본래 설교적 의도가 실려 있었던 것이다. 다른 곳에서도 리처드슨은 『클러리사』를 단순한 소설 이상으로 생각하고 있었다는 뜻을 내비친다. "그것은 **가벼운 소설** 또는 **한때의 로맨스**를 기대하면서 **대충대충 책을 넘기는** 사람들에게는 지루하게 여겨질지도 모릅니다."[14] 하지만 그것의 목적은 '교훈의 전달 수단'이었다. 그 전달 수단을 경구의 목록만으로 축약시키더라도 여전히 세상에 동일한 쓸모를 제공할 수 있단 말인가?

　리처드슨의 다음 소설 첫째 권이 등장하자 존슨은 다시 한번 그에게 편지를 보내서 소설 세 편 전체에 대한 색인만으로 따로 책을 내길 제안했다.[15] 그러나 존슨은 곧 그 제안을 철회했는데 리처드슨이 그의 유한한 에너지를 네 번째 소설을 쓰는 **대신에** 색인 작업에 쏟아 버릴까 염려했기 때문이었다. 그의 독립 색인 희망과 네 번째 소설 불발 우려는 모두 현실이 되고 만다. 그 후 2년 동안 리처드슨은 그의 소설 전부에 대한 통합 색인을 편찬하는 데 전념했고 당연히 네 번째 소설은 나오지 않았다. 『파멜라와 클러리사 그리고 찰스 그랜디슨에 담긴 도덕적이고 교훈적인 감정들, 경구들과 반성들에 대한 컬렉션(Collection of the Moral and Instructive Sentiments, Maxims, Cautions and Reflections, Contained in the Histories of Pamela, Clarissa, and Sir Charles Grandison)』은 리처드슨에게 엄청난 에너지를 요구했다. 그리고 그는 친구 사이인 에클린 여사에게 그것이 '얼마나 고통스럽고 고된 작업'인지 불평을 늘어놓곤 했다.[16] 그럼에도 불구하고 그는 그 작업이 '사익을 구하기보다는 공익을 위해 일하고 싶다는 생각을 앞세워' 수행되고 있다고 주장하면서 이타적인 열정에 불타올랐다. 위대한 소설 세 편을 위한 도덕적 색인 작업이 세상에 유익할 것이라는 믿음이 있었던 것이다.

『컬렉션』 서문에선 다시 한번 색인의 도덕적인 의도를 재창했다. 그러나 몇 년 전만 해도 '소설과는 무관하게'—다시 말해서 색인을 그것의 모태인 소설과 완전히 분리해 버리는 것—경구를 집대성한 것이 과연 어떤 쓸모가 있는가에 대해 회의하는 리처드슨의 모습을 확인할 수 있었지만 이제 그는 소설 자체의 역할에 대해 좀 더 유연한 태도를 취한다. 소설은 도덕적 교훈이라는 쓴 약에다 설탕이라는 옷을 입힌 당의정과 같아서 그것을 먹기 좋게 하는 효과가 있다고 썼다. 소설은 전통적인 설교에 거부감을 느끼는 독자들에게 접근할 수 있는 힘이 있다. 그것은 "설교로부터 도망쳐 자신의 벽장으로 숨어든 이들을 추적해서 유쾌한 분위기에서 소설이라는 매력적인 옷을 입고는 사람들로 하여금 많은 설득력 있는 설교를 음미하도록 유혹한다".[17] 그리고 나서는 색인을 통해 리처드슨 소설에 담긴 중요하고 유익한 취지들을 추출한다. 『클러리사』의 감정 목록들과 마찬가지로 이 색인은 등장인물 또는 그들이 입퇴장하는 것에 관한 정보가 아니라 소설 세 편에 담긴 설교에 버금가는 감화적 주제들에 대한 정보였다. 리처드슨은 이와 같이 썼다.

> 그러므로 이 소설 세 편이 품고 있는 중요한 격언들을 자신의 마음에 그리고 타인들의 마음에 **되풀이해서 되새기기**를 바라는 사람들과 이런 격언들의 실례를 찾아 이따금 책을 펼쳐 보기를 원하는 사람들이 이용할 수 있도록 이 격언과 참고를 위한 전체 색인이 이제 문고판으로 대중에게 제공됩니다.[18]

색인 항목들은 이런 식이었다. "유아기의 **어린이들**을 그들의 품성을 계발하기 위한 관점에서 어떻게 대할 것인가" 그리고 "고령 **결혼**과 나이 차로 인한 불평등 문제". 사실 표제어를 이탤릭체로 강조한 것은 살짝 오해의 소지가 있다. 이 항목들은 너무 복잡하거나 구체적이어서 단 하나의 단어로 적절한 색인을 만들 수가 없다. 수식어구가 복잡해질 수밖에 없다. 그냥 **결혼**이 아니라, 말년에 하는 결혼인 데다 그것도 젊은 배우자와 하는 결혼이다. 이것은 명백히 특정한 도덕적 곤경에 처한 **상황**이다. 그 상황에서 리처드슨의 소설은 독자들에게 본보기를 보여 줄 수 있을 것이고, 색인이 있으니 이런 본보기를 효율적으로 얻을 수 있을 것이다.

에클린 여사가 '한 세상을 사는 동포들에게 도움이 되고자 하는 일념으로 최상의 컬렉션을 고르기 위해 시간과 노고'를 바친 리처드슨을 절찬했을 때 에클린은 분명 그 색인의 도덕적 영향력을 강조하려 했을 것이다.[19] 하지만 리처드슨의 친구들 모두가 그만큼의 찬사를 던지지는 않았다. 그리고 리처드슨은 그런 친구들이 네 번째 소설을 집필해야 할 에너지를 색인 작업으로 소진시킨다고 불만을 표시하는 점에 다음과 같이 한탄했다. 이 친구들이 "[그『컬렉션』을] 읽지 않을 것이라 선언하면서 차라리 이미 나온 [나의 소설] 세 편을 이야기보다는 교훈에 치중해서 읽어 보겠다, 그들은 그런 식으로 말했지요".[20] 만약 그 목적이 교훈을 얻기 위한 것이라면, 그들은 왜 색인이 다른 소설을 쓰는 것보다 더 가치 있는 프로젝트라는 사실을 깨닫지 못할까? 의심이 실리고 가시 돋친 마지막 문구, "그들은 그런 식으로 말했지요"는 리처드슨의 소설이 하는 역할을 '단지 재미'를 위한 것으로 보아야 할지 아니면 그것에 담긴 도덕적 교훈을 전하는 매개체로서 보아야 할지라는, 두 가지 가치 중에서 어느 것에 더 치중해야 하는지를 놓고서 존재했던 긴장을 드러낸다['그런 식으로'는 『컬렉션』이 아닌 소설을 통해 교훈을 찾아보겠다는 일부 친구들의 말을 선뜻 믿지 못하는 리처드슨의 마음을 보여 줌-옮긴이]. 리처드슨의 색인은 비소설적 글쓰기 방식의 구성을 빌려서 이야기의 역할을 축소해 소설과 비소설 사이의 거리를 최소화해 보려는 시도였고, 그런 식으로 소설은 다른 형태의 보고서가 되었다. 그러나 그의 친구들의 설득력 없는 변명과 그것을 이유로 『컬렉션』 읽기를 거부했던 사실로부터 우리는 소설이 단순한 설교 도구라는 역할에서 물러나고 있는 세태를 읽을 수 있다.

19세기가 시작되면서 리처드슨의 『컬렉션』은, 가끔 주목을 받을 때조차도, 터무니없게도 자기 멋에 빠진 짓이었다는 조롱이나 받는 처지가 되었다. 아이작 디즈레일리는 『문학에 관한 호기심(Curiosities of Literature)』이라는 저서에서 『컬렉션』을 '난폭한 문학적 허영'의 징조라면서 비난했고 경구적인 색인 항목들이 본질적으로 진부하며, 애초에 자기 소설을 색인화한다는 시도 자체가 나르시시즘의 발로였을 뿐이라고 비판하면서 다음과 같은 말을 남겼다. "문학의 역사에서 자기 작품의 개정을 통해 작가가 느꼈을 자기만족적 행위 가운데 이보다 더 유별난 사례를 찾아보기 힘들다."[21] 그 후 색인이 달린 소설이 다시 한번 등장하는 모험을 감행하기 위해서는 백 년의 세월이 필요했고, 그것도 몰리의 아이러니나 캐럴의 장난기라는 탈을 쓰고서야 가능했다.

그러나 애초에 리처드슨이 자기만족적 작업을 하도록 부추겼던 존슨 박사는 어떻게 되었나? 적어도 그는 『컬렉션』을 잘 써먹었다. 이 챕터 초반부에서 하얀 기사는 단어의 정의라는 것이 얼마나 위태한 것인지에 대해 교과서적인 예를 제공했다. 존슨 박사는 그의 『영어 사전(A Dictionary of the English Language)』을 편찬하면서 다른 작가들을 동원해 이런 어려움에 대한 묘책을 찾았다. 그는 『영어 사전』 서문에서 "[단어를 정의하는 것에 대한] 모든 어려움의 해결뿐만 아니라 [어렵기 때문에 생긴] 오류를 보완하는 것도 각 단어의 다양한 의미에 덧붙여진 예문들에서 찾아야 한다"라고 했다.[22] 오로지 예문—문맥 속에서 주어진 단어의 쓰임새를 보여 주는 인용문—에 의해서만 한 단어가 쓰이는 다양한 방식 사이에서 미묘한 차이를 도출해 낼 수 있다는 것이다. 그것도 그냥 인용문이 아니다. 존슨 박사의 책 제목 페이지에는 다음과 같은 문구가 선명하다. "원문에 근거해서 단어들을 골랐고 최고 작가들의 글에서 엄선한 예문으로만 그 단어의 다양한 의미들을 설명한 영어 사전(A DICTIONARY OF THE ENGLISH LANGUAGE in which the WORDS are deduced from their ORIGINALS and ILLUSTRATED in their DIFFERENT SIGNIFICATIONS by EXAMPLES from the BEST WRITERS)."

그러나 사전 예문으로 인용할 문구를 찾아내기 위한 '최고의 작가들'을 고르는 데에 존슨 박사는 다음과 같은 원칙을 세웠다. '생존 작가는 누구도 포함하지 않는다'였다. 기본적으로 문단에 속한 그의 지인들 사이에서 생길 수 있는 불편한 일을 미연에 방지해 보자는 취지였다. 그는 그 원칙을 "내가 편견에 이끌릴지도 모르고 나의 동시대 작가들 사이에서 불만이 생기지 않도록 하기 위해서"라고 밝혔다.[23] 하지만 리처드슨의 경우에는 기꺼이 자기가 세운 원칙의 예외로 삼았다.

quaggy(늪지의), bumpkinly(시골뜨기같이), rakish(난봉꾼 같은), chuffily(무뚝뚝하게)와 같은 단어들의 경우 『영어 사전』은 단어 설명을 위해 『클러리사』를 참고했다. 『클러리사』는 모두 합해 적어도 예문 96개를 제공했다. craver(갈망하는 사람), devilkin(작은 악마), domesticate(길들이다), brindle(얼룩빛) 등등. 다른 어떤 소설도 이에 비하면 한참 못 미칠 정도였다. 그러나 그중 사분의 삼 이상—96개 단어 중 78개—에서 존슨 박사는 『클러리사』가 아닌 『컬렉션』의 예문을 조심스럽게 사용했다.[24] 예를 들어 romping의 경우를 보자. 사전은 동사 romp를 '상스럽게, 시끄럽게 그리고 떠들썩하게 놀다'라고 정의 내리고는 『클러리사』라고 출처를 밝힌 인용구를 예문으로 들었다. "사내들은 그래도 될 만하다 싶으면 건방을 떨면서 제멋대로 굴고 천방지축으로 날뛴다." 그러나 『클러리사』에는 그런 예문이 없다. 단지 제5권 시작부에 러블레이스가 스스로를 변호하면서 다음과 같이 말하는 구절이 발견될 뿐이다. "내가 했던 모든 것이 그녀에게는 야단법석을 떨며 까불어 대는 것, 또는 천방지축으로 날뛰는 것으로만 보였을 것이고 그래서 부인들 중 열에 아홉은 내 꼴을 보며 웃음을 터뜨렸을 것이다." 그러나 그 구절이 좀 더 다듬어져서 리처드슨의 희한한 도덕적 교훈을 담은 경구적 색인으로 바뀌고 나서야 비로소 다음과 같이 『영어 사전』 예문으로 채택할 만한 형태가 되었다. "사내들은 그래도 될 만하다 싶으면 건방을 떨면서 제멋대로 굴고 천방지축으로 날뛰다가 비웃음을 산

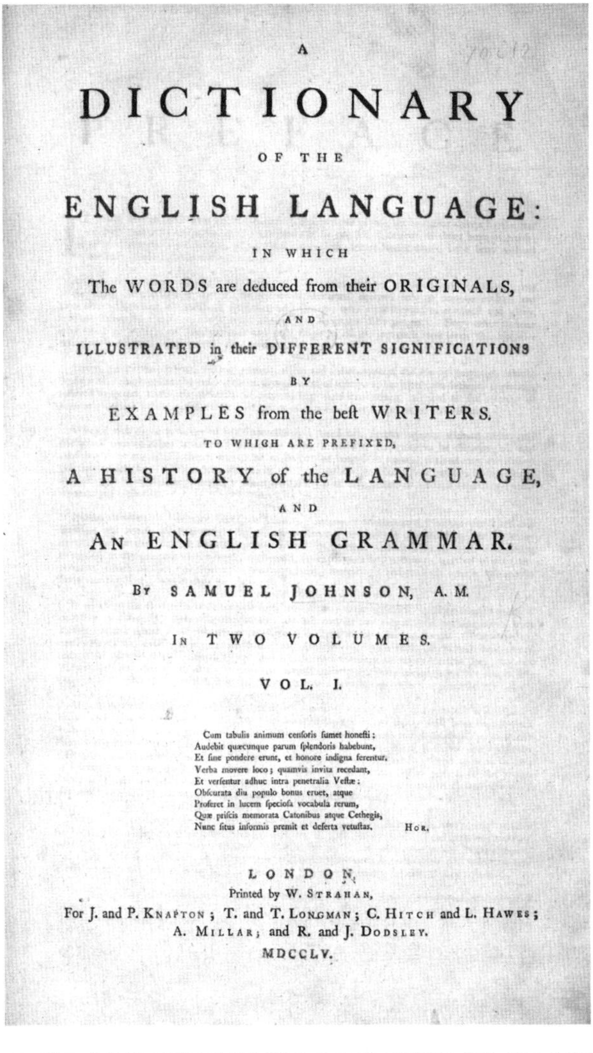

A

DICTIONARY

OF THE

ENGLISH LANGUAGE:

IN WHICH

The WORDS are deduced from their ORIGINALS,

AND

ILLUSTRATED in their DIFFERENT SIGNIFICATIONS

BY

EXAMPLES from the beſt WRITERS.

TO WHICH ARE PREFIXED,

A HISTORY of the LANGUAGE,

AND

AN ENGLISH GRAMMAR.

BY SAMUEL JOHNSON, A.M.

IN TWO VOLUMES.

VOL. I.

Cum tabulis animum cenſoris ſumet honeſti:
Audebit quæcunque parum ſplendoris habebunt,
Et ſine pondere erunt, et honore indigna ferentur.
Verba movere loco; quamvis invita recedant,
Et verſentur adhuc intra penetralia Veſtæ:
Obſcurata diu populo bonus eruet, atque
Proferet in lucem ſpecioſa vocabula rerum,
Quæ priſcis memorata Catonibus atque Cethegis,
Nunc ſitus informis premit et deſerta vetuſtas. HOR.

LONDON,
Printed by W. STRAHAN,
For J. and P. KNAPTON; T. and T. LONGMAN; C. HITCH and L. HAWES;
A. MILLAR; and R. and J. DODSLEY.
MDCCLV.

도판 29: '최고 작가들의 글에서 엄선한 예문', 존슨 박사의 『영어 사전』 제목 페이지.

다."심지어 존슨 박사처럼 『클러리사』에 대한 사랑을 공언한 사람에게조차도 그 작품은 특정한 단어의 실례를 추적하기에는 너무 산만했던 것이다. 대신 색인은 그런 목적에 완벽하게 부합했다.

오늘날 어떤 단어나 주제가 궁금할 때 '옥스퍼드 영어 사전'을 펼쳐서 과거 용례를 찾아보는 것은 공부하는 사람들 사이에서는 흔한 일이다. 정의를 제시하고 그것에 대한 예문을 첨부하면서 존슨 박사는 그 사전을 색인학자들에게는 **비할 데 없이 뛰어난** 원천 자료의 보고—로빈 발렌자(Robin Valenza)의 말을 인용하면 '색인 학문의 신전'—로 만들었다.[25] 존슨 박사가 기꺼이 적절한 색인 탐색에 임했다는 사실은 우리로서는 잘된 일이었다. 에라스뮈스의 유령이 짓궂게 눈썹을 치켜뜰지도 모를 일이다. 하지만 우리가 자만이 지나쳐 방심할까 봐 존슨 박사가 경고한다. 보즈웰(James Boswell)의 『새뮤얼 존슨의 생애(Life of Samuel Johnson)』에는 박사와 문학비평가 새뮤얼 배드콕(Samuel Badcock)이 다른 작가를 놓고 뒷담화하는 장면이 나온다. 배드콕이 다음과 같이 그 이야기를 전했다.

내가 그를 색인학자라고 불렀더니 박사는 그에게는 그런 칭호도 과분하다면서 다음과 같이 말했다. "그가 색인으로 채택하기 위해 인용한 것은 이미 다른 사람이 인용한 것을 빌린 것일 뿐이어서, 자신이 채택했지만 오류인 문장들이 다른 사람에 의해서 수정되었더라도 그런 사실까지는 파악하지 못하기 때문입니다."[26]

빌린 자들로부터 빌린다는 말은 그 인용문과 관련된 토론에서 완전히 배제되었다는 것을 의미한다. 누구든 이따금 얼마간의 색인 검색을 통해 배움을 얻을 수도 있다. 그러나 빌린 자로부터 빌리는 것은 위험한 일이다.

7장 '모든 지식으로 향하는 열쇠'

보편 색인

"그것은 책 뒤쪽의 색인 같은 것입니다. 우리는 색인화하는
모든 웹페이지의 모든 단어에 대해 하나의 항목을 만듭니다.
우리가 웹페이지 하나를 색인화했다는 것은 그 웹페이지에 있는
모든 단어에 대한 항목들에 그 페이지를 추가했다는 것입니다."

– 구글, '검색의 작동 방식'

"왓슨 박사, 내 색인에서 그녀를 좀 찾아봐 줘." 홈스가 눈을
감은 채 읊조렸다. 오랜 세월 동안 그는 사람과 사물에 대한
모든 짤막한 정보들을 요약해 놓았기 때문에 어떤 주제나 사
람에 대해 그가 즉시 정보를 찾을 수 없는 경우는 거의 없었
다. 나는 유대인 랍비와 심해 물고기에 관한 논문을 썼던 한
해군 지휘관에 관한 기록 사이에 낀 그녀에 관한 기록을 찾아
냈다.

　때는 바야흐로 1891년, 『보헤미아 스캔들(A Scandal in
Bohemia)』에서 홈스가 찾던, 그 유대인 랍비와 아마추어 해
양생물학자 사이에 끼어 있던 인물은 아이린 애들러(Irene
Adler)였다. 오페라 가수이며 여성 모험가이자 지금 홈스 앞
에 서 있는 사나이, 보헤미아 왕실 카셀펠슈타인 가문의 대공
작이자 보헤미아 왕국의 국왕 빌헬름 고츠라이히 지기스몬

트 폰 오름슈타인의 연인이었다. 소설 속에서 홈스는 애들러 양의 꾀에 당해 혼이 난다. 왓슨의 표현에 따르면 '여성의 잔 꾀에 넘어간' 것이다. 이야기는 홈스가 침착하게 안락의자에 앉아서 오만하게도 눈을 감고, 심지어 대공작에게도 눈길 한 번 주지 않는 상황에서 시작되었다.

셜록 홈스가 색인 작성자였다는 사실은 조금도 놀랍지 않다. 결국 그의 특수한 재능, 그의 초강력 파워는 백과사전식 박식함, 은밀한 온 세상 지식의 보고, 인간 구글 혹은 살아 있는 《노츠앤퀴리스(Notes and Queries)》[유서 깊은 영국의 학술 계간 지-옮긴이]가 그 원천이다. 그러나 그건 터무니없는 과장이었다. 최초의 모험인 『주홍색 연구(A Study in Scarlet)』에서부터 왓슨의 다음과 같은 평가를 통해 홈스의 지식이 극히 제한적이라는 사실을 우리는 알게 된다. "문학적 지식―전무함, 철학―전무함, 천문학―전무함, 정치학―약소함……." 그래서 때때로 코난 도일은 커튼 뒤를 언뜻언뜻 보여 주듯이 홈스가 소유하지 못한 박식함을 어떻게 소환해 내는지 드러낸다. 이따금 우리는 그가 '최근의 자료들을 정리하고 색인화하고' 혹은 '벽난로의 한쪽 편에 뚱한 표정으로 앉아서 범죄 기록에 상호참조 표시를 하는' 식으로 색인을 추리며 정리하는 모습을 볼 수 있다. 그것은 당연히 알파벳순 체계로 되어 있고, 각각의 알파벳 자모에 대해서 '방대한 색인 자료'를 갖추고 있다. 그가 가령 vampire(뱀파이어)를 체크하기를 원한다면, 그 특유의 게으름으로 몸을 일으키기도 귀찮아하면서 "왓슨, 팔을 길게 늘여서(make a long arm) V를 한번 찾아봐 주게나"라고 말한다. 한 줄짜리 대화에 불과하지만, 우연히 던져진 이 발언은 사소하지만 인물의 개성을 드러내는 걸작품이라 할 만하지 않은가? 두 사람 사이의 부조화가 '팔을 길게 늘여서'라는 다정한 속어로 매끄럽게 봉합된다. 탐색 담당인 왓슨이 선반에서 자료 책을 끄집어 내리더라도 V항을 읽는 것은 그의 몫이 아니다. 무릎에 놓고서 '평생 축적해 놓은 정보로 뒤덮인 오래된 사건들의 기록을 흡족한 눈길로 천천히 응시하며' 읽는 일은 물론 홈스의 차지다.

> "'글로리아 스콧호의 항해'라. 아주 지독한 사건이었지. 왓슨, 자네에게 그 사건 기록을 맡겼지만 결과물이 만족스럽지는 않았다고 기억하고 있지. 빅터 린치, 위조범. 극독을 뿜는 아메리카독도마뱀 힐라 몬스터. 정말 놀라운 사건이었지, 그럼! 비토리아, 서커스단의 꽃. 밴더빌트와 금고털이. 독사. 해머스미스의 불가사의, 비고."

"오랜 시간 공들인 색인을 능가하는 것은 없다네." 흐뭇한 목소리로 그가 말했다. 색인—온갖 것에 대해 조금씩 축적해 놓은 **그의** 색인—은 홈스의 탁월함의 원천이었다.

홈스의 알파벳순 자료들은 면밀한 검토를 거쳐 가치가 있어 보인다면 무엇이건 어떤 제한도 두지 않고 목록화한 색인을 대표한다. 하지만 그것 자체가 새로운 착상은 아니었다.

로버트 그로스테스트도 이미 650년 전에 그와 비슷한 시도를 실행에 옮겼다. 하지만 빅토리아시대에는 이런 시도에 새로운 열기가 더해졌다. 정연하면서도 더 방대한 자료를 바탕으로 보편적인 색인이 산업화 단계로 접어든 것이다. 홈스의 색인을 면밀히 살펴보면 거기에는 매력적이긴 하지만 어쩔 수 없이 뭔가 조악한 측면이 있다. 빅터 린치, 극독을 뿜는 아메리카독도마뱀, 비토리아, 서커스단의 꽃. 조금씩 잡다하게 끌어모은 온갖 정보로 떨거덕거린다. 그로스테스트의 『타불라』처럼, 홈스의 색인은 한 사람에 불과하지만 특별한 존재의 독서와 경험이 집대성된 것—개인의 역사로서 색인—이었다. 그러나 홈스는 자기만의 방식으로 색인의 역사에 참여했던 최종 주자였다. 『보헤미아 스캔들』이 《스트랜드매거진(Strand Magazine)》에 최초로 게재된 지 얼마 지나지 않아서 홈스라는 이름은 색인의 주제가 되었고, 연간 출간된 신문, 잡지, 저널에 기고된 모든 기사를 모아 편찬하는 연례 『정기간행물 색인(Index to Periodicals)』에 빠지지 않고 실렸다. 심지어 홈스나 그로스테스트와 같은 이가 쏟아붓는 노고도 회원제 도서관 가입 회원이라면 누구나 접근할 수 있는 간행물 색인의 엄청난 규모에 비하면 보잘것없어 보일 정도였다. 그렇지만 어떤 과정을 통해 그런 자료의 취합이 이루어지는가? 그것은 세 개의 파이프 문제이다(A Three-Pipe Problem, 홈스가 문제 해결에 파이프를 세 대나 피우는 시간이 걸렸다면 난제라는 뜻―옮긴이).

우리가 19세기와 그다음 세기 수십 년을 포함한 시기를 산업혁명 시대라고 부를 때 거기에는 어떤 의미가 담겨 있는가? 분명 새로운 상품과 주철과 강철 같은 신소재를 생산하는 방식, 증기 동력의 이용과 제조 과정의 기계화를 의미할 것이다. 공장 작업을 관리 영역과 육체노동의 영역으로 나누는 노동의 분업화도 의미할 것이다. 그러나 또한 어떤 새로운 규모의 아이디어, 즉 오늘날에도 여전히 시대적 자부심과 야망의 상징으로 여겨지는 공학 프로젝트들에 착수—이점바드 킹덤 브루넬(Isambard Kingdom Brunel)의 철로와 조지프 배절제트(Joseph Bazalgette)의 현대적 하수 시스템 도입—하는 것을 의미하기도 할 것이다. 이런 성취들 옆자리에 도서 색인을 놓는다면 가당치 않은 비교가 될 것이고 절대적인 인식 부족을 드러내는 일이 될지도 모른다. 그러나 1865년에 성직자이자 출판업자였던 자크 폴 미뉴(Jacques Paul Migne)가 한 일이 바로 그것이었다. 그가 부당하게 평가되지 않도록 미리 말해 두고 싶은 것은 그의 업적이 **엄청난 것이었다는** 사실이다. 대규모 공학 프로젝트와 마찬가지로 이 일도 많은 작업자를 관리해야 했다. 1841년에서 1855년 사이에 그가 출간한 『라틴 교부론(Patrologia Latina)』은 방대한 교부들의 저작을 총망라한 것이었다. 주요 텍스트만 217권에 달했던 그 저술은 3세기경의 초대교회 교부였던 테르툴리아누스(Tertullianus)로 시작해서 성 아우구스티누스와 성 비드(Bede) 그리고 성인들 수백 명을 지나 13세기 초반의 교황 인노첸시오 3세(Innocentius III)로 마무리를 짓는다. 그것은 오늘날까지도 많은 그런 저작들을 위한 공인된 전거로 사용된다. 그러나 미뉴는 그런 백과사전식 컬렉션에는 빅데이터 문제가 따를 수밖에 없다는 것을 잘 알고 있었다. 그는 독자들이 『라틴 교부론』의 엄청난 규모만 보고도 겁을 먹을 것이라고 생각했다. 그래서 사람들이 이렇게 물을 거라고 예상했다. "누가 이 심연을 탐구할 엄두를 내겠는가?" "누가 이 모든 교부의 말씀을 연구하겠는가, 그리고 어떻게든 읽어 볼 생각을 하겠는가?"[1] 물론 해결책은 그 저작을 들춰 볼 만하게 만드는 것이고 그래서 『교부론』에는 색인이 필요했다. 출판계의 이점바드 킹덤 브루넬인 미뉴는 그냥 색인이 아니라 대단한 규모의 색인이 필요하다는 사실을 파악하고 있었다.

『교부론』을 제작할 때 미뉴의 목적은 제작비를 최대한 낮추어서 저렴한 비용으로 책에 접근할 수 있도록 하는 것이었다. 그것은 값싼 재질의 종이로 인쇄되었고 미뉴는 가능하면 새로운 판을 제작하기보다는 기존 판 중에서 가장 좋은 것을 재판하는 쪽을 선호했다. 하지만 색인에 관한 한 어떤 비용도 아끼지 않았다. 『교부론』의 색인—차라리 색인들이라고 해야겠지만—은 그 방대한 시리즈에서 218권에서 221권까지 마지막 네 권을 차지했다. 이 네 권은 거대한 색인 목록으로 채워졌다. 총 231개 목록이었는데 기나긴 색인의 색인을 포함하기도 한다. 217권까지의 내용을 저자, 제목, 출신 국가, 생존 시기, 지위(교황을 필두로 해서 추기경, 대주교 등등) 그리고 장르별(교훈적 저작들, 성경 주해서, 도덕철학, 교회법)로 구분했다. 방대한 주제 색인은 대략적인 내용을 담은 엄청난 양의 주제들을 앞세우고 나서 구체적인 주제—죽음, 천국, 지옥—를 다루는, 그것도 참빗으로 쓸어내리듯 꼼꼼히 분석한, 일련의 개별 색인들을 별도로 달았다.

색인 네 권에는 색인을 위한 긴 서문까지 실려 있었다. 미뉴는 서문에서 색인의 규모에 걸맞게 대단한 배포를 드러냈다. 그는 한껏 기분이 고양되어 먼저 색인이 만들어지는 과정을 설명했다. 의심의 여지없이 산업혁명 시대에 맞춰진 노동을 상기시키는 설명이었지만 또한 생자크에서 최초의 성구 사전을 편찬하던 수사들을 생각나게 하는 것이기도 했다. 미뉴는 일 년에 천 프랑이라는 박봉에도 불구하고 50명 이상의 수사들이 10년 이상을 일해 왔다고 자랑했다.[2] 그 돈은 쪼들리는 색인 작업자들에게는 미흡한 대가였으나 액수를 모두 더하면 "모든 인쇄 비용을 감안하지 않고도 색인에만 50만 프랑이 넘는 돈이 들었다"라고 출판업자의 입장이 된 미뉴가 너스레를 떨며 말했다.[3] 기분이 한껏 고양된 그가 숫자들을 동원해 자신의 업적을 살펴볼 때는 거의 자화자찬 무아지경에 빠져 이렇게 말한다.

이 모든 사실을 감안해 봤을 때 우리는 이렇게 외칠 자격이 있지 않은가? 우리의 361개 색인에 비하면 헤라클레스의 열두 과업은 어떤가? 지금까지의 모든 문학적 노력과 비교해 보면 또 어떤가? 18세기와 19세기에 나온 모든 백과사전과 비교하면 또 어떤가? 활판인쇄로 나왔던 어떤 책이 이와 비할 만하겠는가! 그중 가장 위대한 것이라 해도 우리 업적에 비하면 아무것도 아니다. 아이들 장난 같은 유치한 수준이다. 우리는 어떤 반박의 우려도 없이 떳떳하게 말할 수 있다. 과거 어느 때에도 이런 대형 출판 사업에서 이렇게 엄청난 노력을 기울인 적은 없었노라고. (…) 우리의 『교부론』은 포도즙 압착기 속 포도처럼 철저히 추출된 것이어서 심지어 포도즙 한 방울마저 흘리는 일을 용납하지 않았다.[4]

색인 작업 과정을 포도즙 압착기로 상상해 보는 것 그리고 속이 꽉 찬 무르익은 포도 같은 텍스트로부터 '귀한 리큐어 (préieuse liqueur)'를 추출하는 것으로 상상해 보는 것은 멋진 광경이다. 그러나 미뉴의 자랑은 아직 끝나지 않았다. 색인 작업을 와인 제조에 비교하더니 색인 사용은 여행에 빗대었다.

우리의 색인은 길을 열었다. 산을 평탄하게 깎고 끝없이 구불구불한 길도 반듯하게 만들었다. (…) 우리가 제공하는 색인의 도움을 받으면 거대한 주제들이 작게 변한다. 아득히 먼 곳이 가까이 다가오며 첫 권과 마지막 권을 한자리에 오게 한다. (…) 이렇게 시간을 절약해 주다니! 열차 정도야 가볍게 제치고 심지어 비행선도 압도해 버린 이것은 전기에 비할 만하다![5]

색인이야말로 근대 자체이다. 시간을 아껴 주고 아득히 먼 곳이 가까이 오게 한다. 길을 평탄하고 곧게 만드는 것은 철로의 이미지였다. 이점바드 브루넬이나 할 법한 소리다. 그러나 이 정도로도 만족 못하는 미뉴의 마지막 수사적 화려함—이 비교에서 과소평가된 건 철로가 아니라 색인이다—은 찬란하다. 미뉴의 색인들은 단지 시간만 절약해 주는 정도가 아니라 번쩍이는 순간에 전기가 통하듯이 시간을 삭제해 버린다는 것이다. 우리는 순식간에 21세기 인터넷 검색의 시대라고 여길 만한 세상으로 진입한 것이다.

그러나 과연 우리가 오늘날에도 『교부론』을 보면 경외감으로 얼어붙게 될까? 한 세기 반이 지났음에도 불구하고 미뉴의 호언장담은 여전히 매력이 있다. 그것은 기쁨에 차 있다. 생생하면서도 우아하다. 그러나 그의 주장을 전적으로 수긍하기는 어렵다. 우선 책장을 가득 메운 저술을 탐색하는 일은, 그 색인이 아무리 훌륭하더라도 **결코** 전자기파를 일으키며 번쩍대는 느낌을 주지는 않는다. 이것은 13세기에 제작된 성구 사전의 문제와 다소 비슷한 면이 있다. 색인을 너무나 상세하게 만들다 보니 그것을 담은 실제 책이 편히 사용하기에는 성가실 정도로 규모가 커져 버렸다. 게다가 『교부론』의 내용이 세월의 격차만큼이나 난해해지기도 했다. 우리는 여전히 빅토리아시대가 선사했던 철로—하수구는 말할 것도 없고—를 사용하고 있지만 교부들의 말씀은 미뉴가 상상하기 힘들 정도로 주목받지 못하는 처지가 되어 골방에 유폐된

형국이다. 어떤 기적 같은 일이 생겨서(기적이라고 하는 것이 적절할 것이다), 『교부론』색인이 태블릿 스크린을 터치하는 것만큼 쉽게 접근할 수 있도록 만들어진다 하더라도 이제는 극소수만이 관심을 가질 특이한 정보여서 그저 기이하다는 느낌밖에는 주지 못할 것이다. 우리 대부분에게 그 방대함이 주던 경이로움의 빛은 바래 버렸다. 그러나 덜 전문적이면서도 더 광범위하고 현대적으로 적용할 수 있는 색인이 있다면 어떨까? 『교부론』의 색인처럼 깨알같이 촘촘하고 꼼꼼하면서도 더욱 광범위한 영역 아니 **모든** 영역을 망라할 수 있는 보편 색인이라면 어떨까?

1877년 10월 2일, 세계의 도서관이 런던에 강림했다. 전 세계 최대 도서관 중에서 140곳의 대표들이 제2차 도서관장 회의를 위해 도착했다. 1차는 그 전해에 필라델피아에서 개최되었지만 대서양을 건너야 해서 유럽 관장들이 많이 불참했다. 이번에는 이탈리아, 프랑스, 덴마크, 벨기에, 오스트리아 대표들이 일부는 국립도서관을 일부는 사립도서관을 대표하기 위해 참석했다. 그리스와 독일 정부는 특별대표를 파견했다. 미국에서는 17개 도서관의 대표들이 대서양을 가로질러 참석했는데 그중에는 명문 하버드, 웰슬리, 브라운 대학교의 대표들도 있었다. 물론 다른 어떤 지역보다도 영국 곳곳의 도서관 대표들이 참석자 명부를 가득 채웠다. 영국 박물관장, 옥스퍼드와 케임브리지 도서관장과 그 산하 칼리지의 도서관장들, 솔즈베리와 세인트폴, 캔터베리, 엑서터 같은 대성당의 관장들, 의사 협회, 통계학회, 아시아학회, 역사학회, 성서고고학회, 전신 기사 협회, 퀘켓 현미경 검사 클럽 따위의 지식인 단체장들도 참석했다. 그리고 무엇보다도 1850년 공공도서관법이 제정되면서 전국적으로—플리머스로부터 던디까지, 사우스 실즈로부터 선덜랜드까지 그리고 리버풀, 맨체스터, 볼턴, 브래드퍼드, 리즈와 같은 산업 지대에 이르기까지—설립된, 누구든 원하는 사람에게 공짜로 책과 지식을 제공하는 지자체 도서관 대표들이 가장 많았다. 핀즈베리 서커스에 있는—신축된 무어게이트역 바로 뒤에 위치한—런던 인스티튜션[런던 대학교의 전신-옮긴이]의 주랑 현관에 참석자들 약 216명이 모여 자신들에게 맡겨진 엄청난 양의 문자 지식을 어떻게 하면 가장 잘 보존하고 전파할 수 있을지를 논의했다.

　그 행사 소식은 그날 아침 《타임스》에 실렸다. 기자는 특히 미국 대표 중 누군가가 전시했던 회전식 책장에 매료되어서 '자기만의 서가를 꾸미고자 하는 학생들에게 매력적일 발명품'이라고 전했다.[6] (이런 열광은 절반은 빗나간 예상이었다. 회전식 책장은 학생들 방보다는 서점의 필수품이 되었다.) 나흘간 진행된 도서관장 회동에서는 이런 종류의 도서관 용품 전시 외에도 지식을 효과적으로 보존하기 위한 그리고 장기적으로 도서관을 순조롭게 운영하기 위한 모든 당면 현안들—매우 중요함에도 불구하고 일반인들의 관심을 끌 만한 우선순위에는 들지 못하는 도서 목록 작성법, 책 보존을 위한 제본법, 책의 구입과 처분법—을 다루는 회의가 열렸다. 하지만 둘째 날 저녁이 되어 좀 더 눈이 번쩍 뜨이는 주제에 대한 강연 안내가 있었다. 연사는 옥스퍼드 유니온 소사이어티(Oxford Union Society)의 전직 도서관장이었던 J. 애슈턴 크로스(J. Ashton Cross)였고, 강연 제목은 '주제에 관한 보편 색인(A Universal Index of Subjects)'이었다. 강연에서 크로스는 지식의 모든 분야를 아우르는 방대한 색인 작업을 위한 대규모 국제적 협업 프로젝트를 제안했다. 그의 주장을 터무니없이 비현실적인 것으로 받아들이지 않도록 크로스는 청중에게 그런 색인 작업이 이미 진행 중인 거나 마찬가지라고 말했다. 학생들 각자가 자기 공부를 위해서 교재에 색인 작업을 할 때마다 생기는 일이라는 것이다. 그러나 그들의 작업을 취합하여 출판하는 체계가 없어서 이런 노력이 하릴없이 사라지기 때문에 동일한 색인 작업이 무한 반복되고 있다고 주장하면서 다음과 같이 한탄했다. "수많은 사서와 학생 들이 지금도 (…) 같은 책에 대해 색인 작업을 하고 또 하고 하고 또 하고 있습니다."[7] 게다가 많은 분야에서 방대한 색인들이 이미 이용 가능하지만 소규모로 개별적으로 이루어지고 있을 뿐이라고 전했다.

> 많은 잡다한 주제들을 다루는 (…) 가령 출판, 속기, 체스, 포도주, 담배, 낚시, 집시, 슬랭, 산, 사이클론, 지진과 화산, 드라마, 낭만주의, 최면술, 진화론, 사탄, 내세에 대한 학설 등에

관한 문헌들이 개인적인 노력으로만 색인 작업이 이루어지고 있습니다.[8]

크로스는 표준적 방식—제각각 전문 분야가 있는 다양한 도서관들이 해당 분야의 주요 문헌들을 색인 작업해서 그것을 중앙정보센터로 보내고 그렇게 들어온 수많은 하위 색인이 센터에서 취합되면, 국제위원회가 그 새로운 결과물을 어디로 분류해야 할지를 결정하는 식—으로 합심해서 작업하는 것이 지금 필요한 일이라고 주장했다. 큰돈이 들 일이었다. 크로스의 강연이 끝난 뒤에 이어진 토론에서 런던 도서관 관장은 '그 제안에 찬물을 끼얹는' 것 같아서 유감이지만 '그런 식으로 무상 노동을 쓰겠다는 계획을 신뢰'할 수 없다고 선언했다.[9] 물론 사서들이 무상으로 일하기를 원하는 사람은 누구도 없다. 그러나 사서들 간에 노동 분업이 이루어진다면 지금처럼 무심코 서로 목록을 중복해서 만드는 수고가 줄어들기 때문에 궁극적으로는 시간을 벌어 주는 측면도 있다고 크로스가 답했다.

재정적 문제야 어떻게 되든 상관없이 크로스의 발상은 사람들의 상상력을 사로잡았다. 그다음 주 《아테나이움(Athenaeum)》이라는 문학 저널에 도서관장 회의 소식이 실렸는데 사람들의 주목을 독차지한 것은 크로스의 제안이었다. 그렇게 긴급해 보이지도 않는 다른 프로젝트들에 기금이 제공—팔레스타인 탐사 기금에 비난의 화살이 쏟아졌다—된 것을 보면 기금 마련도 어려울 게 없다는 분위기였다.

> 일할 사람을 찾아라. 아니면 오랫동안 유능한 사람에게 지불
> 할 돈을 구해라. 그러면 그 일을 할 수 있을 것이다. 만약 팔레
> 스타인 탐사와 같은 그렇게 사람들 대부분의 관심사와는 무
> 관한 사업에 쓸 돈을 구할 수 있다면 지식을 집대성해 줄 보
> 편 색인과 같은 그런 강력한 교육 도구를 구축하기 위해 자금
> 을 구하는 건 시간문제일 것이다.[10]

크로스의 강연은 좌중에 모인 대표들을 도발하는 예언으로
끝을 맺었다. "이 자리의 질문은 보편 색인 프로젝트에 착수
할 것인지 말 것인지가 아니라 오로지 어떤 방식으로 그것을
해낼 것인가입니다."[11] 보편 색인 작업에는 시대정신이 함께
하고 있었다. 중요한 것은 어떻게 그것을 이루느냐였다.

도전 과제를 하나 상상해 보자. 당신이 스팀펑크 검색엔
진, 일종의 와일 E. 코요테(Wile E. Coyote)식 인터넷인어박
스 같은 것을 구축하라는 과제를 받았다고 가정하자[스팀펑크
(steampunk)는 19세기 증기기관을 바탕으로 기술이 발전한 가상 세계를 다루
는 공상과학 소설 장르를, 인터넷인어박스(Internet-in-a-Box)는 인터넷에 연
결하지 않고도 인터넷 핵심 정보를 사용할 수 있는 디지털 도서관을 말함. 애니메
이션 캐릭터인 와일 E. 코요테가 로드러너를 잡기 위해 온갖 신기한 도구를 만들
어 보지만 결국 실패로 끝나기 때문에 이 말은 환상적이고 복잡하지만 의도했던 대
로는 작동하지 않는 도구라는 느낌을 줌-옮긴이]. 그 기계 박스를 '가르치

는', 즉 그것에게 유용한 것으로 여겨지는 모든 정보를 사전에 업로드하는 최선의 방안은 무엇일까? 당신은 (a) 그 박스가 능통해야 하는 모든 분야의 지식을 정했는가? 맨 먼저 주요한 분야—가령 과학, 문학, 예술—를 정하고는 더 세분화된 분야—기상학, 프랑스 시, 고전 시대의 조각—로…… 간다. 만약 당신이 원한다면 계속 더 작은 전문 분야로 나눠 갈 수도 있다. 결국 이 단계에서 얼마나 더 세분화하느냐가 그 엔진의 응답 수준이 얼마나 정교할지—얼마나 상세할지, 얼마나 전문적일지—를 결정하게 될 것이다. 일단 이런 주제 정보를 설계하고 나면 이제 각 주제에 대한 중심 텍스트들—핵심적인 저작들, 가장 평판이 높은 교재들—을 정하고 각 분야의 개략적인 모습을 보여 줄 수 있는 대표적인 참고 문헌 목록을 편찬하게 된다. 이런 책들을 당신의 신형 기계(앞에는 직사각형의 투입구가 있고 뒤로는 컨베이어벨트가 웅웅거리며 돌아가고 있다)에 입력하게 될 것이다. 조심스럽게 선택하라. 당신의 기계가 아는 모든 것, 미래 사용자들에게 이 기계가 제시할 모든 답변이 이 순간에 정해진다. 바로 이 청사진, 전자적 자기 개선 능력이 있는 이 거대한 목록들에 의해서 결정되는 것이다. 아니면 당신은 (b) 그 엔진에게 저널을 읽히겠는가? 그냥 일간지만이 아니라 《뉴사이언티스트》 《이코노미스트》 《타임스리터러리서플먼트(Times Literary Supplement)》…… 같은 특별한 정기간행물들까지 모두 말이다. 그리고 나서는 그냥 그 기계가 알아서 하도록 내버려 두는 것이다. 충분한 시간을 두고 몰입 학습의 과정을 거친다면 당신의 자동학습 기계가 어떤 검색어를 질문하더라도 충분히 답변할 수 있을 정도로 전문가가 될 거라는 가정이 과연 맞아떨어질까?

두 접근방식은 제각각 이점이 있다. 첫 번째인 하향식 접근 방식은 통제력을 주고 각 분야에 수정할 기회를 주며, 그 분야가 적절히―신뢰가 갈 정도로 그리고 방대하게―다루어지고 있는가를 확인할 수 있다. 이런 대응 방식은 초기 단계부터 일단의 전문가들에 의해서 결정된 것이다. 하지만 이것은 막힌 구조이다. 규제가 가해지는 만큼 유연성은 떨어지고 그 자체로 고립된 구조이다. 이와는 대조적으로 두 번째는 역동적이고 학제적이며 통섭적이다. 이런 식으로 축적된 지식은 다층적이고 시간이 지날수록 축적되는 경향을 보이며 열린 구조이다. 하지만 외부 관리자들이 그 기계가 주어진 주제에 대해서 기본적인 것을 인지하고 있는지를 확인할 길은 없다. 두 번째 방식대로라면 처음 비가 내리기 시작할 때는 포장용 돌에 떨어진 첫 몇 방울의 회색빛 자국들처럼 정보는 분산되고 흩어질 것이다. 만약 계속 비가 내리면 마침내 그 자국들이 늘어나며 모여들고 돌 전체가 젖을 것이다. 그것이 다루는 범위는 보편적일 것이다. 그러나 그 정도로 진화하려면 시간이 얼마나 걸릴까?

도서관장 회의가 있은 지 3주 후에 세인트제임스 광장의 런

도판 30: 존 펜턴이 만든 색인 협회의 로고. 헨리 휘틀리의 저서 『색인이란 무엇인가?』
속표지에 처음 등장했다.

던 도서관에서 어떤 모임이 개최되었다. 문예지에 모임을 알
리는 광고가 실리고 크로스의 도전 과제에 관심이 있는 사람
들의 참석을 촉구했다. 그날 저녁, 도서관장 회의가 있은 지
겨우 3주 만에 색인 협회가 설립되었다. 헨리 B. 휘틀리가 협
회장으로 선출되었고 회원 가입은 위원회의 승인으로 결정하
기로 했으며 회비는 일 년에 1기니로 책정했다.

그 협회의 로고는 인쇄업자이자 동판화가인 존 펜턴(John
Fenton)의 작품인데, '과학과 문학과 예술로 난 세 갈래 학문

의 길을 가리키는 방향 지시 푯말 앞에서 정보를 구하는 학생'을 묘사했다.[12] 간단한 로고지만 생각할 거리가 많다. 맨 먼저 푯말(fingerpost)이 시각적으로 은유하는 바에 어울리게 인덱스는 문자 그대로 길을 가리킨다. 공부를 길 찾기 여행에 비유하는 것이어서 의미심장하다. 여행길에서 좋은 푯말은 산을 평탄하게 하고 길을 반듯하게 하는 것과 동일한 효과를 보는 것이니 그 이미지는 앞서 있었던 미뉴의 열변과 시각적 일치를 보인다. 그리고 로고 가장자리에는 자기 꼬리를 먹어 치우고 있는 뱀 우로보로스가 있다. 그것은 괴이한 중세 연금술의 상징물인데 색인 협회의 로고 설명에는 이것에 대한 별도의 해명은 없다. 우로보로스는 이집트 피라미드 벽에 새겨진 것이 최초인데, 질서가 분명한 세계를 에워싼 형체가 없는 혼돈을 의미했고 아마도 로고 속의 그림도 같은 뜻인 듯하다. 인덱스 밖의 세상은 오직 혼돈뿐이라는. 마지막으로 여행자가 학생이라는 사실은 애처롭다. 우리의 이야기에서 오랫동안 학생들은 공부를 기피하며 **적절한** 읽기에 싫증을 내면서 미끄러워 잘 잡히지도 않는 뱀장어 꼬리나 잡는 식으로 게으르게 학문에 접근하려 한다는 의혹을 받아 왔다. 그러나 이 로고 속의 학생은 긴 스타킹을 신고서 탐구 여행의 출발점에서 열망에 불타는 주의 깊은 눈으로 푯말을 바라보고 있다. 색인 협회가 만들어진 세상에서 그는 조롱이 아니라 저명한 앞 세대 학자들의 공감과 도움을 받게 될 것이다.

색인 협회가 설립되고 일주일 후에 《아테나이움》에는 다음과 같은 협회 취지문이 실렸다.

> 그런 점에서 부족한, 잘 알려진 책들에 대한 색인을 편찬하는
> 것과 또한 주제 색인들을 만드는 것 (…) 동시에 협회는 편찬
> 과정에서 협회 회원들이 접근할 수 있는 광범위한 문헌에 대
> 한 보편 색인을 만드는 작업을 추진할 것이다. 색인 도서관이
> 시작될 것이고 그것은 모든 지식에 대한 포괄적인 해답을 찾
> 아내는 데 도움이 되는 모든 정보를 포함할 것이다.[13]

최초부터 협회의 회칙에 스며든 크로스의 보편 색인 정신
을 '모든 지식에 대한 포괄적인 해답'이라는, 한껏 고양된 기
분으로 내지른 과감한—아니면 불길할 정도로 오만한—표
현에서 볼 수 있다. 이 표현에서 협회 창립 5년 전에 출간된
『미들마치(Middlemarch)』의 주인공 커소번 신부(Reverend
Casaubon)가 강박적으로 추구했던 '모든 신화에 대한 해답'
이라는, 그가 결코 끝내지 못했던 비운의 과제를 떠올리는 회
원은 아무도 없었을까? 이런 공표로부터 우리는 처음부터 협
회 창립자들이 그들의 중심 과제를 세 가지 등급으로 나누어
추구했음을 볼 수 있다. 가장 간단하고 성취 가능한 첫 번째
과제는 소박한 책 색인과 관련된 것일 터였다. 맨 먼저 색인
이 부족한 '우수한 저술들'의 목록을 작성할 계획이었다. 역
사와 전기문과 문장학[가문의 문장과 역사를 연구하는 학문-옮긴이], 고
고학, 골동품학의 고전들, 가령 토머스 무어의 『셰리단의 생

애(Life of Sheridan)』, 존 스튜어트 밀(John Stuart Mill)의 『정치경제학 원리(Principles of Political Economy)』, 아이작 디즈레일리의 『찰스 1세의 생애(Life of Charles I)』 같은……. 회원들은 목록에서 원하는 책을 골라 색인 작업에 착수하고 작업이 끝난 것은 출판을 위해 협회로 보내도록 권유되었다. 두 번째 과제는 이 색인들을 기존의 색인들과 함께 합쳐서 '주제 색인들', 즉 미니 보편 색인을 만드는 데 사용하는 것이었다. 이 미니 색인은 대학교 서점의 서가처럼 광범위한 지식을 인류학, 천문학, 식물학 등의 단일 학문으로 분류한 제한적 색인이었다. 그리고 마지막 과제는 지금까지 축적해 온 모든 것을 통합하여 단일한 보편 색인이라는, 모든 것에 대답할 수 있는 거대한 바구니 속에 담는 것이었다.

색인 협회 내에서 상황은 빠르게 전개되었다. 초반의 관심은 열기가 높았다. 한 달이 채 못 되어 70명이 각각 1기니에 달하는 회비를 냈다. 창립 제1차 총회가 메이페어 소재 영국왕립아시아학회에서 열렸을 때 여러 도서관과 학회를 제외하고도 개인 회원만 170명에 이르렀다. 두 건 정도 대형 기부도 이루어져서 협회가 당장 쓸 수 있는 기금도 거의 두 배로 증가했다. 위원회가 중요하게 여긴 개별 서적에 대한 색인 작업도 이미 진행되고 있었고, 그동안에 협회의 첫 출판물—휘틀리의 『색인이란 무엇인가?』—도 나왔다. (출판을 서두르느라 초판에 중요한 결격사유가 있었다. 『색인이란 무엇인가?』에 색인이 없었다. 다행히도 1차 총회를 치르기 전에 문제점을 바로잡기는 했다.) 제1차 총회에서 있었던 협회의 개회식 발언에서 초기 업적들을 하나하나 설명해 놓은 회의록을 보면 미래에 대한 협회의 낙관적 분위기가 뚜렷하다. 이런 분위기는 협회 간판급 인물인 카나번 백작(Earl of Carnarvon)이 협회장으로서 기품 있는 연설을 하면서 더욱 증폭되었다.

카나번의 연설은 고상하고 문학적이었다. 성경의 비유적 표현과 아시아학회라는 연설 장소에 걸맞게 동양적 전통에 대한 해박한 분위기가 담겨 있었다. 그러나 그 연설은 우리에게 이상한 포맷으로 제공되어서 카나번이 쓴 것처럼 읽히지 않고 연설장 회의록 기록자의 간접적 전달처럼 읽힌다. 연설 전부가 과거 시제에다 간접화법이어서 낭랑한 연설이 단조로워졌고 목격자의 진술과 같은 구조로 억지로 쥐어짜 넣어져 답답하다. 연설은 겸손하게 시작된다. "[협회장의 말씀은] 가치 있는 제안들을 제시한 활기찬 연설이었다. 그는 문학적 관점에서 이것이 중요한 회의라고 생각했다. 그리고 그들[즉 협회]은 자신들의 방식을 고수해야 한다고 생각했다. 그러나 그는 그들이 염두에 두고 있는 그 목적이 대중들에게 이해되기만 한다면 그것의 유용성을 권고하는 것만으로도 충분할 것이라며 만족해했다."[14] 이 대목까지 읽어 보니 정말 지루하기 짝이 없다. 카나번의 목소리는 보고서처럼 써진 글 속에 갇혀버렸다. 그래서 그 연설은 중소기업 사장이 그를 못 미더워하는 이사회 임원들 앞에서 결함 있는 신제품을 쩔쩔매며 옹호하는 것 이상으로 읽히지 않는다. 그러나 카나번은 목청을 가

다듬고 좀 더 거대한 어떤 것을 향해 분위기를 고조시킨다. 곧 연설의 분위기는 좀 더 활기를 띤다.

> 지식의 세계는 매우 거대하다. 에덴동산처럼, 선악을 알려 주는 지식의 나무가 그 안에서 자라고 있다. 나무의 과실은 많고 다양하다. 어떤 것은 꼭대기에서 어떤 것은 가지에서 또 어떤 것은 땅바닥 가까이에서 자라고 있다. 어떤 것은 접근이 쉬우나 어떤 것은 얻기에 까다롭다. 그리고 모든 학생은 가까이 있는 지식만으로는 충분하지 않다는 것과 지식이 손 뻗으면 닿을 만한 곳 안에 있어야 한다는 것을 알고 있다. 인간이 만들어 낸 지식은 접근 가능한 것이어야 하며 목록화되어야 하며, 언제든 사용 가능하도록 분류되어 있어야 한다.

지식의 나무에서 가장 높이 달린 열매를 손닿는 곳에 갖다 놓는다고? 에덴동산에서 열매에 접근할 수 있도록 했더니 어떤 일이 벌어졌는지를 상기하는 순간 그 비유는 조금 아프게 다가온다. 하지만 그 나무는 여전히 협회의 프로젝트를 위해 흥미를 끌어내는 비유이다. 카나번의 연설에서 **접근 가능한**이 **목록화된**과 **분류된**으로 향할 때 우리가 조금 난처한 기색으로 뒷걸음치게 되는가? 키가 크고 오래된 지식의 나무로부터 현대적인 관료주의의 세계로 전락할 때 어떤 점강법[대상의 의미를 의도적으로 고양된 상태에서 추락시키는 방법-옮긴이]의 순간이 느껴지는가? 아마도 카나번도 이것을 알아챘을 것이다. 그는 적어도 자신이 쓴 최고의 비유적 표현이 무엇인지를 인식했던 것으로 보인다. 그래서 협회의 창립과 최초의 성공에 대한 이야기를 풀어낸 후 다시 나무로 돌아가서 결론을 맺었는데 심지어 초지일관 간접화법을 쓰던 회의록 기록자까지 감동했는지 백작의 언어를 직접화법으로 기록했다.

> 나는 감히 지난해 오늘 밤에 설립된—차라리 '심었던'이라고 말하고 싶은—이 어린 협회가 갓 심은 묘목처럼 퍼지고 자라고 꽃피우고 그리하여 장차 동양의 반안나무처럼 새로운 줄기를 내고 새 가지를 뻗어서 작은 숲을 만들고 잎과 꽃과 과실을 틔워서, 그 숲으로 모든 나라와 모든 직업의 인문적 소양을 가진 인간들이 서로의 정보와 도움을 구해 모여들기를 희망합니다.

이 연설은 미뉴의 거대한 프로젝트가 보였던 풍요로우며 복잡다단한 이미지를 그리게 한다. 또한 협회가 지향하는 궁극적 목적의 보편성을 제시하고, 이 기념비적 프로젝트가 오로지 많은 싹을 틔워서 번창하게 함으로써만 성취될 수 있다는 사실도 암시한다. 그것은 협회에 관대함의 자세와 전 인류를 포용하는 정신으로 일해야 한다는 사명감을 부여하면서 회원들이 하는 일을 전 세계적 형제애의 아름다운 실천으로 이끈다. 그것은 고귀하며 시간이 흘러도 변치 않는 가치이며 에덴으로의 회귀이다.

불행하게도 그 모든 뚜렷했던 열기에도 불구하고 막 활개를 치려던 협회에서 사업을 착수하기도 전에 카나번의 이상을 배반하는 일이 생기기 시작했다. 보편 색인 프로젝트—그것이 없다면 카나번의 연설은 기껏해야 잔뜩 부풀린 허풍에 불과하다—가 슬그머니 뒷전으로 밀려나더니 더 이상 주목을 받지 못하게 된다. 협회의 논리에 따르면 공간 부족 때문이라고 했다. 보편 색인의 거대한 뇌를 형성할, 모든 색인 카드 쪽지를 수용하고 배열할 수 있는 널찍한 사무실이 부족했다. 마침내 6년이 지나서 공간을 마련했지만 이미 시기를 놓쳐 버렸다. 협회가 벌써 퇴조기에 들어선 것이다. 핵심 회원들의 열정과 노력에도 불구하고 협회는 그들의 목표를 이루기 위해 대중들의 더 폭넓은 관심을 이끌어 내는 데에 실패했다. 완성된 색인은 기금 부족으로 출판이 지체되었고, 이미 출판된 색인에 대한 문학 출판계의 반응은 미온적이었다. 회원 가입도 오랜 정체기에 들어섰다. 설립된 지 10년이 되는 해인 1887년에 협회는 사실상 활동 중단 상태에 들어갔다. 협회가 해산된 뒤 15년의 세월이 흐른 뒤에야 휘틀리는 협회의 광범위한 비전이 협회 소멸의 원인이 된 것은 아닌지 의문을 던졌다. "[협회가] 지속적인 성공을 거두지 못한 것은 어쩌면 그 목적이 너무 포괄적인 탓이었는지도 모른다. 한 분야의 색인에 관심을 갖고 있던 사람들이 그것과 전연 다른 주제에 관심을 보이는 경우는 거의 없기 때문이다." 꽤 그럴싸한 해석이지만 휘틀리의 다음 진술이 더 정확한 해명에 가까워 보인다. "나는 (상당했던) 색인 작성에 대한 대중들의 관심이 이런 색인을 위해 기꺼이 비용을 지불하겠다는 의욕에까지 이르지는 못했던 것이 아닌가 하는 생각이 든다."[15]

모든 지식으로 향하는 열쇠라는 점에 대해서 휘틀리는 여전히 확신에 차 있었다.

> 일부에서는 이것이 불가능한 과업이며 이런 시도를 하는 것이 시간 낭비라고 생각합니다. 이런 견해를 가진 사람들은 알파벳의 간명함과 유용함에 대한 충분한 확신이 없어서 그렇습니다. 모든 사람은 기록을 하고 참고 사항을 쌓아 두지만, 정돈되지 않은 상태라면 무용합니다. 그러나 알파벳순으로 분류해 놓기만 하면 가치 있는 자료가 됩니다. 보편 색인이 목표로 하는 바가 바로 이것입니다. 서로 아무런 연관성이 없는 것이라 하더라도 그곳에 배열할 수 있고, 쓸모없었을 많은 것들이 그 순간 안식처를 구하게 됩니다. 영원히 증식하면서도 결코 완성되지는 못할 운명임에도 불구하고 색인은 모두에게 유용할 것입니다. 그리고 그 색인에 조언을 구하는 자는 비록 그들이 구했던 것을 모두 얻지는 못하더라도 분명 그 수고에 값하는 어떤 것을 발견하게 될 것입니다.

아이러니한 것은 여기서 휘틀리가 설명한 것 ― '영원히 증식하면서도 결코 완성되지는 못할' 단일한 알파벳순 색인 ― 이 이미 존재했다는 사실이다. 크로스가 색인에 대한 대

책을 요구하는 강연을 했던 바로 그곳에서 그 색인에 대한 논의가 있었고 그로부터 5년 뒤 초판이 발행되었다. 그때도 협회는 여전히 장소만 찾아다니고 있었다. 그것은 학부 2학년생이 동급생들의 에세이 과제를 도와주려는 뜻으로 시작된 것이었다.

도서관장 회의에서 크로스의 강연을 듣고 있던 대표 중에 윌리엄 풀(William F. Poole)이라는 사람이 있었다. 크로스가 회의에 참석하러 옥스퍼드—거의 한 시간 거리—에서 열차를 타고 온 것에 반해, 풀은 훨씬 더 먼 곳으로부터 왔다. 미국에서 가장 출중한 사서로 꼽히던 풀은 6년 전 시카고 대화재를 겪은 후 설립된 시카고 공공도서관의 대표였다. 그 전에 풀은 보스턴 아테나이움의 사립도서관, 아나폴리스의 해군사관학교 그리고 매사추세츠주 뉴턴과 노샘프턴의 공공도서관을 두루 거쳤다. 가장 중요한 경력은 그가 신시내티 공공도서관을 운영한 것이었다. 운영자로서 그는 소장 도서 규모를 300퍼센트나 늘렸고 신시내티 도서관을 바인 거리에 위치한, 4층 높이의 서가와 빙글빙글 돌아가는 나선형 계단과 살바도르 달리 그림의 코끼리 다리처럼 껑충한 나팔 모양으로 벌어진 주철 기둥이 서 있는, 새롭고 세련되고 믿기지 않을 정도로 멋진 건물로 옮기는 일을 진두지휘했다.

풀이 회의에 참석하는 동안 그를 위한 답사가 준비되어 있었다. 오늘날 영국 국립도서관의 전신이며 프랑스 국립도서관 다음으로 많은 도서를 소장 중인 영국 박물관 방문 일정이 잡혀 있었다. 수석 사서의 안내를 받으며 풀은 박물관을 둘러보았다. 거대한 돔 아래 열람실을 들렀다가 풀의 눈이 "종이가 바래고 수없이 사용한 까닭에 거의 닳아 버린"[16] 어떤 책을 향했다. 그가 마지막으로 그것을 본 지 20년이나 된 책이었다. 자신이 학생 시절에 쓴 『평론과 다른 정간물에서 취급한 주제에 대한 알파벳순 색인(An Alphabetical Index to Subjects Treated in the Reviews, and Other Periodicals)』이었다. 풀이 학생이었던 시절에 출판된 『알파벳순 색인』은 그가 지금 도모하고자 하고, 런던에서 공개하려던 프로젝트의 축소판과 다름없었다.

윌리엄 프레더릭 풀의 집안은 가난했다. 그의 아버지는 매사추세츠주 세일럼의 양모 상인이었다. 재능 있고 근면한 어린이였던 풀은 그 지역 학교를 다니면서 집에서 독학으로 라틴어를 익힐 정도로 공부에 대한 의욕을 키웠다. 그의 재능을 알아본 어머니는 풀이 대학 교육을 받게 해야겠다고 다짐했다. 하지만 그의 집안 형편으로는 가능하지 않았다. 고등 과정을 졸업한 후에 풀은 3년 동안 교사로 일하면서 학비를 저축하고 대학 입학을 위한 공부도 했다. 21세에 예일 대학교에 입학했지만 학비 부족으로 일 년밖에 다니지 못했다. 다시 교사 일로 복귀했고 3년을 더 저축해서 20대 중반이 되어서야 학교로 돌아왔다. 이번에는 대학 내 동아리 '브러더스 인 유니티(Brothers in Unity)'[학내 토론 동아리이면서 특별 과외 학습을 주도했고 방대한 장서를 보유해 동아리 도서관도 운영함-옮긴이] 도서관의 보조

도판 31: 1870년부터 1953년 사이에 시민들이 이용했던 예전 신시내티 공공도서관의 서가와 사다리들.

사서로 일하면서 학업을 마칠 수 있었다.

그 시절에 학생들의 에세이 주제는 대학 구내 채플에서 발표되었다. 그리고 그때마다 사서였던 풀에게 그들이 읽어야 할 자료—전거, 출전, 혹은 참고 문헌—를 추천해 달라는 동급생들의 요청이 쇄도했다. 풀은 새로운 에세이 주제가 발표될 때마다 학술지에 실린 책과 논문이 포함된 리스트—최근 주제에 대한 즉석 참고 문헌 목록—를 올리기 시작했다. 그리고 이 목록에는 책과 학술지에 실린 논문이 포함되었다. 후자—책이 아니라 논문—의 경우는, 풀이 생각하기에 자신이 목록에 올리지 않았더라면 동급생들이 지나쳤을 가능성이 충분한 자료였다. "나는 도서관에 잘 비치해 놓은 정간물들이, 매일 궁금증을 던지는 문제들에 대한 주제를 풍부하게 다루고 있음에도 불구하고, 잘 이용되지 않고 있다는 사실을 알게 되었다."[17] 가난한 보조 사서가 아니라면 누가, 혹시라도 뭔가 쓸모 있는 것이 있을까 싶어 정간물 수백 권을 훑어볼 엄두를 내겠는가? 공적인 업무에 늘 성실하게 임했던 풀은 그 과중한 임무를 스스로 떠맡았다. 일 년 동안 그는 브러더스 동아리 소장 자료 중에서 560권에 달하는 가장 중요한 저널들을 훑었다. 미국 내 최근 비평 및 연구 성과들—《뉴욕리뷰(New York Review)》《유용한 지식의 미국 라이브러리(American Library of Useful Knowledge)》—과 대서양 맞은편에서 온 저널들—《블랙우즈매거진(Blackwood's Magazine)》《에든버러리뷰(Edinburgh Review)》《더블린유니버시티리뷰(Dublin University Review)》─과 정치, 역사, 문학 비평을 다루는 모든 논문과 잡지를 탐색하면서 주제를 기록하고 다시 그것을 하나의 목록으로 통일해서 '압둘카디르(Abd-el-Kader)[알제리의 아랍 반불(反佛)운동 지도자-옮긴이]의 회고록'으로부터 '츠빙글리(Zuinglius), 스위스의 종교개혁가'에 이르는, 154쪽에 달하는 알파벳순 주제 색인을 작성했다.

자신이 정한 추천 도서로 만든 풀의 색인집은 말할 것도 없이 동료 학생들에게 대인기를 끌었다. 너무나 인기가 있어서 얼마 지나지 않아 색인 용지가 너덜너덜해질 정도였다. 그래서 자료를 정식 출판하기로 했다. 『알파벳순 색인』이 브러더스 인 유니티가 소장한 상대적으로 제한된 컬렉션에 있는 저널만을 포함했음에도 불구하고 그것은 예일 대학교를 넘어서 대서양 너머까지도 주목을 끌었다. 총 발행부수는 500부였지만, 풀은 "이 색인이 준비되고 있다는 소식이 발표되자마자 해외 주문량이 전체 부수를 초과해 버렸다"라고 기록했다.[18] 학생 신문의 사서가 학문 공동체 전체가 요구하는 자료를 제공하게 된 것이다.

그러나 왜 정간물 색인이 대서양 양쪽 모두에서 열띤 주목을 받게 되었을까? 풀은 1802년《에든버러리뷰》창간을 기점으로 시작된 진지한 학술지의 부흥에 그 이유가 있다고 생각했다. 풀은 다음과 같이 기록했다.

그 이전까지는 책을 쓰거나 팸플릿을 썼던 전 세계 최고의 작가들과 위대한 정치인들이 주도적인 비평지나 잡지에 글을 기고하기 시작했다. 그리고 그 글들은 유럽과 미국, 인도, 호주와 뉴질랜드 전역에서 한 달도 지나지 않아 모두 읽혔다. 문학, 종교, 정치, 사회과학, 정치경제 그리고 인간이 개척한 많은 다른 분야에서 제기된 모든 질문에 대해 가장 최근에 나온 신선한 해석을 정기간행물에서 만날 수 있었다. 정간물이 다뤘던 내용과 지금 다루고 있는 내용을 알지 못하고는 누구도 이런 질문들을 진지하게 탐구할 수 없었다.[19]

19세기 진지한 학자들에게 학술지는 모든 분야의 최신 담론을 교환하고 토론하기 위한 중요한 공간이었다. 그러나 어떻게 과월 호 학술지들 내용까지 소급해서 캐낼 수 있을까? 정간물 문헌들의 방대한 지적 광맥은 개발되지 않은 채였다. 풀의 표현에 따르면 "수많은 잡지에 흩어져 있는 토픽의 미로를 헤쳐 갈 수 있는 단서, 즉 색인이 부족하기 때문에 그 내용물들을 찾기가 쉽지 않기 때문이다". 정간물을 색인화하는 것은 그 미로에 대한 지도를 작성하고, 동시대 학문에 대한 스위치보드를 만드는 일이다. 그러니 풀이 여전히 학부생으로 학업에 열중하면서 여가를 선용해 만든 색인이 그렇게 열렬한 환영을 받은 건 그리 놀라운 일이 아니다. 5년 뒤에 제2판이 간행되었는데, 정간물의 범위와 용어의 상세함이라는 두 가지 측면 모두에서 진일보—색인 작업에 쓴 정간물의 양은 두 배로 항목은 여섯 배로—하면서 동아리 소장 자료에만 국한되었던 제1판의 한계도 극복했다.

하지만 각 분야의 첨단을 다루는 정기간행물의 문제점은 그것이 늘 바뀌고 있다─지식 발전은 본질적으로 늘 현재 지식을 뛰어넘는다─는 것이다. 풀의 두 번째 『색인』은 참고 문헌들을 1852년 1월까지로 제한했으나 새로운 자료는 무자비한 규모로 쇄도해 왔다. 풀은 거의 매일 『색인』의 업데이트판을 요구하는 목소리에 시달려야 했지만 이제 그는 사서로서 능력을 인정받아 점점 더 중요한 책무를 맡게 되었고 사실상 늘 부수적인 프로젝트였던 색인 작업에 매달릴 시간은 점점 줄어들었다. 그는 색인 작업을 대신 할 사람─그의 말에 따르면 '열정과 경험과 끈기를 가진' 사람─을 구했다. 그러나 그런 인물은 나타나지 않았다. 한편 풀의 『색인』을 사용하는 데 익숙해진 이용자들의 성화를 견디지 못한 도서관들은 자체적으로 보충판 색인을 만들어야 했고 도서관끼리 서로의 보충판을 반복적으로 베껴 대느라 비용도 낭비하는 결과를 낳았다.

결국 『색인』의 제2판이 나온 지 거의 사반세기가 지난 1876년에 미국도서관협회(American Library Association)가 이 문제를 해결하기 위해 특별위원회를 구성하기로 결정했다. 협회는 새로운 색인 작업이 처음에 풀이 혼자서 떠맡았던 식으로 개인이 맡기에는 너무 과중한 과제라는 것에 의견 일치를 보았다. 그 사이에도 정기간행물은 계속 늘어나기만 하는 추세였기 때문이었다. 게다가 헌신적인 색인 작성자를 쓸 수 있는 자금도 없었다. 그래서 보편적 주제 색인 작업을 위해 집단적 노력을 모으기로 했고 가능한 많은 도서관의 참여를 독려하는 쪽으로 방향을 잡았다. 총괄 감독은 여전히 풀이 맡았다. 그는 색인 작업에 포함할 주요 간행물들의 목록과 어떤 식으로 하위 색인을 마련할 것인지에 관한 기본 규칙의 초안을 잡았다. 그리고 참여하는 도서관에 각각 하나 혹은 그 이상의 간행물에 대해 색인 작업을 맡기고 그들이 작업을 끝낸 색인을 보내오면 그것을 비교 검토하기로 했다. 1877년 런던 도서관장 회의에 참석했을 때 풀의 목적은 그 작업을 더 확장하고 이를 위해 대서양 맞은편에 있는 도서관들에도 지원을 촉구하는 것이었다. 회의장 대표들의 회람용으로 풀은 자신이 정한 작업 원칙과 작업에 들어갈 간행물 목록을 담은 문안의 사본을 준비해 왔다. 그러나 크로스의 보편 색인에 대한 제안서가 전달되고 그에 관한 후속 토론이 벌어지면서 풀에게는 자신이 세운 대강의 계획을 말만으로도 설명할 수 있는 완벽한 무대가 마련됐다. 크로스는 풀에게 전폭적인 지지를 보냈다. 성심껏 그의 계획을 채택할 것을 주장했고 풀의 제안이 자신의 것과 정확히 일치하는 부분이 있다고 설명했다. 영국 도서관들이 지원을 약속했고 작업할 간행물들을 적절히 배분했다.

1882년에 신판 풀의 『색인』이 출판되었고 1908년까지 5년마다 증보판이 출간되었다. 협력 사업으로서 그 과업은 성공적이었다. 풀은 다음과 같은 소감을 밝혔다.

바다 건너 영국과 스코틀랜드를 포함해 샌프란시스코에서 보스턴에 이르기까지 이 거대한 나라에 흩어져 있는 체계와 목적이 다른 50개 도서관—국립, 주립, 대학, 회원제 도서관 그리고 공립도서관 등—이 함께 손을 잡고 공동 목표를 위해 화목하게 일하면서 다른 모든 도서관들이 작업한 결과물의 혜택을 각 도서관이 함께 공유한 것은 문헌정보학 역사에서 유례를 찾을 수 없는 사건이었다.[20]

19세기의 지식과 관심사에 대한 보편적 주제 색인으로서 풀의 『색인』은 손으로 직접 작성한 책장 모서리가 잔뜩 접힌 색인집 시절로부터 오랜 세월 변신을 거쳐 지금에 이르렀다. 그것은 기념비적인 업적이었다. 저널 232종을 분석했고 모든 호는 개별 기사의 내용으로 나누어 분류되었다. 찰스 디킨스의 《하우스홀드 워즈(Household Words to Kitto's Journal of Sacred Literature)》와 《미국 과학 저널(American Journal of Science)》로부터 《영국 여성의 가사와 패션 매거진(English Woman's Domestic Magazine)》에 이르기까지 모든 것을 다루었다. 그것은 2단 세로줄로 거의 1500쪽에 이르는 블록 크기의 정보 창고였다. 기술 용어—'다이너모 발전기(Dynamo-Electric Machines)'나 '압연기용 마찰 클러치(Friction Clutches for Rolling-Mills)'—와 '에트루리아의 장신구(Etruscan Jewellery)'로부터 '남해회사 버블(South Sea Bubble)'[1720년 영국 남해회사(South Sea Company)가 버블 붕괴로 도산한 후 많은 파산자를 낸 사건-옮긴이]에 이르는 역사 용어들까지 찾아볼 수 있었다. 에드거 앨런 포에 관한 항목이 세로 단 하나를 다 차지하고 있는가 하면 셰익스피어 항목은 다섯 쪽에 달했다. '카드게임 속임수(Card-sharping)' 혹은 '위조지폐' '표절' 혹은 '정어리' '아편' '주머니쥐' '착시현상' 따위에 대해 즉각 배울 수 있는 곳을 찾을 수도 있었다. 색인의 세로 단을 따라 손가락을 훑어 내리다 보면, 조악하지만 매력적이었던 셜록 홈스가 직접 만든 잡다한 색인들이 생각난다. 밴더빌트와 금고 털이. 독사. 해머스미스의 불가사의, 비고……

하지만 결점이 없는 것은 아니었다. 우선 《아테나이움》 《리터러리가제트(Literary Gazette)》 그리고 《이코노미스트(Economist)》와 같은 몇 가지 핵심 저널들이 빠져 있었고 그 책임은 런던 회의에 참석했던 도서관장들에게 있었다. 영국의 도서관 중에는 프로젝트에 대한 열정은 높았지만 실천을 위한 활력은 그만큼 높지 않은 곳들이 있었다. 미국 도서관들은 그들끼리 하위 색인을 작성해서 즉시 피드백을 주었지만 영국에 할당된 정간물은 25종 중 8종만이 1882년 판에 때맞춰 포함될 수 있었다. 그 판 서문에서 풀은 영국의 이런 이율배반에 대해 마지못해 변명거리를 찾아내어 나름 유머까지 동원해 이렇게 결론 내렸다. "아마도 영국 기후와 관습이 미국과는 달라서 밤에 일하기에는 좋지 않은가 봅니다." (이 말을 냉소적으로 풀어 쓰면 이럴 것이다. "아마도 그 자그마하고 추운 섬나라에서 저녁이면 다들 술에 취해 계시는 건 아닌지요.”) 하지만 이런 불협화음에도 불구하고 1882년『색인』은 진정 현재 우리가 당연하게 여기는, 포괄적 검색엔진이라는 목표를 향한 한 걸음이 되었다. 정간물에만 집중했던 방식은 어쩔 수 없는 한계를 내포했지만 그럼에도 불구하고 만약 저널에서 어떤 논의가 있었다면―영국 도서관이 빠뜨린 몇 종을 제외한다면―풀의『색인』을 펼쳐서 찾을 수 있었다.

풀은 1894년까지 살았고 그 이후로 두 번에 걸쳐서『색인』증보판을 감독했다. 증보판 작업은 2007년까지 계속되었으며 그때쯤에는 풀의『색인』을 흉내 낸 많은 다양한 색인이 나와 그 취지를 20세기의 후반부까지 이어 나갔다. 런던에서 윌리엄 스테드(W. T. Stead)가 1891년부터 1903년까지 매년 간행했던『정기간행물 색인(Index to Periodicals)』―풀의 색인보다 광범위하게, 저널 약 300종을 다루었지만 전년도 간행물만을 다루었다―과 1901년 이래로 풀의 작업과 같은 기능을 수행했고 오늘날까지도 여전히 간행되고 있는, 미국 출판물을 대상으로 한『독자를 위한 정기간행물 가이드(Reader's Guide to Periodical Literature)』가 대표적인 경우이다. 20세기 초반부는 아직 즉각적인 정보 접근, 즉 전자 색인이라는 미뉴의 이상을 이뤄 낸 정도는 아니었지만 산업혁명의 시대를 거치면서 압착기로 쥐어짠 포도처럼 모든 지식의 정수를 모아 보겠다는 목표를 향해 꾸준히 다가가고 있었다. 지금까지 나온 모든 풀의『색인』속표지에는 동일한 경구가 찍혀 있다. 그가 어렵게 학업을 이어 가던 시절 라틴어 교수가 준 구절이었다. "Qui scit ubi sit scientia habenti est proximus(찾고자 하는 지식이 어디 있는지를 아는 자는 그것의 획득에 근접해 있다)." 완벽한 모토가 아닌가. 자신이 가꾼 지식의 나무 아래에 앉아 있지만 아래쪽에 주렁주렁 매달린 과실을 따기에는 너무나 오만한 그 시대의 슈퍼히어로에게는 안성맞춤인 모토다. "왓슨, (나 대신) 팔을 좀 길게 늘여 주지 않겠나, 고맙네, 친구."

8장 루드밀라와 로타리아

검색 시대의 책 색인

"정보의 홍수 속에서 우리가 잃어버린 지식은 어디에 있는가?"

- T. S. 엘리엇(T. S. Eliot), 〈반석(The Rock)〉 중 코러스

칼비노의 『어느 겨울밤 한 여행자가』—인쇄업자의 실수로 전지가 엉망으로 접혀 버렸던 그 소설—에 담긴, 실수투성이에다 자의식 강한 이야기들 중에 실라스 플래너리(Silas Flannery) 스토리가 있다. 그는 자신의 이상형이며 아름다운 독자인 루드밀라에게 매료된 소설가이다. 어느 날 플래너리를 찾은 방문객이 있었다. 루드밀라가 아니라 그녀의 쌍둥이 자매 로타리아였다. 이 사건으로 사랑에 우는 플래너리는 더욱 애가 탄다. 『어느 겨울밤 한 여행자가』에서 의심의 여지 없는 여주인공인 루드밀라는 일련의 흥미진진한 본질적인 은유를 통해 창의성을 발휘하는 과정에 대해 생각한다. 가령 작가란 작품을 통해 호박 넝쿨처럼 무르익어 즙이 흘러넘치는 호박을 키워 낸다는 것이다. 그리고 루드밀라에 대한 플래너리의 사랑도 호박 넝쿨처럼 자연스럽게 자라난다. 하나 루드밀라는 너그럽지만 그녀의 쌍둥이 자매는 성마른 사람이다. 그리고 로타리아가 문학을 소비하는 방식은 작가와 독자 사이에 놓여 있는 애틋한 감정 회로에 누전 현상을 일으킨다. 플래너리는 글쓰기를 독자를 향한 유혹이거나 아첨이 섞인 구애 행위로 보는 반면에 로타리아는 그런 현혹에 무심하다. 이것은 그녀가 책을 **읽지** 않아서가 아니라 책을 **분석하기** 때문이다. 아니, 차라리 이렇게 말하는 것이 타당할지도 모른다. 그녀는 기계가 자신을 대신해 책을 '읽도록' 하고 기계는 그녀가 알기 원하는 모든 것을 출력한다. 플래너리가 로타리아에게 자기가 빌려준 소설들—**자신이 쓴** 소설들—을 읽었느냐고 묻자 그녀는 컴퓨터를 쓸 수 없었기 때문에 그럴 시간이 없었다고 사과한다.

로타리아는 자신의 방식을 설명하기 시작했다. 적절한 프로그램이 설치된 컴퓨터는 소설 한 권을 몇 분 내에 읽고 소설에 든 모든 단어를 빈도수에 따라서 목록을 만들어 출력해 낼 수 있다. "나는 단지 목록을 힐끗 보는 것만으로도 책이 제시해 주는 비판적 분석을 위한 주제들을 떠올릴 수 있어요." 가장 흔한 단어들—관사, 대명사, 불변화사[동사와 함께 구동사를 이루는 부사나 전치사-옮긴이] 들—은 주목할 가치가 없다. 그녀는 설명을 이어 갔다. 차라리 "5만에서 10만 단어 정도로 이루어진 소설에서는⋯⋯ 한 스무 차례 정도 반복되는 단어를 검토해 보면 좋아요". 예를 들면 다음과 같은 단어를 말한다.

"여기를 봐요. 열아홉 번 나온 단어들이지요. 피, 탄띠, 지휘관, 하다, 가지다, 즉시, 그것, 생명, 보인다, 보초, 총성, 거미, 치아, 함께, 너의……"

"이건 열여덟 번 나온 단어들이지요. 소년들, 베레모, 오다, 죽다, 먹다, 충분하다, 저녁, 프랑스인, 가다, 잘생겼다, 새롭다, 통행증, 기간, 감자, 저것들, -까지……"

"이제 무슨 말인지 확실히 감이 오지 않나요?" 로타리아가 물었다. "의문의 여지가 없지요. 얼마간 폭력이 암시되어 있고 액션이 난무하며 글은 빠르게 읽히죠. 이건 전쟁소설이에요. 서사가 겉으로 다 드러나잖아요."

전형적으로 현란하며 유쾌한 소설에서 이 장면은 겉보기보다 분석이 쉽지 않다. 우리는 로타리아에게도 그리고 그녀가 책을 읽지도 않고 던지는 분석에도 공감하지 **않는다**—로타리아가 사랑스러운 루드밀라와 대조된다는 사실만으로도 그럴 텐데—는 사실을 알고 있다. 그럼에도 불구하고 칼비노의 교묘한 솜씨는 그녀에 대한 거부감이 우리 내부에서 모순된 감정을 불러일으키도록 만든다. 우리는 처음 로타리아의 예시를 따라 읽을 때—컴퓨터 출력으로 나온 단어들, '피' '탄띠' '지휘관'—그녀가 단어들을 보면서 예측하고 판단한 것과 정확히 같은 생각을 우리도 했다는 사실을 안다. "이제 무슨 말인지 확실히 감이 오지 않나요?"라고 로타리아가 물었을 때, 우리는 감이 왔다. 분명히 그랬다. 전쟁소설이며 액션이 난무한다. 정서적 깊이는 알 수 없고 서사만 표면으로 드러난다. 우리는 로타리아의 방식을 인정**하고 싶지** 않지만 칼비노는 그녀 방식에 뭔가가 있다는 것을 우리가 묻지 않을 수 없도록 만든다. 만약 우리가 그녀의 방식을 인정하지 않는 입장을 고수하려면 우리는 다른 방침을 취해야 한다. 다른 방침이란 기계—혹은 알파벳순 단어 목록—가 책의 내용에 대해서 아무것도 말해 줄 수 없다는 것이 아니라 그게 독서 경험의 **전부**는 아니라는 것이어야 한다. 우리는 에라스뮈스와 게스너가 색인의 시대를 맞아서 학생들이 더 이상 수고스러운 독서를 하지 않을 거라며 투덜거렸고 캑스턴이 그의 독자들에게 지도를 실제 영토로 착각하지는 말라고 경고했던 근대 초기 지식인들의 냉소에서 이제 막 돌아왔을 뿐이다.

『어느 겨울밤 한 여행자가』는 1970년대에 나온 소설이다. 그때는 기계로 생성한 성구 사전과 빈도순 단어 목록이 문학비평의 변방에서 떠돌고 있었다. 그리고 700년 동안 전문 색인 작성자들의 도구였던 종이가 디지털 정보로 사라지려던 순간이기도 했다. 소설은 특정한 기술적 상황, 즉 20세기 말 컴퓨터가 활성화되면서 문학적 영역을 침범해 오는 데 대한 우려를 반영하는 것이기도 했다. 그러나 이런 근심들은 오래전부터 있었던 불안의 반복일 뿐이다. 그것은 벤틀리 박사와 그의 '알파벳순 학문'을 아우성치며 비방했던 크라이스트 처치 출신 고전주의자들의 근심과 완벽히 일치하고 혹은 심지어 소크라테스가 파이드로스에게 쓰기는 부주의함과 '참된 지혜가 아니라 지혜처럼 보이는 것'을 부를 뿐이라며 던진 경고와도 궤를 같이한다. 기계식 읽기에 우리가 갖는 불편함은 원전이 아닌 것에 의존하는 주워듣기식 학문에 대한 오래된 근심의 다른 모습이기도 하다. 구글 알고리즘이 든 블랙박스를 보는 현대인들의 염려—검색 결과가 이데올로기적으로 오염되었을지도 모른다는, 어떤 목소리는 키우고 다른 목소리는 침묵하게 만드는 식으로 우리가 불편해할 편견을 심어 놓을지도 모른다는—는 에처드가 쓴 토리당 관점의 역사책 뒷면에 존 올드믹슨이 반(反)토리당 입장을 선전했던 사실을 발견한 18세기 팸플릿 저자의 심정과 다르지 않다. 도널드 트럼프가 "구글과 다른 소셜미디어 기업들이 보수주의자들의 목소리를 억누르고 있다. (…) 그들이 우리가 볼 수 있는 것과 볼 수 없는 것을 통제하고 있다"라고 트윗을 날렸을 때 그는—무심코—오래전의 망상증을 디지털 시대로 끌고 왔다. 매콜리가 던졌던 "빌어먹을 토리당 녀석이라면 누구에게도 내 『영국사』 색인 작업을 맡기지 마시오!"의 공화당 버전이라 하겠다.[1] 미리 말해 두지만 검색엔진의 무고함은 곧 드러난다.[2] 그러나 우리가 현대로 들어서면서 색인 작업의 관행에서 컴퓨터가 사용된 양상을 따라가 보니 복잡하게 얽혀 있는 오래된 의문들—읽기와 주목하기, 노력과 편리함, 직접적 경험과 주워들은 경험에 관한—이 과거 어느 때보다 이 순간 더욱더 표면으로 드러나고 있다. 그렇다면 역사적 관점을 얼마간 갖는 것도 좋을 터이다.

　이런 문제 제기는 변한 게 하나도 없다는 말을 하려는 것이 아니다. 우리가 디지털 자료를 검색하기 위해 사용하는 문자열 탐색(string searching)의 근본을 보라. 그러면 읽기의 기본 단위가 개념이 아니라 알파벳이라는 사실, 즉 로타리아가 사용했던 대신 읽어 주는 기계와 다르지 않다는 것을 알게 된다. 주제 색인은 색인 역사에서 가장 초창기의 거의 모든 국면을 주도해 왔다. 이와는 대조적으로 21세기 검색의 시대는 자동화된 용어 색인의 시대이다. 그럼에도 불구하고 인터넷이 인쇄된 책을 없애지 못했듯이 주제 색인과 색인 편찬자들도 여전히 우리의 독서 행위에서 그들의 역할을 찾을 수 있을 것이다. 색인 편찬 전문가들은 출판물이 출현하기 거의 1세기 전부터 활약해 왔다. 로마교황청의 문서에 따르면 1320년대 이래로 색인 편찬에 대한 기록이 남아 있다. 그리고 개인용 컴퓨터 시대에 와서도 색인 일의 종말을 고하는 종이 울리기는커녕 색인 작업의 관행에 환영할 만한 변화가 있었을 뿐이다.[3] 컴퓨터는 성가신 작업을 제거해 주었고 지적 자산을 공유할 수 있게 했다. 그러나 무엇보다도 늘 고역에 시달렸던 주제 색인 작성자들의 작업이 전적으로 깔끔하게 진행되도록 길을 터 주었다.

"만약 어제 네가 왔었더라면 너는 방바닥 여기저기에 온통 종잇조각들을 흩트려 놓은 채로 쭈그리고 있는 내 모습을 보았을 거야, 글깨나 읽는 돼지처럼."[4] 버지니아 울프는 친구―그리고 지난 석 달 동안은 연인―인 비타 색빌웨스트

(Vita Sackville-West)에게 이런 편지를 썼다. 편지 속 어제는 일요일이었지만 울프는 열심히 일을 했다. 색인 편찬 작업을 했던 것이다. 그보다 10년 전쯤 울프와 그녀의 남편은 작은 수동 인쇄기를 샀다. 울프가 활자를 조판하고 남편은 인쇄기를 작동하면서 부부는 호가스 출판사를 설립하고 자신과 지인들의 단편 문학을 출판할 생각이었다. 그러나 사업은 부부의 처음 의도를 넘어서고 있었다. 사업체는 매년 책 수십 권을 출판하면서 상당한 규모로 성장했다. 그래서 이제 블룸스버리 그룹[(Bloomsbury circle, 런던 블룸스버리에 살던 버지니아 울프를 중심으로 한 예술지상주의적 예술가 집단-옮긴이]의 시와 소설 외에도 논픽션—독자들이 색인을 기대하는 역사, 에세이 그리고 정치, 경제, 정신분석학에 관한 저작들—도 출판하게 되었다. 그래서 1926년의 이른 봄 어느 주말에 울프는 자신이 펼쳐 놓은 색인 작업 중인 종잇조각들—조각들에는 배우이자 사교계의 명사였던 비올라 트리의 활기찬 비망록『캐슬스 인 디에어(Castles in the Air)』[허황된 꿈이란 뜻의 관용어-옮긴이]의 일부가 담겨 있었다—에 파묻혀 오도 가도 못하고 있었던 것이다.

울프가 만들 색인은 그리 대단한 것은 아니었다. 색인은 에드워드 7세 시대의 위대한 사람들과 훌륭한 인물 고유명사로 한정했다. 에스퀴스경과 그 부인이 들어가 있었고 윈스턴 처칠도 있었다. 상류 지주 계층 이름들 사이에서 한 항목—'홀리 하비 크리펜, 살인을 저지르다, 41, 42쪽'—이 무뚝뚝한 침입자처럼 눈에 띈다. 주인공 비올라 트리 항목에는 그녀의 삶을 세밀하게 드러내는 일련의 하위 색인들이 잔뜩 줄지어 있다.

『캐슬스 인디에어』 색인에서 가장 흥미로운 점은 울프 자신이 일 년 뒤에 편찬하게 될 다른 책의 색인을 위한 본보기가 되었다는 사실이다. 그 책은 『올랜도』, 완전한 제목으로는 『올랜도: 전기(Orlando: A biography)』였는데 능청스럽게도 주인공을 짐짓 실존 인물인 양 내세우고―소설을 논픽션인 것처럼―그런 변칙에 걸맞게 색인도 넣었다. 비타 색빌웨스트를 향한 시샘에 찬 협박―"올랜도의 색인을 찾아봐―피핀 다음에 뭐가 오는가 보도록 해―**도처에**(passim) 문란함!"―에도 불구하고 『올랜도』의 색인은 정도를 벗어난 올랜도의 애욕에 대해서는 아무 말도 없다[버지니아 울프와 동성연인 관계에 있던 비타 색빌웨스트가 이때쯤 다른 여성과 연인 사이가 됨-옮긴이].[5] 대신 이 색인은 『캐슬스 인디에어』의 예를 쫓아서 소설의 등장인물(dramatis personae), 즉 고유명사 색인으로만 범위를 제한했다. 그리고 역시 동일한 방식으로 하위 색인은 대체로 작품 주인공에게만 허용해서 올랜도의 경우는 하위 색인만으로도 요약된 전기문이 되도록 했다. 하지만 『올랜도』에서 울프는 작은 변화—and(그리고)의 도입—를 추가했다. and를 하위 색인 몇 가지 앞에 배치해서 그 색인들이 앞의 색인과 연결되도록 만들어 『올랜도』에서 숨 쉴 틈 없이 바삐 펼쳐지는 서사의 전개 상황이 다음과 같은 식으로 색인에까지 활발히 전달되도록 했다. "지식인들을 환대하다, 129쪽; 그리고 포프(Pope)씨도, 132쪽; 그리고 넬(Nell)도, 135쪽."

그러나 이런 재미있는 시도에도 불구하고 버지니아 울프에게 색인 편찬 작업이 고된 일이라는 현실은 달라지지 않았다. 1940년 그녀가 죽기 일 년 전, 우리는 울프가 자신이 집필한 로저 프라이(Roger Fry) 전기의 마지막 손질을 끝낸 뒤 일기장에서 "색인 작업 때문에 눈이 멀어 버릴 정도로 일했다"라고 투덜거리는 장면을 만날 수 있다. 그로부터 이틀 뒤 그녀는 "색인을 끝내서 보냈다. 이제 그 모든 고역에 정말로 종지부를 찍었다"[6]라고 썼다. 고역이라. 우리는 이 단어를 앞에서도 만났다. 5장에서 그 익명의 팸플릿 저자는 '색인 편찬이라는 고된 일'이나 하는 존재인 존 올드믹슨에게 제 분수를 알라며 조소를 보냈다. 그러나 일요일 오후에 종잇조각들을 온통 흩트려 놓은 채 방바닥에 쭈그리고 있는 버지니아 울프를 그려 보면서 잠시 색인 작성자의 고된 노동에 대해서 좀 더 살필 시간을 내 보자.

색인 작성자는 자신의 지적 능력을 총동원해서 책 내용을 분해한다. 책의 특성을 이해하고 작업 과정 내내 일관되게 그 특성을 따라간다. 작성자는 책에서 펼쳐지는 아이디어들을 걸러 내 그것에 붙일 만한 걸맞은 명칭을 고심한다. 그리고 명칭이 정해지면 그것을 분류해야 하는데 그것도 그냥 나눌지 아니면 하위 색인으로 처리할지 그것도 아니면 서로 관련 있는 두 아이디어를 적당히 모아서 하나의 표제어 산하에 둘지 선택해야 한다. 분명히 고도의 집중력을 요하는 철저한 독해가 관건이 된다. 본질적으로 고역이라 할 수는 없다. 하지만 현실적으로 그 과정은 밀물처럼 쏟아지는 종잇조각을 정돈하는 고역이다. 분류하고 페이지순에서 알파벳순으로 교체하고 다시 복사한다. '작은 네모난 조각들'이라고 표현한 버지니아 울프의 작업 방식은—조금 더 어수선하다는 것만 제외하면—벽 전체를 분류함으로 채웠던 색인 협회 사무실과 다르지 않고 색인의 역사를 한참 거슬러 올라간 400년 전에 콘라트 게스너가 세세하게 던졌던 조언과도 비슷하다.

매우 짧은 시간에 잘 정돈된 색인을 편찬하기 위한 한 가지 방법은 다음과 같다. 색인에 포함하고 싶은 참고 사항들이 등장할 때마다 종이 한쪽에 무작위로 적어 놓는다. 다른 쪽은 비워 둔다. (…) 마지막으로 당신이 써 놓은 것을 가위로 잘라 원하는 순서대로 분류하라. 맨 처음에는 큰 표제어 속에 포함시키고 그다음에는 더 세부적으로 분류하고 필요할 때까지 몇 번이고 되풀이해서 분류하라. 어떤 이들은 그런 종잇조각들을 완전히 다 자른 뒤 분류 작업에 들어간다. 다른 이들은 잘라 내는 동안 바로바로 임시로 분류 작업을 하기도 한다. 마지막으로 가위로 자른 개별 종이들은 테이블 위에 각각 다른 장소에 놓거나 테이블 위 작은 상자 속에 분류한다. 만약 조각이 너무 많다면 그것들을 더욱 잘게 세분하기를 권한다. 왜냐하면 이렇게 해야 분류하기에 훨씬 더 쉽고 덜 혼란스럽기 때문이다. (⋯) 조각들이 원하는 순서대로 배열이 되었다면, 필요한 경우에는 즉시 복사해 둔다. 그러나 만약 최초의 기록이 깨끗한 경우라면—가장 바람직한 경우인데—밀가루로 만든 풀을 사용해 바로 붙이라.[7]

책이 내세우는 주장을 어떤 식으로 분류할지, 표제어는 어떻게 선택할지에 대해 오랜 세월 많은 기록이 남아 있어서 독자들이 색인을 어떻게 사용할지를 상상하는 것은 어렵지 않다. 그러나 게스너의 상세한 지시 사항들이 우리에게 상기시켜 주듯이 색인 작업은 또한 물리적 행위이다. 양피지나 종잇조각—'일정(schedule)'이란 단어는 종잇조각(cedules)이라는 뜻의 중세 영어에서 나왔다—이 필요하며 자르기와 붙이기를 해야 하고 가위와 풀이 있어야 한다. 일이 잘못될 수도 있다. 일차 표제어가 너무 많으면 조각들을 배열하다가 혼란에 빠지기 쉽고 풀 종류를 잘못 사용하면 분류상의 실수를 수정하기가 어렵다. 그러나 어떻게든 그런 잘못을 극복해야 한다. 완성된 색인은 그런 자르고 재배열하고 복사하기와 같은 초기의 물리적 단계들을 거친 결과물로 존재하는 것이다. 이런 식의 작업은 생자크의 수사들 때부터 늘 그래 왔다.

18세기가 시작되었을 때 학자 두 사람이 도미니크회의 장대한 역사를 기록하던 중에 생셰르의 휴와 그의 성경 성구 사전을 주목하게 되었다. 초기에 나온 살아남은 성구 사전을 살펴본 그들은 다음과 같은 탄식을 남겼다.

> 파리 생자크 수도원에 질 좋은 필사본 낱장들이 남아 있었지만, 무신경한 도서관 관리자들이 그것들을 제본업자에게 넘겨서 책 제본에 사용하도록 했다. 오늘날까지도 여전히 그중 일부가 150여 년 전의 클레르보 베르나르두스 설교집과 같은 엉뚱한 책의 앞이나 뒤에 거칠게 제본된 상태로 같은 도서관 안에 남아 있다.[8]

달리 말하면 생자크 사서들의 부주의함 덕분에 이 초기의 성구 사전 중 하나가 낱장으로 분해되어서 허드레 제본 용지로 사용되었다는 것이다—즉 가죽 속으로 빡빡하게 쑤셔 넣어진 뒤 가죽과 함께 다른 책을 에워싸는 하드커버가 되었다—특별히 이 경우에는 설교집의 표지가 되었다. 이것은 흔한 관행이었다. 그리고 많은 중세 텍스트들은 이런 이유로 다른 저작의 겉표지 속 충전재로 겨우 살아남아 조각으로만 전해진다. 18세기의 학자들은 필사본 성구 사전 용지를 제본업자에게 넘긴 이런 태만했던 사서들을 '임프루덴스(imprudens)'['부주의한'이란 뜻의 라틴어-옮긴이]라 부르며 심하게 나무랐다. 하지만 그들이 부주의하지 않았더라도 성구 사전이 살아남았을 가능성은 없었다. 현재 파리 마자랭 도서관에 보존된 이런 용지들은 여러 번 접혔던 데다 가죽 커버를 고정하기 위해서 붙인 풀 때문에 얼룩이 져서 불량하기 짝이 없다. 게다가 이 용지들은 다른 이유로도 불량한 상태였다. 얼핏 보아도 지운 흔적이 있는가 하면 누락된 추가 기재 사항들을 텍스트 단 옆으로 간신히 집어넣어 놓기도 했다. 항목을 적은 필체도 달라지는가 하면, 나중에 기재해야 할 것—더 많은 표제어와 위치 표시자들—이 생길 때를 대비해서 비워 둔 곳이 수두룩하다. 이 용지들은 최초의 성구 사전 사본에서 나온 것이 아니라, 초안 용지로서 작업이 진행되면서 수정과 가필이 더해지는 연습용이었던 것이다. 사서들이 그 용지를 제본업체에 줘 버린 것도 이해가 간다. 이것들은 단지 '초고'였고 종이와는 달리 양피지를 그냥 버릴 수는 없는 노릇이었다. 이 용지들을 재활용한 걸 부주의하다고 비난하는 것은 현대의 관점일 뿐이다. 몇 세기나 지나면서 이런 양피지 용지에 대한 다른 역사적 관심이 생겼기 때문이고 그 용지가 증언하는 성구 사전의 색인 제작 과정이 너무나 성공적으로 이루어져서 그것이 연구 과제가 될 정도가 되었기 때문이다. 마자랭에 보존된 용지들은 우리에게는 매혹적이다. 하지만 중세의 사서들에게 그것들은 단지 장엄하게 올라가고 있는 건축물을 위한 발판 재료에 불과했다.

이들 벌레 먹은 옛날 양피지 조각이 우리에게 상기하는 바는 생셰르의 휴로부터 버지니아 울프에 이르는 700년 동안 최종 색인은 **반드시** 두 번째 것이었다는 사실이다. 색인 작성자는 책을 꼼꼼히 살피면서 일련의 항목들과 위치 표시자들을 나오는 순서대로 정리한다. 그러나 이는 재배열—다시 쓰거나 타이핑을 하거나—되어야 한다. 색인 작업에는 지적 노

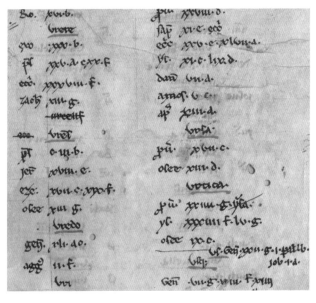

도판 32: 자세히 본 생자크 성구 사전 초안 용지. 지운 흔적, 추가 기재 사항과 벌레 먹은 구멍이 보인다.

동이 앞섰고 고역은 그다음이었다.

심지어 알파벳순으로 배열하는 것도 겉보기와는 달리 간단하지 않았다. 우리는 칼리마코스가 알렉산드리아도서관에서 카탈로그를 편찬하면서 단어(word) 순서 방식과 글자(letter) 순서 방식 중에 어떤 알파벳순 배열을 선택할 것인가를 놓고서 고민하지 않았을까 궁금해진다. 이런 문제는 색인 표제어가 한 단어 이상으로 길어질 때 생긴다. 이를테면 'printing press(인쇄기)', 혹은 'New York(뉴욕)', 혹은 'detective fiction(탐정소설)' 같은 경우이다. '자모 사이의 공간을 어떻게 볼 것인가?'의 문제다. 'Oldman, Gary(올드먼, 게리)'는 『Old Possum's Book of Practical Cats(지혜로운 고양이가 되기 위한 지침서)』'보다 앞에 와야 하는가, 뒤에 와야 하는가? 'Newman, Paul(뉴먼, 폴)'은 'New York Trilogy(뉴욕 3부작)'보다 앞에 와야 하는가, 뒤에 와야 하는가? 글자 순서 방식에서는 자모 사이 띄어 쓴 공간을 무시한다. 그래서 배우들이 책보다 앞에 와 'old<u>m</u>'이 'old<u>p</u>' 앞에 오고, 'new<u>m</u>'은 'new<u>y</u>' 앞에 놓는다. 하지만 단어순에 따른 알파벳 순서로 배열하면 띄어 쓴 공간은 모든 알파벳에 우선하는 값을 가지는 것으로 취급된다. 그래서 Old p는 Old<u>ma</u>n보다 앞에 온다. 이 책에 실린 색인의 예를 들어 이 문제를 따져 보자.

자순(letter by letter) 방식

Newman, Cardinal (John Henry)

Newman, Paul

newspapers and news-sheets

New Tenures

New York Review of Books, The

New York Times, The

New York Trilogy, The (Auster)

nitpickers, and windbags

Notes and Queries

Old Curiosity Shop, The (Dickens)

Oldenburg, Henry

Oldman, Gary

Oldmixon, John

Old Possum's Book of Practical Cats (Eliot)

어순(word by word) 방식

New Tenures

New York Review of Books, The

New York Times, The

New York Trilogy, The (Auster)

Newman, Cardinal (John Henry)

Newman, Paul

newspapers and news-sheets

nitpickers, and windbags

이건 꽤 헷갈리는 일이었고 각 출판업자들이 서로 선호하는 바가 달랐다. 심지어 같은 업자가 장르에 따라 다른 배열 방식을 선호하기도 했다. 색인을 어순에서 자순으로 바꾸는 것은 강도 높은 노동을 요구했고 실수하기도 쉬웠다. 때로는 전체 색인을 새로 쓰거나 다시 타이핑 해야 하는 경우까지 발생했다. 이 기계적이며 물리적인 노고가 들어가는 과제—배열하기와 베껴 쓰기—를 마술처럼 저절로 이루어지게 할 수만 있다면!

도판 33은 가이 몽고메리(Guy Montgomery)가 완성한 『존 드라이든의 시집에 대한 용어 사전(Concordance to the Poetical Works of John Dryden)』(1957)의 첫 페이지이다. 역사적으로 이 시점에 오면 용어 사전을 읽는 것은 꽤나 익숙한 일이 되었다. 표제어와 위치 표시자와 공간 절약을 위한 여러 세로 단 형식이 구현된 이 책은 생자크 성구 사전과 다른 점이 거의 없다. 성경의 각 권에 해당하는 약어들—'Jeremiah(예

레미야)'는 'Je', 'Ezekiel(에스겔)'은 'Eze'—대신 여기에서는 드라이든의 시에 대한 약어들—「Absalom and Achitophel(압살롬과 아히도벨)」은 AA, 『Aeneid(아이네이스)』는 AE(여기에 이어 각 권 번호가 추가된다) 등등—을 보인다는 차이가 있을 뿐이다. 그러나 만약 조금만 더 가까이 그 사전을 들여다보면 매우 이례적으로 보이는 부분들이 있을 것이다. 우선 그것은 최초의 성경 성구 사전과 너무 유사한 듯 보인다. 생자크 수사들의 시절로 되돌아가 보면 최초의 성구 사전이 나온 지 수십 년 정도의 기간이 지나면서 목표 색인 단어를 포함한 몇 단어로 간단한 문맥이 드러나도록 인용하는 방식이 얼마나 유용한지 알게 되었다. 그냥 단어만 달랑 써 놓으면 사용자들은 그 단어와 함께 무차별적으로 늘어선 위치 표시자들 사이를 맹목적으로 헤집고 다니면서 필요로 하는 구절을 찾아야 했을 것이다. 그런데 이 드라이든 용어 사전은 잘못된 방향으로 한 발 다가선 것이 보인다. 용어에 대한 문맥을 제공하지 않은 것이다. 드라이든의 시에서 특정한 행을 찾고 싶은데, 그 행에 'abodes(거처, 거주)'라는 단어가 들어 있는 것을 기억한다고 상상해 보라. 그 단어로 검색을 했을 때 용어 사전이 행 27곳을 특정하면 가슴이 철렁 내려앉을 것이다. 정말 「아이네이스」에 이렇게 많은 'abodes'가 있단 말인가? 이런 염병할, **모두** 『아이네이스』에 있다는데! 도대체 맨 처음 생자크의 수사들이 도입했던, 본문에서 간단한 인용을 발췌하는 방식으로 그것이 등장하는 구절과 함께 검색어를 보여 주던 관행에

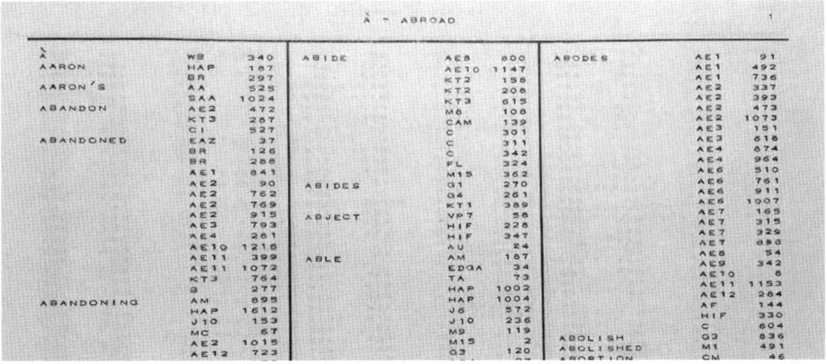
À – ABROAD 1

À	WB	340
AARON	HAP	187
	BR	297
AARON'S	AA	525
	SAA	1024
ABANDON	AE2	472
	KT3	287
	CI	527
ABANDONED	EAZ	37
	BR	126
	BR	288
	AE1	841
	AE2	90
	AE2	762
	AE2	769
	AE2	915
	AE3	793
	AE4	281
	AE10	1216
	AE11	399
	AE11	1072
	KT3	764
	B	277
ABANDONING	AM	895
	HAP	1612
	J10	153
	MC	67
	AE2	1015
	AE12	723

ABIDE	AE8	800
	AE10	1147
	KT2	158
	KT2	208
	KT3	615
	M6	108
	CAM	139
	C	301
	C	311
	C	342
	FL	324
	M15	362
ABIDES	G1	270
	G4	261
	KT1	389
ABJECT	VP7	58
	HIF	228
	HIF	347
	AU	24
ABLE	AM	187
	EDGA	34
	TA	73
	HAP	1002
	HAP	1004
	J6	572
	J10	236
	M9	119
	M15	2
	G3	120

ABODES	AE1	91
	AE1	492
	AE1	736
	AE2	337
	AE2	393
	AE2	473
	AE2	1073
	AE3	151
	AE3	618
	AE4	674
	AE4	964
	AE6	510
	AE6	761
	AE6	911
	AE6	1007
	AE7	165
	AE7	315
	AE7	329
	AE7	890
	AE8	54
	AE9	342
	AE10	6
	AE11	1153
	AE12	284
	AF	144
	HIF	330
	C	604
ABOLISH	G3	836
ABOLISHED	M1	491
ABORTION	CM	46

도판 33: 『존 드라이든의 시집에 대한 용어 사전』의 첫 페이지.

무슨 일이 생긴 것인가? 왜 무려 500년 동안 독자들을 도와준 혁신적 방식을 폐기해 버렸을까? 그리고 이 이상한 활자체는 또 무엇인가? 뭉툭한 산세리프체에다—그것으로도 부족하다는 건지—고정너비(monospace)[자모의 글자폭이 일정하게 고정된 글꼴로 코딩에 적합함-옮긴이] 폰트로 되어 있다. 활자를 조판해 색인을 찍은 것이 아니라 컴퓨터로 **출력**했다는 말이다.

드라이든 용어 사전의 속표지는 이상하게 왜곡된 이야기를 전달한다. 그 책은 몽고메리와 그가 지도하던 대학원생인 레스터 A. 허버드(Lester A. Hubbard)가 편집한 것으로 되어 있다. 그들 이름 아래에는 더 작은 활자로 앞의 두 편집자가 다른 두 명인 메리 잭맨(Mary Jackman)과 헬렌 S. 아고아(Helen S. Agoa)의 도움을 받았다고 밝혀 놓았다. 마지막으로 그보다 훨씬 작은 이탤릭체로 "서문은 조세핀 마일스(Josephine Miles)가 썼다"라고 찍혀 있다. 그러나 이 사전의 제작과 관련된 정보는 엉망진창이다. 잭맨과 아고아는 몽고메리가 아니라 마일스가 지도하던 대학원생들이다. 그리고 그들이 그 프로젝트에 도움을 주었을 때 몽고메리는 이미 죽은 뒤였고 허버드는 그 일에서 손을 뗀 상태였다. 그리고 마일스의 관련성은 서문을 쓴 것만이 아니라 훨씬 더 깊었다. 그녀가 없었더라면 드라이든 용어 사전—최초의 전자 색인—은 결코 빛을 보지 못했을 것이다.

시인이자 문학비평가였던 마일스는 동료 몽고메리가 죽은 해인 1951년에 캘리포니아 주립대학교 버클리 캠퍼스(이하 UC 버클리) 영문과에서 강의를 하고 있었다. 몽고메리의 사무실에는 색인 카드 25만 장이 남아 있었다. 드라이든 시에 나오는 모든 단어가 그 단어가 출현하는 곳을 알리는 위치 표시자—어떤 시의 몇 번째 행인지를 밝히는—와 함께 있었다. 그것은 몽고메리의 평생 숙원 과업이었고 구두 상자 63개에 빼곡하게 차 있었다. 이 엄청난 노고의 결과물이 사장되기를 원치 않았던 영문학과 학과장이 마일스에게 그 용어 사전이 출판되도록 감독해 달라고 요청했다. 그러나 카드들은 끔찍한 상태—용지 보존 상태는 불량했고 기록은 미비했으며 그것조차도 배열이 엉망이었다—였다.[9] 몽고메리의 구두 상자 속에 든 것들과 일 년간 분투를 거친 뒤 마일스는 뭔가 근본적으로 다른 방식을 시도해 보기로 결정했다.

당시 UC 버클리 전자공학과에는 천공카드를 입력하면 주어진 분야에 따라 분류할 수 있는 거대한 IBM 컴퓨터가 여러

대 있었다. 그뿐 아니었다. 카드의 구멍 또는 '차드[카드 등에 펀치로 구멍을 뚫을 때 생기는 작은 종잇조각-옮긴이]'에 저장된 정보를 인간이 읽을 수 있는 형태로 출력도 할 수 있었다. 만약 몽고메리의 색인 카드를 펀치카드로 변환할 수 있다면 용어 사전 출판을 위해 필요한 과제 가운데 일부를 기계에 맡길 수도 있을 터였다. 가령 데이터를 검색하려면 색인 카드는 각각의 시와 행으로 분류되어야 하고 출력될 수 있어야 한다. 그런 경우 교정 작업은 단지 출력된 것을 시와 서로 대조해 읽어 보면서 각 단어가 제자리에 있는지 확인만 하면 된다. 일단 교정 작업이 마무리되면 컴퓨터는 카드들을 표제어에 따라 알파벳순으로 재배열하고 두 번째로 결과물을 출력할 텐데 바로 그것이 완성된 용어 사전이 된다. 그러기 위해 필요한 것은 펀치카드 24만 장을 만드는 일이었다……[10] 그로부터 5년 후 드라이든 용어 사전이 만들어졌다. 경제적인 방식으로 책을 펀치카드로 변환해야 하는 작은 문제도 해결했을 뿐만 아니라 드디어 로타리아의 대신 읽어 주는 기계의 시대로, 즉 문학이 분할되고 뒤섞여져서 컴퓨터가 **분석하고** 다른 순서로 배열해 다시 게워 내는 시대로 성큼 도달한 것이다.

컴퓨터 색인 시대를 향한 최초의 진입 과정에서 행해진 작업이 종이가 사라지는 시대를 구현한 것이라 보기는 어렵다. 색인 카드를 다른 카드로 바꾼 것에 불과했다. 그러나 잠재적 가능성으로 보면 그 차이는 어마어마했다. 색인 정보—표제어, 위치 표시자—가 기계에 의해서 한번 '읽히'고 나면 그다음부터는 그것을 펀치카드에건, 자기테이프에건, 집적회로에건, 어디에 저장하느냐는 문제가 되지 않았다. 다시 쓰지 않고도 재배열할 수 있는 가능성을 열어젖힌 것이다. 고역—뒤섞고 베껴 쓰는—이 되는 일은 기계에 넘겨주고 색인 작성자에게는 분석이라는 본질적인 일만 맡겨지게 된 것이다.

그러나 왜 거기서 멈추나? 칼비노의 로타리아에게 '읽는 것'은 소설을 컴퓨터에 입력하고 그 출력물을 살펴보는 것을 의미한다. 색인 작성을 위한 기계는 단지 색인 카드를 뒤섞는 것 이상의 일을 할 수 있을까? 컴퓨터가 텍스트를 분석하고 그것에 대한 적절한 표제어의 조합을 작성해 낼 수 있을까? 1963년에 뉴저지주 럿거스 대학교의 재학생 수전 아르탄디 (Susan Artandi)가 박사논문을 제출했다. 아르탄디의 박사과정은 미 공군의 장학금 지원으로 가능했다. 논문 제목은「컴퓨터로 책 색인 작성하기」였다. 아르탄디의 프로젝트와 군의 관계는 어떤 측면에서는 미미한 것이었다. 그녀의 연구는 그것보다 19세기에 있었던 보편 색인 프로젝트라는 더 광범위한 노력에 뿌리가 닿아 있었다. 연구의 문제의식은 국제적 과학 커뮤니티에 의해 출판되는 막대한 연구 결과물들을 어떻게 정리해 낼 것인가라는, 한결같이 과부하 상태에 있던 정보 처리에 관한 것이었다. 연구의 주도권을 잡기 위해서는 라이벌들보다 앞서야 했다. 과학 논문들을 색인화하고 핵심을 추출해 내는 것은 필요한 작업이었지만 집중적인 노동을 투입해야 하는 일이었다. 그래서 아르탄디의 목적은 "아직 출간되

지 않은 문서로부터 바로 색인 작업을 해서 인간의 지적 노력의 낭비 요소를 제거하는 것이었다".[11]

그녀가 고안한 시스템은 미리 만든 검색어 사전을 이용하는 것이었다. 컴퓨터는 주어진 문서에서 사전 목록에 있는 모든 단어를 포착해서 그것이 있는 위치를 기록했다. 그런 식으로 산출된 색인은 그것의 표제어가 사전의 용어들의 부분집합이기 때문에 처음부터 한계가 정해진 것이었다. 그것이 효율적이기 위해서는 그 사전이 주제에 특화된 특별한 사전 목록이어야 했고 또한 간결해야 했다. 아르탄디는 유기화학에 관한 문서의 한 챕터와 적절한 용어들—브롬, 플루오르화칼슘, 염소산 등등—로 만들어진 사전을 럿거스 대학교의 IBM 1620에 입력했다. 만족스러운 결과물이 나왔다. 아르탄디의 프로그램은 주어진 문서 속의 화학물질들을 인식했고 위치를 표시하고 그 결과물을 알파벳순으로 배열했다. 하지만 한 가지 결함이 있었다. "유일하지만 중요한 한계는 (…) 색인화될 단어들이 미리 특정되어야 한다"[12]라는 말로 아르탄디는 약점을 인정했다. 그녀가 만든 시스템은 본질적으로 전자공학적인 관찰자 가이드북(Spotter's Guide)이다. 새로운 것을 찾는 것이 아니라 발견될 것이라고 애초에 기대되는 것들을 찾아내는 도구이다. 그래서 그녀는 "사전에 기재되어 있지 않으면서 1차 자료에서 처음으로 나타나는 용어들은 포착되지 않는다"라는 사실을 시인했다.

아르탄디의 접근법은 포함하기였다. 일련의 가능한 키워드들이 주어지면 프로그램이 문서를 분석하면서 그 속에 든 그 키워드들을 찾아내는 것이다. 그로부터 7년 후 해럴드 보코 (Harold Borko)는 정반대의 방식을 시험해 보았다. 그의 말에 따르면 다음과 같다.

> 배제의 방식으로 색인을 작성하는 것은 좋은 표제어를 정하는 까다로운 문제를 피하고 대신 좋지 않은 표제어를 특정하려는 것이다. 그런 다음 그것들을 배제함으로써 제외되지 않은 모든 단어는 좋은 표제어로 취급된다.[13]

이 경우 프로그램에는 '기능'어들—and, but, the, with, this—과 대략 500개의 다른 단어가 포함된 어휘들이 입력된다. 그러고 나서 보코의 프로그램은 어떤 문서를 '읽을' 때 이런 단어들을 제외한다. 그런 식의 배제 과정에서 살아남은 단어들은 색인의 가치가 있는 것이 된다. 보코가 시인한 바로는, 그 결과물은 크게 고무적인 정도는 아니었다. 실제로 대명사, 동사, 부사, 접속사와 같은 범주에 속하는 모든 단어를 배제 리스트에 올려야 하니 블랙리스트가 엄청나게 길어졌다. 게다가 보코의 프로그램은 오직 한 단어만을 분석할 수 있었다. 'press(언론)'와 'conference(회의)'는 되는데, 'press conference(기자회견)'는 되지 않았다. 'cat(고양이)'과 'food(음식)'는 되지만, 'cat food(고양이 먹이)'는 아니었다. 결국 그는 이렇게 고백했다. "오랜 기간 노력을 기울였지만 나는 배제의 방식으로만 컴퓨터 색인을 작성할 합당한 방법은 없다는 인정하고 싶지 않은 결론에 도달했다."[14] 그럼에도 불구하고 보코는 자신의 실험이 완전히 무용했다고 보는 것도 원치 않았다. 대신 그는 컴퓨터가 출력해 낸 것을 '컴퓨터의 도움을 받는 색인 작성'을 위한 초벌 작업용으로 사용할 수 있다고 주장했다. 색인 작성자들이 원하는 책을 보코의 프로그램으로 읽힌 뒤 그 결과물에서 불필요한 부분을 제거하고 깔끔히 정리하면 된다는 것이다.

하지만 포함 또는 배제의 방식이 궁극적으로 출력해 내는 것은 쪼그라든 용어 사전이다. 색인 용어들은 텍스트에서 직접적으로 취해진 것이며, 정확히 똑같은 단어로 텍스트 뒤에 또 나타나는 경우를 제외한다면 이전에는 한 번도 등장하지 않은 것이다. 이와는 대조적으로 우리가 진짜 주제 색인의 모습을 생각해 보면 종종 이것과는 꽤나 다른 것을 볼 수 있다. 이를테면 "추락하는 집, 그 안에서의 삶(Falling house, life in a)" "주스베리, 미혼 여성, 박제된 올빼미를 보며 시간을 보내다" "젬블라, 머나먼 북녘의 땅". 우리는 책 뒤 색인이 단지 단어의 목록 이상이기를 기대한다. 우리는 색인이 맥락과 해석을 제공해 주기를 원하고 같은 개념이 다른 모습으로 등장했을 때 그것을 알아채기를 원한다.

마일스와 아르탄디와 보코에 의해 시도되었던 방식들이 가진 훨씬 더 심각한 문제점은 비용 문제였다. 보코는 "컴퓨터로 색인 작성을 하는 것은 (…) 인간이 작성하는 것을 대체하기에는 값이 너무 비싸다"[15]라는 기록을 남겼다. 그래서 마일스의 드라이든 용어 사전이 등장한 지 사반세기가 지난 후에도 전문 색인 작성자들은 계속 가이 몽고메리와 같은 방식으로 작업을 하고 있다. 그와 함께 구두 상자에 가득 정리해 둔 색인 카드를 무심코 쏟아 버리고는—컴퓨터가 먹통이 되는 바람에 온종일 작업한 것을 날린 사고의 아날로그 버전—좌절했다거나 관심을 끌고 싶었던 고양이가 탁자로 튀어 올라 조심스럽게 정리해 둔 색인 더미를 엉망으로 헤집어 망해 버렸다는 사람들의 회고담도 끊이지 않고 있다.

하지만 1981년에 마크렉스(MACREX)가 당도했다. 힐러리와 드루실라 캘버트(Hilary and Drusilla Calvert) 부부—아내는 색인 작성자이고 남편은 의사이자 아마추어 프로그래머—가 이제 막 기지개를 펴던 개인용 컴퓨터 시장을 공략하려고 만든 마크렉스는 전문 색인 작성자에게 수십 년 전 UC 버클리의 대형 IBM 컴퓨터가 마일스에게 제공했던 것과 동일한 기능성을 주고자 했다. 플로피디스크를 통해 한 번만 설치해 두면—아직도 인터넷이 활성화되려면 족히 십여 년이 남아 있었다—사용자들은 개별적 항목들과 위치 표시자를 입력하여 색인 카드를 추출한 뒤 그것을 디지털 정보, 즉 데이터베이스 행(row)으로 변환할 수 있었다. 마크렉스는 색인 작성자가 스크린상에서 그 정보를 표제어에 따라 혹은 위치 표시자에 따라 마음대로 배열할 수 있게 했다. 그래서 알파벳순으로 색인이 구축되도록 하거나 책의 특별한 부분에 대한 항목들을 따로 탐색할 수도 있었다. 곧 CINDEX(1986) 와 SKY 색인(1995)이 등장해서 마크렉스와 경쟁 구도를 만들었다. 셋 다 비슷한 기능을 제공했다. 단순 반복 작업의 고역을 덜어 주었고 작업 결과물을 깔끔하게 배열해 주었다. 색인 프로그램들은 미결 상호참조(hanging cross-references, 가령 'orphan(고아)을 **참고하라**'고 해서 'orphan'으로 갔더니 그 항목이 존재하지 않는 경우)를 찾아낼 수도 있었고 무차별하게 헝클어진 일련의 위치 표시자를 하위 색인으로 세분화해서 단정하게 정리도 해 주었다. 완성된 색인을 출판업자의 지침에 맞추어 간단히 재조정할 수도 있었고 어순 배열 방식과 자순 배열 방식 중에서 어느 것으로든 간단히 변환해 내기도 했다.

컴퓨터를 사용한 색인 작업이 가능해지면서 많은 시간을 절약할 수 있었다. 이제 전문 색인 작성자들은 증권 트레이더들처럼 둘 혹은 심지어 세 개의 모니터를 사방에 둘러놓고 일을 한다. 하나는 색인 작업을 필요로 하는 텍스트를 띄우고 또 하나는 색인 소프트웨어 작업용이다. 그리고 어쩌면 세 번째 모니터에 있는 브라우저는 색인 작성자가 미결정 상태로 둔 세부 단어들을 검토하기 위해 쓰일 것이다. 하지만 컴퓨터는 분류하고 배열하고 오류를 체크하는 것과 같은 미리 정해진 작업의 속도만을 높여 줄 뿐이다. 주제 색인을 편찬하는 일은 여전히 대체로 주관적이며 인문학적인 소양을 필요로 한다. 텍스트의 핵심 요소에 대해 현명한 판단을 내리기 위해서는 깊이 읽어야 하며 텍스트를 이해하기 위해 노력해야 한다. 전문 색인 작성자들은 화학, 요리, 법 혹은 문학과 같은 주제에 대한 전문적 소양을 갖추고 있으며 작업을 위해 텍스트를 세심하고도 전문적으로 샅샅이 읽어서 독자들의 수고를 덜어 준다. (플리니우스가 자신이 만든 목록을 티투스 황제에게 다음과 같이 설명했던 것을 상기해 보자. "나는 이 헌정사에 이어서 책 몇 권에 대한 차례를 첨부했나이다. 그래서 전하께서 그 책들을 다 읽으시지 않아도 되도록 세심한 예방조치를 취한 것입니다.") 색인 작성자는 작업 시작 전에 그가 중요한 곳에 표시를 하거나 하위 색인 분류 작업을 하게 될 텍스트의 주제에 대한 느낌을 미리 만나 보기를 원할 것이다. 그래서 프로그램을 켜고 본격적으로 작업에 들어가기 전에 미리 책 전체를 편하게 훑어볼 것이다. 아니면 얼마간 시간을 내서 일종의 워밍업으로서 책의 서문을 읽거나 챕터 개요—만약 그것이 있다면—도 읽으면서 앞으로 작업하게 될 책의 전체적 모습을 그린다. 책의 마지막 부분에 도달해서 책 전체에 대한 개념적 전모를 파악하고 나서도, 종종 처음 몇 챕터로 돌아가 그것들을 다시 읽어 보기도 한다. 우리가 논픽션을 살 때 색인의 가격도 포함되는데, 이때 우리가 지불하는 것은 독자로서 작성자들이 투입한 시간에 대한 대가이다. 색인 소프트웨어는 색인 카드와 구두 상자, 가위와 목공풀에 대한 필요는 덜어 주었지만 읽기라는 행위—색인 작성을 위한 끈기 있고 능동적인 독서 또는 칼비노의 루드밀라처럼 집중

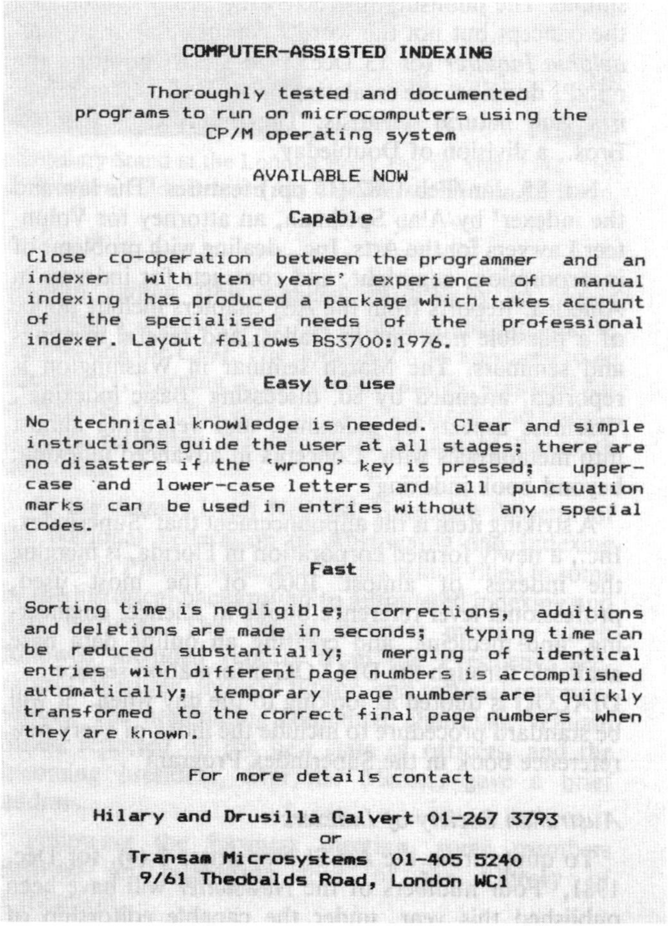

COMPUTER-ASSISTED INDEXING

Thoroughly tested and documented
programs to run on microcomputers using the
CP/M operating system

AVAILABLE NOW

Capable

Close co-operation between the programmer and an indexer with ten years' experience of manual indexing has produced a package which takes account of the specialised needs of the professional indexer. Layout follows BS3700:1976.

Easy to use

No technical knowledge is needed. Clear and simple instructions guide the user at all stages; there are no disasters if the 'wrong' key is pressed; upper-case and lower-case letters and all punctuation marks can be used in entries without any special codes.

Fast

Sorting time is negligible; corrections, additions and deletions are made in seconds; typing time can be reduced substantially; merging of identical entries with different page numbers is accomplished automatically; temporary page numbers are quickly transformed to the correct final page numbers when they are known.

For more details contact

Hilary and Drusilla Calvert 01-267 3793
or
Transam Microsystems 01-405 5240
9/61 Theobalds Road, London WC1

도판 34: 키를 '잘못' 누르더라도 별일 없습니다. 1982년 《인덱서》에 실린 마크렉스 소프트웨어 광고.

하여 주의 깊게 읽기—는 울프나 포프나 게스너의 시절에 그랬던 것과 다르지 않은 과제였다.

그러나 로타리아는 별 볼 일 없다는 말인가? 아니 이 챕터는 그녀를 위한 것이기도 하지 않은가? 지금은 검색의 시대이고, 산만함의 시대이고 그리고 강박적으로 온갖 자질구레한 것을 팩트 체크하는 시대가 아닌가? **그가 어디에 출연했더라? 그녀가 죽지 않았던가? 내가 구글에서 찾아볼게**의 시대이다. 현재 우리의 정보 문화는 우리를 대신해서 세계를 읽어 주는 기계에 의해 정의되고 있지 않은가? 구글의 문서 분류 시스템에 따르면 '크롤링(crawling)과 인덱싱(indexing)', 즉 거의 상상하기 힘든 규모의 데이터를 컴퓨터가 읽어 들이고(크롤링) 잘 배열해서(인덱싱) 결과물을 내놓으면 인간은 그것을 바탕으로 그가 가장 잘하는 행위—즉 훑어보고 종합하고 해석하는—를 하는 시대가 아닌가? "컴퓨터가 대신 읽은 뒤 나에게 단어의 빈도수에 따른 결과를 출력해 주지요. 나는 단지 그것을 힐끗 보기만 할 뿐입니다"라고 로타리아가 말했다. UC 버클리의 대형 IBM 컴퓨터로 조세핀 마일스가 했던 가장 현명한 일은 그녀가 최초로 전자 색인을 만들었다는 사실이 아니라 전자 색인의 가장 기초적 형태를 구현했다는 데 있다. 전자 색인은 그 자체로 세분화된 텍스트—드라이든의 시—를 구성하면서도 개별 단어로서 저장되었고 접근 가능했다. 주제 색인—능숙하게 만들어져서 전문가가 보증한—은 우리 시대의 상징이 아닐 수도 있다. 차라리 용어 사전이라고 해야 할지도 모른다.

문헌에 대한 이 디지털 방식의 '검색 능력'—용어 색인 검색 능력, 특정한 단어를 찾고 몇 번이나 반복되는지를 기록하는 능력—은 로타리아의 정밀한 방식이 현실이 되었다는 것을 의미한다. '멀리서 읽기(distant reading)'[단어 출현 빈도수와 같은 정량분석에 기반한 텍스트 해석 방식-옮긴이]는 데이터베이스 기술자들의 알고리즘을 동원해 방대한 양의 문학—가령 소설 수백 권—을 순식간에 검색한다. 분석법으로서 멀리서 읽기는 예컨대 소설 한 권에서 얼마나 자주 긍정적이거나 부정적인 감정 단어들이 등장하는가를 상세히 밝힌 매슈 조커스(Matthew Jockers)의 '감정 분석(sentiment analysis)'에 사용되었다. 몰리의 '눈물에 대한 색인'의 빅데이터 버전이라 하겠다.[16] 그 단어들이 우리가 생각하는 소설의 플롯—극적 위기의 순간, 행복한(혹은 불행한) 결말—과 잘 호응하는가? 알고리즘이 수많은 소설(정확히 말하면 4만 1383권)을 훑어 갔을 때 거기에서 몇 가지 근원적인 서사적 우여곡절들, 즉 소설의 원형으로서 나타나는 어떤 기본적 감정의 패턴들이 발견되는가? 벤틀리에 대한 보일의 공격에서도 그랬듯이 멀리서 읽기에 대해서도 비판이 없을 수가 없다. 이런 식의 정량분석으로 나온 결과물을 과연 타당한 것으로 볼 수 있는가? 그런 감정 분석이 얼마나 정확할까? 그리고 그 결과를 어떤 식으로 평가할 것인가? 한편 구글 n그램(nGram)은 그것이

비축하고 있는 막대한 역사적 문헌을 기반으로, 'detective(형사)'라는 단어는 1920년대 중반에 사용량이 최고에 달했으며, 'unconscious(무의식의)'란 단어는 프로이트 이후에는 사용량이 조금만 늘었을 뿐이지만 19세기 내내 꾸준히 증가해 왔다는 사실을 말해 줄 수 있다. 이런 정보로 무엇을 할 수 있을까? 그것을 어떻게 해석할 것이며 어떤 식으로 그것에 서사적 의미를 담을 것인가? 이것은 문학사가들의 일이다. 그러나 헤아릴 수 없이 많은 디지털 자료를 훑어 내려가면서 최초의 탐색 결과를 얻어 내는 것은 이제 순식간에 끝낼 수 있는 일이 되었다. 컴퓨터는 나에게 단어의 출현 빈도수를 알려 준다. 나는 그저 힐끗 보기만 하면 된다.

하지만 예전부터 해 온 분석이 쉽게 디지털 시대에 맞춰지는 것은 아니다. 원래는 종이책을 위해서 편찬된 주제 색인에 담긴 끈기 있는 해석은 그 책들이 자동으로 공간이 조정되는 전자책으로 변환될 때 잘 적용되지 않는다. 그 과정에서 이따금 색인들이 돌연 날아가 버리기도 한다. 때로 보존은 되지만 페이지 번호를 기피하는 디지털 포맷 안에서는 무용지물이 되어 유령처럼 떠돌던 위치 표시자들은 더 이상 식별 불가능한 디지털 지도 속으로 힘없이 멍한 시선만 던진다. 심지어 전자책이 인쇄물 버전의 페이지 정보를 담고 있다 하더라도 정보를 찾는 것은 매끄럽지 못하다. 화면에서 일련의 위치 표시자들을 검토하면서 이동(Go To) 기능을 사용해 텍스트 속의 여러 지점들과 색인 사이를 오가는 것은 엄지손가락으로 어떤 페이지를 펼쳐 쥐고서 책장을 넘겨 젖히는 것과 비교하면 당혹스러울 정도로 귀찮은 고역이다. 그러나 최근에 개발된 읽기의 기술적 혁명 덕분에 용어 사전의 기능은 도처에서 환영받고 있다. 그 와중에 세심하고 끈기 있는 전문적 지식이 만들어 내는 주제 색인은 여전히 소홀한 대접을 받고 있었다.

그러나 언제든 상황은 달라질 수도 있다. 인쇄기가 발명된 이래로 색인이 쪽 번호를 위치 표시자로 사용했기 때문에 색인 편찬 작업은 책의 조판을 마치고 페이지 매김이 끝난 뒤에야 진행되었다. 그러나 디지털 마크업(전자문서 속의 특정 부분에 그 속성을 나타내는 보이지 않는 코드를 심는 것) 기술은 위에서 설명했던 소프트웨어에 기반한 색인 작성과는 다른 접근법을 취하는 '임베디드 인덱싱(embedded indexing)'이란 것을 가능하게 했다. 임베디드 인덱싱의 도입과 함께, 그 이름이 암시하듯, 색인—혹은, 그것이 아직은 최종적 형태로서 확정될 필요가 없기 때문에, **잠재적** 색인—은 텍스트 속에 태그의 집합체—가령 '임베디드 인덱싱의 예'라면 다음과 같은 식으로: {XE 'index, embedded, example of'}—로서 그 자체로 '내장된(embedded)' 상태에 있다. 각각의 태그는 키워드와 텍스트 내에서의 위치를 가리킨다. 이런 식으로 텍스트 마크업 작업을 완전히 끝낸 후 모든 태그를 추출해 내고 각각에 위치 표시자를 할당한 뒤 알파벳순으로 배열하면 색인이 자동으로 생성된다. 만약 작업이 끝난 후 책의 배열이 변하더라도—추가로 이미지를 삽입한다거나 페이지 나누기를 하거나 나중에 챕터가 축소되거나 하더라도—색인은 거기에 따라 재생성되고 위치 표시자도 새로운 페이지 매김을 반영해 바뀐다. 1990년대에 개발된 임베디드 인덱싱은 다른 소프트웨어에 기반한 접근법보다 좀 더 집중적인 노동 투입을 요구한다. 그러나 이것으로 인해 색인 작성자들은 기존의 최종 PDF 교정쇄 단계보다 더 일찍, 작가의 워드 문서 단계에서부터 색인 작업을 시작할 수 있게 됐다. 임베디드 인덱싱은 인쇄물 색인 작업의 시간을 단축하기 위해 고안되었음에도 불구하고 전자책 쪽에서 전적으로 쓸 만한 주제 색인의 가능성을 예고했다. 내장된 색인을 생성하는 디지털 마크업은 10억 개에 달하는 문서를 월드와이드웹으로 묶어 주는, 인터넷 항해의 접합제인 하이퍼링크의 기반이 되는 기술과 동일한 원리로 작동한다. 문서에 태그를 다는 순간 색인 작성자는 '액티브 인덱스(active index)'를 생성하는 데 필요한 작업을 한 셈이 된다. 액티브 인덱스가 생성되면 각각의 위치 표시자는 클릭 한 번으로 목표한 문서를 즉시 띄워 주는 연결고리가 된다.

하지만 액티브 인덱스는 이 책을 쓰고 있는 시점에도 흔하지 않다. 아이러니하게도 검색이 당연해진 세상에서 색인업자 협회는 궁지에 몰려 있다. 금전적인 이유 때문이다. 만약 디지털 플랫폼의 독자가 자신의 기기들에 내장된 검색 기능만으로도, 만족스러운 정도는 아니더라도, 쓸 만하다고 느낀다면 출판업자는 더 이상의 서비스를 제공하지 않음으로써 돈을 아낄 수 있을 것이다. 앞에서 보코는 컴퓨터로 작업하는 것과 관련된 비용을 계산해 보고는 기계로 생성한 색인이 거의 모든 경우에서 터무니없이 비싸다고 말했지만 이제는 상황이 반전되어 자동화로 생성한 색인이 전문 색인 작성자의 서비스를 이용하는 것보다 더 값싼 대안이 될 정도가 되었다. 50년 전 자동화된 색인 작성을 시도했던 보코의 것과 매우 비슷한 방식으로 현대의 자동 색인 생성기도 기능어를 먼저 제거한 뒤 아직은 미숙한 인공지능에게 어떤 용어들의 중요성을 결정하도록 맡긴다. 현 단계에서 그 결과물은 부족한 점이 있다. 그러나 시간과 비용의 이점 때문에 일부 출판업자들은—보코가 제안했던 대로—이 생성기로 먼저 작업을 한 다음 그 결과물을 사람의 손에 맡기려 한다. 비교를 위해 이 책 뒤에 두 가지 색인을 첨부했다. 첫 번째는 자동 색인 생성 소프트웨어를 사용해 작성해 본 것이고, 두 번째는 국제표준화기구의 ISO 999:1996: '인덱스의 내용, 구성 및 표시에 대한 지침'을 (대체로) 준수하면서 폴라 클라크 베인(Paula Clarke Bain)이 편집한 것이다. 쓸모와 품질 면에서 둘의 차이는 확연하다.

그러나 색인 작성의 세계 속으로 침입하고 있는 것은 단지 기계만이 아니다. 디지털화한 삶 속에서 우리는 모두 능숙한 검색자일 뿐만 아니라 또한 열성적 분류자이다. 해시태그를 생각해 보라. 2007년 8월 23일 웹 개발자 크리스 메시나(Chris Messina)는 이제 막 생겨난 소셜미디어 트위터에 이런 메시지를 하나 올렸다.

그룹을 대신해서 해시(#)를 쓰는 게 어떨지요? 가령 이렇게요, #barcamp [msg(메시지)].

메시나의 예시대로라면 프로그래밍 회의인 BarCamp에 대해서 트위터를 날리는 사용자는 #barcamp로 시작한 뒤 메시지(msg)를 입력할 것이다. 해시(#) 표시—'파운드(pound)'라고도 불리는—는 그 뒤에 이어지는 단어가 태그라는 것을 암시하며 태그는 트위터의 내용을 알려 주고 그것에 흥미를 보일 만한 당사자들이 쉽게 찾아오게 한다.

며칠 뒤 블로그 게시글에서 메시나는 이 제안을 더 확장했다. 해시태그는 '즉석에서 마련된(ad hoc) 언어적 이정표'로서 유용할 것이라고 그는 말했다. 그의 말은 지식을 구하는 자에게 길을 가리키는 방향 표시 푯말로 구현되었던 색인 협회의 로고를 생각나게 한다.[17] '즉석에서 마련된'에 대해서 메시나는 특별한 이해집단들이 공식적인 모습을 갖춘다면, 이미 존재하는 소셜미디어 사이트들은 그들의 필요에 부응하도록 잘 준비가 되어 있다고 설명했다. 달리 말해 만약 당신이 어떤 그룹의 일원이 되기를 원한다면 적극적인 가입을 통해 참여해야 할 것이고 그룹 관리자의 승인도 받아야 할 것이다. 하지만 좀 더 느슨하게 즉석에서 그룹이 형성되는 경우는 어떤가? 단지 운동경기나 뉴스에 관해 사람들이 당장 무슨 생각을 하고 있는지 궁금할 뿐인데도 가입이라는 절차를 거쳐야 하는가? 이런 생각에 대해 메시나는 이렇게 말했다. "나는 단지 트위터에서 더 많은 엿듣기를 하고 싶을 따름이다."

시작부터 메시나는 자신의 제안을 폭소노미(folksonomy) [folk(사람들)과 taxonomy(분류법)의 합성어, 즉 디렉토리를 기준으로 전문가가 나눈 분류법이 아니라 태그에 따라 보통 사람들이 나눈 분류 체계-옮긴이]로 표현했다. 즉 어떤 분류 체계인데 용어들이 미리 정해지지 않는 경우다. 용어는 즉석에서 그때그때 상황에 따라 **누구든** 대충 정할 수 있다. 이전에는 없었던 해시태그가 그것을 포함한 메시지가 보내지는 순간 즉석에서 생성된다. 게다가 트위터에는 그런 상황을 통제해 보겠다고 저 위에 앉아 계신 높은 양반도 존재하지 않는다. 이런 후자적 특성에 경각심을 갖지 못했던 유명 브랜드들은 온라인에서 고객들의 응원을 요청하려다가 오히려 길이 남을 PR 참사를 종종 겪었다. 가수 수전 보일(Susan Boyle)의 홍보팀이 #susanalbumparty라는 해시태그로 그녀의 2012년 앨범《Standing Ovation(기립박수)》의 발매를 선전하기로 결정했을 때 홍보 팀 누구도 이 어순이 다른 방식으로 읽힐 수도 있다는 사실을 지적하지 못했다[홍보 팀은 #susanalbumparty를 #SusanAlbumParty(수전의 앨범 파티) 로 읽길 기대했지만 많은 이는 #SusAnalBumParty(수전의 항문성교 파티)라고 외설적으로 읽음-옮긴이]. 트위터의 영역에는 보일 팬들의 애정 어린 메시지와 그보다 더 많았던 낄낄거리며 즐거워하는 메시지를 분리할 수 있는 메커니즘이 존재하지 않는다. 같은 해에 맥도널드는 고객들에게 #McDStories라는 해시태그로 자사 프랜차이즈 지점들에 대한 '굿 뉴스'를 트위터로 날려 달라고 고객들에게 요청했다. 당장이라도 당신이 그 해시태그를 쳐 보면 굿 뉴스는 간데없고―손님들이 버거에서 찾아낸 온갖 이물질에 대한 구역질 나는 괴담으로부터 그 회사의 환경과 고용에서의 수상한 처신을 향한 비난에 이르기까지―암울한 뉴스만 가득하다.

해시태그의 성공으로 어디에서건 그것을 만나게 된 상황은 검색에 능숙해진 문화와 밀접한 관계를 갖는다. 그 문화는 검색창의 시대와 구글 온라인 공동체의 산물이다. 그 공동체는 지난 10년 동안 궁금한 것만 생기면 검색창을 여는 전문 구글러가 된 이들이 만들었고, 거기서 멈추지 않고 그들은 궁금한 것만 검색하는 것이 아니라 그 결과물을 분류하는 단계로까지 나아갔다. 새로운 것―어떤 트윗, 사진, 오디오 파일―을 보면 기존의 태그에 링크를 걸거나 다른 사람들이 채택하거나 거부 의사를 표시하도록―때로는 진지하게 때로는 풍자적으로―새로운 태그를 달았다. 태그를 다는 사람은 색인 작성자를 닮았다. 생각을 정리하고 그런 생각을 반영하는 개념을 대변하는 최선의 표제어를 선택했다. 어쩌면 #WeAreAllSubjectIndexersNow(우리 모두가 주제 색인 작성자)가 된 세상이 온 것인지도 모르겠다. 하지만 해시태그는 예측 불가능하고 풍자적이며 카니발에 초대받은 듯한 분위기에 지배되는, 진정 누구나 참여할 수 있는 포맷이다. 해시태그의 현장에서 우리의 끈기 있고 학구적인 색인 작성자는 새로운 미디어의 변화무쌍한 곡절 속에서 변덕스럽고 냉소적이며 거침없는 신세대 후계자를 얻었다.

2015년 10월 2일 구글은 변신을 시도했다. 그보다 몇 달 전에 구글 창업자 중 한 사람인 래리 페이지(Larry Page)는 구글이 너무 비대해졌다는 의견을 밝혔다. 창업과 인수를 통해서 구글은 기존의 방대한 작은 사업체들과 함께 지도 서비스 제공업체(구글 지도), 미디어 업체(유튜브) 그리고 주요 운영체제(안드로이드)의 지분을 차지했다. 구조조정이 불가피했다. 이 각기 다른 지분들을 계열 기업으로 분산하고 구글 자체도 축소했다. 구글은 모회사가 아니라 자회사가 되는 길을 택했고 새롭게 탄생한 지주회사의 자회사가 되었다. 페이지는 브리핑을 통해 그런 변화로 인한 지장은 최소한에 그칠 것이라고 투자자들을 안심시켰다. 구글의 모든 주식은 자동적으로 새로운 지주회사의 주식으로 전환될 것이며 그 일이 간단히 처리되도록 주식시장의 코드는 계속 GOOGL과 GOOG로 유지할 것임을 천명했다. 그러나 이런 코드 유지는 단지 편의를 위한 것일 뿐이었다. 그 지주회사는 새로운 이름을 원했다. 첨단 기술 연구자들끼리나 통하는 농담 같은 구글(Google)이라는 이름을 탈피해 좀 더 근본적인 것을 암시하는 이름을 찾았다. 그리고 그것은 회사의 초석을 다졌던 검색과 색인을 언급하는 것이어야 했다. 구글은 알파벳(Alphabet)을 선택하기로 했다.

그 이름은 보편성을 시사한다. 그것은 모든 일에 손대고자 하는 조직체가 갖추어야 할 필수적인 요건이며, 알렉산드리아 도서관에서부터 실리콘밸리에 이르기까지 정보관리의 기본으로서 질서를 의미했다. 페이지는 첫 발표에서 그 이름과 색인 작업의 관련성을 이 같은 말로 분명히 밝혔다. "우리는 알파벳이라는 이름을 좋아합니다. 왜냐하면 그것이 (…) 우리가 구글 검색으로 색인 작업을 해내는 방식의 핵심이기 때문입니다."[18] 그러나 나의 관점에서 보면 알파벳이란 이름은 휴의 비전과 그로스테스트의 비전 사이에서, 알파벳으로 찾는 것(용어 색인)과 개념으로 찾는 것(주제 색인) 사이에서 그 둘의 차이를 확고하게 봉합하지 못하고 벌어진 틈을 상기시킨다.

그럼에도 불구하고 구글은 판단력을 갖춘 검색 기술의 첨단에 있다. 구글 검색창에 'how to catch a cow fishing(어떻게 cow fishing을 할 것인가)'을 넣어 보면 그것은—다른 검색어들 'catch(잡다)' 'fishing(낚시질)'을 먼저 인식하고—이 문맥에서 'cow'는 (젖소가 아니라) 아마도 은어로 '줄농어(striped bass)'를 뜻하는 낚시 용어라고 추론해 낼 것이다. 그리고 농어 낚시에 대한 검색 결과물들이 승격되고 가축과 관련된 결과물은 축출된다.[19] 그러나 우리가 쓰는 다른 애플리케이션 대부분—워드프로세스, 소셜미디어 페이지, 전자책 단말기, 파일관리자—을 통해 얻는 검색 결과물들은 문자를 곧이곧대로 찾는 수준을 벗어나지 못한다. 그렇지만 아직 알파벳으로 검색하는 방식은 한계가 분명하다. 그래서 보코의 알고리즘이 실망스러웠던 것이고 수전 보일의 해시태그는 재앙을 부른 것이다. 멀리서 읽기가 면밀히 읽기를 축출하지 못한 것과 마찬가지로 (적어도 우리가 본능적으로 로타리아보다는 루드밀라를 선호한다면) 가까운 시일 내로는 검색창이 주제 색인을 대체하지는 못할 것이다.

이 점에 대해서 우리는 감사해야 한다. 우수한 색인은 그것 자체로 기분 좋은 것이 될 수 있다. 그러나 우수한 색인은 우수한 색인 작성자만이 만들 수 있다. 1978년 첫 번째로 색인 업자 협회 국제회의가 열렸을 때 미술사학자인 윌리엄 헤크셔(William Heckscher)는 "스스로 상상력이 풍부한 아이가 된 것을 자랑스러워하는" 그런 색인을 칭송하는 연설을 했다. 그는 계속해서 다음과 같이 찬사를 이어 갔다. "그런 색인은 우리가 잠자리에서 그것을 읽으며 마치 멋진 소설을 한 권 읽고 있는 것 같은 생각에 빠지게 하면서 평화로운 밤 시간을 보내게 만든다."[20] 고작 텍스트의 선형적 흐름에 균열을 일으키는 것을 본질적 역할로 삼는 색인이라는 도구에게 너무 무리한 주문이자 부적절한 요구를 하는 건 아닌지 모르겠다. 그러나 로버트 레이섬(Robert Latham)이 만든, 피프스(Samuel Pepys)의 일기에 첨부된 다음과 같은 색인을 읽어 보면 헤크셔의 연설 취지를 이해하는 것은 어렵지 않다.

베그웰(BAGWELL), ——, 윌리엄의 아내: 그녀의 출중한 외모, 4/222; 피프스가 유혹할 생각을 품다, 4/222, 266; 그녀의 집을 방문하다, 4/233 – 4; 고결한 여인임을 확인하다, 4/234;

그리고 정숙한, 5/163; 피프스에게 남편의 일자리를 봐 달라고 요청하다, 5/65-6, 163; 피프스가 키스를 하다, 5/287; 그녀가 다정하게 대하다, 5/301-2; 피프스가 쓰다듬다, 5/313; 그녀가 방문하다, 5/316, 339; 맥줏집에서 그녀의 저항이 무너지다, 5/322; 그녀의 집에서 운우지정을 나누다, 5/350-1; 6/40, 162, 189, 201, 253, 294; 7/166, 284, 285; 8/39, 95; 9/211; 해군 사무실에서, 6/186; 7/351, 380; 선술집에서, 6/20; 밀회를 약속했으나 실패로 끝나다, 9/25, 217; 피프스가 성 발렌타인 축일에 택한 애인, 6/35, 226, 294; 남편의 승진을 요구하다, 6/39-40; 피프스가 손가락을 삐다, 6/40; 포츠머스로부터 그녀가 돌아오다, 7/96; 비탄에 잠긴 얼굴을 하다, 7/191; 해리치로부터 돌아오다, 9/12, 25; 그리고 또한, 6/158; 7/96, 210, 339; 8/99; ~ 하인이 역병으로 죽다, 7/166.[21]

피프스의 일기에 첨부된 색인은 축약된 스토리텔링과 성격 묘사의 진정한 걸작이라 할 만하다. 베그웰 부부와 피프스 사이에 암암리에 벌어지는 거래의 흥미진진함, 위치 표시자 17개로 풀어내는 피프스의 성적 방종이 그리는 희극, 좌절로 끝난 정사를 위한 만남. 웃음을 자아내는 피프스의 삔 손가락과 베그웰 부인의 불길할 정도로 비탄에 잠긴 얼굴, 하인이 역병으로 사망한 마지막 사건으로 이 익살극 같은 부정한 밀통은 기반에서부터 총체적으로 와해된다. 거의 한 곡의 노래 같은 색인 구성이다. 헤크셔의 또 다른 언급을 인용하면 색인이 '원작의 중력을 벗어나 스스로의 힘으로 이야기를 풀어 가는 것'처럼 보일 정도다.

모든 주제 색인이 이런 식으로 이야기를 전개할 수 있는 것도 아니고 섣불리 그래서도 안 된다. 그리고 레이섬의 피프스 색인에서도 모든 항목에 베그웰 부인 같은 여주인공이 등장하는 것도 아니다. 그러나 제 몫을 하는 각각의 주제 색인은 중요한 의미에서 상상력의 산물이다. 작업에 임하기 전에 책의 핵심을 간파해 낸 훌륭한 색인 작성자만이 좋은 주제 색인을 만들 수 있다. 전문 색인 작성자는 어떤 개념이 명백하게 언급되지 않았다 하더라도 그것을 색인으로 첨부하는 것이 쓸모가 있다는 것을 안다. 예컨대 장 폴 사르트르에 관한 글이라면 '실존주의(existentialism)'라는 표제어 밑으로 항목을 달아야 마땅하다고 생각할 것이고, 혹은 정원사에 관한 글이라면 그가 어떤 특정한 식물을 바라볼 때 통칭을 사용하거나 학명을 사용할 수도 있다고 생각할 것이다. 그들은 이름이 없더라도 성만 보고서도 그 사람이 카를 마르크스(Karl Marx)인지, 그루초 막스(Groucho Marx)인지 혹은 리처드 막스(Richard Marx)인지를 구별할 수 있다. 그들은 환유법이란 비유를 이해하기 때문에 10번지(Number Ten)나 다우닝가(Downing Street)가 때로는 보리스 존슨 전 총리의 항목에 속할 수도 있고 때로는 아닐 수도 있다는 것을 안다[런던 다우닝가 10번지는 총리 관저 주소-옮긴이]. 단순 문자열 탐색이라는, **상**

상력이 빈약한 색인 작업의 한계는 성경의 성구 사전(용어 색인)을 사용해서 그 유명한 자비와 용서의 이야기인 돌아온 탕아 비유를 찾아보면 분명히 드러난다. 그 비유에는 '용서(forgiveness)'나 '자비(mercy)'라는 단어가 나오지 않는다. 심지어 '방탕한(prodigal)'이라는 단어도 없다. 아르탄디나 보코가 나서더라도 어떻게 할 방법이 없다.

박식하며 주의 깊은 전문 색인 작성자들은 우리보다 앞서 가면서 산을 평탄하게 깎고 길을 반듯하게 낸다. 덕분에 방향 지시 푯말 앞에 서서 시간 부족에 시달리는 우리는 인용과 자료와 **지식**으로 가득 찬 그 길을 큰 어려움 없이 빠르게 통과할 수 있다. 1890년대에 색인 대행업체들이 등장한 이래로 지난 세기 동안 이런 색인 작성 업무는 점점 더—이제는 압도적으로—여성이 담당하게 되었다.[22] 그리고 이전 세대 작성자들처럼 이 여성들도 대부분 익명으로 남아서 공을 인정받지 못했다. 나는 이 책이 적어도 이름 한 자 남기지 못한 이 색인 작성자들의 무덤에 화환이라도 되었으면 한다.

우리는 책등에 묶인 채로 종이와 잉크로 이루어진, 페이지 자동 공간 조정 따위는 불가능하며 구닥다리 취급까지 받는 책이 자식뻘인 전자책의 공세에도 살아남을 수 있는 기술임을 알게 된 지금, 다시 미래를 내다보고 있다. 적어도 앞으로도 한동안 책은 우리의 지적 노력의 지배적 상징물로서 그 입지를 유지하면서 우리의 서가를 차지하고 위대한 대학들의 가장 중요한 자리에 놓여 있을 것이다. 그리고 우리가 출판의

바다를 항해하는 동안만은 상상력의 자손이자 대학만큼이나
오랜 역사를 지닌 책 색인이 우리의 나침반으로서 그 역할을
지속할 것이다.

마지막 장: 독서 기록 보관소

"방대한 책을 쓰는 것은 고된 노동이며 가난뱅이가 되기
딱 좋은 사치스러운 짓이다. (…) 더 나은 태도는 이런 책이
이미 존재하는 것처럼 여기고 간단한 요약서를 작성해 보는 것이다."

– 호르헤 루이스 보르헤스(Jorge Luis Borges), 『픽션들(Ficciones)』

2019년 늦가을, 장소는 로테르담의 현대미술관 비터 데 비트 센터 위층. 하얀 파이프형 형광등 불빛 아래로 사방 흰 벽에 흰 액자들이 매달려 있었다. 각 액자에는 흰 바탕에 검은 글자가 찍힌 종이 한 장이 있었다. 매우 간소한 미니멀아트 전시회였다. 방문객들은 안경을 잡아 올리고 몸을 액자 쪽으로 기울이면서 줄줄이 가로로 가늘게 늘어선 작고 검은 글씨들을 눈을 찌푸리며 주시했다. 우루과이 태생의 예술가 알레한드로 세사르코(Alejandro Cesarco)의 〈인덱스〉 연작이다. 이 연작물은 이 책의 첫 장을 열었던 밸러드의 이야기처럼 존재하지 않는 책들에 대한 색인이었다.

전시장 벽에 걸린 색인들은 몇 가지 즐거움을 준다. 코스가 다양한 식사를 즐기는 것과 같은 느낌에서 비롯되는 즐거움이다. 가장 먼저 우리는 나란함을 즐길 수 있다. 나보코프의 『창백한 불꽃』의 색인에 등장하는 젬블라처럼 이런 식으

도판 35: 알레한드로 세사르코의 〈인덱스〉 연작.

로 색인을 나열하는 것은 임의성을 가장한 것이다. 하이데거의 『Being and Time(존재와 시간)』 옆에 인디 밴드 'Belle And Sebastian(벨 앤 세바스천)'이, 'Proust' 옆에 'punk'가 나란하다. 이것은 신중한 반란이다. 소소한 수준에서 문화적 장벽을 평탄하게 깎아 내려는 것이다. 혹은 조금 더 애를 써서 알파벳순을 탈피해 동일한 위치 표시자를 갖는 항목들끼리 짝을 지우고 삼각측량을 하듯 개념들을 서로 엮어서 통일성을 가지는 가상의 장면을 그려 볼 수도 있겠다. 'Bossanova(보사노바)' 'chocolate(초콜릿)' 'dates(데이트)' 'desperateness(필사적임)'. 여기서 'dates'를 어떻게 해석―과일(대추야자)인지, 사귐인지―할 것인지가 'desperateness'를 어떻게 해석할지를 결

정할 것이다. 또 'crying(울기)' 'endings(결말)' 'fragility(연약
함)' 'holding-hands(손을 잡고 있는)' 들은 모두 가상의 페이
지 2에 올라 있다. 알파벳순을 제거했을 때 색인은 어떤 순서
로 전개되는가?[1]

그러고 나면 색인들은 우리에게 어떤 총체적인 인상을 남
긴다. 엄청나게 많은 20세기의 사상가들, 그냥 액자 하나에
있는 L자 항목들만 훑어봐도 'Lacan(라캉)' 'Laclau(에르네스
토 라클라우)' 'Le Corbusier(르 코르뷔지에)' 'Lefebvre(앙리
르페브르)' 'Lenin(레닌)' 'Levinas(레비나스)' 'Lukács(루카
치)' 'Lyotard(리오타르)' 같은 쟁쟁한 이름이 가득하다. 그뿐
아니라 감정에 대한 관심도 보인다. 그 색인들은 치유의 언어
라는 틀에 이따금은 몰라도 늘 포섭되어 있지는 않다. 한 줄
로 늘어선 항목들은 다음과 같은 단어들을 쏟아 놓았다.

direction: and decisions(지시: 그리고 결정들), 5-8

discipline(규율), 16

disclosure(드러난 사실), 52

discontinuity(단절), 37

displacement(이동), 20, 69

dissatisfaction(불만), 55

doors: slammed(문: 쾅 닫힌), 13, 15, 20

doubts(의혹들), 19, 23, 26-29, 31, 33, 61, 72

dreams(꿈) 17, 26

세사르코의 색인들은 그가 평생 즐겼던 관심사인 문화―책, 영화, 예술―를 추적한 것이다. 그의 말에 따르면 '내가 읽은 것의 자료실'이다.[2] 그러나 그 정서의 초점은 마찬가지로 재귀적이다. 세사르코는 이 엉터리 위치 표시자들이 존재하지도 않는 텍스트의 페이지를 향해 짐짓 무대 밖을 가리키고 있는 것이 그저 시늉에 불과할 뿐일지도 모르지만 그 색인이 아무것도 가리키는 바가 없음을 말하는 것은 아니라고 말한다. 크라이스트처치 패거리들이 리처드 벤틀리에게 가했던 비방처럼, 이 색인들은 책에 대한 것이 아니라 사람에 관한 것이기 때문이다. '색인을 통해 그 예술가에 관해 간단히 설명해 본 것(A Short Account of the Artist by Way of Index)'이다[윌리엄 킹의 '인덱스를 이용해서 벤틀리 박사에 관해 간단히 설명해 보기(A Short Account of Dr Bentley, By Way of Index)'를 상기시킴-옮긴이]. 자연스럽게도 반복적으로 등장하는 인물은 프로이트이다. 한 항목은 다음과 같다.

> 프로이트, 지그문트, 62; 「사람들에 의해 행해지는 특별한 대상 선택의 유형(A Special Type of Choice of Object Made by Men)」, 10; 망상(delusion)에 대하여, 7; 자아(Ego)에 대하여, 9; 페티시즘(fetishism)에 대하여, 26; 그리고 정체성(identity)과 동일시(identification), 34; 나르시시즘(Narcissism)에 대하여, 29; 성욕(sexuality)에 대하여, 5, 28, 73.

이 색인을 세사르코의 특이한 방식에 대한 반추로 읽는 것은 어렵지 않다. 표제어, 역방향 구문, 알파벳순 방식을 통해 관찰이나 기억 같은 정체성을 길어 올리는, 인덱스 숭배로 이러 낸 일종의 자서전이다.

나는 세사르코의 색인이 그런 점에서 특별한 것은 아니라는 사실을 말하면서 이 색인의 역사를 마무리하고자 한다. 모든 번역이 번역자의 흔적을 담는 것처럼 모든 색인도 불가피하게 색인 작성자의 자취를 남긴다. 물론 이때의 색인은 주제 색인만을 일컫는다는 점을 분명히 하고자 한다. 용어 색인—인간이 만들었든 기계가 만들었든—은 별개의 문제이다. 그러나 J. 호러스 라운드가 그의 중세 시대 라이벌을 『봉건시대 잉글랜드』 색인으로 무너뜨렸을 때, 라운드는 그의 인격—물론 그의 고집스러움과 현학적 과시, 전문가로서의 실패, 끊임없이 경멸하는 버릇—을 문제 삼았다. 색인에는 인간성이 있다. 용어 사전이나 검색창에는 없다.

나는 2015년에 방문연구원의 자격으로 워싱턴 DC에 있는 폴저 셰익스피어 도서관에서 여름을 보냈다. 나는 책의 면지에 색인이 있는 초기 인쇄본들을 찾아 카탈로그를 뒤졌다. 근대 초기 독자들은 나중에 자신들이 참고하기 위해 어떤 식으로 책에 표시를 해 두었을까? 나는 풍자와 논증, 종교와 세속에 관한 책들과 심지어 시집과 소설에서도 수많은 독자의 색인을 찾아볼 수 있었다. 어떤 것들은 길고 상세하며 알파벳순을 철저히 지켰다. 아마도 따로 초벌 작성을 한 뒤에 다시

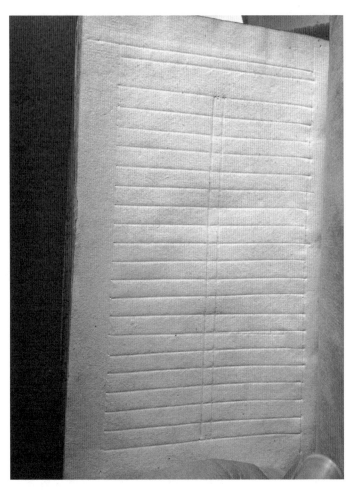

도판 36: 알렉산드리아의 히에로클레스(Hierocles of Alexandria)가 저술한 『히에로클레스가 고결하며 가치 있는 삶을 가르친 피타고라스의 황금 시편에 대하여(Hierocles upon the golden verses of Pythagoras, teaching a vertuous and worthy life)』(1656)를 위한 색인을 책 뒤편에 편찬하려다 잉크가 먹지 않아서 몇 장 깊이로 새김눈 자국만 남은 흔적.

깔끔하게 베껴 써서 그들이 참고하려는 책 속에 첨부했을 것이다. 또 일부는 그저 간단히 핵심어와 쪽 번호를 몇 줄 휘갈겨 놓기도 했다. 때로 색인 편찬자들은 표를—오늘날 우리가 MS 워드로 하듯—그려서 각 색인 항목이 고르게 배치되도록 했다. 이따금 표의 새김눈에 잉크가 먹지 않아서 몇 장 깊이로 파고든 희미한 자국만 남긴 것도 있었다.

하지만 색인의 종류가 이렇게 복잡다단함에도 불구하고 각 색인은 특정한 책에 대한 고유한 반응을 드러내는 독서의 기록이 되었다. 극히 공들인 것에서부터 대충 골자만 추린 것에 이르기까지 모든 색인은 작성자의 흔적을 담고 있다. 그들이 무엇을 중요하게 생각했는지, 그들이 다시 돌아와서 보길 기대했던 것은 무엇이었는지에 대한 정보이고 미래의 재방문을 위한 지도였다. 도판 37은 음주 문화에 반대하는 17세기 초반에 나온 서적에 달린 여섯 줄에 불과한 색인인데 다음과 같이 약소하다. "상스럽게 지껄임, 2쪽; 간통, 4쪽; 격분, 8쪽; 살인, 13쪽; 저주하기; 악담하기." 악행의 목록을 늘어놓았으나 대충 하다가 그만 끝나 버렸다. 마지막 두 항목은 위치 표시자도 없다. 책의 사분의 일을 넘어선 부분에 대해서는 말이 없다. 색인으로서 이것이 알려 주는 것은 빈약할 뿐 아니라 의문만 잔뜩 남긴다. 왜 색인 작성을 시도했을까? 작성자는 어떤 식으로 이 텍스트를 다시 활용할 생각이었을까? 품행이 방정하지 못하고 주벽이 있는 집안 손아랫사람을 토머스 영 (Thomas Young)의 구절을 빌려 설교를 하고 야단을 칠 생각

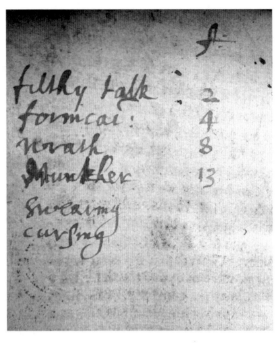

도판 37: 토머스 영이 쓴 『영국의 독, 술주정에 대한 고찰』에 대한 가장 흥미로운—혹은 가장 사악한—부분을 색인으로 남기려다 포기한 경우.

이었을까? 아니면 우리는 이 익명의 색인 작성자가 악행들을 기록할 때 책 뒤편에서 그 단어들을 다시 은밀히 만날 것을 기대하면서 현실에서 저지르지 못하는 악행에 대한 대리 만족을 얻으려던 것은 아니었는지 궁금해할 수도 있다. 그런데 왜 그 목록은 갑자기 끝나 버렸을까? 토머스 영이 선정적으로 책을 시작했지만 따분한 성경 인용으로 이야기를 질질 끌자 작성자가 그만 흥미를 잃고 책을 덮어 버린 것일까? 역사가로서 우리는 추측 이외에는 할 것이 없어진 이 상황이 당황스럽다. 그러나 그 색인은 이제는 이해할 수 없는 한 독자의 의도에 대한 지울 수 없는 증거로 여전히 존재하며, 액자에 넣어져 전시된 세사르코의 색인만큼이나 어떤 이의 독서가 남긴 기록으로서 가치를 지닌다.

이 책의 중간쯤에서 우리는 시각화된, 혹은 다소 다중매체적인 색인을 검토해 볼 기회가 있었다. 페트뤼스 프라리뉘스의 『연설』에 대해 목판화와 우스꽝스러운 4행시로 만든 색인이었다. 프라리뉘스의 원문처럼 그 불쾌할 만큼 생생한 그림 색인은 무자비할 정도로 난폭하게 죽음과 경멸과 신체 훼손의 장면을 여과 없이 담고 있었다. 이제 시와 이미지로 이루어진 또 다른 다중매체적인 색인을 만나 보고 이 이야기를 끝마치겠다. 그러나 이것은 프라리뉘스의 것과는 달리 달콤한 정조를 담고 있다. 삶을 경멸하는 것이 아니라 모든 이들의 삶을 찬양하는 쾌활하고 밝고 가정적 분위기의 색인이다. 이 책의 제목은 『보잘것없지만 아름다운 것(The Gorgeous Nothings)』이다. 에밀리 디킨슨(Emily Dickinson)이 '편지 봉투에 쓴 시들'을 마타 워너(Marta Werner)와 젠 버빈(Jen Bervin)이 편집한 것이다. 이것들은 시시해 보이는 보물—편지 봉투와 편지 봉투 쪼가리—이다. 그 종이들 위에 디킨슨은 시를 적어 놓았다. 시도 그 자체로 불완전한 조각들이었다. 언제라도 사라져 버릴 것으로 보이고, 시와 무관한 다른 글이 시를 가로질러 씌어져 있는가 하면, 완결되지도 않았고 의

도가 분명치 않은 잡문들도 포함되어 있다. 그 시들은 언제든 사그라질 것 같고 흐릿하고 문장이 흔히 대시(–)와 함께 돌연 끊어지기도 한다. 편집자에게 그 시들은 겪어 보지 못했던 문제점을 던진다. 편지 봉투 시들은 출판을 위해 쓴 것이 아니어서 작가의 마지막 마무리 과정을 거치지 못한 것이다. 그렇다면 그것들은 마자랭 도서관에 보존된 성구 사전 조각들처럼 초고에 불과하단 말인가? 초고란 말은 분명 **생성 중인 것**을 뜻한다. 그 말은 적어도 다시 돌아와서 더 손을 봐서 정서본을 만들겠다는 뜻이 있음을 비추는 것이다. 이들 시에는 그런 의도를 입증해 주는 것이 없다. 그렇다면 어떻게 그것들의 미묘함과 막연함을 존중하는 방식으로 그 비의도성을 세상에 드러낼 수 있을까? 워너와 버번은 글리프[glyph, 자형의 본질을 추상화한 것-옮긴이]와 코드화된 프로그램을 이용해서 그 특이한 텍스트를 충실하게 전사했다. 글씨는 삐뚤거리고 연필로 그어져 지워지기도 하고 세로 단이 바뀌기도 한다. 그러나 이 전사된 시의 맞은편 페이지에는 봉투 그 자체를 본래 모습과 색깔 그대로 실었다. 화산이라도 폭발한 듯 모서리가 찢겨 나갔지만 휘갈겨진 메모로 재활용된 이 봉투는 그 자체의 모양마저도 시 하나하나의 일부로서 취급되었는데 그것은 우리에게 이 이상한 메모들이 얼마나 무심하고 덧없는 것이었던지를 상기시켜 준다.

시집은 규범적으로 당연히 첫 행을 색인으로 제공할 것이다. 하지만 이 시들을 그렇게 취급하는 것은 편지 봉투 시의 물리적 측면을 제거해 버리고 그 시들을 순수한 텍스트로 만들 것이다. 편지 봉투 시에서 그런 시도를 용납할 수는 없다. 『보잘것없지만 아름다운 것』은 한 꾸러미의 시를 다양한 방식으로 나누어 표현한 버번의 '시각적 색인'으로 제 모습을 더 잘 드러냈다. 용지 모양에 주목한 봉투 색인들이 있는가 하면, 수신인의 주소가 적힌 것으로 이루어진 것들, 시가 세로 단으로 씌어진 것들, 연필로 구획을 나눈 것들, 시가 다양한 방향으로 씌어 있는 것들, 봉투를 마름모꼴로 놓아야 시가 읽히는 것들, 선을 그어 지웠거나 지우개로 지운 텍스트가 있는 것들, 그 외에도 갖가지 다른 봉투 색인들이 있다. 포프의 호메로스에 대한 색인처럼 봉투라는 물질이 눈부시게 다양한 측면에서 비춰진다. 많은 봉투는 몇 가지 다양한 묶음으로 나타난다. 하지만 각각의 색인은 봉투 위에 쓰인 시보다는 분명 봉투—그것의 모양, 출처, 수신인은 누구인지—본래의 목적과 관련된 것이다. 만약 당신이 머리칼이나 버섯에 관한 시를 찾기를 시도한다면 그건 당신 자유다[디킨슨은 「머리칼이 위기에 처했다(Crisis is a Hair)」와 「버섯은 식물의 요정(The Mushroom is the Elf of Plants)」이라는 시를 씀-옮긴이]. 하지만 버번의 색인은 그런 당신에게 별 도움이 되지 않을 것이다. 대신 당신이 화살표 모양 봉투에 비스듬히 쓴 시를 보고 싶다면 A364가 바로 그것이다("여름이 그녀의 소박한 모자를 ……에 얹었다네(Summer laid her simple Hat)"[원문에 이어지는 행은 'On it's boundless Shelf'. '여름이 그녀의 소박한 모자를 가없는 선반에 얹었다네'-옮긴이].

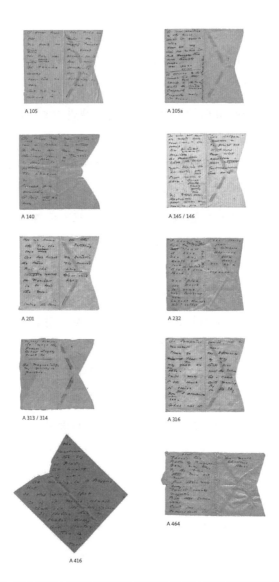

A 105

A 105a

A 140

A 145 / 146

A 201

A 232

A 313 / 314

A 316

A 416

A 464

도판 38: 에밀리 디킨슨의 『보잘것없지만 아름다운 것』에서 '용지 모양에 따른 편지 봉투 색인' 중 '뾰족하지 않은 화살'.

심지어 이런 색인이 시각적 사고를 하는 사람들에게조차 실제로 유용한지 어떤지에 대해서 나는 확신이 없다. 버번의 봉투 색인 중 하나는 '뾰족하지 않은 화살'이고 이것은 이들 색인의 위치 표시자로서는 좋은 이름이라고 본다. 그러나 그것은 중요한 점을 놓치고 있는 것으로 보인다. '시각적 색인'은 단지 시적 관점에서만이 아니라 봉투라는 **물적 관점**에서 이런 시들이 진정 어떤 의미가 있는지 생각해 보자는 진지한 주장을 장난스럽게 하고 있는 것이다. 편지 봉투 시들은 우리에게 디킨슨이 별난 사람, 은둔자라는 사실을 상기시킨다. 하지만 그이는 또한 지독하다 싶을 정도로 편지 소통을 고집했다. 집을 떠나는 법이 없었고 닫힌 문을 사이에 두고 대화를 했으며 선물과 꽃과 편지로 자신을 알리는 사람이었다. 편지 봉투 색인은 그것을 편찬한 사람의 개성이 충만한 풍자적 제스처이다. 예술적 감수성으로 편지 봉투의 꼴을 분류하고, 세로 단을 화살표 앞으로 오게 하고, 비스듬한 텍스트는 연필로 그어 버린 것 앞에 두면서 질서―새로운 알파벳―를 잡았다. 그 작업에는 재치가 넘치면서도 시인을 향해 보내는 따뜻한 경의가 느껴지지만 그렇다고 특이하게도 집 밖 출입을 끊었던 이 별나디별난 시인에게 맹목적으로 고개 숙이진 않는다. 그것이 시를 향한 항해에서 우리에게 도움이 되든 않든, 그럼에도 불구하고 버번의 색인은 세사르코의 전시물들, 버지니아 울프의 작은 종잇조각들, 셜록 홈스의 몇 권에 달하는 색인들, 그리고 그로스테스트로부터 계속 이어진 모든 다른 색인 작성자들이 작성한 조각들, 카드들, 목록들 그리고 데이터베이스들—각각의 색인은 먼저 읽어 본 것에 대한 기록이며 여전히 그것을 만든 사람의 희미하지만 지워지지 않는 활기를 담고 있다—과 궤를 같이한다.

주

서문

1 그 주제는 당연히 월드와이드웹 프로젝트였다. 웹페이지가 궁금하다면 다음 링크를 참고하라. http://info.cern.ch/hypertext/WWW/TheProject.html. 이 페이지가 색인임을 확인했던 사람은 2014년 색인 협회 회의에 참석했던 사이먼 로베리였다.

2 Matt Cutts, 'How Search Works', https://www.google.com/intl/en_uk/search/howsearchworks/crawling-indexing/의 임베디드 비디오.

3 Thomas Babbington Macaulay, *Macaulay's Life of Samuel Johnson*, ed. by Charles Lane Hanson (Boston, MA: Ginn & Company, 1903), p. 13.

4 Robert L. Collison, *Indexes and Indexing*, 4th edn (London: Ernest Benn, 1972), p. 12.

5 다음을 참고하라. Joseph A. Howley, 'Tables of Contents', in Dennis Duncan and Adam Smyth (eds.), *Book Parts* (Oxford: Oxford University Press, 2019), pp. 65~79 (pp. 68~69).

6 Pliny the Elder, *Natural History*, trans. by H. Rackham (Cambridge, MA: Harvard University Press, 2014), 1.33.

7 Will Self, 'The Novel is Dead (This Time It's for Real)', *Guardian* (2 May 2014): https://www.theguardian.com/books/2014/may/02/will-self-novel-deal-literary-fiction.

8 니콜라스 카(Nicholas George Car), '구글이 우리를 바보로 만들고 있는가?: 인터넷은 우리의 뇌에 어떤 영향을 미치고 있는가', 《애틀랜틱(The Atlantic)》(2008년 7, 8월 호). 카는 이 기사에서 밝힌 논의를 더 진전시켜서 그것을 『생각하지 않는 사람들: 인터넷이 우리의 뇌 구조를 바꾸고 있다(The Shallows: How the Internet is Changing the Way We Think, Read and Remember)』(London: Atlantic, 2011)라는 책으로 출간했다.

9 Galileo Galilei, *Dialogue Concerning the Two Chief World Systems*, trans. by

Stillman Drake (Berkeley, CA: University of California Press, 1967), p. 185.

10 캠벨은 다음과 같이 썼다. "모든 책에 색인은 너무나 중요하다고 생각했기에 나는 의회에 색인 없이 책을 출판하는 작가에 대해서 그 저작권을 박탈하고 또한 그런 태만함에 대해서 벌금을 부과하는 법안 제출을 제안하려 했다." 캠벨이 그런 지나치다 싶은 주장을 실제로 했는지는 의심스럽다. 영국 국회 의사록에는 캠벨이 그런 법안을 언급한 사실에 대한 기록이 남아 있지 않다. (만일 그가 언급했지만 기록되지는 않았다면, 아마도 1830년 말 토머스 텔퍼드 의원이 지속적으로 제정을 시도했던 저작권 법안과 관련된 발언일 것이다.) 그러나 실은 캠벨이 했던 그런 전적으로 과격한 주장은 자신의 유죄 가능성을 인정하는 대목과 관련해서 나온 것이다. 위의 인용구는 다음의 고백으로 이어진다. "내 책 출판업자의 고충에 따르면 지금까지 펴낸 나의 책조차도 색인이 없었다고 한다." 그가 제안한 법안이 제정되었더라면 가장 명철한 법의식의 소유자였던 캠벨 스스로가 자신이 만든 법에 저촉되었을 것이다. John Lord Campbell, *The Lives of the Chief Justices of England*, 4 vols. (London: John Murray, 1874), III, p. x.

11 John Marbeck, *A Concordance, that is to saie, a worke wherein by the ordre of the letters of the A. B. C. ye maie redely finde any worde conteigned in the whole Bible, so often as it is there expressed or mencioned* (London, 1550), sig. A3r.

12 John Foxe, Actes and Monuments (London, 1570), p. 1391.

13 마벡의 심문과 그의 성구 사전의 이단성에 관한 최고의 설명을 원한다면 다음을 참고하라. David Cram, 'John Marbeck's Concordance to the English Bible', in Nicola McLelland and Andrew R. Linn (eds.), *Flores grammaticae: Essays in Memory of Vivien Law* (Münster: Nodus, 2005), pp. 155~170.

14 J. Horace Round, *Feudal England: Historical Studies on the XIth and XIIth Centuries* (London: Swann Sonnenschein, 1895).

1장 서열화의 취지

1 J. G. Ballard, 'The Index', *Bananas*, 8 (1977), pp. 24~25 (p. 24). 이 이야기는 다음 책에도 포함되어 있다. *War Fever* (London: Collins, 1990), pp. 171~176 and *Complete Short Stories* (London: Flamingo, 2001), pp. 940~945.

2   Henri-Pierre Roché, 'The Blind Man', *The Blind Man* 1 (1917): 3~6 (3).

3   *Catalogue of the First Annual Exhibition of The Society of Independent Artists (Incorporated)* (New York: Society of Independent Artists, 1917).

4   Beatrice Wood, 'Work of a Picture Hanger', *The Blind Man* 1 (1917): 6 (6).

5   [Le Moyen Âge n'aimait pas l'ordre alphabétique qu'il considérait comme une antithèse de la raison. Dieu avait créé un univers harmonieux, aux parties liées entre elles; il revenait à l'érudit de discerner ces rapports rationnels – ceux de la hiérarchie, de la chronologie, des similarités et différences, etc. – et de les refléter dans la structure de ses écrits. L'ordre alphabétique impliquait l'abdication de cette responsabilité (⋯) Employer délibérément l'ordre alphabétique revenait à reconnaîre tacitement que chaque utilisateur d'un ouvrage pouvait recourir à un ordre personnel, différent de celui d'autres utilisateurs et de l'auteur lui-même.] Mary A. Rouse and Richard H. Rouse, 'La Naissance des index', in Henri-Jean Martin and Roger Chartier (eds.), *Histoire de l'éition françise*, 4 vols. (Paris: Promodis, 1983), I, pp. 77~85 (p. 80).

6   Robert Cawdrey, *A Table Alphabeticall* (London: I. Roberts for Edmund Weaver, 1604), sig. A4v.

7   둘 다 모두 다음의 책에서 인용되고 번역되었다. Lloyd W. Daly, *Contributions to a History of Alphabetization in Antiquity and the Middle Ages* (Brussels: Collection Latomus, 1967), pp. 71~73.

8   다음을 참고하라. David Diringer, *The Alphabet: A Key to the History of Mankind*, 3rd edn, 2 vols. (London: Hutchinson, 1968), I, pp. 169~170.

9   그 명각에 대한 설명과 그것에 관한 더 긴 토론을 알고 싶다면 다음을 참고 하라. Olga Tufnell, *Lachish III (Tell Ed-Duweir): The Iron Age* (London: Oxford University Press, 1953), pp. 118, 357.

10 C. H. Inge, 'Excavations at Tell Ed-Duweir: The Wellcome Marston Archaeological Research Expedition to the Near East', *Palestine Exploration Quarterly* 70.4 (1938): 240~256 (256).

11 Joseph Addison, *Spectator* 58 (7 May 1711): 1.

12 도서관이 보유한 두루마리의 규모를 추정하는 문제에 대해서라면 다음을 참고하라. Rudolf Blum, *Kallimachos: The Alexandrian Library and the Origins of Bibliography*, trans. by Hans H. Wellisch (Madison, WI: University of

Wisconsin Press, 1991), pp. 106~107.

13 P. Oxy. X 1241로서 알려진 그 파피루스는 다음의 책을 통해 최초로 소개 되었다. B. P. Grenfell and A. S. Hunt, *The Oxyrhynchus Papyri* 10 (London, 1914), pp. 99~100.

14 옥시린쿠스 양피지를 근거로 제기된, 칼리마코스가 도서관장의 자리에 오른 적이 없다는 주장에 모든 학자가 동의하는 것은 아니다. 예를 들면 온라인에서 다음을 참고하라. Blum, pp. 127~133, and Jackie Murray, 'Burned After Reading: The So-called List of Alexandrian Librarians in P. *Oxy.* X 1241', *Aitia* 2 (2012), online.

15 Athenaeus, *The Learned Banqueters*, trans. by S. Douglas Olsen, 8 vols (Cambridge, MA: Harvard University Press, 2007), VII, p. 263 (xiv 643e).

16 다음을 참고하라. Blum, *Kallimachos*, pp. 152~155.

17 Cicero, *Letters to Atticus*, ed. and trans. by D. R. Shackleton Bailey (Cambridge, MA: Harvard University Press, 2014), p. 78 (IV.4a).

18 Daly, *Contributions*, p. 25.

19 (Pseudo-)Plutarch, 'On Homer (II)', in *Homeric Hymns, Homeric Apocrypha, Lives of Homer*, ed. and trans. by Martin L. West (Cambridge, MA: Harvard University Press, 2003), p. 417 (II.4).

20 다음을 참고하라. Daly, *Contributions*, pp. 18~20; William Roger Paton and Edward Lee Hicks, *The Inscriptions of Cos* (Oxford: Clarendon, 1891), pp. 236~260.

21 Ephraim Lytle, 'Fish Lists in the Wilderness: The Social and Economic History of a Boiotian Price Decree', *Hesperia: The Journal of the American School of Classical Studies at Athens* 79.2 (2010): 253~303.

22 지금은 컬럼비아 대학의 P. Columbia 1 recto 1a-b에 있다. 다음을 참고하라. William Linn Westermann and Clinton Walker Keyes (eds.), *Tax Lists and Transportation Receipts from Theadelphia* (New York: Columbia University Press, 1932), pp. 3~36.

23 Pliny the Elder, *Natural History*, trans. by D. E. Eichholz, 10 vols. (Cambridge, MA: Harvard University Press, 2014) X, XXXVII.53.

24 다음을 참고하라. Daly, *Contributions*, p. 59.

25 Plautus, *Amphitryon, The Comedy of Asses, The Pot of Gold, The Two Bacchises, The*

Captives, trans. by Wolfgang de Melo (Cambridge, MA: Harvard University Press, 2014), V.ii.864~866.

26 다음을 참고하라. A. M. Cook, 'Virgil, *Aen*. VII.7.641 ff', *Classical Review* 33.5/6 (1919): 103~104.

27 Cambridge, Corpus Christi College MS 144, 줄여서 CCCC 144라고도 하는 이 코퍼스 용어집(Corpus Glossary)은 서기 8세기 혹은 9세기 초에 만들어 진 것으로 보이며 대다수 주석은 라틴어로 달려 있지만 고대 영어 수천 개 로 된 주석도 제공되었다.

28 M. Dolbier, 'Books and Authors: Nabokov's Plums', *New York Herald Tribune*, 17 June 1962, Books section, p. 2.

29 또 다른 색인항목—'보트킨, V., 러시아계의 미국인 학자'—은 신중하게 화 자의 정신착란의 정도를 드러내 준다.

30 다음을 참고하라. Simon Rowberry, 'Translating Zembla; or, How to Finish *Pale Fire*', *The Indexer*, 31 April 2013: 142.

2장 색인의 탄생

1 Amelia Carolina Sparavigna, 'On the Rainbow, Robert Grosseteste's Treatise on Optics', *International Journal of Sciences* 2.9 (2013): 108~113 (109).

2 The Booke of the Common Prayer and Administration of the Sacraments (London: 1549), sig. Biiv.

3 St Augustine, *Letters*, trans. by Wilfrid Parsons, 5 vols. (Baltimore, MD: Catholic University of America Press, 1956), V, Letter 211, 'To a Convent of Consecrated Virgins', p. 43.

4 *St. Benedict's Rule for Monasteries*, trans. by Leonard J. Doyle (Collegeville, MN: Liturgical Press, 1948), p. 67.

5 *The Rule for Nuns of St Caesarius of Arles*, trans. by Maria McCarthy (Washington, DC: Catholic University of America Press, 1960), p. 175.

6 [au moyen âge, on lit généralement en pronançant avec les lèvres, au moins à voix basse, par conséquent en entendant les phrases que les yeux voient.] Jean Leclercq, *Initiation aux auteurs monastiques du Moyen Âge*, 2nd edn (Paris: Cerf,

1963), p. 72.

7   St Augustine, *Confessions*, trans. by Carolyn J. B. Hammond, 2 vols. (Cambridge, MA: Harvard University Press, 2014), I, p. 243 (VI 3.3).

8   John of St Arnulf, 'Vita Joannis abbatis Gorziensis', *Patrologia Latina*, 137.280D.

9   다음을 참고하라. Hastings Rashdall, *The Universities of Europe in the Middle Ages*, 2 vols. (Oxford: Clarendon, 1895), I, pp. 6~7.

10 다음을 참고하라. Otto Schmid, *Über Verschiedene Eintheilungen der Heiligen Schrift: insbesondere über die Capitel-Eintheilung Stephan Langtons im XIII. Jarhunderte* (Graz: Leuschner & Lubensky, 1892), p. 95.

11 예컨대, 'Bibliothèque municipale de Lyon MS 340'이라는 성경은 영국에서 출간되었는데 창세기와 잠언의 시작 부분에 "이 책은 캔터베리 대주교 스티븐 랭턴이 만든 방식에 따라 챕터화되었다"라고 언급하는 주석이 있다 (f. 33r[2절판 책 오른쪽 33번째 장]).

12 파리에서 출판된 성경과 그것이 미친 영향에 대해 더 궁금한 것이 있다면 다음을 참고하라. Laura Light, 'The Thirteenth Century and the Paris Bible', in Richard Marsden; E. Ann Matter, *The New Cambridge History of the Bible*, 4 vols. (Cambridge: Cambridge University Press, 2012), II, pp. 380~391.

13 다음의 책으로부터 번역된 것이다. R. W. Hunt, 'English Learning in the Late Twelfth Century', *Transactions of the Royal Historical Society* 19 (1936): pp. 19~42 (pp. 33~4).

14 디스팅티오-컬렉션을 단지 게으른 설교자들을 위해 미리 준비해 둔 설교로만 이해하는 것은 그것을 조금 폄하하는 것이다. 조지프 괴링은 "설교자, 선생, 학생 또는 목사와 같은 사람들은 그것이 그들의 다양한 요구를 충족시켜 준다는 것을 인식했다"라면서 디스팅티오-컬렉션의 범용적 가능성을 강조했다. Goering, *William de Montibus: The Schools and the Literature of Pastoral Care* (Toronto: Pontifical Institute of Medieval Studies, 1992), p. 264.

15 Mary Carruthers, 'Mental Images, Memory Storage, and Composition in the High Middle Ages', *Das Mittelalter* 13.1 (2008): 63~79.

16 Goering, *William de Montibus*, p. 264.

17 Thomas Fuller, *The Church History of Britain, from the Birth of Jesus Christ until the Year MDCXLVIII*, 6 vols. (Oxford: Oxford University Press, 1845), II, p. 181.

18 Giraldus Cambrensis, *Opera*, ed. J. S. Brewer, J. F. Dimock and G. F. Warned, 8 vols. (Rolls Series, 1861~1891), I; translated in R. W. Southern, *Robert Grosseteste: The Growth of an English Mind in Medieval Europe* (Oxford: Clarendon, 1986), p. 65.

19 S. Harrison Thomson, 'Grosseteste's Topical Concordance of the Bible and the Fathers', *Speculum* 9.2 (1934): 139~144 (140).

20 이 확장된 부분은 필립 로즈만이 편집한 다음의 탁월한 『타불라』 판본에서 발췌한 것이다. Robert Grosseteste, *Tabula*, ed. by Philipp Rosemann, *Corpus Christianorum: Continuatio Mediaevalis* 130 (1995): 233~320 (265).

21 P. W. Rosemann, 'Robert Grosseteste's *Tabula*', in *Robert Grosseteste: New Perspectives on His Thought and Scholarship*, ed. by James McEvoy (Turnhout: Brepols, 1995), pp. 321~355 (pp. 335~356).

22 라우스 부부가 밝힌 대로 최초의 성구 사전의 완성과 관련된 세부 사항은 훨씬 후대에 떠돌던 근거 없는 주장에 기초한 것이다. 그런 주장 중에 하나 는 생자크 성구 사전의 완성 시기이다. 흔히 1230년이라고 여겨졌지만 너 무 이르게 잡은 것이 거의 분명하다. 확실히 말할 수 있는 모든 것은 그것이 휴가 생자크에 있었던 시기(즉 1235년)에 시작되었다는 것과 노르망디의 쥐미에주(Jumièges)에서 사본 한 부가 만들어졌던 1247년에 완성되었다는 것이다. 다음을 참고하라. Richard H. Rouse and Mary A. Rouse, 'The Verbal Concordance to the Scriptures', *Archivum Fratrum Praedicatorum* 44 (1974): 5~30 (6~8).

23 Oxford, Bodleian Library, MS Canon Pat. lat. 7.

24 Ian Ker, *John Henry Newman: A Biography* (Oxford: Clarendon, 1988), p. 762.

25 Bernard Levin, 'Don't Come to Me for a Reference', *The Times*, 10 November 1989, p. 16; reprinted as 'The Index Finger Points', *Now Read On* (London: Jonathan Cape, 1990), p. 159.

26 비록 일반적으로는 이 세 사람이 영어 성구 사전의 편찬자로 여겨지지만 라우 스 부부는 동시대의 텍스트를 통해 그 존재가 입증된 사람은 이 중에서 리처 드만이 유일하다고 지적한다. Rouse and Rouse, 'Verbal Concordance', p. 13.

27 Oxford, Bodleian Library MS Lat. misc. b. 18 f.61. 번역문들은 두에랭스 (Douay-Rheims) 성서에서 일치하는 구절에서 가져왔다. 두에랭스판이 라 틴어 원문에 충실한 번역이어서 핵심어 포착이 그만큼 용이하기 때문이다.

28 [iste modus praedicandi, scilicet per colligationes auctoritatum, est multum facilis, quia facile est auctoritates habere, ex eo quod factae sunt Concordantiae super Bibliam (⋯) secundum ordinem alphabeti, ut auctoritates possint faciliter inveniri.] Thomas Waleys, 'De modo componendi sermones', in Thomas Marie Charland, *Artes praedicandi: contribution à l'histoire de la rhétorique au moyen âge*, Publications de l'Institut d'études médiévales d'Ottawa; 7 (Paris: Vrin, 1936), p. 390.

29 Troyes, Bibliothèque municipale, MSS 186 and 497.

30 살아남은 네 부의 『모랄리아(Moralia)』 중에서 다른 하나—옥스퍼드, 트리니티 칼리지 MS 50—도 그로스테스트의 저술로 여겨진다. 이런 주장에 대해서 E. J. 돕슨이 『Moralities on the Gospels: A New Source of the 'Ancrene Wisse'』(Oxford: Clarendon, 1975)에서 반박했다. 하지만 돕슨의 반박을 검토했던 리처드 라우스와 지그프리드 웬젤은 돕슨이 책 속에서 주장한 텍스트의 출간일과 저자에 대한 반론을 설득력 있게 무너뜨렸다 (*Speculum* 52.3 (1977): 648~652).

3장 그것이 없었더라면 어떻게 되었을까?

1 사실 롤레빙크의 『파시쿨루스(Fasciculus)』 최초 판은 메메트 2세가 죽기 전인 1474년에 인쇄되었다. 하지만 후속판들을 통해 시류에 맞춰 수정했다. 그 오스만의 술탄에 관한 자세한 이야기는 1485년 베네치아에서 에르하르트 라트돌트(Erhard Ratdolt)가 출간한 판본에 나와 있다.

2 대니얼 소여(Daniel Sawyer)는 15세기 초반의 필사본 텍스트에서 "그 장의 오른쪽 중에서도 여백의 윗부분에 (⋯) 쪽 번호 표시가 되었다"라는 언급을 주석으로 처리할 정도로, 텍스트에 쪽 번호를 매긴 것을 강조했다는 사실을 언급했다. "오늘날이라면 아무도 적당한 위치에 쪽 번호를 매기는 것을 그렇게 분명한 어조로 강조해야 한다고 느끼지는 않았을 것이다." Daniel Sawyer, 'Page Numbers, Signatures, and Catchwords', in Dennis Duncan and Adam Smyth (eds.), *Book Parts* (Oxford: Oxford University Press, 2019), pp. 135~149 (p. 135).

3 다음을 참고하라. Nicholas Dames, *A Literary History of the Chapter* (Princeton,

NJ: Princeton University Press, forthcoming).

4   [Considerentur primo numeri foliorum in angulo superiori versus manum dextram scriptorum, singulorum foliorum numerum representantes. Deinde inspiciatur tabula ubicumque placuerit, ut verbi gratia, 'Alexander tirum destruxit excepto genere stratonis . 72 . 2 . 3'. Per istum numerum . 72 . denotatur quod in folio ubi scribuntur . 72 . in angulo superiori reperietur in tabula intitulatum. Et immediate ubi habetur iste numerus . 72 . inferitur eciam talis numerus . 2 . 3 . per quem innuitur quod in secunda colundella et tercia de dictis tractat Alexandro et stratone.] Cambridge, St John's College MS A.12, f. 218r.

5   나에게 세인트존스 칼리지 MS A.12. 속에 있는 이 엉터리 색인에 주목하라고 알려 준 케임브리지 대학교 도서관의 제임스 프리먼 박사에게 감사를 전한다. 그는 자신의 미출간 박사학위 논문('The Manuscript Dissemination and Readership of the "Polychronicon" of Ranulf Higden, c. 1330~c. 1500' (University of Cambridge, Trinity Hall, 2013), p. 190.)에서 이 사실을 언급했다.

6   에네아 실비오 피콜로미니가 1455년 3월 12일에 후안 데 카르바할(Juan de Carvajal) 추기경에게 보낸 편지는 마틴 데이비스(Martin Davis)의 다음의 책에서 인용·번역되었다. 'Juan de Carvajal and Early Printing: The 42-line Bible and the Sweynheym and Pannartz Aquinas', The Library 18.3 (1996): 193~215 (196).

7   Raoul Lefèvre, The Recuyell of the Historyes of Troye, trans. by William Caxton (Bruges, c. 1473), f. L6r.

8   Margaret M. Smith, 'Printed Foliation: Forerunner to Printed Page-Numbers?', Gutenberg-Jarhbuch 63 (1988): 54~70.

9   인쇄술의 요람기를 대표하는 초기 인쇄물에 대한 특별한 의미는 구텐베르크가 인쇄술을 발명한 1450년부터 1500년까지 유럽에서 활자로 인쇄된 서적을 가리켰던 '인큐내뷸라(incunabla, 고판본)'라는 용어에 담겨 있다. 인큐내뷸라는 라틴어로 배내옷(swaddling-clothes)을 뜻하니까 이 시기의 출판물을 그런 옷을 입는 유아에 비유한 것이다.

10   이 주장에는 약간의 논란이 있다. 쇠퍼의 텍스트가 나온 지 1년이 채 못 되어 동일한 서문과 색인을 실은 거의 똑같은 책이 스트라스부르의 요한 멘텔린(Johann Mentelin)의 인쇄소에서 나왔다. 어느 책에도 출판 일자가 적

혀 있지 않아서 어느 것이 원본이고 어느 것이 해적판인지를 판단할 결정적 단서는 없다. 그러나 프레드 하우스홀더가 다음의 논문에서 설득력 있게 쇠퍼의 손을 들어 주었다. Fred. W. Householder, 'The First Pirate', *The Library*, 4.24 (1943~1944): 30~46.

11 다음을 참고하라. Hans H. Wellisch, 'The Oldest Printed Indexes', *The Indexer* 15.2 (1986): 73~82 (78).

12 [amplissimam eius tabulam alphabeticam magno cum studio elaboratam (⋯) Que quidem tabula et figura, toto ipsius libri precio, digne sunt habende, quia reddunt ipsum, ad sui usum expediciorem.] St Augustine, *De arte praedicandi* (Mainz, c. 1464), sig. 1v.

13 [nota tibi in extremitate libri arithmeticis numeris singulas chartas.] Giovanni Craston, *Dictionarium graecum copiosissimum secundum ordinem alphabeti cum interpretatione latina* (Venice: Aldus Manutius, 1497), sig. O4v. 이 텍스트를 확인해 준 마리아 타보니에게 감사드린다. Maria Gioia Tavoni, *Circumnavigare il testo: Gli indici in età moderna* (Napoli: Liguori, 2009), p. 28.

14 다음을 참고하라. Ann Blair, *Too Much to Know: Managing Scholarly Information Before the Modern Age* (New Haven, CT: Yale University Press, 2010), pp. 137~140.

15 출처는 게스너의 *Pandectae* (1548)이지만 인용문의 출처는 다음의 책이다. Hans H. Wellisch, 'How to Make an Index – 16th Century Style: Conrad Gessner on Indexes and Catalogs', *International Classification* 8 (1981): 10~15 (11).

4장 지도냐 실제 영토냐

1 J. Michael Lennon, 'The Naked and the Read', *Times Literary Supplement*, 7 March 2018.

2 [eos plerique solos legunt.] Erasmus, *In Elenchum Alberti Pii brevissima scholia per eundem Erasmum Roterodamum* (Basel: Froben, 1532), sig. m2r.

3 [Perlege, quae sequitur tabulam mi candide lector, / Qua duce mox totum mente tenebis opus. / Primus scriptus habet numerus caput: inde libellum / Accipe: particulam tercia cifra notat.] *Lucii Flori Bellorum Romanorum libri*

quattuor (Vienna, 1511). 나에게 이 구절에 주목하라고 조언을 준 예일 대학교의 카일 콘라우루이스(Kyle Conrau-Lewis) 교수에게 감사를 전한다.

4 Peter Frarin, *An Oration against the Unlawfull Insurrections of the Protestantes of our Time*, trans. by John Fowler (Antwerp, 1567), sig. Kiiv.

5 James Howell, *Proedria Basilike: A Discourse Concerning the Precedency of Kings* (London, 1664), p. 219.

6 같은 해에 영역본에 이어서 출판된 라틴어 판본은 뻔뻔함의 강도가 올라 갔다. 이 판본의 출판업자 주석은 희랍어로 쓰여져 있다―'& hac ratione Posticum effet aedificio ἀσύμμετρον'―혹시 그 오만함을 포착하는 데 실 패할까 봐 걱정해서 그랬는지도 모른다. (James Howell, *Proedria basilike: dissertatio de proecedentia regum* (London, 1664), p. 359).

7 호르헤 루이스 보르헤스, '과학의 정밀성에 대하여', in *Collected Fictions*, trans. by Andrew Hurley (London: Penguin, 1998), p. 325.

8 *Grub Street Journal* 318 (29 January 1736).

9 헨리 빌링슬리(Henry Billingsley)의 1570년 유클리드 번역본은 손가락표(☞ i, ☞ii, ☞iii, etc.)를 서문의 전지 번호를 매기는 데에 사용했다. 그래서 현대 의 각주 방식으로 빌링슬리의 서문으로부터 특정 페이지를 인용하게 되면 기이하게 보인다!

10 크리스토퍼 말로(Christopher Marlowe)―셰익스피어에게 큰 영향을 미쳤고 아마도 초창기 작품의 공저자로 짐작되는―도 그의 서사시 「히어로와 리앤 더(Hero and Leander)」에서 색인의 이런 특징을 비유적으로 사용했다. "그 러므로 인덱스가 책의 내용을 예고하듯이, / 젊은 리앤더의 얼굴 표정이 그 의 마음을 드러냈다." (II.129~130). 달리 말해 리앤더의 생각이 그의 얼굴 전체에 써진 듯 다 보이더라는 것이다. 하지만 그런 사실을 말해 주는 전조 가―얼굴이 앞에 있으니까―그 전에 이미 있었다는 말이다.

11 올가 웨여스(Olga Weijers)는 다음의 논문에서 이런 엄밀하지 않게 사용되 는 용어의 문제를 다루었다. *Dictionnaires et répertoires: Une étude de vocabulaire* (Turnhout: Brepols, 1991), pp. 100~110.

12 Plato, *Euthyphro, Apology, Crito, Phaedo, Phaedrus*, trans. by Harold North Fowler (Cambridge, MA: Harvard University Press, 2014).

5장 "토리당 녀석에게는 절대 내『영국사』색인을 맡기지 마오!"

1   D. B. Wyndham Lewis and Charles Lee (eds.), *The Stuffed Owl: An Anthology of Bad Verse* (London: J. M. Dent, 1930), p. 256; Francis Wheen, *How Mumbo-Jumbo Conquered the World* (London: Harper, 2004); Hugh Trevor-Roper, *Catholics, Anglicans and Puritans: 17th Century Essays* (London: Secker & Warburg, 1987), p. 302. 현대 저술에서 색인 관련 유머의 더 많은 사례가 궁금하다면 다음에 소개하는 이 책 색인 작성자(PCB)의 블로그를 보라. 놀랄 만큼 재미있는 자료들이 있다. (Paula Clarke Bain's indexing blog—http://baindex.org).

2   Jonathan Swift, *A Tale of Tub* (London, 1704), pp. 138~139.

3   Jonathan Swift, 'A Discourse Concerning the Mechanical Operation of the Spirit', in *A Tale of a Tub* (London, 1704), pp. 283~325 (p. 315).

4   Alexander Pope, *The Dunciad in Four Books* (1743), p. 69 (I.279~280).

5   Charles Boyle, *Dr Bentley's Dissertations on the Epistles of Phalaris, Examin'd* (London: T. Bennet, 1698) (Oxford, Bodleian Library, Vet. A3 e.1743). 매콜리는 우연히도 고질적으로 책에다 표시를 하는 독서가였다. 어떤 페이지에서나—메모할 만한 것이 있든 없든—그는 자신이 어디까지 읽었는지를 알 수 있도록 여백을 따라 연필로 선을 그어 가며 읽어 내려갔다.

6   ['Richardum quendam Bentleium Virum in volvendis Lexicis satis diligentem'.] *Fabularum Aesopicarum Delectus*, ed. by Anthony Alsop (Oxford: Sheldonian Theatre, 1698), sig. a4r.

7   흥미롭게도『옥스퍼드 영어 사전(OED)』은 'to look something up(~을 찾아보다)'이라는 숙어가 1692년에 최초에 등장한 예를 들면서 그것의 출현 시기를 대략 이때쯤으로 잡고 있다.

8   William Temple, 'An Essay upon the Ancient and Modern Learning', in *Miscellanea, the Second Part. In Four Essays* (London: Ri. and Ra. Simpson, 1690), pp. 1~72 (p. 59).

9   Richard Bentley, *A Dissertation upon the Epistles of Phalaris, Themistocles, Socrates, Euripides, and Others, and the Fables of Aesop* (London: Peter Buck, 1697), p. 16.

10   보일에게 보내는 편지에서 애터배리는 "책에 대한 계획을 구상하고 그것의

절반 이상을 집필하느라고……. 내 생의 반년을 날렸다네"라고 말했다. 그런가 하면 반세기 뒤에 윌리엄 워버턴(William Warburton)은 포프로부터 들었던 '비밀을 폭로한' 다른 공모자들의 이름을 폭로했다. (Francis Atterbury, *The Epistolary Correspondence, Visitation Charges, Speeches, and Miscellanies, of the Right Reverend Francis Atterbury, D.D., Lord Bishop of Rochester*, vol. 2 (London: J. Nichols, 1783), pp. 21~22.) 윌리엄 워버턴은 오랜 세월이 흐른 뒤 다른 두 명의 공모자들을 폭로했다. (Letter to Richard Hurd (19 August, 1749), William Warburton, *Letters from a Late Eminent Prelate to One of His Friends* (London: T. Cadell and W. Davies, 1793), p. 9.)

11 Solomon Whateley, *An Answer to a Late Book Written against the Learned and Reverend Dr. Bentley Relating to Some Manuscript Notes on Callimachus, Together with an Examination of Mr. Bennet's Appendix to the Said Book* (London, 1699).

12 Thomas Macaulay, 'Life and Writings of William Temple', *Edinburgh Review* 68 (1838): 113~187 (184).

13 많은 자료에서 이 주장이 되풀이되어서—아이작 디즈레일리로부터 『브리태니커 백과사전』에 이르기까지 너무나 많은 곳에서—그것을 정설로 여기게 되었다. 그러나 조지프 홀(Joseph Hall)의 『다르면서도 같은 세상(Mundus alter et idem)』(1605)—이 자료를 킹이 분명히 읽었을 것이다—과 안니발레 카로(Annibale Caro)의 『로도비코 카스텔베트로에 반대하는 취지로 쓴 변론(Apologia contra Lodovico Castelvetro)』(1558)—이 자료를 벤틀리는 알고 있었지만 그를 비방한 자들은 그것의 존재를 모를 것이라고 생각했다—에서 더 일찍 그런 주장을 했다.

14 킹의 텍스트는 가짜 번역이었다. 그것도 자신의 이름이 아닌 마틴 소르비에르(Martin Sorbiere)라는 사람의 이름으로 냈다. 리스터의 이름과 사뮈엘 드 소르비에르(Samuel de Sorbière)의 성을 결합해 만든 이름이다. 소르비에르는 『잉글랜드 여행기』(1664)에서 노골적인 묘사를 남발했다가 4개월간 교도소 신세를 지기도 했다.

15 William King, *A Journey to London in the Year 1698 after the Ingenuous Method of That Made by Dr. Martin Lyster to Paris in the Same Year, &c.* (London: A. Baldwin, 1699).

16 Letter from Henry Oldenburg to René Sluse, 2 April 1669. *The Correspondence of Henry Oldenburg*, ed. by A. Rupert Hall and Marie Boas Hall, vol. 5

(Madison, WI: University of Wisconsin Press, 1965), pp. 469~470.

17 William King, *The Transactioneer, with Some of His Philosophical Fancies: In Two Dialogues* (London, 1700), sig. a3r.

18 Ja. Newton, 'An Account of Some Effects of Papaver Corniculatum Luteum, Etc.', *Philosophical Transactions* 20 (1698): 263~264.

19 King, *Transactioneer*, pp. 39~41.

20 브롬리가 이 글을 써 놓았던 책이 19세기 초반에 교사이자 휘그당의 서기였던 새뮤얼 파(Samuel Parr)의 수중에 들어갔다. 브롬리 주석의 사본 출처는 다음과 같다. Henry G. Bohn, *Bibliotheca Parriana: A Catalogue of the Library of the Late Reverend and Learned Samuel Parr, LL.D., Curate of Hatton, Prebendary of St. Paul's, &c. &c.* (London: John Bohn and Joseph Mawman, 1827), pp. 702~703.

21 John Oldmixon, *History of England, during the Reigns of King William and Queen Mary, Queen Anne, King George I., Being the Sequel to the Reigns of the Stuarts* (London: Thomas Cox, 1735), p. 345.

22 *A Table of the Principal Matters Contained in Mr. Addison's Remarks on Several Parts of Italy, &c in the Years 1701, 1702, 1703* (London, 1705).

23 *A Table of All the Accurate Remarks and Surprising Discoveries of the Most Learned and Ingenious Mr. Addison in his Book of Travels thro Several Parts of Italy, &c.* (London, 1706).

24 C. E. Doble et al. (eds.), *Remarks and Collections of Thomas Hearne*, 11 vols. (Oxford: Oxford Historical Society, 1885), IV, p. 45.

25 Samuel Johnson, *Lives of the English Poets*, 10 vols. (London: J. Nichols, 1779), IV, sig. b1r–v.

26 John Gay, 'The Present State of Wit, in a Letter to a Friend in the Country', in John Gay, *Poetry and Prose*, ed. by V. A. Dearing, 2 vols. (Oxford: Oxford University Press, 1975), II, p. 449.

27 John Gay, *The Shepherd's Week. In Six Pastorals* (London: R. Burleigh, 1714), sig. E7v. 존 게이의 『목자의 한 주(The Shepherd's Week)』가 스펜서가 종종 'E. K.'(아마도 자신을 지칭하는)라는 야릇한 가명으로 출판했던 에드먼드 스펜서(Edmund Spenser)의 시집 『목자의 달력(The Shepheardes Calender)』 (1579년)을 모방했다는 사실은 게이가 파라텍스트[paratext, 출판 단계에서 본

문 말고 추가되는 책 커버, 제목, 선전 문구, 각주 등의 요소-옮긴이]적 장난을 칠 자유를 주었다.

28 John Gay, *Trivia: Or, the Art of Walking the Streets of London* (London: Bernard Lintott, 1716), pp. 35~36.

29 Alexander Pope, *Dunciad Variorum* (London, 1735), pp. 158~160 (II.271~278).

30 Letter to Jacob Tonson, Sr, 30 December 1719. London, British Library, Add. MS 28275 f. 78.

31 1717년 11월 9일 제이콥 톤슨 2세에게 올드믹슨이 보낸 편지. *The Letters, Life, and Works of John Oldmixon: Politics and Professional Authorship in Early Hanoverian England*, ed. by Pat Rogers (Lampeter: Edwin Mellen, 2004), pp. 48~49.

32 *The Index-Writer* (London: J. Wilford, 1729), p. 2.

33 Laurence Echard, *The History of England*, 3 vols. (London: Jacob Tonson, 1707~1718) III, p. 779.

34 *The Index-Writer*, p. 5.

35 Echard, *History of England*, III, pp. 863~864.

36 *The Index-Writer*, pp. 19~20.

37 John Oldmixon, *Memoirs of the Press, Historical and Political, for Thirty Years Past, from 1710 to 1740* (London: T. Cox, 1742), p. 35.

38 *The Mathematician, Containing many Curious Dissertations on the Rise, Progress, and Improvement of Geometry* (London: John Wilcox, 1751), p. iv. 이 책이 어떻게 포프의 의도를 뒤집어 버렸는지에 대한 최초의 설명을 보려면 다음을 참고하라. Robin Valenza, 'How Literature Becomes Knowledge: A Case Study', *ELH* 76.1 (2009): 215~245.

6장 소설에 색인 달기

1 'Adventures of a Quire of Paper', *London Magazine, or Gentleman's Monthly Intelligencer* 48.8 (August 1779): 355~358 (355).

2 Joseph Addison, *Spectator* 10 (12 March 1711).

3   The Multigraph Collective, *Interactions with Print: Elements of Reading in the Era of Print Saturation* (Chicago, IL: University of Chicago Press, 2018).

4   Benjamin Franklin, *The Private Life of Benjamin Franklin LL.D* (London: J. Parsons, 1793), p. 19.

5   Leigh Hunt, 'Upon Indexes', *The Indicator* 52 (4 October 1820).

6   Henry Wheatley, *What Is an Index?* (London: Index Society, 1878), p. 42.

7   그 언급은 존 호킨스(John Hawkins)가 새뮤얼 존슨(Samuel Johnson)이 쓴 '포프의 생애(Life of Pope)'의 편집자 주석으로 기록한 것이다. 호킨스의 언급에 따르면 포프와 벤틀리가 어느 식사 자리에서 만났고, 포프가 자신의 번역본에 대한 칭찬의 말을 벤틀리에게 구했는데, 그가 애써 대화의 주제를 바꾸려다 실패하자 머뭇거리며 던진 말이라고 한다. *The Works of Samuel Johnson, LL.D.*, 11 vols. (London, 1787), XI, p. 184n.

8   Alexander Pope, *A further account of the most deplorable condition of Mr. Edmund Curll, Bookseller* (London, 1716), pp. 14~15.

9   Letter to Robert Digby, 1 May 1720, *Letters of Mr. Alexander Pope, and Several of his Friends* (London: J. Wright, 1737) pp. 179~180.

10 Anna Laetitia Barbauld (ed.), *The Correspondence of Samuel Richardson*, 6 vols. (Cambridge: Cambridge University Press, 2011), V, pp. 281~282.

11 Samuel Richardson, *Letters and Passages Restored from the Original Manuscripts of the History of Clarissa, to which is subjoined A Collection of such of the Moral and Instructive Sentiments, Cautions, Aphorisms, Reflections and Observations contained in the History as are presumed to be of General Use and Service, Digested under Proper Heads* (London, 1751), p. vi.

12 Richardson, *Letters and Passages*, p. vi.

13 Letter to Mr de Freval, 21 January 1751, in Barbauld, *Correspondence of Samuel Richardson*, V, pp. 271~272.

14 Samuel Richardson, 'Preface', in *Clarissa, or The History of a Young Lady*, 3rd edn, 8 vols. (London, 1751), I, p. ix.

15 Letter from Dr Johnson, 26 September 1753, in Barbauld, *Correspondence of Samuel Richardson*, V, p. 284.

16 Letter to Lady Echlin, 7 July 1755, in Barbauld, *Correspondence of Samuel Richardson*, V, p. 48.

17 Samuel Richardson, *A Collection of the Moral and Instructive Sentiments, Maxims, Cautions and Reflections, Contained in the Histories of Pamela, Clarissa, and Sir Charles Grandison* (London, 1755), pp. vi~vii.

18 Richardson, *Collection of the Moral and Instructive Sentiments*, p. ix, Richardson's italics.

19 Letter from Lady Echlin, 2 September 1755, in Barbauld, *Correspondence of Samuel Richardson*, V, p. 53.

20 1755년 7월 7일에 에클린 여사에게 보낸 편지, in Barbauld, *Correspondence of Samuel Richardson*, V, p. 48. 『컬렉션』을 틀림없이 사용했을 존슨 박사는 소설이 전하는 이야기보다는 단연코 그 교훈을 선호했다. 그는 토머스 어스킨(Thomas Erskine)에게 이렇게 말했다. "아니, 만약 리처드슨의 책을 이야기를 위해 읽는다면 인내심이 고갈되어 목을 매달고 싶어질지도 몰라요. 차라리 그것을 고상한 감정을 불러일으키는 책으로 읽어야 할 거예요. 그리고 이야기는 단지 그럼 감정을 일으켜 주는 계기로만 여겨야 해요." (James Boswell, Life of Johnson (Oxford: Oxford University Press, 1998), p. 480).

21 Isaac D'Israeli, *Curiosities of Literature*, 5th edn, 2 vols. (London: John Murray, 1807), II, p. 406, D'Israeli's italics.

22 Samuel Johnson, 'Preface', in *A Dictionary of the English Language* (London, 1755), p. 7.

23 Johnson, 'Preface', p. 7.

24 다음을 참고하라. William R. Keast, 'The Two *Clarissa*s in Johnson's *Dictionary*', *Studies in Philology* 54.3 (1957): 429~439.

25 Robin Valenza, 'How Literature Becomes Knowledge: A Case Study', *ELH* 76.1 (2009): 215~245 (222).

26 Boswell, *Life of Johnson*, p. 1368n.

7장 '모든 지식으로 향하는 열쇠'

1 [Qui sondera cet abîme? qui pourra jamais trouver le temps d'étudier tous ces Pères, et de lire leurs écrits de toute sorte?] Jacques-Paul Migne, 'Avis important', *Patrologia Latina*, CCXVIII, sig. a1v.

2   [plus de cinquante hommes travaillant aux Tables pendant plus de dix ans, quoique avec la faible retribution de 1000 francs par homme et par an.] Migne, 'Avis important', sig. a1v.

3   [donnent plus de 500,000 francs, sans compter tous les frais d'impression.] Migne, 'Avis important', sig. a1r.

4   [Après tout cela, n'avons-nous pas le droit de nous écrier: Que sont les douze Travaux d'Hercule auprès de nos 231 Tables; Que sont tous les autres travaux littéraires! Que sont les Encyclopédies du XVIIIe et XIXe siècle! Que sont tous les autres oeuvres typographiques! Des jeux d'enfant, dont le plus grand n'est rien auprès de nôtre. Nous pouvons dire, sans crainte d'être démenti, que jamais aucune grande Publication n'aura été ainsi remuée pour la commodité du Souscripteur. En effet, parmi les Ouvrages qui, jusqu'à ce jour, ont offert le plus grand nombre de Tables, nous ne connaissons que la *Bibliotheca Maxima Patrum* de Marguerin de la Bigne, et la *Summa Theologica* de Saint Thomas par Nicolaï, lesquelles toutefois n'en comptent chacune que dix. Notre *Patrologie* au contraire a été en quelque sorte pressurée et tourmentée comme le raisin sous le pressoir pour que la moindre goutte de la précieuse liqueur ne pût échapper.] Migne, 'Avis important', sigs. a1r – a1v.

5   [Nos Tables ont frayé le chemin; elles aplanissent les montagnes et rendent droits les sentiers les plus tortueux ⋯ A l'aide de nos Tables, ce grand Cours devient petit; les distances se rapprochent, le premier et le dernier volume se touchent ⋯ Quelle économie de temps! c'est plus que le chemin de fer, et même que le ballon, c'est l'électricité!] Migne, 'Avis important', sig. a1v.

6   'The Librarians' Conference', *The Times*, 2 October 1877, p. 4.

7   J. Ashton Cross, 'A Universal Index of Subjects', in *Transactions and Proceedings of the Conference of Librarians Held in London, October 1877,* eds. Edward B. Nicholson and Henry R. Tedder (London: Chiswick, 1878), pp. 104~107 (p. 107).

8   Cross, 'Universal Index', p. 105.

9   'Proceedings of the Conference of Librarians, Fourth Sitting', in Nicholson and Tedder, pp. 159~164 (p. 163).

10   'The Conference of Librarians', *Athenaeum* 2607 (13 October 1877): 467~468

(467).

11 Cross, 'Universal Index', p. 107.

12 Index Society, *First Annual Report of the Committee* (London: Index Society), p. 3.

13 'Literary Gossip', *Athenaeum* 2610 (3 November 1877): 566~567 (567).

14 Index Society, *First Annual Report*, p. 16.

15 Henry Wheatley, *How to Make an Index* (London: Eliot Stock, 1902), p. 210.

16 William Poole, 'Preface', in *An Index to Periodical Literature* (Boston, MA: James R. Osgood, 1882), p. iii.

17 Poole, 'Preface' (1882), p. iii.

18 William Poole, 'Preface' in *An Alphabetical Index to Subjects Treated in the Reviews, and Other Periodicals, to which No Indexes have been Published; Prepared for the Library of the Brothers in Unity, Yale College* (New York: George P. Putnam, 1848), p. iv.

19 Poole, 'Preface' (1848), p. iv.

20 Poole, 'Preface' (1882), p. v.

8장 루드밀라와 로타리아

1 2018년 8월 28일 도널드 트럼프(@realDonaldTrump)는 다음과 같은 트윗을 날렸다. "'Trump News'에 대한 구글의 검색 결과는 가짜 뉴스 매체의 소식만 뜬다. 달리 말해 구글이 나를 비롯한 어떤 이들의 소식을 조작하고 있다는 말이다. 그래서 거의 모든 이야기나 소식이 엉터리다. 가짜 CNN이 대표적이다. 공화당과 보수 진영과 공정한 매체의 소식이 차단되고 있다. 불법이 아니냐고? 'Trump News'에 대한 검색 결과물의 96%가 좌파 매체의 것이었다. 매우 위험한 상황이다. 구글과 다른 인터넷 매체들은 보수의 목소리를 억누르고 있고 좋은 정보와 뉴스를 은폐하고 있다. 그들이 우리가 볼 수 있는 것과 볼 수 없는 것을 통제하고 있다. 이런 사태는 매우 심각한 상황이며 반드시 바로잡아야 한다!"

2 트럼프가 트윗을 날린 후 《이코노미스트》가 수행했던 통계 연구에서 검색 엔진의 뉴스 검색창에서 이데올로기적 편파성이 보였다는 증거를 발견하지는 못했다. ('Seek and You Shall Find', *The Economist* (8 June 2019).)

3   라우스 부부, 'La Naissance des index', p. 85. 같은 논문에서 라우스 부부
    는 초창기 색인 작성자 장 오퓌니(Jean Hautfuney)의 약력을 밝혀 놓았
    다. 그는 1320년대에 뱅상 드 보 베(Vincent de Beauvais)의 『역사의 거울
    (Speculum historiale)』을 편찬해 자신의 이름을 알렸다. 오퓌니가 색인을 다
    룬 방식에 대해 더 많은 것을 알고 싶다면 다음을 참고하라. Anna-Dorothee
    von den Brincken, 'Tabula Alphabetica von den Alfängen alphabetischer
    Registerarbeiten zu Geschichtswerken', *Festschrift für Hermann Heimpel*
    (Göttingen: Vandenhoeck & Ruprecht, 1972), 900~923.

4   Letter to Vita Sackville-West, 29 March 1926, *The Letters of Virginia Woolf*, ed.
    by Nigel Nicolson and Joanne Trautmann, 6 vols. (London: Hogarth, 1977),
    III, p. 251.

5   Letter to Vita Sackville-West, 25 July 1928, Woolf, *Letters*, III, p. 514.

6   1940년 6월 12일의 일기. *The Diary of Virginia Woolf*, ed. by Anne Olivier Bell
    and Andrew McNeillie, 6 vols. (London: Hogarth, 1977), V, p. 295.

7   [Porro methodus qua quis brevissimo tempore et ordine optimo indices
    conficiat, huiusmodi est. Quaecumque in indicem referre libuerit, omnia ut
    primum se obtulerint, nulla ordinis ratione habita in charta describantur, ab
    altera tantum facie, ut altera nuda relinquatur ⋯ Tandem omnia descripta
    forfice dissecabis, dissecta quo volueris ordine divides, primum in maiores
    partes, deinde subdivides semel aut iterum, vel quotiescumque opus fuerit.
    Aliqui dissectis omnibus, demum disponunt: alij inter dissecandum statim
    primam divisionem perficiunt, dum singulas schedulas in fine singularum
    dissectionis mucrone forficis apprehensas digerunt per diversa mensae loca,
    aut vascula per mensam disposita. Ubi plurimae schedulae fuerint, saepius
    subdividere suaserim: sic enim omnia facilius et minori confusione peragentur
    ⋯ atque ita partem primam subdividendo in ordinem quem volveris reducito:
    ordinatam vel statim describito si opus sit: vel si prima descriptio satis bene
    habeat, quod potius fuerit, agglutinato tantum, glutine ex farina: cui si ullam
    xylocollam aut fabrile glutinum miscueris.] Conrad Gessner, Pandectae (Zurich,
    1548), ff. 19v - 20r.

8   [Extabant etiam alias apud nostros Sanjacobeos Parisienses cod. fol. par.
    memb. eleganti, sed arcae librorum custos imprudens bibliopegis tradidit quo

ad concinnandos libros uterentur: ejusque adhuc quaedam folia in eadem bibliotheca videri possunt ad initium & finem codicis MS quo sermones S. Bernardi de B. Virgine continentur a 150 annis circiter compacti.] Jacob Quétif and Jacob Echard, *Scriptores ordinis praedicatorum recensiti*, 2 vols. (Paris, 1719), I, p. 203.

9   다음을 참고하라. Josephine Miles, *Poetry, Teaching, and Scholarship* (Berkeley, CA: University of California Press, 1980), p. 124.

10 마일스와 드라이든 용어 사전 제작에 대해 더 알고자 하면 다음을 참고하라. Rachel Sagner Buurma and Laura Heffernan, 'Search and Replace: Josephine Miles and the Origins of Distant Reading', *Modernism/Modernity Print Plus* 3.1 (April 2018).

11 Susan Artandi, 'Automatic Book Indexing by Computer', *American Documentation* 15.4 (1964): 250~257 (250).

12 Artandi, 'Automatic Book Indexing': 251.

13 Harold Borko, 'Experiments in Book Indexing by Computer', *Information Storage and Retrieval* 6.1 (1970): 5~16 (6).

14 Borko, 'Experiments in Book Indexing': 12.

15 Borko, 'Experiments in Book Indexing': 15.

16 Matthew L. Jockers, 'The Rest of the Story' (25 February 2015): http://www.matthewjockers.net/2015/02/25/the-rest-of-the-story/.

17 Chris Messina, 'Groups for Twitter; or A Proposal for Twitter Tag Channels' (25 August 2007): https://factoryjoe.com/2007/08/25/groups-for-twitter-or-a-proposal-for-twitter-tagchannels/.

18 Larry Page, 'G is for Google' (10 August 2015): https://abc.xyz.

19 Roger Montti, 'Google BERT Update – What it Means', *Search Engine Journal* 25 October 2019): https://www.searchenginejournal.com/google-bert-update/332161/close.

20 William S. Heckscher, 'The Unconventional Index and Its Merits', *The Indexer* 13.1 (1982): 6~25 (25).

21 Robert Latham and William Mathews (eds.), *The Diary of Samuel Pepys*, 11 vols. (London: Bell & Hyman, 1983), XI, p. 8.

22 2019년 8월을 기준으로 색인 협회의 웹사이트에 광고를 하는 색인 작성자

중에서 여성 134 대 남성 31로 여성이 남성의 네 배가 넘었다. 한편 미국 색인 협회의 2016년 조사에 의하면 답변에 응한 사람의 90%가 여성이었다고 한다(https://www.asindexing.org/professional-activities-salary-survey/). 여성으로서 최초의 색인 대행업체를 설립했던 낸시 베일리(Nancy Bailey)에 대한 탁월한 전기문을 보고 싶다면 다음을 참고하라. David A. Green, 'The Wonderful Woman Indexer of England: Nancy Bailey', *The Indexer* 32.4 (2014): 155~160. 이어서 다른 대행업체도 설립되었는데, 설립자는 『색인의 기술(The Technique of Indexing)』(London: Secretarial Bureau, 1904)의 저자이기도 한 메리 페더브리지(Mary Petherbridge)였다.

마지막 장

1   진짜 책으로 동일한 게임을 해 보는 것도 재미있다. 랄프 워커(Ralph Walker)의 이마누엘 칸트에 관한 서문의 색인은 다음과 같다. '행복, 137, 151, 152, 156-158' '자위, 158, 190' 그리고 '가발 제작, 158'. 워크의 텍스트는 훌륭하지만 158쪽은 마음으로 상상만 해 보는 것이 실제로 책에서 확인해 보는 것보다는 늘 더 유쾌할 것이다['자위'와 '가발 제작'이라는 두 행위 사이의 관계는 실제 텍스트에서는 다른 문맥에서 사용되어서 별 재미랄 것이 없지만 색인으로만 읽었을 때 저자는 이 두 단어가 이어진 것을 보고 재미있다는 생각을 했다는 말-옮긴이]. (Ralph C. S. Walker, Kant: *The Arguments of the Philosophers* (London: Routledge & Kegan Paul, 1982).

2   Witte de With Centre for Contemporary Art, 'Alejandro Cesarco: A Solo Exhibition': https://www.fkawdw.nl/en/our_program/exhibitions/alejandro_cesarco_a_solo_exhibition.

감사의 말

책을 출판하는 것과 투르 드 프랑스(Tour de France)에서 자전거 페달을 밟는 것 사이의 유사성은 별로 언급된 적이 없다. 그 기나긴 장정은 여러 단계로 혹은 여러 챕터로 나눠진다. 어떤 과정에서는 높다란 봉우리를 넘어야 하는가 하면, 또 어떤 과정은 학기가 시작되기 전까지 전속력으로 타임트라이얼을 치르듯 맹렬히 작업해야 한다. 그리고 거의 사망에 이를 것 같은 최고난도의 경사를 있는 힘껏 달리고 나서 그만 주저앉지만 그래도 아직 경기는 끝나지 않았다. 마지막 남은 출판이라는 결승점을 향해 스릴 만점의 전속력 질주를 해야 한다. 나는 이 둘 사이에 있는 이런 유사점들에 대해서 더 많은 언급이 없다는 게 이상하다. 게다가 이 두 가지 대장정은 대부분 칭찬을 나누는 면에서도 조금 수상스럽게 일처리를 한다. 둘 다 여러 사람이 함께 노력해야 하는 과업인데도 일이 끝나면 찬사는 한 사람이 독차지한다. 많은 이의 너그러움과 지원과 전문 지식이 아니었더라면 이 책이 애초에 존재할 수 없었을 것이라고 말하는 것은 조금도 과장이 아니다. 다음에 올린 고마운 이들에게 드리는 감사는 정말 빙산의 일각에 불과하다.

이 책을 위해 투입된 연구는 영국 학술원, 보들리 도서관, 케임브리지 대학교 도서관, 그리고 폴저 셰익스피어 도서관의 연구비 지원으로 가능했다. 기금을 지원하고 연구 공간을 마련해 주고, 이 연구가 주로 참고했던 필사본과 인쇄본을 보존해 준 것을 제외하고도 이들 도서관은 꼭 집어 말할 수는 없는 미묘한 방식으로 중요한 도움을 주었다. 세미나와 인쇄 공방과 아침 커피(폴저 도서관의 유명한 '오후 세 시의 차(three o'clock tea)'는 말할 것도 없고)를 통해서 여러 사서들과 연구자들이 비스킷과 함께 친근한 대화를 나누는 가운데 쓸모 있는 문제의 실마리들을 제공해 주었고 그것은 내 연구의 무한한 자원이 되었다. 나는 이 책의 자료 중 대부분은 이런 대화를 통해 얻어진 것이라고 생각한다. 함께 커피를 나누는 도서관의 전통이여, 영원히 이어지라.

특별히 감사를 드리고 싶은 분들은 다음과 같다. 맨 먼저 보들리 센터 책 연구소의 알렉산드라 프랭클린은 내가 이 책의 구상 단계에서 헤매고 있을 때 늪에서 헤어나도록 도와주었을 뿐 아니라 책이 완성될 때까지 지속적인 지원을 해 주었다. 또 다른 보들리 도서관의 지원군인 리처드 오벤든은 내가 보들리에서 한 번 더 연구할 수 있도록 도와주었다. 질 화이트록, 수전 폴과 에밀리 두리시는 내가 대학 도서관 은밀한 곳에 쌓여 있는 자료들에 접근할 수 있도록 도와주면서 케임브리지에서의 내 연구가 즐겁고도 유익한 것이 되도록 큰 도움을 주었다. 그리고 이 모든 것은 케임브리지의 먼비 연구기금의 관계자들이 나의 연구비 지원을 허락해 주었기에 가능했다. 또한 지저스 칼리지, 세인트피터스 칼리지, 옥스퍼드, 케임브리지의 다윈 칼리지 직원과 연구원 들의 도움도 **빼놓**을 수 없다. 그들은 내가 그들과 연구 기간을 보내는 동안 음식과 와인을 함께 나눴고 그들의 전문 지식을 기꺼이 공유해 주었다.

유나이티드 에이전트 에이전시에서 일하는 애나 웨버와 세렌 애덤스는 나로서는 놀랍게도 색인에 관한 역사가 한 줌에 불과한 학자들만이 아니라 더 많은 사람에게 흥미를 일으킬 수 있다고 믿어 주었다. 그들의 비전과 격려가 아니었더라면 이 책은 **매우** 다른 책이 되었을 것이다. 펭귄 출판사의 세실리아 스타인은 최초로 이 작업에 동참해 주었고 세심하게 읽어 주고 사려 깊게 불필요한 부분을 삭제했다. 갑자기 데드라인을 지키지 못했을 때는 참을성 있게 기다려 주었다. 클로이 커런스는 세실리아가 떠난 빈자리를 엄청난 능력으로 빈틈없이 메워 주었다. 우리가 최종 원고를 함께 검토하고 조금씩 작업에 더 박차를 가하면서 출판을 향한 마지막 내리막길을 내달릴 때 이보다 더 친절하고 현명하며 재능이 출중한 편집자를 바랄 수는 없을 것이다. 또한 펭귄 출판사의 아니케 와일드먼, 애니아 고든, 피오나 리브시, 데이비드 왓슨, 리처드 더그위드, 크리스 쇼, 프란시스카 몬테이로, 엠 브라운, 케이티 반야드에게 감사드린다. 출판의 마지막 단계에 이르면 그 어느 때보다도 책 한 권을 내기 위해 얼마나 많은 사람이 애

쓰는지가 더욱 분명해진다.

  만에 하나 당신이 이 책의 본문을 읽기 전에 감사의 말을 먼저 읽고 있다면 스포일러를 하나 알려 드리겠다. 제4장은 독서가 인간이 귀한 시간을 투자할 만한 가치가 있다는, 충분히 논의되지 않았음에도 불구하고 자명한 이치와 씨름한다. 초고 단계부터 책 전체를 읽어 주고 자신들의 사려 깊고 전문가적인 제안으로 책의 가치를 이루 말할 수 없을 정도로 높여 준, 나의 귀중한 친구들—재클린 노턴, 애덤 스미스, 길 파팅턴, 올리비아 스미스 그리고 톰 템플턴—에게 큰 빚을 졌다. 마찬가지로 이저벨 데이비스, 폴리나 큐스, 헤더 틸리, 조지프 혼, 로라 솔즈베리와 애비게일 윌리엄스와 같은 이들이 책을 구상하고 출판에 이르는 과정에 원고를 읽어 주고 여러 부분에 대해서 조언을 주었다.

  색인 협회는 그들의 전문 영역을 침범한 나에게 무한한 인내심을 발휘해 주었다. 만약 당신이 책 한 권을 쓰는 데 필요한 모든 충고 중에서 단 하나만을 남긴다면 그것은 다음과 같으리라. 만약 당신이 논픽션을 썼다면 당신은 색인 협회의 회원을 고용해야 한다. 색인 협회의 존경을 금할 수 없는 폴라 클라크 베인이 이 책의 색인을 작성해 주었는데 그이는 우리가 전문 색인 작성자에게 기대할 수 있는 모든 박식함과 엄밀함을 아우르며 작업했고 덤으로 짓궂은 유머[색인 작성자가 의도적으로 상당한 정도의 미결 상호참조를 첨가한 것을 말함-옮긴이]도 발휘해 주었다.

마지막으로 지난 몇 년 동안 그것이 국내적인 것이든 국제적인 것이든, 모든 위기적 상황에서 유머와 따뜻함과 지혜의 마르지 않는 샘이 되어 준 나의 가족에게 감사드린다. 어머니, 아버지, 미아, 몰리, 피트 그리고 슈루티, 폴, 소프, 글리니스. 이들 모두는 몽방투 등정에 비길 만한 나의 책 저술 작업에서 든든히 뒤를 받쳐 준 최고의 팀이었다. 한없는 감사와 끝없는 사랑이 **도처에** 흘러넘쳤다.

옮긴이의 말

쇼펜하우어는 진실(truth)은 다음의 세 가지 단계를 거친다고 했다. "처음에는 조롱받고, 다음에는 격렬한 반대에 마주치고, 그다음에 가서야 자명한 것으로 여겨진다."

색인도 그런 과정을 피하지 못했다. 색인이 싹을 틔워 나무가 되기까지 모든 과정에서 세상은 그를 오해하고 의심하고 심지어 조롱도 했다. 『인덱스』는 무고한 색인을 위한 진정서이고 색인 작성자들의 노고를 위로하는 책이다.

색인은 그냥 나오지 않았다. 우선 알파벳이라는 문자가 필요했다. 그러나 문자부터 오해를 샀다. 소크라테스는 문자에 의존하면 나중에 읽어도 된다는 안이한 생각으로 자신의 힘으로 상기하지 않으니 '망각을 낳을 것'이라고 파이드로스라는 제자에게 겁을 줬다. 그런 그의 말도 문자가 없었으면 이렇게 전해질 일도 없었겠지만.

소크라테스의 겁박에도 불구하고 문자는 제 갈 길을 갔다. 사람들은 알파벳을 썼고 그것에 순서를 매겼고 히브리인들은 그것으로 성경의 일부 운문을 연의 첫머리 단어가 알파벳 순서로 규칙적으로 등장하는 답관체라는 형식으로 완성했다. 기원전 3세기경에 설립된 알렉산드리아도서관도 빼놓을 수 없다. 알파벳 순서가 없었더라면 그 많은 두루마리를 어떻게 배열할 수 있었겠는가? 지금 우리가 읽는 『일리아스(Iliad)』와 『오디세이아(Odyssey)』가 24권인 것도 권으로 분할했던 당시의 알파벳이 24개였기 때문이다. 그러나 아직은 색인이라고 부를 수는 없는 수준이었다.

유럽 전역에서 12세기부터 13세기에 걸쳐 도시로의 인구 유입이 가속화되면서 새로운 선교 방식에 대한 요구가 있었고 종교나 세속의 권력 기구에서 출세를 위한 관문이었던 대학의 융성과 함께 새로운 능력(논리 정연한 연설, 강연과 설교)에 대한 요청도 생겼다. 근거가 되는 권위 있는 문서를 인용하며 설교와 토론을 하는 문화가 싹텄다. 그런 세상에서는 책을 읽기만 하는 것이 아니라 책에서 인용하고 싶은 부분을 바로 꺼내 보기 위한 도구가 필요했다. 그 요청에 화답하여 주제 색인 격인 디스팅티오(distinctio)와 용어 색인 격인 성경 성구 사전이 거의 동시에 등장한다. 그러나 본격적으로 색인이 쓰이기 위해서는 쪽 번호(위치 표시자)가 필요했고 그것을 모든 인쇄물에 동일하게 고정시켜 줄 인쇄기가 등장해야 했다. (필사본은 원본과 사본의 크기가 다르면 같은 정보가 다른 쪽에 실리는 일이 흔했다.)

15세기에서 16세기를 지나며 쪽 번호와 인쇄기가 등장하면서 색인이 출현했다. 하지만 과연 그것으로 무엇을 할 수 있을지에 대한 전망은 막연한 수준이었다. 그런 막연함을 헤치고 색인의 진면목을 보여 준 것은 17~18세기경 영국의 토리당과 휘그당의 당파 싸움과 학문하는 방법에 대한 관점의 차이로 벌어진 일련의 비방과 조롱에 가까운 논쟁을 통해서였다. 아이러니하게도 색인을 잘 쓰는 사람(벤틀리)을 조롱하기 위해 색인을 동원한 사람(윌리엄 킹)이 주제 색인의 풍자적 능력을 찾아냈다. 킹의 색인 중에서 압권은 '비누를 싸는 돼지와 불을 싸는 젖소(색인 참고)'에서 드러난다. 그리고 사람들은 색인을 통해 풍자나 비방을 쏟아 내는 것뿐 아니라 재치를 발휘할 수도 있다는 걸 바로 눈치챘다. 색인의 세상이 왔다.

하지만 르네상스인 에라스뮈스를 비롯해 많은 지식인이 편리하게 색인만 읽고 얄팍하게 지식을 뽐내려는 세태를 걱정했다. 영국의 시인 알렉산더 포프는 '뱀장어 같은 학문을 꼬리만 잡으려는 노릇'이라는 시구로 그런 걱정을 피력했다. 그럼에도 불구하고 그는 자신이 번역한 『일리아스』 번역본에 유례없이 방대한 색인을 달았다. 지나치게 색인을 많이 쓰는 사람을 색인 색출자(indexraker)라는 멸칭으로 손가락질을 하고 명망 높은 지식인들이 색인에 대해 의혹을 버리지 못하는 와중에도 색인의 대세를 막을 수가 없다는 것을 자인한 꼴이었다. 심지어 소설에도 색인이 달렸다. (물론 그 필요는 곧 사그라들고 이따금 실험적이거나 예외적인 경우에만 소설에 색인이 등장한다. 루이스 캐럴, 버지니아 울프, 블라디미르 나보코프가 그런 실험을 한 작가들이다.)

이제 색인은 책의 내용에 갑작스럽게 진입할 수 있는 수단이 되었고, 정보가 눈덩이처럼 불어나기만 하는 세상에서 그것이 없이 정보를 구하는 것은 상상할 수 없는 지경이 되었다. 라틴어로 집게손가락은 인덱스(index)인데, 이제 이 정보의 홍수에서 어디로 가야 내가 필요한 것을 찾을지를 가리키는 손가락, 지금의 색인이 필요한 시대가 온 것이다. 그런 시대적 필요를 입증이라도 하듯, 1850년경에 윌리엄 풀이라는 미국의 예일 대학교 2년생이 동년배들의 과제에 도움을 주려고 만든 색인이 대서양 너머 유럽에까지 수출되는 사건이 벌어지고 마침내 대서양 양쪽이 힘을 합쳐 불완전하나마 보편 색인을 만들어 내는 데 성공한다.

컴퓨터의 등장과 함께 컴퓨터 색인의 가능성도 다양한 시도를 통해 이루어졌고, 컴퓨터가 단어 출현 빈도수와 같은 정량분석으로 순식간에 텍스트를 해석해 내는 '멀리서 읽기(distant reading)'를 가능하게도 했지만 여전히 마지막에는 색인 작성자의 손을 필요로 하고 여전히 그들의 손을 거치지 않은 색인은 상상할 수가 없다. 그리고 트위터에서 시작된 해시태그 달기로 사실상 모든 사람이 색인 작성자가 되는 시대가 열렸다. (그 와중에 가수 수전 보일과 맥도널드는 해시태그의 특징에 대한 몰이해로 홍보 참사를 겪었다.)

그리고 책은 은둔의 삶을 살았던 시인 에밀리 디킨슨의 봉투 색인(시는 첫 행으로 색인을 삼는다. 하지만 디킨슨의 그것은 편지 봉투의 모양과 용도로 시를 찾아가도록 제작되었다)으로 끝을 맺는다. 아름다운 마무리다.

책을 다 읽으신 독자분들께

— 『색인이란 무엇인가(What Is an Index)?』의 저자 헨리 휘틀리의 다음의 말은 명심해 둘 만하다. "알파벳순으로 분류해 놓기만 하면 가치 있는 자료가 됩니다. 보편 색인이 목표로 하는 바가 바로 이것입니다. 서로 아무런 연관성이 없는 것이라 하더라도 그곳에 배열할 수 있고, 쓸모없었을 많은 것들이 그 순간 안식처를 구하게 됩니다. 영원히 증식하면서도 결코 완성되지는 못할 운명임에도 불구하고 색인은 모두에게 유용할 것입니다."

자료 갈무리에 골머리를 앓다가 홧김에 애써 모은 자료를 순삭해 버린 모든 사람이 기억해 두면 좋을 것 같다. '결코 완성되지는 못할 운명'이지만 모두에게 유용하다. 골머리를 앓는 것은 기본이다. 용기를 내자.

— 나는 번역자이기도 하지만 독서가이기도 하다. 이따금 좋아하는 책의 색인을 다시 읽는 일은 늘 흥미롭다. 하지만 색인이 잘된 책이 많지는 않다. 다행인 건 색인이 충실한 책이 점점 늘어나고 있다는 것이다. 그리고 독서가는 자신이 보는 책의 면지에 저자인 데니스 덩컨처럼 '(책 속의) 중요한 장면들, 유용한 인용들, 면밀한 독서를 요구하는 구절들을 쪽 번호와 함께…… 연필로 휘갈겨 놓는' 것으로 자신의 색인을 만든다. 독자들에게도 권해 드린다.

- '봤던 책을 다시 펼쳐 볼 만한 책으로 만드는 출발점이 색인'이라는 지극히 개인적인 신념이 있어서 많지 않은 책을 번역하면서 개념어에 해당하는데도 원서 색인에는 보이지 않는 항목을 번역자의 재량으로 추가해 왔다. 평균 50~100개를 왔다 갔다 했는데 이번 책은 추가할 것이 8개 항목밖에 없었다.

감사의 말

- 테오도어 아도르노의 『미니마 모랄리아』에는 다음과 같은 구절이 있다.

"행복에는 진리(truth)와 동일한 원리가 적용된다. 우리는 행복을 소유할 수 없다. 단지 그 속에 존재할 수 있을 뿐이다. 참으로 행복은 오직 그 품에 머무는 것 외에는 다른 어떤 방식으로도 경험할 수 없다. (…) 바로 이런 이유로 행복한 사람은 그가 행복하다는 사실을 알지 못한다. (…) 자신이 행복하다고 말하는 사람은 거짓말을 하는 것이다. (…) 나는 행복했노라고 말하는 사람만이 진실한 자다. 인간의 의식이 행복과 관계를 맺는 길은 감사하는 마음을 품을 때이다. 감사 속에 행복이 갖는 비할 데 없는 고귀함이 머문다."

- 그런 마음으로 감사를 드리고 싶은 사람들이 있다. 이 책

의 번역을 의뢰해 준 장미희님께 감사드린다. (아직 출판되지는 않았지만) 『라이브러리』(가제)에 이어 관련성이 높은 책을 한 번 더 맡겨 준 그이의 안목과 신뢰에 감사드린다. 편집 실무를 도와주고 번역 도중에 미숙한 번역자의 투정도 너그럽게 받아 주신 김지영 님께도 고마운 마음 드린다. 꼼꼼히 교정을 봐 주신 송연승 편집자님과 정성을 다해 책 디자인을 담당해 주신 서채홍 실장님께도 두루 감사드린다. 마지막으로 번역 도중에 '색인'이라는 책의 이름에 걸맞게 끼워 넣은 기이한 색인(미결 상호참조)에 대해 경악한 나를 안심시켜 주었고 다른 문제로 성가신 메일을 보냈지만 성의를 다해 답해 준 편집자 최윤지 님께도 감사드린다. 그래서 힘껏 했지만 부족함이 있을 원고를 넘기면서도 좋은 책이 나올 거란 믿음은 있다. 마지막으로 내 한국어 선생님인 딸 배소현과 그런 딸을 가르쳐 준 이재현 선생님과 내 동반자 김은미에게도 감사드린다.

그리고 이 책과 인연이 닿을 모든 독자분께도 미리 감사드린다.

부록: 컴퓨터가 생성한 색인

　아래 색인은 시판 중인 색인 소프트웨어를 사용해서 자동으로 편찬한 색인의 맨 앞부분 몇 쪽에 해당한다. 전체 분량은 수천 항목에 달하는데, 이렇게 색인을 과다할 정도로 생성하더라도 문제가 없는 것은 불필요한 색인은 인간 편집자가 간단히 적절한 수준으로 정리할 수 있다는 전제가 있어서이다. 그것 말고도 정리 정돈을 위해 좀 더 인간의 손이 가야 하는데, 가령 'acrostics(답관체)' 'Acrosticks'와 'acrostic form'은 전자로 통일해야 하고 'ABC Murders, The(ABC 살인사건)'는 'Christie, Agatha(애거사 크리스티)'의 하위 색인으로 두어야 할 것이다. 물론 대단한 것은 아니지만 몇몇 명확한 오류도 곳곳에서 돌출한다. 전지에 매긴 번호(Aii, Aiii, Aiv)를 단어로 착각한다든지, 라틴어 단어 'abyssus'의 다양한 어형을 각각 다른 단어인 것처럼 분리한다든지. 그리고 색인 소프트웨어가 단일 단어가 아니라 구—'absolutely necessary(절대적으로 필요한)' 'age sticking' 'all the letters(모든 철자들)'—를 골라내려고 시도할 때에 그 결과물은 별 쓸모는 없어도 웃음은 준다[원문의 '…… one age sticking the boot in on the manners of another(한 시대가 다른 시대 삶의 방식에 대해 아픈 곳을 날카롭게 찌르는 짓)'에서 'age sticking'을 구로 인식하고 색인화하는 바람에 아무 의미 없는 색인이 됨. 차라리 구를 고른다면 'stick the boot(부당하게 비판하다)'를 취해야 했음-옮긴이. 그런가 하면 alphabet(알파벳)이라는 주제와 관련해서 쏟아지는 항목들은 대폭 손을 봐야 할 것으로 보인다. 더욱 심각한 것은 몇몇 주제들은 안 보여서 두드러진다. 'Adventures of a Quire of Paper(어떤 종이 묶음의 여정)'은 행방불명되었다. (엉뚱하게도 그것은 내가 셜록 홈스가 쓴 최초의 소설을 묘사하기 위해 한 번 사용했던 'adventure(모험)'라는 단어 밑에 말려 들어가 있다.) 1890년대에 색인 대행업체가 등장한 것은 제8장 끝에서 얼핏 언급되었을 뿐이지만 이것은 말미의 주석에 참고도서까지 제공된 중요한 주제였다. 'Agencies, indexing(색인 작성 대행업체들)'은 색인 항목에 들어갔어야 했다. 그리고 등등.

색인 작업의 보조 도구로서 색인 소프트웨어는 편리한 만큼 불편함이 존재하는 조심스러운 것이다. 한편으로는 그물망을 매우 넓게 펼쳐 상당한 분량의 쓸모 있는 주제들을 성공적으로 모집해 낸다. 반면에—부분적으로는 그 방식의 철저함 때문인데—이 소프트웨어는 여전히 인간의 많은 노동을 추가로 요구한다. 게다가 그 그물망마저도 빠져나간 항목들은 500년도 더 전에 있었던 캑스턴의 다음과 같은 주의 사항을 상기시킨다.

이 색인(table)에 포함된 것들 외에도 본문에는 많은 뛰어난 계율과 지식과 유익한 조언 들이 포함되어 있다. 그것들은 이런 기재 사항(register)이나 제목(rubric)에는 들어가지 않았다.

이 정도면 족하다. amusement, mere라는 마지막 두 단어만으로도 이것들이 진짜 색인이 아니라는 암시로 여긴다면 충분하다[amusement(재미)와 하위색인인 mere amusement(단순한 재미)는 특별한 이유가 없다면 색인으로 삼기에는 곤란한 추상명사다-옮긴이]. 마침내 우리의 인간 색인 편찬자 폴라 클라크 베인에게 공을 넘겨줄 때가 왔다. 그이가 이 모든 시비를 끝장내고 과연 색인이란 무엇인지를 보여 줄 것이다.

색인

양식 있는 독자분들께. 밑줄 처리된 표제어는 한국어판 역자가 추가한 항목이다. 413n1과 같은 형태의 쪽 번호들은 각주를 의미한다. 색인 항목들은 어순으로 정렬했다. 이 색인은 폴라 클라크 베인(Paula Clarke Bain, PCB)이 만들었다. 그는 전문 색인 작성자이자 (기계가 아닌) 인간이다.

Philos 024

인덱스

1판 1쇄 인쇄 2023년 10월 17일
1판 1쇄 발행 2023년 11월 1일

지은이 데니스 덩컨
옮긴이 배동근
펴낸이 김영곤
펴낸곳 (주)북이십일 아르테

책임편집 최윤지 편집 김지영
교정 송연승 디자인 서채홍
기획위원 장미희
출판마케팅영업본부 본부장 한충희
마케팅 남정한 한경화 김신우 강효원
영업 최명열 김다운 김도연
해외기획 최연순
제작 이영민 권경민
출판등록 2000년 5월 6일 제406-2003-061호
주소 (10881) 경기도 파주시 회동길 201(문발동)
대표전화 031-955-2100 팩스 031-955-2151

(주)북이십일 경계를 허무는 콘텐츠 리더

아르테 채널에서 도서 정보와 다양한 영상자료, 이벤트를 만나세요!

인스타그램	instagram.com/21_arte	페이스북	facebook.com/21arte
	instagram.com/jiinpill21		facebook.com/jiinpill21
포스트	post.naver.com/staubin	홈페이지	www.book21.com
	post.naver.com/21c_editors		

ISBN 979-11-7117-144-6 (03100)

아, 한발 늦었다. 내가 오래전부터 쓰고 싶었던 책이다. '트리구조의 지식(택소노미, taxonomy)'에서 '네트워크적 지식(폭소노미, folksonomy)'으로의 전환을 야기한 '해시태그(#)'의 기원에 관한 책이다. 검색하면 관련 정보가 고구마 줄기처럼 끌려 나오는 오늘날의 지식혁명은 책 말미에 해당 내용을 찾기 쉽게 만든 다양한 형태의 색인을 첨부하면서부터 시작되었다. 인덱스가 없었다면 주체적 책 읽기, 창조적 에디톨로지는 무척 어려웠을 것이다. 새로운 지식구성 방법론에 관심 있는 이들에게는 필독서다.
 – 김정운(문화심리학자, 『창조적 시선』 저자)

『인덱스』는 깊이와 박식함, 재치를 아울러 갖춘 책이다. 저자는 고대 로마에서 오늘날 구글 검색의 시대에 이르기까지 문헌과 지식이 폭발적으로 증가하면서 색인이라는 독특한 장르가 탄생하고 정교화되는 과정을 보여 준다. 색인을 둘러싼 흥미롭고 유머러스한 에피소드들을 읽어 가면서 독자들은 대량의 정보를 효과적으로 다루기 위해 노력해 온 과정의 역사를 마주하게 된다. 지식의 연구자들은 물론 책과 문학을 사랑하는 교양 독자에게도 추천하고 싶다.
 – 이우창(한국방송통신대학교 문화교양학과 교수, 『지성사란 무엇인가?』 역자)

소크라테스에서 소프트웨어에 이르는 역사서 『인덱스』는 재치 있고 개성 넘치며, 책에 수록된 폴라 클라크 베인의 색인은 압도적이다. 이 책을 읽고 나면 다시는 색인을 당연하게 여길 수 없을 것이다.
 – 메리 노리스(《뉴요커》 책임 교열자, 『뉴욕은 교열 중』 저자)

이 책과 사랑에 빠졌다. 색인의 역사야말로 진정한 '모험'이다.
 – 수지 덴트(어원학자, 사전 편찬자, 『옥스퍼드 오늘의 단어책』 저자)

데니스 덩컨은 고대부터 현대에 이르기까지, 지금까지 고안된 가장 정교한 검색 도구인 색인의 발달 과정과 그 활용 (그리고 그 교활한 활용)에 대한 지적인 그랜드 투어를 제공한다. 가르침이 도처에! 재미도 곳곳에!
 – 데이비드 벨로스(맨부커상 수상 번역가, 프린스턴 대학교 문학 교수)

모든 페이지마다 평생 검색을 하면서도 내가 알지 못했던 것들, 혹은 알고 있으면서도 미처 의식하지 못했던 것들이 등장한다. 색인 사용법에 통달하라. 그러면 그대에게 모든 지식으로 가는 길이 열리리라.
 – 크리스토퍼 드 하멜(런던 소더비 중세 채색 필사본 경매 담당자, 『세상에서 가장 아름다운 책』 저자)

데니스 덩컨은 색인이 지성사와 문학사에 막대한 영향을 미쳤을 뿐 아니라, 우리가 소통하고 권력과 관계 맺는 방식을 형성했음을 보여 준다. ─《타임》

흥미진진하다. 덩컨은 색인의 역사에서 오늘날 '검색의 시대'를 둘러싼 불안을 읽어내고, 색인의 지속적인 영향에 관한 열정적인 주장을 펼친다. ─《뉴요커》

책이라는 거대한 지식의 원천에서 필요한 정보에 빠르게 도달할 방법을 찾으려는 여정에 관한 흥미로운 이야기. 그야말로 '모험'이며, 가장 매력적인 의미에서 '책'답다. ─《워싱턴포스트》

색인의 기원에 관한 데니스 덩컨의 매력적인 연구는 우리에게 혁신, 기발함, 그리고 '희망'을 보여 준다. ─《파이낸셜타임스》

진정으로 위대한 역사책은 세상을 바라보는 방식을 변화시킨다. 『인덱스』가 바로 그런 책이다. ─《히스토리투데이》

영리하고 유쾌하다. 다양한 읽기 경험에 세심하게 주의를 기울이는 방대한 책이다. ─《뉴욕타임스》

계몽적이고 재미있다. 덩컨은 유머와 학문을 적절하게 섞어 이 철저한 연구를 훌륭하게 수행한다. ─《퍼블리셔스위클리》

학술적이고 문학적인 동시에 모험적이며 포뮬러원처럼 박진감 넘친다. ─《가디언》

강렬하고 생생하다. 덩컨의 찬가는 색인이 얼마나 기발한 발명품인지를 새삼 깨닫게 한다. 그의 열정에는 전염성이 있다. ─《애틀랜틱》